STUDIEN ZUR HISTORISCHEN POETIK

Herausgegeben von
Stephan Fuchs-Jolie
Sonja Glauch
Florian Kragl
Bernhard Spies
Uta Störmer-Caysa

Band 25

FABIAN SIETZ

Erzählstrategien im *Rappoltsteiner Parzifal*

Zyklizität
als Kohärenzprinzip

Universitätsverlag
WINTER
Heidelberg

Bibliografische Information der Deutschen Nationalbibliothek

Die Deutsche Nationalbibliothek verzeichnet diese Publikation
in der Deutschen Nationalbibliografie;
detaillierte bibliografische Daten sind im Internet
über *http://dnb.d-nb.de* abrufbar.

Diese Untersuchung wurde 2016 unter dem Titel
›Erzählstrategien im *Rappoltsteiner Parzifal*, Zyklizität als Kohärenzprinzip
der Handschriften und dezentralen Erzählens‹ als Inaugural-Dissertation
zur Erlangung des Grades eines Doktors der Philosophie in der Fakultät
für Philologie der Ruhr-Universität Bochum angenommen.
Für die Publikation wurde sie überarbeitet.

ISBN 978-3-8253-6748-0

© 2017 Universitätsverlag Winter GmbH Heidelberg
Imprimé en Allemagne · Printed in Germany
Druck: Memminger MedienCentrum, 87700 Memmingen

Gedruckt auf umweltfreundlichem, chlorfrei gebleichtem
und alterungsbeständigem Papier.

Den Verlag erreichen Sie im Internet unter:
www.winter-verlag.de

Vorwort

Diz sol nieman vergessen:
ob disem buoche sind fünf ior gesessen
ze tihtende und ze schriben,
hie sol ein ende bliben.
(Codex Donaueschingen 97, BLB Karlsruhe, Schreiberkolophon, Fol. 320ᵛ)

Im Epilog des *Rappoltsteiner Parzifal* nennt sich Philipp Colin nicht nur als Dichter, sondern er stellt auch die anderen am Buchprojekt maßgeblich Beteiligten vor und wünscht ihnen nur das Beste. Zum Ende meiner Arbeit an dieser Untersuchung, die im Übrigen einen ähnlichen zeitlichen Umfang in Anspruch genommen und ähnlich viele Seiten hervorgebracht hat wie die Karlsruher Handschrift, möchte ich mir ein Vorbild daran nehmen.

Mein herzlicher Dank gilt Bernd Bastert und Manfred Eikelmann für ihre engagierte und vielseitige Betreuung während der gesamten Arbeit, Christoph Mackert und Martin Schubert für Unterstützung in kodikologischen Fragen sowie Uta Störmer-Caysa, Sonja Glauch und Florian Kragl für ihre geduldige und konstruktive Hilfe bei der Publikation.

Ferner danke ich der Badischen Landesbibliothek und der Bibliotheca Casanatense für die Bereitstellung der Handschriften und Digitalisate sowie der Fakultät für Philologie der Ruhr-Universität Bochum für das großzügige Stipendium, das diese Untersuchung möglich gemacht hat.

Nicht zuletzt danke ich denjenigen, ohne deren andauernden Zuspruch und tatkräftige Hilfe ich dieses Buch weder begonnen noch abgeschlossen hätte: Meinen Freunden und meiner Familie, insbesondere meinen Eltern und Maike.

Bochum, Juni 2017

Inhalt

1. Einleitung

Der *Rappoltsteiner Parzifal* ist einer der umfangreichsten deutschsprachigen Erzähltexte des Mittelalters.[1] Grob gesprochen enthält er Erzählungen von Parzival, Gawan und weiteren Rittern aus dem Stoffkreis um König Artus, der *matière de Bretagne*. Er kombiniert dazu Wolframs von Eschenbach *Parzival*, der Parzivals Geschichte vom naiven Jüngling bis zum Gralkönig erzählt, mit mehreren aufeinander folgenden Fortsetzungen. Wolfram überträgt zwischen 1200 und 1210 die Geschichte nach Chrétiens de Troyes unvollendetem Roman aus dem Altfranzösischen in das Mittelhochdeutsche und bearbeitet sie dabei. Die *Fortsetzungen* entstanden allerdings ursprünglich nicht als Ergänzungen zu Wolframs Text, sondern zu Chrétiens Romanfragment. In den *Rappoltsteiner Parzifal* wurden drei Fortsetzungen (*Erste Fortsetzung*, *Wauchiers Fortsetzung* und *Manessiers Fortsetzung*)[2] und ein nachträglich verfasster Prolog zum *Conte du Graal* (die *Elucidation*) übertragen. Nach der Karlsruher Handschrift[3] wurden diese *Fortsetzungen* von dem fünfköpfigen Bearbeiter-Team des *Rappoltsteiner Parzival*, den Dichtern Philipp Colin und Claus Wisse, dem Übersetzer Sampson Pine und zwei Schreibern (Hänselin und der von Ohnheim) in den Jahren 1331–1336 im Auftrag Ulrichs von Rappoltstein, wahrscheinlich in Straßburg, ihrerseits ins Deutsche übertragen und mit Wolframs Version zusammengebracht.

---

[1] Im Folgenden zitiert als RP nach Philipp Colin/Claus Wisse: *Parzifal*. Eine Ergänzung der Dichtung Wolframs von Eschenbach (1331–1336), hg. v. Karl Schorbach [Photomechan. Nachdr. d. Ausg. Strassburg, London 1888], Berlin/New York 1974.

[2] Alternative Bezeichnungen der anonym überlieferten *Ersten Fortsetzung* sind auch *Gauvain-Fortsetzung* oder *Pseudo-Wauchier*. *Wauchiers* und *Manessiers Fortsetzung* werden auch als *Zweite* bzw. *Dritte Fortsetzung* bezeichnet. Daneben existiert noch *Gerberts Fortsetzung* (= *Vierte Fortsetzung*), die parallel zu *Manessiers Fortsetzung* entstanden ist und daher ebenfalls an *Wauchiers Fortsetzung* anschließt. Des Weiteren ist eine Vorgeschichte zu Percevals Vater, der sog. *Bliocadran*-Prolog überliefert. Zwar wurden *Gerberts Fortsetzung* und der *Bliocadran* nicht in den *Rappoltsteiner Parzifal* aufgenommen, doch ist ungewiss, ob diese den Bearbeitern nicht zur Verfügung standen oder ob sie aus konzeptionellen Gründen bewusst ausgelassen wurden (vgl. Yen-Chun Chen: Ritter, Minne und der Gral. Komplementarität und Kohärenzprobleme im *Rappoltsteiner Parzifal*, Heidelberg 2015, S. 105).

[3] Die Textpartien, auf die diese Informationen zurückgeführt werden, sind der Epilog, die sog. Prosa-Überleitung und ein Schreiber-Kolophon (Schorbach 1974, S. XIII–XXV sowie RP 845,14ff.).

Das daraus entstandene Werk kann man aus Sicht der germanistischen Forschung zurecht »einen Glücks- und einen Problemfall zugleich«[4] nennen. Ein
Glücksfall ist es, da erstens mit der heute in Karlsruhe befindlichen Handschrift
(BLB Karlsruhe, Cod. Donaueschingen 97)[5] »die einzige Originalhandschrift
eines höfischen Epos aus dem 13. und 14. Jahrhundert«[6] erhalten ist und zweitens
mit der römischen Handschrift (Biblioteca Casanatense Rom, Cod. 1409 [olim A
I 19])[7] deren direkte Abschrift. Diese Materiallage bietet eine fundierte Basis, Li-
teratur- und Buchproduktion um 1330 zu untersuchen.

Probleme bereitet allerdings die Interpretation der Textkombination, da innerhalb der *Fortsetzungen* inhaltliche, formale und stilistische Brüche zu verzeichnen sind, aber auch Kontinuitäten bestehen.[8] So wird der *Ersten Fortsetzung* nach-
gesagt, dass sie sich weit von Chrétiens *Conte du Graal* wegbewege, indem Perce-
val/Parzival als Protagonist nicht auftaucht und neue Handlungsstränge um
andere Protagonisten, größtenteils Gauvain/Gawan und dazu Karadoc/Karados
und Guerrehet/Gaheries, verfolgt werden. *Wauchiers Fortsetzung* konzentriert sich
fast ausschließlich auf Perceval/Parzival und seinen Weg zum besten Ritter der
Welt, der mit zahlreichen Episoden und Proben versehen ist, setzt daneben aber
auch die Gawan-Handlung der *Ersten Fortsetzung* fort, worin eine Annäherung
an Chrétien gesehen wird. In *Manessiers Fortsetzung* werden die zuvor offengelas-
senen Stränge beendet, zugleich aber auch neue, mit weiteren Protagonisten (Sa-
gremor/Segramors, Bohort) verbundene hinzugefügt, wobei Manessier auf Material aus dem *Prosa-/Vulgate-Zyklus* zurückgreift und damit nicht nur auf Chrétien
und die *Fortsetzungen*, sondern auf die Entwicklung des Artusstoffs allgemein reagiert.[9] Für den *Rappoltsteiner Parzifal* ist diese Heterogenität noch erhöht, da die
Fortsetzungen ursprünglich im Anschluss an Chrétiens Romanfragment entworfen
sind, nicht aber für Wolframs Version. Ein einheitliches, originäres Programm ist
nicht zu erwarten, die einzelnen Geschichten scheinen sich in der Stoffmenge zu
verlieren.

---

[4] Chen 2015, S. 11.

[5] *Parzival*-Hs. V [G⁶], Minnesang-Hs. i und *Conte du Graal*-Hs. D.

[6] Joachim Bumke: Autor und Werk. Beobachtungen und Überlegungen zur höfischen
Epik (ausgehend von der Donaueschinger Parzivalhandschrift G⁶), in: Zeitschrift für deutsche Philologie 116, 1997, S. 87–114, S. 87.

[7] *Parzival*-Hs. V' [G⁶⁶], Minnesang-Hs. i' und *Conte du Graal*-Hs. R.

[8] Vgl. Leah Tether: The Continuations of Chrétien's *Perceval*. Content and construction, extension and ending, Woodbridge, U.K., Rochester, NY 2012, S. 11–18; Thomas Hinton: The *Conte du Graal* cycle. Chrétien de Troyes' *Perceval*, the continuations,
and French Arthurian romance, Cambridge, Rochester, NY 2012, S. 68 sowie Matilda
Tomaryn Bruckner: Chrétien continued. A study of the *Conte du Graal* and its verse continuations, Oxford 2009, S. 4.

[9] Vgl. ebd., S. 14 und Hinton 2012, S. 193.

In der deutschsprachigen Erzähltradition ist das Erzählen vom Artusstoff zwar eng mit der Gattung des Romans bzw. der Sub-Gattung des Artusromans verbunden, doch überschreitet die Menge und Vielzahl der Geschichten das Format des auf einen einzelnen Protagonisten fokussierten Romans deutlich, wie bereits FRIEDRICH HEINRICH VON DER HAGEN bemerkte, als er 1816 eine der beiden Handschriften des *Rappoltsteiner Parzifal* in Rom entdeckte:

> Anfang und Ende [der Handschrift] rühmt sich gegen E s c h e n b a c h s P a r c i - v a l (nach dem Provenzalen K y o t), dessen Ausfall gegen Christian von Troyes ein- fügenß, daß dieser neue Parcival mehr enthalte; und bekannt ist aus der Französischen Prosa, daß sie [die Handschrift], wie die von T r i s t a n und L a n z e l o t , mehr den ganzen Fabelkreis der Tafelrunde und des Grals in sich hinüberzieht.[10]

Diese allererste Einschätzung des Werks ist bemerkenswert,[11] da sie den Anspruch der Straßburger Bearbeiter darin beschreibt, Wolframs unvollständig übernom- menen Stoff zu ergänzen und dieses Vorhaben mit altfranzösischen Prosa-Groß- erzählungen vergleicht, deren Gegenstand ebenfalls der »ganze[n] Fabelkreis der Tafelrunde und des Grals«[12] sei. Die Frage, inwieweit dieses umfangreiche, hete- rogene Werk ein kohärentes Ganzes darstellt, hat die germanistische Forschung zwar seit jeher beschäftigt, doch fehlt bisher ein Modell, das die gesamte darin enthaltene Stoffmenge berücksichtigt.[13]

---

[10] FRIEDRICH HEINRICH VON DER HAGEN: Briefe in die Heimat aus Deutschland, der Schweiz und Italien. Band 2, Breslau 1818, S. 304. Zur weiteren Erschließung der Hand- schriften durch die frühe Forschung siehe zudem FRIEDRICH HEINRICH VON DER HAGEN: Minnesinger. Deutsche Liederdichter des zwölften, dreizehnten und vierzehnten Jahrhun- derts, Leipzig 1838, S. 905; LUDWIG UHLAND: Zur Sammlung der Minnesänger, in: Ta- schenbuch für Geschichte und Alterthum in Süddeutschland 2, 1840, S. 259–263; ADEL- BERT KELLER: Romvart. Beiträge zur Kunde mittelalterlicher Dichtung aus italienischen Bibliotheken, Mannheim/Paris 1844, S. 647–686; JOSEPH VICTOR SCHEFFEL: Die Hand- schriften altdeutscher Dichtungen der Fürstlich Fürstenbergischen Hofbibliothek zu Do- naueschingen, Stuttgart 1859, S. 15–18; KARL AUGUST BARACK: Die Handschriften der Fürstlich-Fürstenbergischen Hofbibliothek zu Donaueschingen, Tübingen 1865, S. 88–93. Sehr nützlich und leider kaum beachtet ist der Beitrag ADELBERT KELLERS, da er Auszüge aus der römischen Handschrift enthält, die nicht in SCHORBACHS spätere Edition einge- gangen sind. Dazu gehören u. a. (fast) alle Überschriften und der Epilog, die z. T. stark von der Karlsruher Handschrift abweichen. Allerdings sind KELLERS Auszüge z. T. fehlerhaft, da darin vereinzelte Überschriften und Verse ausgelassen sind.
[11] VON DER HAGEN nimmt sie auf Basis eines verknappten Prosa-Rubrikats zu Beginn und dem Epilog zum Ende der römischen Handschrift vor.
[12] VON DER HAGEN 1818, S. 305.
[13] Erst die 2015 erschienene Arbeit YEN-CHUN CHENS beginnt den *Rappoltsteiner Par- zifal* auf zum Roman alternative Verfahren zur Erzeugung von Kohärenz zu untersuchen (vgl. CHEN 2015, S. 39).

1.1.   Forschungsstand

Die Zahl der Forschungsbeiträge zum *Rappoltsteiner Parzifal* ist eher gering. Unter diesen ist der Anteil, der sich damit auseinandersetzt, wie aus der Kombination
von Wolframs *Parzival* mit den *Fortsetzungen* eine kohärente Erzählung entsteht,
wiederum sehr klein. Bis auf wenige Ausnahmen ist er bis in die 1970er Jahre
hinein kaum Gegenstand von Untersuchungen gewesen,[14] sondern taucht meist in
Literaturgeschichten oder anderen Überblicken auf, welche sich darauf beschränken, den Kompilationscharakter zu erwähnen, die faktuale Lesart des Epilogs nach
Karl Schorbach,[15] der die bis heute einzige Edition des Textes vorlegte, zu re-
produzieren und dies mit ästhetischen Werturteilen zu vermengen. Colin und
Wisse wurden aufgrund des Epilogs zu Handwerkerdichtern und Wolfram-Epi-
gonen gemacht und die Beteiligung des jüdischen Übersetzers Sampson Pine
wurde z. T. unter antisemitischen Einflüssen interpretiert.[16]
    Eine frühe Gegenposition nimmt Edmund Kurt Heller ein, der sich auf
Grundlage Vergleichs mit den altfranzösischen *Fortsetzungen* gegen diese Bewertungen richtet und auf das kompilatorische Geschick der Bearbeiter verweist:

> Wolfgang Golther goes even further, calling the poem »schlechteste Handwerks-
> ware.« He claims that the authors made impossible additions to Wolfram without trying

---

[14] Die Ausnahme bildet die posthum veröffentlichte Untersuchung Kurt Mar-
quardts (Kurt Marquardt: Die Verskunst des *Neuen Parzifal*. Hrsg. v. Else Habering,
Königsberg 1916), die allerdings wenig einflussreich blieb. Dabei kommt Marquardt zu
bemerkenswerten Ergebnissen, indem er bereits den mehrfachen Wechsel der Vorlage zu
den Anteilen von Wolframs *Parzival* erkennt (ebd., S. 68) und die Verteilung der Anteile
des *Rappoltsteiner Parzifal* nicht auf Spekulationen aufbaut, sondern nach dem Stil der Ver-
sifizierung vornimmt (ebd., S. 69–72).

[15] Schorbach 1974, S. IXff.

[16] Diese Positionen sind von Wittmann-Klemm (Dorothee Wittmann-Klemm:
Studien zum *Rappoltsteiner Parzifal*, Göppingen 1977, S. I–VIII) und z. T. auch von Yen-
Chun Chen (Chen 2015, S. 15) aufgearbeitet, daher soll hier ein Beispiel im Wortlaut
genügen: »Das ganze unförmliche Gedicht wurde zwischen das 14. und 15. Buch des *Par-
zival* eingeschoben, wodurch die Widersprüche noch unleidlicher erscheinen. Die beiden
Straßburger waren der französischen Sprache gar nicht mächtig und bedienten sich der
Hilfe des Juden Samson Pine, der ihnen Zeile für Zeile verdeutschte, während sie für die
Versform sorgten. [...] Ulrich von Rappoltstein verwendete 200 Pfund, etwa den Wert eines
Streitrosses, auf die Herstellung des Buches. Der Stil ist gewöhnlich, die Verskunst ver-
wahrlost, poetische Begabung fehlt den Bearbeitern völlig. Es ist Handwerksware, die
Wolframs Parzival mit unmöglichen Zusätzen belastet ohne den Versuch, die verschieden-
artigen Stoffmassen in Einklang zu bringen. Gedankenlose Anhäufung von Romanstoffen,
die den Zeitgenossen tot und unverständlich waren, ist das Gepräge dieses Rittergedichts«
(Wolfgang Golther: Parzival und der Gral in der Dichtung des Mittelalters und der
Neuzeit, Stuttgart 1925, S. 254).

to bring together the heterogeneous elements of their sources. To my mind the forgoing statements apt to give an entirely erroneous impression. The fact alone that the Alsatian poem inserts 807 lines in 26 different places, and 36,984 lines in one place into the 24,812 lines of Wolfram's *Parzival*, should give food for thought and should warrant investigation.[17]

Die Abwertung der Dichtung als epigonal relativiert er mit einem knappen Verweis darauf, dass auch Wolfram seinem Vorgänger Chrétien verpflichtet und dessen *Parzival* »far from faultless in its plot«[18] gewesen sei.

Die erste eingehende Untersuchung der kompilatorischen Leistung erfolgte dennoch erst ein gutes halbes Jahrhundert später durch Dorothee Wittmann-Klemms *Studien zum Rappoltsteiner Parzifal*.[19] Inwiefern ihre Arbeit die Grundlagen zur Interpretation des Werks liefert, formuliert Yen-Chun Chen:

> Das Verdienst Wittmann-Klemms liegt in erster Linie in ihrer erstmalig umsichtigen Beschreibung der Textgestalt und in ihrem ernsthaften Versuch, eine literaturwissenschaftlich angemessene Methodik für den Umgang mit dem problematischen Text zu finden. Wertvolle Grundlage für weitere Interpretationen liefert auch der gewissenhafte

---

[17] Edmund Kurt Heller: Studies on the Alsatian *Parzival*, in: The Germanic review. Devoted to studies dealing with the Germanic languages and literatures 5, 1930, 2, S. 109–126, S. 110; Golther darin zitiert nach Wolfgang Golther: Die deutsche Dichtung im Mittelalter. 800 bis 1500, 2. Aufl., Stuttgart 1922, S. 411. Hellers Beobachtungen sind mit Schorbachs Edition, trotz der sprachlichen Unterschiede, in der Edition der *Fortsetzungen* von William Roach berücksichtigt (William Roach: The Continuations of the Old French *Perceval* of Chrétien de Troyes. First Continuation vol. I–III; Wauchiers Continuation vol. IV; Manessiers Continuation vol. V, Philadelphia 1949–1985).

[18] Heller 1930, S. 110. Das Einschieben der *Fortsetzungen* wird von Heller hingegen als »masterstroke« (ebd., S. 112) bezeichnet.

[19] Wittmann-Klemm 1977. Dazwischen ist das Werk nur vereinzelt Gegenstand: Heller selbst hat zwei motivgeschichtliche Beiträge verfasst, die Teile der *Ersten Fortsetzung* mit der Übersetzung im *Rappoltsteiner Parzifal* vergleichen (Edmund Kurt Heller: The Story of the Magic Horn. A Study in the Developement of a Medieval Folk Tale, in: Speculum. A journal of medieval studies XI, 1934, S. 38–50 und Edmund Kurt Heller: The Story of the Sorcerer's Serpent. A Puzzling Medieval Folk Tale, in: Speculum. A journal of medieval studies XV, 1940, S. 338–347). Ein Beitrag Arne Holtorfs zur Minnesang-Überlieferung verweist darauf, dass das Florilegium und der Epilog konzeptuell verbunden sind (Arne Holtorf: Eine Strophe Reinmars von Brennenberg im Rappoltsteiner *Parzival*, in: Zeitschrift für deutsches Altertum und deutsche Literatur 96, 1967, S. 321–328). Die stigmatisierenden Urteile halten sich parallel dazu, z. B. bei Werner Besch: Vom *alten* zum *nûwen Parzival*, in: Der Deutschunterricht 14, 1961, S. 91–102; Helmut Anton Wilhem de Boor: Die deutsche Literatur im späten Mittelalter. Zerfall und Neubeginn, 3. Aufl., München 1967, S. 83–86 und Gustav Ehrismann: Geschichte der deutschen Literatur bis zum Ausgang des Mittelalters. Handbuch des deutschen Unterrichts an höheren Schulen 1959, S. 471).

– allerdings lediglich auf der inhaltlichen Makroebene – durchgeführte Vergleich zwischen dem mittelhochdeutschen Text und den altfranzösischen (mutmaßlichen) Vorlagen.[20]

Wittmann-Klemm ergänzt und korrigiert die Zuordnung der kompilierten Passagen, beschreibt die Übersetzungstechnik der Bearbeiter, arbeitet die verschiedenen Gliederungsebenen der Überschriften heraus, bezieht den Epilog zur Untersuchung der Programmatik ein, stellt Überlegungen zur Rezeption an und gibt einen Überblick über die Wirkung des Werks.[21] Sie kommt zu dem Ergebnis, dass die Übersetzung mit großer Genauigkeit den von ihr verglichenen französischen Version folgt.[22] Die Kompilation führe dazu, dass im *Rappoltsteiner Parzifal* »die Grundstruktur des Artusromans [...] wieder zerfallen«[23] sei und nimmt eine selektive Rezeption der verschiedenen Episoden an, die nun eine »Sammlung von Minne-Exempeln«[24] bildeten. Dazu sei die Gralwelt durch die widersprüchlichen Gralszenen und die Integration von Artus einer »grundlegende[n] Profanierung«[25] unterworfen worden. Den Zerfall der Romanstruktur führt sie auf die geänderte Anordnung und die Strukturierung durch die Überschriften zurück, die Lesart als Minne-Exempel größtenteils auf die Akzentuierung des Themas im Epilog, dem Florilegium und einiger Handlungsstränge. Richtschnur der Kompilation sei einerseits das »Prinzip der Vollständigkeit«[26] gewesen, andererseits die Vermeidung von Dopplungen.[27] Dass die Bearbeiter Wolframs Version des *Parzival* mit den *Fortsetzungen* kombinieren, sieht sie in ihrer »konservativ-bewahrende[n] Haltung«[28] begründet, die Ausdruck einer »naive[n] Literaturauffassung«[29] sei.

Obwohl Wittmann-Klemms Untersuchung des Erzähltextes nur oberflächlich bleiben konnte, wurde der *Rappoltsteiner Parzifal* bis in die jüngste Zeit kaum narratologisch untersucht. Die Forschung konzentrierte sich zum einen auf die Deutung des Werks auf Grundlage des Epilogs[30] und des Florilegiums und sah in

[20] Chen 2015, S. 17.
[21] Vgl. ebd., S. 16–19.
[22] Vgl. Wittmann-Klemm 1977, S. 66.
[23] Ebd., S. 96.
[24] Ebd., S. 111.
[25] Ebd., S. 92.
[26] Ebd., S. 71.
[27] Vgl. ebd.
[28] Ebd., S. 30.
[29] Ebd., ähnlich auch ebd., S. 72.
[30] Peter Strohschneider: Höfische Textgeschichten. Über Selbstvorwürfe vormoderner Literatur, Heidelberg 2014; Martina Backes: Literarische Kommunikationswege am Oberrhein, in: Kulturtopographie des deutschsprachigen Südwestens im späteren Mittelalter. Studien und Texte, hg. v. Barbara Fleith, Rene Wetzel, Berlin 2009, S. 1–12;

ihm ein Beispiel für Retextualisierung, kollektive Autorschaft und Gönnerschaft im Mittelalter.[31] Zum anderen verfolgt sie die Untersuchung der beiden Handschriften als Untersuchungsobjekt der Buchherstellung weiter.[32] Der Erzähltext

MARTINA BACKES: *ich buwe doch die strazzen / die sie hant gelazzen.* Überlegungen zu Selbstverständnis und Textkonzept deutscher Bearbeiter französischer Werke im Mittelalter, in: Retextualisierung in der mittelalterlichen Literatur, hg. v. JOACHIM BUMKE, URSULA PETERS, Berlin 2005, S. 345–355; JOACHIM BUMKE: Retextualisierungen in der mittelalterlichen Literatur, besonders in der höfischen Epik. Ein Überblick, in: Retextualisierung in der mittelalterlichen Literatur, hg. v. JOACHIM BUMKE, URSULA PETERS, BD. 124, Berlin 2005, S. 6–46; SONJA EMMERLING: Geld und Liebe. Zum Epilog des *Rappoltsteiner Parzifal*, in: Forschung zur deutschen Literatur des Spätmittelalters. Festschrift für JOHANNES JANOTA, hg. v. HORST BRUNNER, WERNER WILLIAMS-KRAPP, Tübingen 2003, S. 31–49; PETER STROHSCHNEIDER: Literarische Ligaturen. Philipp Colin über Paradoxien höfischer Kunstaufträge im Mittelalter, in: Kunst, Macht und Institution. Studien zur philosophischen Anthropologie, soziologischen Theorie und Kultursoziologie der Moderne: Festschrift für KARL-SIEGBERT REHBERG, hg. v. KARL-SIEGBERT REHBERG, JOACHIM FISCHER, HANS JOAS, Frankfurt am Main/New York, NY 2003, S. 537–556; THOMAS BEIN: *Parzival* zu zweit. Zu Formen literarischer Teamarbeit im deutschsprachigen Mittelalter, in: Literarische Zusammenarbeit, hg. v. BODO PLACHTA, WINFRIED WOESLER, Tübingen 2001; MANFRED GÜNTER SCHOLZ: Zum Verhältnis von Mäzen, Autor und Publikum im 14. und 15. Jahrhundert. *Wilhelm von Österreich, Rappoltsteiner Parzival, Michel Beheim*, Darmstadt 1987.

[31] THOMAS BEIN: Walther und andere Lyriker im Rappoltsteiner Florilegium. Zum Spannungsfeld von Poetik, Textkritik und Edition, in: Mittelalterliche Lyrik. Probleme der Poetik, hg. v. THOMAS CRAMER, INGRID KASTEN, Berlin 1999, S. 169–196; FRANZ-JOSEF HOLZNAGEL: Minnesang-Florilegien. Zur Lyriküberlieferung im *Rappoltsteiner Parzifal*, im *Berner Hausbuch* und in der Berliner *Tristan*-Handschrift N, in: *Dâ hœret ouch geloube zuo.* Überlieferungs- und Echtheitsfragen zum Minnesang: Beiträge zum Festcolloquium für GÜNTHER SCHWEIKLE anlässlich seines 65. Geburtstags, hg. v. GÜNTHER SCHWEIKLE, RÜDIGER KROHN, WULF-OTTO DREESSEN, Stuttgart 1995, S. 65–88.

[32] DORIS OLTROGGE, MARTIN J. SCHUBERT: Von der Reflektographie zur Literaturwissenschaft. Varianzen im *Rappoltsteiner Parzifal*, in: Wolfram von Eschenbach. Bilanzen und Perspektiven, hg. v. WOLFGANG HAUBRICHS, ECKART CONRAD LUTZ, KLAUS RIDDER, Berlin 2002, S. 347–376; MATTHIAS MILLER: *Der welsch parcefall, perment, reimen, bretter, braun leder.* Zum *Rappoltsteiner Parzifal* aus der Biblioteca Palatina, in: Zeitschrift für deutsches Altertum und deutsche Literatur 136, 2007, S. 307–311; UTE OBHOF: Zur Entstehung der Karlsruher Handschrift des *Rappoltsteiner Parzifal*. Die Initialen, in: Zeitschrift für deutsches Altertum und deutsche Literatur 138, 2009b, S. 374–383; MICHAEL STOLZ: Die Abschrift als Schreibszene. Der *Nuwe Parzifal* in der Handschrift Rom, Biblioteca Casanatense, Mss. 1409, in: Finden, gestalten, vermitteln. Schreibprozesse und ihre Brechungen in der mittelalterlichen Überlieferung. Freiburger Colloquium der Wolfram von Eschenbach Gesellschaft 2010, hg. v. ECKART CONRAD LUTZ, SUSANNE KÖBELE, KLAUS RIDDER, Berlin 2012, S. 331–356.

blieb seit Wittmann-Klemm zwar beinahe unerforscht,[33] doch wird das Werk in jüngeren Überblicken in die Nähe eines enzyklopädischen Interesses und von Zyklen gestellt, die als typisch für die Literatur des Spätmittelalters gelten.[34]

Erst in jüngerer Zeit wendet sich die Forschung der Untersuchung des Erzähltextes zu und unternimmt Versuche, seine Wirkungsweisen zu verstehen und aus ihnen eine Konzeption des Werks abzuleiten.[35] Uta Störmer-Caysa nimmt dazu den *Prologus* bzw. die *Elucidation* in den Fokus und sieht darin einen möglichen »Verständnisschlüssel«[36] für das Werk, indem die zahlreichen Handlungsstränge als variiert wiederholende Gralerlösungserzählungen, die mit einem zyklischen Zeitverständnis operieren, zu lesen seien. Auch Cora Dietl stuft die rätselhafte Passage als programmatisch für den gesamten *Rappoltsteiner Parzifal* ein, indem sie die Licht-Metaphorik, die eigentlich auf (göttliche) Erleuchtung abziele, durch

---

[33] Danielle Buschinger bestärkt Wittmann-Klemms Ergebnisse, dass die Widersprüche zwischen den unterschiedlichen Gralszenen gewollt sein könnten (Danielle Buschinger: Zum *Rappoltsteiner Parzival*, in: Perceval – Parzival hier et aujourdhui et autres essais sur la littérature allemande du Moyen Age et de la Renaissance. Recueil d'articles : pour fêter les 95 ans de Jean Fourquet, hg. v. Danielle Buschinger, Jean Fourquet, Greifswald 1994, S. 71–78 und erschienen als Danielle Buschinger: Einiges zum *Rappoltsteiner Parzival*, in: Dies.: Studien zur deutschen Literatur des Mittelalters, Greifswald 1995, S. 142–148).

[34] Wolfgang Achnitz: Deutschsprachige Artusdichtung des Mittelalters. Eine Einführung, Berlin 2012; Bernd Bastert: Late Medieval Summations. *Rappoltsteiner Parzifal* and Ulrich Füetrer's *Buch der Abenteuer*, in: The Arthur of the Germans. The Arthurian legend in medieval German and Dutch literature, hg. v. Silvia Ranawake, W. H. Jackson, Cardiff 2002, S. 166–180; Wolfram von Eschenbach. Ein Handbuch. Autor, Werk, Wirkung, hg. v. Joachim Heinzle, Berlin 2011; Neil Thomas: The Defence of Camelot. Ideology and intertextuality in the ›post-classical‹ German romances of the matter of Britain cycle, Bern, New York 1992.

[35] Die beiden jüngeren Beiträge von von Anna-Lena Liebermann und Nicole Otte untersuchen einzelne Episoden im Kontext von kollektiver Gewalt und Tabubrüchen (Anna-Lena Liebermann: Der Ritter im Baum. Wahnsinn als Auslöser von Gewalt am Beispiel des *Rappoltsteiner Parzifal*, in: Rules and violence. On the cultural history of collective violence from Late Antiquity to the Confessional Age = Regeln und Gewalt: zur Kulturgeschichte der kollektiven Gewalt von der Spätantike bis zum konfessionellen Zeitalter, hg. v. Cora Dietl, Titus Knäpper, Berlin 2014; Nicole Otte: Ein Sprung ins Ungewisse. Tabus und ihre narrative Realisierung im *Rappoltsteiner Parzifal*, in: Texte und Tabu. Zur Kultur von Verbot und Übertretung von der Spätantike bis zur Gegenwart, hg. v. Alexander Dingeldein, Matthias Emrich, Bielefeld 2015).

[36] Uta Störmer-Caysa: Was soll die *Elucidation* im *Rappoltsteiner Parzival*? Mutmaßungen über Handlungslogik und Verknüpfungstechnik, in: Vom Verstehen deutscher Texte des Mittelalters aus der europäischen Kultur. Hommage à Elisabeth Schmid, hg. v. Dorothea Klein, Würzburg 2011, S. 411–425, hier: S. 424.

ihre »Verdunkelungstechnik«[37] konterkariere. Ein ähnlicher Umgang mit der Licht-Metaphorik zeige sich auch in den Gral-Episoden der *Fortsetzungen*.[38] In einem weiteren, jüngeren Beitrag setzt sich STÖRMER-CAYSA mit den Techniken der Anknüpfung anhand des in der *Ersten Fortsetzung* offen gelassenen Handlungsstrangs um den toten Ritter auseinander und zeigt, dass zunächst nicht zu Ende geführten Handlungsstränge von der *Ersten* und *Manessiers Fortsetzung* dazu genutzt werden, um das Ende zu verzögern, weitere Fortsetzungen zu stimulieren und vorangehende Episoden durch Widersprüche und abweichende Konzeptionen in Frage zu stellen.[39]

In der ersten größeren Arbeit seit WITTMANN-KLEMM, die sich eigens mit dem *Rappoltsteiner Parzifal* beschäftigt, widmet sich YEN-CHUN CHEN den Widersprüchen des Werks,[40] die von der älteren Forschung als Inkohärenzen bemängelt wurden. Sie nimmt an, dass Widersprüche als ein Erzählmittel eingesetzt werden, das Kohärenz stiftet. Durch kontinguäre, pseudo-kausale Verknüpfungen von Sachverhalten bzw. Elementen der Erzählung könnten Widersprüche geschaffen werden, bei denen die sich widersprechenden Elemente nicht ausschließen, sondern komplementär nebeneinander bestehen bleiben.[41] Oft seien diese komplementären Verhältnisse mit Hierarchien verbunden.[42] Hierzu zählten alternative Versionen derselben Handlung (z. B., dass Gawan zu Beginn der *Ersten Fortsetzung* im Zorn vom Artushof fortreitet, was in Widerspruch zu Wolframs zuvor erzählter, friedlicher Konfliktlösung steht; weitere Beispiele sind die konkurrierenden Gralszenen),[43] Motivierungsmodelle (kausale Rittertaten und teleologische Gottesgnade),[44] Figurenkonstellationen (z. B. Parzival-Sigune, Parzival-Trevrizent)[45] und viele weitere Aspekte. Fluchtpunkt von CHENS Interpretation ist das Verhältnis des Menschen zu Gott, das im *Rappoltsteiner Parzifal* als komplementär entworfen werde.[46] Die Arbeit unternimmt einen gewaltigen Schritt, indem sie danach fragt, wie Kohärenz in diesem Werk, das zweifellos durch die

---

[37] CORA DIETL: Licht und Erleuchtung im *Rappoltsteiner Parzifal*, in: Journal of the International Arthurian Society 1, 2013, 1, S. 29–49, S. 35.

[38] Ebd., 39ff.

[39] UTA STÖRMER-CAYSA: Der tote Ritter in Gaweins Geleit. Wie der *Rappoltsteiner Parzifal* eine Kriminalgeschichte erzählt und mit dem Indizienbeweis scheitert, in: Kulturphilologie. Vorträge des Festkolloquiums zum 75. Geburtstag von Helmut Birkhan, hg. v. MANFRED KERN, FLORIAN KRAGL, Wien 2015, S. 81–107.

[40] CHEN 2015.

[41] Vgl. ebd., S. 65.

[42] Vgl. ebd., S. 91.

[43] Vgl. ebd., S. 180–184 und 25–27.

[44] Vgl. ebd., S. 170.

[45] Vgl. ebd., S. 171.

[46] Vgl. ebd., S. 94–102, 166ff., 177, 252, 274, 310 und 324.

Diversität seiner Erzählungen geprägt ist, hergestellt wird. CHEN sieht im *Rappoltsteiner Parzifal* insgesamt zwar die Tendenz zur Stoffsammlung,[47] jedoch keine selektiv zu rezipierende Anthologie,[48] wie es WITTMANN-KLEMM tut. Ausgehend davon, dass die literarische Leistung der Straßburger Bearbeiter nicht primär in der akribischen Übersetzung liege,[49] kommt sie zu dem Schluss, dass die Widersprüche innerhalb der *Fortsetzungen* und zum wolframschen Text als produktive Verfahren zur Sinnbildung genutzt und z. T. möglicherweise durch die Bearbeiter absichtlich herbeigeführt seien.[50]

Auch wenn diese Arbeit einen neuen, methodisch adäquaten Zugang zum Text und die erste Analyse bietet, die sich mit den Details des Erzähltextes beschäftigt, ist die Gesamtdeutung, die auf das Verhältnis von Gott und Mensch ausgerichtet ist, nicht völlig überzeugend. Wie lassen sich die Erzählungen um die weiteren Helden, die das Gral-Thema und auch Parzival beinahe gänzlich ignorieren, in diese Deutung einordnen? Inwieweit ist es zulässig, in diesen Fällen überhaupt von Widersprüchen zu sprechen? Handelt es sich um eine Ansammlung mehrerer Erzählungen oder um Einzelstränge eines umfangreichen Artusromans?

Gerade diese Geschichten um die anderen Helden unterscheiden den *Rappoltsteiner Parzifal* von seinen Vorgängern in der Gattung, insbesondere Wolframs *Parzival*, was aus Sicht der älteren Forschung ein Grund für regelrechte Empörung war, wie z. B. bei WERNER BESCH:

> Parzival und Gawan sind zwar noch Haupthelden, keiner aber ist mehr eigentlich *des maeres herre*. Jeder Ritter der Tafelrunde kann für eine kürzere oder längere Zeit den Fortgang der Geschichte bestimmen. Aventüre reiht sich an Aventüre, der Held geht unberührt hindurch. Es gibt keine Stufen der Welterfahrung, es gibt keine seelische Entwicklung mehr. Die einzelnen Abenteuer sind ohne weiteres austauschbar, meist auch die Ritter, die sie bestehen.[51]

Gegen die Statik der Helden und die Austauschbarkeit der Figuren und Episoden lässt sich sicher Einspruch erheben, doch ist BESCH hinsichtlich der Beobachtung zuzustimmen, dass das Gesamtwerk wesentlich dezentraler angelegt ist als Wolframs Doppelroman, der ja schon mit zwei bzw. drei alternativen Helden aufwartet. Es ist eben diese Diversität, die zu den Einordnungen des *Rappoltsteiner Parzifal* als Anthologie oder enzyklopädische Stoffsammlung geführt hat und die es schwierig macht, überhaupt einen alleinigen Flcuhtpunkt auszumachen, auf den

[47] Vgl. ebd., S. 199.
[48] Vgl. ebd., S. 27.
[49] Vgl. ebd., S. 18.
[50] Vgl. ebd., S. 332.
[51] BESCH 1961, S. 94.

die gesamte Dichtung hinausläuft. Vor dem Hintergrund, dass der Gral re-arthu-risiert wird und eher als letzter Ausweis dafür steht, dass der gute Zustand der höfisch-arthurischen Welt der mythischen Vorzeit wiederhergestellt ist, wird eine Lesart, die sich auf Parzival und den Gral konzentriert, dem Werk nicht völlig gerecht. Vielmehr stellt sich die Frage, zu welchem Erzählen diese scheinbar abseitsstehenden Figuren und Handlungsstränge führen, die sicherlich gewissen Unterhaltungswert haben,[52] dadurch aber vor allem eine spezifische Poetik aufweisen, die erklärungsbedürftig ist.

Ein Erklärungsmodell ist, den *Rappoltsteiner Parzifal* als Zyklus zu lesen, wie STÖRMER-CAYSA es mit dem Verweis auf »zyklusbegünstigende[r] Architektur«,[53] die mit dem Fortsetzen einhergeht, nahelegt.

> Gleichzeitig [zu der Vereinheitlichung der Figurennamen im *Rappoltsteiner Parzifal*] ist zu bemerken, daß die Gesamtlinie zeitlicher Progression in etwa erhalten bleiben soll, daß sich eine Gesamterzählung ergeben soll. Das gilt schon für die Fortsetzungen und Chrétiens Text, wie die Überlieferung lehrt; und unter je anderen Umständen trifft es auch für die anderen großen Zyklenkompilationen des späteren 13. und des 14. Jahrhunderts zu. Die Bindeglieder zwischen Chrétien und seinen Fortsetzungen, aber auch unter den Fortsetzungen, sind die kondensierten Geschichten, die in Aufgaben stecken, in abhandengekommenen Personen und magischen Dingen.[54]

Diese Bindeglieder, das, was dieses heterogene Werk zusammenhält, gilt es zu bestimmen. Dabei dürfen aber die Brüche, Widersprüche und Gegenläufigkeiten, wie von CHEN und STÖRMER-CAYSA aufgezeigt, nicht als Makel oder Nachlässigkeiten gewertet werden, sondern es ist nötig, danach zu fragen, inwieweit sie narrativ funktionalisiert werden und ob sich darüber die spezifische Poetik und Ästhetik dieses Werks erschließen lassen.

Die Forschung zu den altfranzösischen *Conte du Graal*-Fortsetzungen befand sich in einer ähnlichen Situation, ist aber bereits einen Schritt weiter. Zum einen wurde die durch die *Fortsetzungen* entstehenden Zusammenstellungen ebenfalls als inkohärent wahrgenommen, zum zweiten war die gewidmete Aufmerksamkeit vergleichsweise gering und mit stigmatisierenden Werturteilen verbunden. In jüngerer Zeit sind jedoch mehrere umfangreiche Studien erschienen, welche die Handschriften und die Texte der *Fortsetzungen* auf ihre Erzähl- und Kompositionsprinzipen hin befragen und zu Ergebnissen kommen, die auch für die Unter-

---

[52] Vgl. zu dieser Position DANIELLE BUSCHINGER: »Dies alles besagt, daß man das Ganze nicht so ernst nehmen soll: Das Werk wurde wohl zur Unterhaltung eines – kleinen – adeligen Leserkreises geschrieben, der seine Freude an bunten Abenteuern, Blut, Geheimnisvollem und [...] Liebe hatte« (BUSCHINGER 1994, S. 78).

[53] STÖRMER-CAYSA 2015, S. 85.

[54] Ebd., S. 82.

suchung des *Rappoltsteiner Parzifal* nutzbar gemacht werden können. Die Kombination mit Wolframs *Parzival* anstatt mit Chrétiens *Conte du Graal* bringt es selbstverständlich mit sich, dass diese Ergebnisse nicht ohne weiteres übertragbar sind, da Wolframs Bearbeitung bekanntlich grundlegende Änderungen vornimmt, die sich auf die Funktion als Bezugstext der *Fortsetzungen* auswirken und die Straßburger Bearbeitung in den Kontext der deutschsprachigen Artusroman-Tradition gestellt werden muss. Dennoch sollten diese Ergebnisse nicht ignoriert werden, da die französischen *Fortsetzungen* konzeptionell dem *Rappoltsteiner Parzifal* am nächsten stehen (kollektive Autorschaft, Diversität der Handlung, Widersprüche) und nicht zuletzt, da eine ihrer Handschriften als Vorlage gedient hat.

Einen wichtigen Impuls gibt MATILDA TOMARYN BRUCKNER, die den *Conte du Graal* gemeinsam mit seinen *Fortsetzungen* hinsichtlich eines narrativen Zentrums, Retextualisierung, kollektiver Autorschaft, übergreifenden Themen und Abgeschlossenheit untersucht.[55] Eine der Voraussetzungen ihrer Untersuchung ist, dass sie die Brüche und Widersprüche der *Fortsetzungen* nicht prinzipiell als Makel oder Fehler begreift, sondern als narrative funktionalisierte Irritationen, welche die Erzähltechnik des *Conte du Graal* aufgreifen.[56] Sie sieht Chrétiens Text als gemeinsamen Ausgangspunkt aller *Fortsetzungen*, von dem diese sich jeweils unterschiedlich weit fortbewegen oder sich ihm nähern, indem sie bestimmte Aspekte (immer wieder) retextualisieren.[57] Diese Art der Fortsetzung stellt BRUCKNER in den Kontext der Zyklusbildung.

> From the building of cathedrals to the formation of epic and romance cycles, continuation assumes many different guises in the Middle Ages. The slow accretion of large scale projects may reflect contemporary means and technology, but it represents an aesthetic choice as well: medieval taste delights in continuation.[58]

Zwei jüngere Arbeiten schlagen auf dieser Grundlage jeweils unterschiedliche Richtungen ein. Im Anschluss an BRUCKNER untersucht THOMAS HINTON den *Conte du Graal* und seine *Fortsetzungen* als Erzählzyklen,[59] wobei die *Fortsetzungen* und deren Redaktionen sich jeweils unterschiedlich weit vom Zentrum entfernen oder ihm entgegenstreben. Er geht von den Handschriften des Korpus aus, ar-

[55] BRUCKNER 2009 sowie MATILDA TOMARYN BRUCKNER: Rewriting Chrétien's *Conte du graal*. Mothers and Sons: Questions, Contradictions, and Connections, in: The Medieval *Opus*. Imitation, Rewriting, and Transmission in the French Tradition, hg. v. DOUGLAS KELLY, Amsterdam/Atlanta, GA 1996, S. 213–244.

[56] Vgl. BRUCKNER 2009, S. 14.

[57] Vgl. ebd.

[58] Ebd., S. 1.

[59] HINTON 2012.

beitet ihre Funktionen hinsichtlich der Gliederung und Rezeptionssteuerung heraus und verfolgt über den Verlauf der *Fortsetzungen*, wie Zyklifizierung als diachroner Prozess vorangetrieben wird. Diesen Prozess verortet er im Kontext einer generellen Tendenz mittelalterlicher Erzählungen, Zyklen herauszubilden. Leah Tether hingegen untersucht die *Fortsetzungen* des *Conte du Graal* hinsichtlich ihrer unterschiedlichen Funktionen als Fortsetzungen in der Literatur des Mittelalters.[60] Dabei begreift sie Fortsetzung als eine Gattung, die verschiedene Sub-Gattungen und verschiedene Modi im Verhältnis zum jeweiligen Ur-Text aufweisen kann.[61] Hinsichtlich der Einordung des *Conte du Graal* und seiner *Fortsetzungen* als Zyklen argumentiert sie gegen Bruckner und Hinton, dass die *Fortsetzungen* eine unabgeschlossene Handlung fortsetzen (*continuations*) und damit abhängig vom Ur-Text seien, Zyklen sich aber aus abgeschlossenen Anschlusserzählungen (*sequels*) bildeten.[62]

In Bezug auf den *Rappoltsteiner Parzifal* steht auch Chen der Position Hintons eher skeptisch gegenüber,[63] gesteht den *Fortsetzungen* jedoch »zyklische Züge«[64] zu. Sie betont, dass bei Wolfram die Gawan-Handlung quasi-kausal auf das »zentrale Geschehen des Grals«[65] bezogen sei und Hintons Idee eines proto-Entrelacement daher nicht greife. Das »Modell des gedoppelten Helden« sieht sie weiterhin auf den Gral bezogen.[66] Tethers Ansatz, die *Fortsetzungen* als »gattungsbildende Konzeption«[67] zu betrachten, weist sie mit dem Verweis darauf zurück, dass diese z. T. eine derart abweichende Handlungsführung aufweisen, dass man kaum von einem Fortsetzen sprechen könne. Chens Vorbehalte gegenüber den Ansätzen zu den französischen *Conte du Graal*-Fortsetzungen sind durchaus berechtigt, da sie die Eigenheiten der Kombination mit Wolframs Version berücksichtigt.

1.2. Kohärenzstrategien zyklischen Erzählens

Dennoch sollten meiner Ansicht nach die Fragen nach den zyklischen Zügen des *Rappoltsteiner Parzifal* nicht verworfen werden, da sie dazu beitragen können, eben jene so irritierenden Abweichungen in der Handlungsführung und inhaltlichen

---

[60] Tether 2012.
[61] Vgl. ebd., S. 19.
[62] Vgl. ebd., S. 59f. und 6–8.
[63] Vgl. Chen 2015, S. 33.
[64] Ebd., S. 132.
[65] Ebd., S. 36.
[66] Ebd., S. 71.
[67] Ebd., S. 132.

Unstimmigkeiten zu erklären, die im Sinne BRUCKNERS als zentrifugal beschrieben werden können und das *Conte du Graal*-Korpus einschließlich des *Rappoltsteiner Parzifal* prägen. Heterogenität, Stoffmenge, Widersprüche und konzeptu-
elle Brüche sind durch die Kombination mit Wolframs *Parzival* zwar noch gesteigert, doch scheinen die Straßburger Bearbeiter die Zusammenstellung als ein zusammenhängendes Werk begriffen zu haben, das nicht allein durch die »möglichst
unveränderte Übernahme alles Verfügbaren«[68] bestimmt ist,[69] sondern in der
Sinnstiftung von seinen Vorlagen abweicht.[70] Es stellt sich die Frage, mit welchen
Verfahren dieser Text Kohärenz erzeugt und wie diese literarhistorisch verortet
werden können.

Zyklizität

    In der vorliegenden Untersuchung greife ich auf das Konzept der Zyklizität als
Beschreibungsansatz zurück, wobei ich Zyklizität als ein Bündel von Kohärenz-
prinzipen begreife, die besonders bei Texten mit großen Stoffmengen auftreten,
in denen Erzählelemente oft nicht nur einmal, sondern gleich vielfach variiert wiederholt werden. Damit soll das Wirken anderer Prinzipien, die ebenfalls auf
»Wiederholungsfiguren«[71] basieren und als paradigmatische[72] und korrelative
Sinnstiftungsverfahren[73] beschrieben werden können, keinesfalls ausgeschlossen

---

[68] WITTMANN-KLEMM 1977, S. 129.

[69] Vgl. ebd., S. 30; DOROTHEE WITTMANN-KLEMM: Art. *Rappoltsteiner Parzifal*,
in: Die deutsche Literatur des Mittelalters. Verfasserlexikon, hg. v. KURT RUH, GUNDOLF
KEIL, WERNER SCHRÖDER u.a., Berlin/New York 1978–2008, Neudruck (Band I–XI) 2010,
993–1000, hier: S. 996; BASTERT 2002, S. 170; VOLKER MERTENS: Der deutsche Artusroman, Stuttgart 2005, S. 341.

[70] Ähnlich wendet sich auch CHEN gegen den Gedanken, dass die Vollständigkeit des
Stoffes allein leitend sei (CHEN 2015, S. 18).

[71] ARMIN SCHULZ: Erzähltheorie in mediävistischer Perspektive. Studienausgabe, Berlin, Boston 2015, S. 323.

[72] Vgl. dazu SCHULZ, der solche Prinzipien auf Grundlage von LOTMANN beschreibt:
»Lotmann hat […] von paradigmatischen Mustern des literarischen Bedeutungsaufbaus gesprochen, das bedeutet: In der syntagmatischen Abfolge einer Erzählung werden durch
Wiederholung und Variation einmal eingeführter Elemente und Themen Äquivalenzklas-
sen geschaffen, die für die Erzählung selbst (wie überhaupt für jeden literarischen Text) als
Paradigmen begriffen werden können. In diesem Sinn stiftet Wiederholung einen paradigmatischen Zusammenhalt, der neben den syntagmatischen der Abfolge tritt« (ebd.).

[73] CHEN fragt in ihrer Untersuchung zum *Rappoltsteiner Parzifal* nach Kohärenzpro-
blemen und erklärt diese mit Hilfe von Komplementarität als Verknüpfungsverfahren, das
pseudo-kausale Verhältnisse zwischen jeweils zwei (meist hierarchisch unterschiedlichen)
Elementen der Erzählung schafft. In Anschluss vor allem an MARKUS STOCK (CHEN 2015,
44ff.), ARMIN SCHULZ (ebd., 47f.), und HARALD HAFERLAND (ebd., 52ff.) verortet sie dieses Verfahren im Kontext korrelativer Sinnstiftung, d. h. durch variierende Wiederholung
hervorgerufene Erzählzusammenhänge, die nicht kausal, sondern durch parallele oder me-
tonymische Anordnung im Erzählverlauf entsteht, indem sie Äquivalenzen hervorruft (vgl.
ebd., S. 50). Hierin sieht sie eine »Motivierungsstrategie« (ebd.), die nicht linear verfährt.

werden. Zyklizität ist einer von mehreren möglichen Zugängen, der jedoch spezifisch darauf abzielt, dass der *Rappoltsteiner Parzifal* eine Vielzahl von Erzählungen mit verschiedenen Protagonisten miteinander kombiniert.

In den folgenden Kapiteln werde ich aufzeigen, inwieweit Zyklizität dazu dienen kann, die Kohärenz des *Rappoltsteiner Parzifal* zu beschreiben. Ausgehend von einem graduellen Verständnis von Zyklizität (Kap. 1.2.1. Zyklizität) gebe ich einen Überblick über die Ansatzpunkte der Untersuchung. Während die diachrone Entwicklung im Kontext der Zyklusbildung Hinweise auf Schwerpunktänderungen gegenüber den Vorlagen bieten kann, für die Frage nach der Kohärenz aber nur sekundär ist (Kap. 1.2.2. Produktionstechniken), können die Kohärenzstrategien durch Analysen der Ordnung der Teilerzählungen (Kap. 1.2.4. Ordnung) und einheitsbildende Mittel auf den Ebenen des Mediums, des Paratextes und der Narration (Kap. 1.2.3. Einheit) erfasst werden. Mit dem Konnex schlage ich ein alternatives Modell zum Zentrum bzw. dem Kern zyklischen Erzählens vor (Kap. 1.2.5. Konnex), das sich besonders bei heterogenen und dezentral angelegten Werken wie dem *Rappoltsteiner Parzifal* anbietet.

1.2.1. Zyklizität

Diese Untersuchung stellt nicht die Frage, ob der *Rappoltsteiner Parzifal* ein Zyklus[74] ist, sondern inwieweit Zyklizität ein Modell zur Beschreibung der Kohärenz des heterogenen und dezentralen Werks bietet. Dass eine allzu starre Zyklus-Definition dazu ungeeignet ist, liegt in den teilweise romanhaften Zügen des Werks begründet, welche sowohl Wolframs *Parzival* als auch die *Fortsetzungen* neben den zyklischen Aspekten prägen. Ein kurzer Abgleich macht dies deutlich. Nach Povl Skårup[75] bezeichnet ein Zyklus mindestens zwei miteinander kombinierte

---

[74] Bezogen auf die umfangreichen Gattungen Roman und Epos sind zwei grundlegend verschiedene Verwendungsweisen des Begriffs ›Zyklus‹ in der Literaturwissenschaft auszumachen (vgl. Bastert 2010, S. 162). Während die eine Verwendung auf die Verbindung von Texten über ihren Stoff zielt, zielt die andere auf die gemeinsame Überlieferung in einzelnen Handschriften ab. Bernd Bastert unterscheidet die beiden Bedeutungen wie folgt: »Zunächst einmal bedeutet er [der Terminus Zyklus] in einem eher abstrakten Sinn den Konnex einzelner Texte mit ähnlichem thematischen und stofflichem Schwerpunkt. Im Deutschen wird dieser Sachverhalt oft durch Bezeichnungen wie Kreis (Liedkreis) oder Ring (Ring der Nibelungen) ausgedrückt. [...] [Im] engeren Sinne meint Zyklus [...] den in einem bestimmten Manuskript je neu sich konkretisierenden Zusammenhang mehrerer Texte, die nach unterschiedlichen Prinzipien organisiert sein können« (ebd., S. 172).

[75] Vgl. Povl Skårup: Un cycle de traductions. *Karlamagnús saga*, in: Cyclification. The Development of Narrative Cycles in the Chansons De Geste and the Arthurian Romances, hg. v. Bart Besamusca, Amsterdam/New York, NY 1994, S. 74–81. Skårups handliche Definition narrativer Zyklen hat sich in den letzten Jahren als einflussreich erwiesen. Ihr

Erzähltexte, die identische oder verwandte Protagonisten haben, durch zyklische Signale narrativ miteinander verbunden und in einer umfangreichen Handschrift in der Abfolge der erzählten Ereignisse angeordnet sind.[76] Diese Kriterien, die spezifisch auf die Gattungen mittelalterlicher Großepik zugeschnitten sind, bieten zwar keine »watertight definition of a narrative cycle«,[77] doch können sie prototypisch durchaus gelten. Ebenfalls typisch für Zyklen ist, dass sie ganze Stoffkreise summenartig zusammenzufassen[78] und rhizomatische, zentrumlose Strukturen bilden.[79]

Es ist nicht von der Hand zu weisen, dass der *Rappoltsteiner Parzifal* hinsichtlich einiger Kriterien merklich abweicht bzw. seine Einordung darin fraglich ist.

---

liegen fünf Definitionskriterien zugrunde: »1. Au moins deux textes. 2. Même manuscrit, dans l'orde des événements. 3. Identité ou parenté des personnages principaux. 4. Signaux cycliques entre les textes. 5. Signaux cycliques dans les textes: (a) allusions, (b) adaptations« (ebd., S. 76). Auf seine Kriterien beziehen sich u. a. die Untersuchungen von Bart Besamusca, Bernd Bastert und Thomas Hinton (Bart Besamusca: The Book of Lancelot. The Middle Dutch *Lancelot Compilation* and the Medieval Tradition of Narrative Cycles, Cambridge/Rochester, NY 2003, S. 139–146; Bernd Bastert: Helden als Heilige. Chanson-de-geste-Rezeption im deutschsprachigen Raum, Tübingen/Basel 2010, S. 173 und Hinton 2012, S. 16).

[76] Die Modelle der Entwicklung von Zyklen legen dabei eine zunehmende Kohärenz nahe, die mit der Vereinigung der Texte in einer Handschrift bei gleichzeitiger narrativer Harmonisierung ihren Höhepunkt erreicht. So schlägt Thomas Hinton eine Ergänzung von Skårups Ansatz durch eine diachrone Perspektive vor, welche die Entwicklung narrativer Zyklen berücksichtigt und teilt diese Entwicklung in drei Phasen ein: »It may be more fruitful to look at cyclification as a process in diachrony. Here we can distinguish between three broad phases, beginning with the reconfiguration of originally independent texts to create longer narratives. [...] The second phase [...] is the deliberate composition of new texts to add to an already established cycle, demonstrating a desire to fit the new narratives into the perceived cyclical frame. [...] The third stage is the compilation of material into cyclical manuscripts, a process which implied a new phase of editing and rewriting to make the constituent parts fit together more harmoniously.« (Hinton 2012, S. 17). Eine ähnliche, dreistufige Entwicklung narrativer, altfranzösischer Zyklen nimmt auch Luke Sunderland an, wobei er die Stadien in Fortsetzen, Vervollständigen durch Adaptation und Kodifizierung in zyklischen Handschriften unterteilt (vgl. Luke Sunderland: Old French Narrative Cycles. Heroism Between Ethics and Morality, Cambridge 2010, S. 4).

[77] Besamusca 2003, S. 164.

[78] Dass auch der Parzival-Stoff als Teil einer Summe angelegt werden konnte, zeigen drei der achtzehn *Conte du Graal*-Handschriften (Hss. A, H und R), indem sie den Artusstoff mit dem Troja/Rom-Stoff verbinden und so in einen historiographischen Rahmen einordnen (vgl. Hinton 2012, S. 14). R interpoliert sogar alle fünf Romane Chrétiens in Waces *Brut*. Die nur ein Jahrzehnt vor dem *Rappoltsteiner Parzifal* entstandene mittelniederländische *Lancelot Compilatie* (1320–1325) integriert mehrere Artusromane (u. a. den mnl. *Pechevael*) in den *Lanzelot-Gral*-Zyklus (vgl. Besamusca 2003, S. 8).

[79] Vgl. Sunderland 2010, S. 9.

Erstens ist es mehr als unsicher, ob die darin kombinierten Texte als voneinander unabhängig gelten können. Denn die *Fortsetzungen* führen zwar Chrétiens Romanfragment fort und sind damit zu einem guten Teil von diesem abhängig, doch beginnen sie auch neue Handlungsstränge und treffen mit Wolframs *Parzival* auf einen abgeschlossenen Text, der unabhängig von ihnen entstanden ist. Zweitens lässt sich die Tendenz zur Summenbildung allenfalls bedingt erkennen, da der *Rappoltsteiner Parzifal* auf den Parzival-Stoff beschränkt bleibt, anstatt Texte aus der gesamten *matière de Bretagne* und sogar darüber hinaus miteinander zu vereinen. Drittens ist mit diesem Fokus verbunden, dass der Text über weite Strecken romanhaft auf Parzivals Biographie und »das zentrale[n] Geschehen des Grals«[80] ausgerichtet scheint. Weitere Kriterien gelten für den *Rappoltsteiner Parzifal* nur eingeschränkt. Hierzu zählen die nahezu immer miteinander verwandten Protagonisten, die größtenteils chronologische Handlungsordnung und die Zusammenfassung in einer Handschrift. Insgesamt ist die Einordnung des *Rappoltsteiner Parzifal* als Zyklus nur teilweise gerechtfertigt.

Anstatt eine harte Zyklus-Definition anzulegen, ist es daher treffender, von Zyklizität als graduellem Phänomen zu sprechen, um die Kohärenzstrategien, wie sie in zyklischen Werken vorkommen, zu beschreiben. So können auch Strategien von Texten wie dem *Rappoltsteiner Parzifal* damit erfasst werden, obwohl sie nicht als ›vollständig entwickelte‹ Zyklen gelten können. Zudem hat dieses Verständnis den methodischen Vorteil, dass es nicht teleologisch von einem Texttyp ausgeht, sondern sich auf die verwendeten Strategien bezieht, ohne zu unterstellen, dass das Werk bewusst als Zyklus konzipiert wurde.

1.2.2. Produktionstechniken

Obwohl die Arbeitsweisen der Bearbeiter des *Rappoltsteiner Parzifal* über die Handschriften sehr detailliert nachzuvollziehen sind, können sie bei der Frage nach der Kohärenz nur unterstützende Hinweise liefern. Die Entstehung durch sukzessive, in mehreren Schritten vorgenommene Kompilation, Fortsetzung und Redaktion ist typisch für zyklische Werke[81] und wirft Fragen nach Autorschaft

---

[80] Chen 2015, S. 36. Chen weist ein zentrumloses *entrelacement*, wie es Hinton für *die Conte du Graal-Fortsetzungen* feststellt, für den *Rappoltsteiner Parzifal* zurück, da durch die Kombination mit Wolframs *Parzival* ein Bezug zur Gralhandlung geschaffen werde (vgl. ebd., S. 33–36).

[81] Sowohl Jane Taylor, Bastert als auch Hinton beziehen Aspekte der Produktionstechniken narrativer Zyklen in ihre Überlegungen mit ein, indem sie die Kompilation mehrerer Texte in einem Codex als die am weitesten fortgeschrittene Phase von Zyklizität sehen (vgl. Jane H. M. Taylor: Order from Accident. Cyclic Consciousness at the End of the Middle Ages, in: Cyclification. The Development of Narrative Cycles in the Chansons

und Werkidentität auf. Allerdings ist es fraglich, inwieweit die werkhistorischen Produktionsschritte von den Rezipienten als Brüche wahrgenommen oder überhaupt bemerkt wurden.

Tatsächlich sagen die Produktionstechniken allein wenig über die Kohärenz sukzessiv entstandener Werke aus. Dies beschreibt DONALD MADDOX,[82] indem er in einer Übersicht zu Zyklen als »some of the major areas and types of inquiry«[83] ihre Produktion auf diachroner Ebene, die Kohärenz jedoch auf synchroner Ebene verortet. Die Rezeption begreift er als eigenständiges, kulturelles Phänomen. Zyklizität entsteht nach MADDOX auf synchroner Ebene, im Zusammenspiel der literarischen Mittel zur Kohärenzstiftung, die sowohl durch Analyse der Diskurse als auch der Makroebene der Zyklen hervorgebracht werden können.[84] Die Untersuchung der Produktion hingegen beziehe sich nicht auf Zyklizität als narratives oder allgemein literarisches Prinzip, sondern sie diene einem »»archaeological‹ mapping of its [the cycles development] successive antecedent sedimentations«.[85]

Dass sich diese Trennung auch für den *Rappoltsteiner Parzifal* empfiehlt, ist darin begründet, dass die einzelnen, diachronen Entstehungsschritte meist nicht mehr sichtbar sind. So verraten die Bearbeiter zwar, wann der *nuwe Parzefal* beginnt und heben damit ihre Übersetzungsleistung hervor, doch nennen sie an dessen Ende nur Manessier als deren Dichter im Französischen, scheinen sich aber weder an die von ihnen übersetzte Selbstnennung Wauchiers zu erinnern noch zu wissen, dass die *Erste Fortsetzung* bereits früher und anonym entstanden ist. Auch ist unklar, ob sie Chrétien für den Verfasser der *Elucidation* halten. Wolframs Schluss präsentieren sie als Teil des aus dem Französischen übersetzten Text, d. h. als Schluss des *nuwen Parzefal*. Damit sind die vorangegangenen Sedimentschichten des Werks für den Rezipienten nur dort sichtbar, wo die Bearbeiter sie selbst erkennen und explizit machen, wie z. B. im Falle der *Elucidation*. Der Blick auf die Produktion kann damit durchaus Aufschluss über Änderungen oder spezifische Schwerpunkte des Werks geben, doch ist nicht davon auszugehen, dass jeder

---

De Geste and the Arthurian Romances, hg. v. BART BESAMUSCA, Amsterdam/New York, NY 1994, S. 59–74, hier: S. 59; BERND BASTERT: Sequentielle und organische Zyklizität. Überlegungen zur deutschen Karlepik des 12. bis 15. Jahrhunderts, in: *Chanson de Roland und Rolandslied*. Actes du Colloque du Centre d'Etudes Médiévales de l'Université de Picardie Jules Verne 11 et 12 Janvier 1996, Greifswald 1997, S. 1–13, hier: S. 1 und HINTON 2012, S. 17).

[82] DONALD MADDOX: Notes Toward a More Comprehensive APPROACH to Medieval Literary Cycles, in: Cyclification. The Development of Narrative Cycles in the Chansons De Geste and the Arthurian Romances, hg. v. BART BESAMUSCA, Amsterdam/New York, NY 1994, S. 102–107.

[83] Ebd., S. 102.

[84] Vgl. ebd., S. 103.

[85] Ebd., S. 102.

Unterschied zu den vorangegangenen Sedimentschichten des Werks den Rezipienten bewusst gewesen ist.

1.2.3. Einheit

Zyklizität schafft dadurch Kohärenz, dass mehrere Texte als eine gemeinsame Einheit präsentiert werden. Diese Einheit kann mit verschiedenen Mitteln hergestellt werden, die sich drei Ebenen zuordnen lassen: medial, narrativ und paratextuell. Nicht alle der im Folgenden beschriebenen Mittel sind als exklusiv zyklisch einzustufen, noch lässt sich in jedem Fall nachweisen, dass diese von den Bearbeitern intentionell eingesetzt werden. Dennoch können sie als typisch für narrative Zyklen gelten, die immer mehrere Teilerzählungen zu einer Einheit zusammenbringen.

Die Bindung in einem gemeinsamen Codex bewirkt, dass die darin enthaltenen Texte als mediale Einheit wahrgenommen werden, selbst wenn sie sich in wesentlichen Aspekten stark voneinander unterscheiden.[86] Durch das Arrangement in einer Handschrift können sogar Texte einen Zyklus bilden, die nicht einem gemeinsamen werkgenetischen Kern entstammen oder zuvor intertextuelle Querverbindungen aufweisen.[87] Auch wenn nicht jede in einem Codex vereinte

[86] Wie relevant die zyklische Handschrift für die Forschung ist, zeigen ihre prominente Stellung in zahlreichen Beiträgen: BESAMUSCA sieht in Anschluss an SKÅRUP in der gemeinsame Handschrift ein grundlegendes Kriterium für Zyklen (vgl. BESAMUSCA 2003, S. 139). TAYLOR nimmt den »codicological cycle« (TAYLOR 1994, S. 60) als Ausgangspunkt ihrer Überlegungen. BASTERT und HINTON sehen in der kodikologischen Zusammenfassung jeweils die letzte Stufe der Entwicklung von Zyklen, wobei sie mit deren Vorstufen auch Zyklizität ohne die mediale Einheit beschreiben (vgl. BASTERT 1997, S. 2 und HINTON 2012, S. 17). Zudem führt BASTERT den zyklisch konzipierten Codex als Kriterium der Unterscheidung zu den abstrakteren Zyklen an (vgl. BASTERT 2010, S. 172). MIEKE LENS untersucht den »codex as a structural factor in the formation of narrative cycles« (MIEKE LENS: Old French Epic Cycles in MS. Turin L. II. 14. The Development of Old French Narrative Cycles and the Transmission of Such Cycles into Middle Dutch Epic Poetry, in: Cyclification. The Development of Narrative Cycles in the Chansons de Geste and the Arthurian Romances, hg. v. BART BESAMUSCA, Amsterdam/New York, NY 1994, S. 127–134, hier: S. 127). Ähnlich sieht LORI WALTERS den »codex as a structuring force in the formation of a narrative cycle« (LORI WALTERS: Chantilly MS. 472 as a Cyclic Work, in: Cyclification. The Development of Narrative Cycles in the Chansons de Geste and the Arthurian Romances, hg. v. BART BESAMUSCA, Amsterdam/New York, NY 1994, hier: S. 135). SUNDERLAND und auch HINTON ordnen das »cyclical manuscript« (SUNDERLAND 2010, S. 7) jeweils ihrer dritten Phase der Zyklifizierung, der medialen Zusammenfassung, zu (Vgl. HINTON 2012, S. 17).
[87] HINTON führt dazu die Handschrift fr. 112 (BNF) als Beispiel an, in der der Kompilator Texte bzw. Textteile verschiedener Traditionen verbunden habe: »Gonnot wove bits

Sammlung zyklisch angelegt ist,[88] führt sie doch immer dazu, dass ihre Inhalte als eine Einheit wahrgenommen werden, was auch von Redaktoren der Handschriften genutzt wird.[89] Die Entscheidung, ob ein Werk in einem einzelnen Codex vereint oder auf mehrere Bände aufgeteilt ist, kann explizit konzeptionelle Gründe haben oder implizit Einblicke darin gewähren, wie die Redaktoren ihre Werke aufteilen.

Im Falle des *Rappoltsteiner Parzifal* ist die Frage, ob der Codex Teil einer einheitsbildenden Konzeption ist, geradezu brisant. Denn die Karlsruher Handschrift ist nicht nur die Originalhandschrift der Straßburger Bearbeiter, sondern sie weist auch noch ausgerechnet am Übergang vom *alten* zum *nuwen Parzefal* eine Zäsur in der Lagenbindung auf. Mitten in diese Zäsur sind konzeptionell entscheidende Elemente (das Minnesang-Florilegium mit der Figureninitiale und die das Werk in *nuw* und *alt* bzw. *tütsch* und *welsch* unterteilende Überschrift) platziert. Es stellt sich die Frage, ob das Werk von vornherein als ein Codex konzipiert oder aufgeteilt war.

Die römische Tochterhandschrift des Originals wirft ebenso relevante Fragen auf, die allerdings auf ein entgegengesetztes Einheitskonzept zu deuten scheinen, indem sie ausschließlich den *nuwen Parzefal* überliefert. Gab es jemals einen ersten Band oder war sie von vornherein so konzipiert, dass sie nur die *Fortsetzungen* und

---

from various prose romances, some already cyclical, others not – namely, the *Lancelot* proper, the prose *Tristan*, three versions of the *Queste del Saint Graal*, *La Mort le roi Artu*, the *Suite du Merlin*, *Palamède* and the *Prophéties de Merlin* – into what is effectively a continuous Arthurian narrative spread over four books (of which the first is now lost). [...] A manuscript such as BNF, fr. 112 demonstrates that the third stage of cyclification – the collection of material into cyclical codices – can operate on material not previously subjected to the first two, creating one-off cyclical compilations through the imposition of a binding principle of coherence on its disparate texts« (ebd., S. 18).

[88] Ein Gegenbeispiel liefert die aus *Parzival* und *Lohengrin* bestehende Handschrift Cpg 364 (Heidelberg, Universitätsbibl.), in der nicht nur drei Seiten zwischen den beiden Werken unbeschrieben belassen bzw. mit Zeichnungen versehen wurden (111ᵛ–112ᵛ), sondern den Lohengrin auch mit einer zweifarbigen, 6-zeiligen Initiale einleitet und mit einem nach dem Protagonisten benannten Titel versieht: *hie hebt sich an lohengrin ·daz buoch ·* (113ʳ). Die Texte sind paratextuell also nicht miteinander verschmolzen.

[89] SILVIA HUOT zeigt in ihrer Untersuchung zu Oralität und Schriftlichkeit mittelalterlicher Handschriften, dass in altfranzösischer Erzählliteratur eine ganze Bandbreite von Möglichkeiten realisiert wird, wie ursprünglich voneinander unabhängige Werke zu einer Einheit arrangiert werden können (SYLVIA HUOT: From Song to Book. The Poetics of Writing in Old French Lyric and Lyrical Narrative Poetry, Ithaca/London 1987). Die Grade der Einheitsbildung reichen über Einzeltexte, lose geordnete Mischungen bis hin zu durchkonzipierten Sammlungen von Texten, in jedem Fall sei aber »the process by which a scribe or a team of scribes shaped a group of texts into a book« zu bezeugen (ebd., S. 12). Buchgestalterische und narrative Strategien überlagern sich in diesem Prozess.

Wolframs Schluss enthalten sollte? Wenn es auch schwierig wird, hierzu handfeste Beweise zu finden, lohnt es sich dennoch, diesen Szenarien nachzugehen.

Paratextuelle Mittel können ebenfalls Kohärenz erzeugen. Dabei weisen sie Berührungspunkte sowohl zur medialen als auch zur narrativen Einheit auf. Denn durch ihren Paratext werden Texte erst als Werke, im Falle des Mittelalters in der Form der Handschrift, greifbar. Dies wird in zyklischen Handschriften dazu genutzt, ihre heterogenen Texte als Einheit zu präsentieren. Meist haben die paratextuellen Elemente zugleich aber auch unterteilende Funktion, indem sie Zäsuren sichtbar machen. Dies geschieht durch die Betitelung der Handschrift oder ihrer einzelnen Teile[90] sowie durch die Unterteilung durch Überschriften oder Initialen verschiedener Größen.[91] Prologe, Epiloge, das Textlayout bis hin zum Schriftniveau werden dazu genutzt, mehrere Texte als Teilerzählungen eines Ganzen erscheinen zu lassen.[92] Dabei muss die paratextuelle Einteilung nicht zwingend die kompilatorischen und redaktionellen Prozesse widerspiegeln, sondern sie kann auch zu seiner Verschleierung eingesetzt werden, wenn dies dem Werkkonzept entgegensteht.[93]

---

[90] Einige Handschriften, die die Trilogie aus *Rennewart*, *Willehalm* und *Arabel* enthalten, führen einheitsstiftende Titel wie *Ditz ist sand Wilhalms puech* (Hs. V, 1ra) und sind zugleich weiter unterteilt, z. B. durch *Hie hebt sich an daz dritte buch und hat getihtet vlrich von dvrhein* (Hs. H, 108[r]) (vgl. BASTERT 2010, S. 200).

[91] Die Handschrift BN fr. 1450 bietet dafür ein eindrückliches Beispiel, da sie mit einem System von Großinitialen unterschiedlicher Zeilengrößen und Farben ausgestattet ist, das die verschiedenen Textgrenzen einerseits markiert und hierarchisiert, andererseits aber auch nivelliert: Dadurch, dass der Beginn der Handlung des ersten Textes, der Troja-Erzählung, durch eine der größten Initialen eingeleitet wird, wird dessen Prolog von ihm abgekoppelt und seine Gültigkeit auf die gesamte Sammlung übertragen (vgl. HUOT 1987, S. 28–30). Passend dazu sind alle Prologe zu den in den Chrétienschen Artusromanen, die in den *Brut* interpoliert sind, weggelassen worden, sodass es keine konkurrierenden Rahmungen gibt (vgl. ebd.).

[92] Der älteste Heldenbuch-Druck betitelt das gesamte Buch als *Wolfdietrich* und verleiht damit dem heterogeneren Textensemble einen Namen (vgl. JÜRGEN SCHULZ-GROBERT: Heldenbuch-Typologie. Zum Druckbild eines frühneuzeitlichen Bestsellers, in: Jahrbuch der Oswald von Wolkenstein-Gesellschaft 14, 2004, S. 189–202, S. 199), der auch der weiteren Unterteilung durch Titelholzschnitte und Überschriften deutlich gemacht werden, nicht widerspricht. Das durchweg einheitliche Layout des Textes, das sowohl für Reimpaare, Strophen und (bis auf das nicht-Absetzen) auch für die Heldenbuch-Prosa gewählt wird, überspielt die formalen Unterschiede der Texte, wie auch das einheitliche und extensive Bildprogramm zu einer homogenen Darstellung beiträgt (vgl. ebd., S. 192).

[93] Ein solcher, verschleiernder Einsatz des Paratextes ist in der Kopenhagener Handschrift L1 des *Laurin* zu finden, die die sog. *Walberan*-Fortsetzung enthält. Dort ist in der Mitte der Erzählung der Übergang zur Fortsetzung mit *Explicit liber primus. Jncipit liber secundus* gekennzeichnet (ELISABETH LIENERT: *Laurin*. Teilband I, Einleitung, ältere Vul-

Dass die Straßburger Bearbeiter im *Rappoltsteiner Parzifal* den Text mit Hilfe von zahlreichen Überschriften und Initialen z. T. hierarchisierend gliedern, ist offenkundig. Dass diese Gliederung aber vor allem eine Kompensation der nun verschwundenen Romanstrukturen bietet und zur selektiven Rezeption einzelner Episoden dienen sollte, ist nicht selbstverständlich. Denn entgegen dieser Fragmentierung betont der Paratext auch die episodenübergreifende Kontinuität, etwa durch die Durchzählung von ähnlichen Episoden, die Bezugnahme auf fallengelassene Handlungsstränge oder die Einteilung in größere Handlungseinheiten.[94] Manche Eingriffe der Bearbeiter werden erst durch mühsame, philologische Arbeit sichtbar, sodass nicht davon ausgegangen werden kann, dass die Rezipienten sie immer bemerkt und damit den Text im Bewusstsein einer geänderten oder fragmentierten Struktur gelesen haben. Zudem kann nicht davon ausgegangen werden, dass Strukturen der Erzählung durch die paratextuelle Gliederung einfach überschrieben werden, sondern sie bleiben – sofern sie nicht im Text getilgt werden – weiterhin bestehen. Das Verhältnis von Text und Paratext muss somit darauf überprüft werden, inwiefern der Paratext den Text als einheitliches Gesamtwerk oder autonome Einzelerzählungen präsentiert. Läuft die Gliederung der Überschriften und Initialen tatsächlich derjenigen der Erzählung entgegen? Werden die Eingriffe der Bearbeiter betont oder verschleiert? Gibt es bestimmte Prinzipien, die bei der Gliederung verfolgt werden? Ob der Paratext eine bestimmte Lesart (romanhaft, zyklisch oder fragmentiert) begünstigt, kann nur aus seinem Zusammenspiel mit der Erzählung beurteilt werden.

Nicht zuletzt wird die zyklische Einheit auf der Ebene der Narration gebildet. Ein Mittel dieser Einheitsbildung lässt sich durch die von SKÅRUP als »signaux cycliques«[95] bezeichneten Passagen beschreiben. Diese unterteilt er in Signale zwischen Texten, d. h. Passagen am Übergang zweier Texte, und in Signale innerhalb von Texten, wobei letztere in bereits in der Vorlage vorhandene und von Kompilatoren/Redaktoren neu angepasste unterteilt. BESAMUSCA merkt an, dass diese

---

gatversion, *Walberan*; Teilband II, *Preßburger Laurin, Dresdner Laurin*, jüngere Vulgatversion, Verzeichnisse, Berlin [u.a.] 2011, XIII). Interessanterweise entspricht dies aber nicht dem Beginn des Textes, der gegenüber den anderen Vertretern der älteren Vulgat-Version hinzugefügt wurde, da der Bearbeiter bereits rund 280 Verse dem Schluss des *Laurin* hinzufügt bzw. umschreibt und die Handlung dabei einen wesentlich anderen Verlauf nehmen lässt. Die paratextuelle Unterteilung betont den konzeptuellen Übergang und überspielt dabei den redaktionellen Eingriff, wodurch das Zusammenspiel der beiden Teile (die strukturelle Spiegelung des *Laurin*- durch den *Walberan*-Teil) als Gesamteinheit vereindeutigt wird.

[94] Zu den fragmentierenden Funktionen der Überschriften vgl. WITTMANN-KLEMM 1977, S. 98–110.

[95] SKÅRUP 1994, S. 76.

Signale Einheit und Autonomie zugleich stiften. Sie seien

> words and sentences which indicate that the works in the collection are sequential rather than independent entities. Such linking passages also prevent constituent elements from merging to form one undivided story.[96]

Solche die Erzählstränge dirigierenden Passagen sind an deren Anfängen und Enden platziert. Davon zu unterscheiden sind zyklische Signale innerhalb der Stränge, die als durch den Erzähler vorgenommene Querverweise oder durch die Geschichte entstehenden »epische[n] Schnittstellen«[97] bezeichnet werden.[98] Epische Schnittstellen müssen nicht unbedingt dadurch entstehen, dass neue Bezüge in die Texte eingeschrieben werden.[99] Sie kommen schon zustande, wenn die Teilerzählungen bestimmte Figuren, Orte oder Tatsachen der erzählten Welt teilen, sodass sie als »distinkte, thematisch jedoch zusammengehörige Branchen eines einheitlichen Erzählkontinuums [erscheinen]«[100] können.

Diese Idee des einheitlichen Erzählkontinuums lässt sich noch weiter vorantreiben, wenn die Texte bereits aufgrund von Gattungskonventionen in derselben Erzählwelt angesiedelt sind und konkrete Handlungszusammenhänge gar nicht erst aufgerufen werden müssen. Dies gilt unter anderem für die erzählte Welt des Artusromans, die sich über alle Texte des Genres erstreckt und nicht immer neu erfunden werden muss. Sie ist auch ohne Zutun der Redaktoren oder Autoren vorhanden und wird in einigen Zusammenstellungen mit der Welt des Antikenromans verbunden.[101] Generell ist zu beobachten, dass miteinander kombinierte Erzählungen allein über die gemeinsame erzählte Welt eine Einheit bilden können, ohne dass sie handlungslogisch auseinander hervorgehen oder durch zyklische Signale miteinander verknüpft sein müssen.

---

[96] BESAMUSCA 2003, S. 142.

[97] BASTERT 1997, S. 3.

[98] SKÅRUP unterteilt diese Kategorie weiter in von den Kompilatoren eingefügte und bereits in den Vorlagen vorhandene innertextliche Signale. Dies ist zwar sicherlich sinnvoll, um die Produktionsprozesse zyklischer Kompilation nachzuvollziehen, macht aber für die Untersuchung der Erzählungen nur wenig Unterschied.

[99] Ein Beispiel dafür sind die im Vergleich zur Vorlage neu implementierten Bezüge des *Willehalm* zum *Rolandslied* (vgl. ebd., S. 3).

[100] BASTERT 2010, S. 188.

[101] HUOT demonstriert dies an der Handschrift Bibl. Nat. fr. 1447, die drei auf den ersten Blick disparate Texte (*Floire et Blanchefleur*, *Berthe aus grans piés* und *Claris et Laris*) enthält, die verschiedenen Gattungen bzw. Stoffkreisen zuzuordnen sind (vgl. HUOT 1987, S. 19). Über die erzählte Welt wird nicht nur eine Einheit, sondern mit Hilfe des Konzepts der *translatio imperii et studii* ein Handlungsbogen geschaffen, der eine mehr oder minder fortlaufende Erzählung von Troja über Karl den Großen bis Artus suggeriert.

Gerade wenn zwischen einzelnen Erzählungen keine handlungslogischen Berührungspunkte bestehen und die Reihenfolge sogar als austauschbar erscheint,
sind solche narrativen Verbindungen relevant, die paradigmatisch hergestellt werden und damit nicht linear erzählen. Hierzu zählen die Wiederholung und Variation bestimmter Motive, Schemata sowie Themen und Diskurse, die über die
Teilerzählungen hinweg immer wieder auftauchen und so Bedeutung und Kohärenz generieren. Zwar sind nicht allein narrative Zyklen durch Wiederholung gekennzeichnet, doch tragen die mehrfachen erzählerischen Neueinsätze und die damit verbundene deutliche Abgrenzung der Sequenzen entschieden dazu bei, dass
diese Werke als zyklisch im Sinne einer mehrfachen Kreisbewegung verstanden
werden können.[102]

Den *Rappoltsteiner Parzifal* auf zyklische Signale, sein Erzählkontinuum und
Wiederholungen zu befragen, ist gerade vor dem Hintergrund der von der Forschung aufgezeigten Brüche der Handlungsführung und inhaltlichen Widersprüche notwendig, um die narrativen Kohärenzstrategien erfassen zu können. Denn
diese Mittel können erstens trotz dieser zunächst irritierenden Momente einheits-
bildend wirken und zweitens können diese Irritationen durchaus funktionalisiert
sein, um narrative Effekte hervorzurufen. Hier sind vor allem die auf den ersten
Blick peripher wirkenden Geschichten der alternativen Protagonisten zu Parzival
in den Fokus zu nehmen, da sich durch sie das Werk von den bisherigen deutschsprachigen Artusromanen abhebt. Anstatt sie als Fremdkörper oder Zusätze zur
vermeintlich eigentlichen, zentralen Geschichte zu betrachten, muss gefragt werden, inwieweit sie als Ensemble ein gemeinsames Werk bilden und welche Funktionen der einzelnen Teilerzählungen mit einer Einheitsbildung einerseits oder
einer Abschottung andererseits verbunden sind.

---

[102] So werden im zweiten Buch des *Buchs der Abenteuer* anhand von sieben sequentiell
erzählten Teilerzählungen immer wieder ähnliche Motive variiert, ohne dass eine Handlung
einer der Erzählungen kausallogisch mit einer anderen verbunden wäre; z. B. wird nach der
ersten Erzählung um Wigoleis, eine Bearbeitung von Wirnts von Gravenberg *Wigalois* und
dessen Prosa-Bearbeitung *Wigoleis von dem Rade*, die Geschichte von Seyfrid erzählt (BdA
3328,1ff.), dessen Episoden sich mal an Wigalois anlehnen (z. B. Geburt unter dem Vor-
zeichen der Saelde, Drachenkampf, Hilfegesuch einer Dame beim Artushof, Kampf gegen
ein Waldweib), mal auf Wolframs Gawan (Befreiung von vier Königinnen aus der Gefangenschaft Clinschors) oder auf Hartmanns Iwein (Kampf gegen Gawan) verweisen, deren
Geschichten ebenfalls im *Buch der Abenteuer* verarbeitet sind. In gleicher Weise verweisen
auch die übrigen Erzählungen des zweiten Buchs aufeinander, indem z. B. mehrmals das
Schema der Feenliebe (Erringen einer Fee bzw. Dame – Tabu – Tabubruch – Bewährung
– Versöhnung) durchgespielt wird. Die Wiederholungen sind so zahlreich und augenfällig,
dass es geradezu unmöglich ist, diese Erzählungen nicht vergleichend zu lesen, sie zugleich
in Abgrenzung zu den anderen Büchern als distinkte Einheit wahrzunehmen und von den
anderen Büchern unterschiedliche Spielart der Gattung zu verzeichnen.

1.2.4. Ordnung

Die Ordnung der Handlung mehrsträngiger Werke trägt entschieden dazu bei, ob diese als ein homogenes Ganzes oder als Sammlung autonomer Einzelerzählungen wahrgenommen werden. Narrative Zyklen, die durch Kompilation und Branchenbildung eine Vielzahl von Handlungssträngen aufweisen, können anhand ihrer Ordnungsprinzipien in sequentiell und organisch unterteilt werden. Dabei wird der organischen Zyklizität ein größerer Zusammenhalt der enger verwobenen Teilerzählungen zugesprochen, während die Texte in sequentieller Zyklizität mehr oder weniger lose aneinandergereiht sind und als Vorstufe in einer Entwicklung gesehen wird.[103]

Für die Frage danach, inwieweit die Ordnung der Stränge als kohärenzstiftendes Mittel im *Rappoltsteiner Parzifal* eingesetzt wird, bietet es sich an, diese Unterteilung in reduzierter Form zu übernehmen. Da mit organischer Zyklizität noch

---

[103] Nach JANE TAYLOR bezeichnet sequentielle Zyklizität eine aufeinander folgende Reihe von Texten, die zwar Gemeinsamkeiten, wie etwa denselben Protagonisten, aufweisen können, aber untereinander nicht weiter verbunden sind (vgl. TAYLOR 1994, S. 61). Sequentieller Zyklizität liege ein lineares Zeitkonzept zugrunde, indem die Reihe zwar aufeinander folge, aber kein übergreifender Bogen geschlagen werde, der die gesamte Sammlung umspanne (vgl. ebd.). Im Gegensatz dazu sei organische Zyklizität dadurch bestimmt, dass der gesamte Zyklus einen Ablauf von Aufstieg, Höhepunkt und Niedergang beschreibe und selbst aus einer »cyclical series of destructions and rebirths« (ebd., S. 64) in einem Konzept zyklischer Zeit bestehe. Dies sei mit dem Konzept der *translatio imperii et studii* und dem Gedanken der schicksalhaften Vorherbestimmung verbunden (vgl. ebd., S. 69). Beginn und Ende organischer Zyklen seien so geschlossen, dass der Rezipient nicht über sie hinausgehen und noch mehr erfahren wolle (vgl. ebd., S. 65). Sequentiell und organisch seien Extrema eines Spektrums, wobei sie eine Entwicklung von sequentieller zu organischer Zyklizität annimmt (vgl. ebd., S. 62).

Auch BERND BASTERT unterscheidet sequentielle von organischer Ordnung. Obwohl er dabei auf TAYLOR verweist, definiert er die Begriffe anders und besetzt vor allem die Metapher der organischen Zyklizität um: »Mit einem von J. TAYLOR entlehnten, von ihr in einem etwas anderen Zusammenhang gebrauchten Begriff wird dieser Fall eines verschiedene Texte reihenden Corpus, wobei deren logisch korrekter Konnex nicht das primäre Interesse bildete, als sequentielle Zyklizität bezeichnet im Unterschied zur vorausschauend geplanten, organischen Zyklizität, die sich auszeichnet durch einen z. T. mittels massiver Bearbeiter- bzw. Schreibereingriffe hergestellten, im Idealfall widerspruchsfreien Konnex zwischen verschiedenen Textpartien, der etwa erreicht werden kann durch Auslassung bzw. Variation bestimmter Figuren oder Situationen, durch neu geschaffene Übergänge usw.« (BASTERT 1997, S. 2, ähnlich auch BASTERT 2010, S. 174). ›Sequentiell‹ bezieht sich in dieser Definition wie bei TAYLOR primär auf die Abfolge der Handlungsstränge, indem es die Reihung der Texte beschreibt. ›Organisch‹ ist bei BASTERT keine Metapher für Leben und Vergehen, sondern dafür, dass die Handlungsstränge organischer Zyklen dichter miteinander verwoben sind als bei sequentiellen Teilerzählungen und logisch aufeinander bezogen hervorzugehen scheinen.

weitere, die bloße Anordnung überschreitende Aspekte verbunden sind,[104] verwende ich das strenger auf die Ordnung fokussierte Begriffspaar ›sequentiell‹ und ›parallel‹. Während eine sequentielle Ordnung die Aneinanderreihung von geschlossenen Teilerzählungen in einem Erzählensemble meint, bezeichnet parallele Ordnung, dass mehrere Handlungsstränge nebeneinander geführt werden, indem sie zunächst nacheinander – oder sogar gleichzeitig – begonnen, abwechselnd weiter- und dann gemeinsam oder einzeln zu Ende geführt werden.

Zu der Reduktion gehört zudem, dass ich weder eine Entwicklung von sequentieller zu paralleler Ordnung annehme, noch, dass eine parallele Anordnung zwingend zu einer kohärenteren Erzählung führt als eine sequentielle. Stattdessen gehe ich davon aus, dass beide Techniken in demselben Werk auftauchen können und somit eher zwei unterschiedliche, aber potentiell immer denkbare Möglichkeiten des Handlungsaufbaus mehrsträngiger Werke bieten. Hinsichtlich des narrativen Zusammenhalts muss für jeden Strang geprüft werden, welche narrativen Effekte damit verbunden sind, ihn an einem Stück oder in mehrere Teile aufgeteilt und durch andere Stränge unterbrochen zu erzählen. Denkbar ist beispielsweise, dass Unterbrechungen mit Sprüngen in der erzählten Zeit verbunden sind oder eine sequentielle Erzählung zu einer größeren Geschlossenheit führt. Von vornherein festgelegt sind solche Effekte jedoch nicht.

1.2.5. Konnex

Je mehrsträngiger, umfangreicher und komplexer Erzählwerke sind, desto schwerer fällt es mitunter, ein definitves Zentrum auszumachen, das als Fluchtpunkt aller Teilerzählungen fungiert und so Kohärenz sicherstellt. Oft scheinen einzelne Erzählstränge das Zentrum zu verfehlen oder es scheint so, als werde gar zentrumlos erzählt. Für die Untersuchung des *Rappoltsteiner Parzifal* schlage ich das Konzept des Konnexes vor, das der Heterogenität und der spezifischen Zusammenstellung besser gerecht wird als die Konzepte des Kerns oder des Zentrums.[105]

Entstehungsgeschichtlich lässt sich das Zentrum – mit einer organologischen Metapher – als Kern eines zyklischen Textkorpus beschreiben. Kern bedeutet in

---

[104] Während bei Taylor (s. o. S. 35, Anm. 103) ›sequentiell‹ die Ebene der Handlungsabfolge der in Reihe gesetzten, geschlossenen Teilerzählungen beschreibt, bezieht sich ›organisch‹ auf ein Gesamtkonzept der Sammlung, das sich an das Entstehen und Vergehen eines (Lebens-)Zyklus anlehnt. Dass ihre Kategorien dennoch auf viele zyklische Erzählungen zutreffen, liegt vor allem an den anderen Kriterien, die mit der organischen Zyklizität assoziiert werden (Geschlossenheit, *translatio imperii*, zyklisches Zeit-Konzept, etc.), die sich aber nicht auf der Ebene des Handlungsaufbaus bewegen.

[105] Zu Kern und Zentrum vgl. ebd., S. 5.

diesem Kontext,[106] dass zu einem chronologisch ältesten Text weitere Teilerzählungen als Fortsetzungen, Vorgeschichten oder Seitenstücke gedichtet werden.[107] Die Terminologie der Forschung trägt dem Rechnung, indem die einzelnen, an einem Stück entstandenen Teile als Branchen bezeichnet werden. Produkt dieses Zyklifizierungs-Prozesses kann im Extremfall ein rhizomatischer Text sein,[108] in dem die Grenzen der einzelnen, im Laufe eines mehrschichtigen Erweiterungsprozesses hinzugekommenen Anteile nicht mehr auszumachen sind.

Alternativ zu diesem diachronen entstehungsgeschichtlichen Ansatz kann das Zentrum aber auch synchron auf narrativer Ebene bestimmt werden, d. h. durch einen zentralen Aspekt (z. B. ein besonderer Gegenstand, eine Figur, ein dominantes Thema oder ein konstanter Handlungsstrang), auf den alle Teilerzählungen ausgerichtet sind.[109] Einige Teilerzählungen werden dadurch dem Zentrum, andere hingegen der Peripherie zugeordnet. Das Begriffspaar, das zur Beschreibung dieser Dynamiken verwendet wird, ist zentripetal (zum Zentrum hin) und zentrifugal (vom Zentrum weg). Dies erlaubt die Aufteilung in zentripetal

---

[106] Der Begriff ›Kern‹, wie auch seine Synonyme »Mutter-« und »Ur-Text« (TETHER 2012, S. 60), impliziert eine genealogische Abstammung der späteren Teilerzählungen vom frühesten Text eines zyklischen Ensembles. In Fällen von abhängiger Produktion (Fortsetzung und Redaktion) ist dies sehr treffend, vor allem wenn ein zyklisches Ensemble aus mehreren Branchen besteht. Bei der Kombination vorher unabhängiger Texte (z. B. durch Kompilation) ist dies jedoch unpassend, da es sich dabei nicht um Filiation handelt und dennoch etwas Neues entsteht.

[107] Vgl. BASTERT 2010, S. 166.

[108] Vgl. SUNDERLAND 2010, S. 9. Rhizomatische Strukturen attestiert SUNDERLAND dem Artusroman, wohingegen in Chanson de Geste-Zyklen und im *Roman de Renart* die Einzeltexte nicht vom Zyklus absorbiert würden (vgl. ebd.).

[109] Häufig als Zentren ausgemacht wurden z. B. die Biographien einzelner Figuren, bestimmte literarische und kulturelle Diskurse oder die Entstehungs- und Untergangshistorien (fiktiver) Reiche, wie z. B. in der *Karlmeinet*-Kompilation, die mit der Kindheitserzählung Karls des Großen beginnt, über seine mittleren Lebensjahre schließlich zu einer legendarischen Stilisierung kommt und am Ende einen eschatologischen Ausblick auf das Ende der Welt gibt. Diese biographische Zentrierung schafft es dabei, Texte verschiedener Gattungen in einem gemeinsamen Rahmen zu vereinen (HARTMUT BECKERS: Die Karlmeinet-Kompilation. Eine deutsche *vita poetice Karoli Magni* aus dem frühen 14. Jahrhundert, in: Cyclification. The Development of Narrative Cycles in the Chansons de Geste and the Arthurian Romances, hg. v. BART BESAMUSCA, Amsterdam/New York, NY 1994, S. 113–117). Ein stark auf die Figurenbiographie fokussiertes Modell verfolgt SUNDERLAND, wenn er gattungsübergreifend jeweils die Biographie des Helden (Lancelot, Guillaume, Renart und Tristan) als Zentrum ausmacht. Diese Biographie stehe in Konkurrenz zu den weiteren, mit anderen Hauptfiguren verbundenen Erzählungen, deren Figuren als Gegenparts und Alternativen zum Protagonisten gesehen werden können (vgl. SUNDERLAND 2010, S. 3 und ebd., S. 13).

und zentrifugal ausgerichtete Zyklen, wobei erstere als stärker geschlossen, zweitere als loser verknüpft gelten.[110]

Dass eine Bestimmung des Zentrums des *Rappoltsteiner Parzifal* auf diesem Wege problematisch ist, zeigt der Seitenblick auf den *Conte du Graal* und seine *Fortsetzungen*, deren Zentrum stark unterschiedlich bestimmt wird. JANE TAYLOR sieht sie als Beispiel eines zentripetalen Zyklus, dessen Handlung durch den Gral und dessen Rückführung auf das letzte Abendmahl geschlossen sei.[111] Eine ebenfalls zentripetale Dynamik bestimmt HINTON,[112] der jedoch das Zentrum anders verortet, indem er mit der Figur Perceval einen »biographical core«[113] ausmacht, dessen »tyrannical appetite«[114] einige ursprünglich peripher angelegte Handlungsstränge zum Opfer fielen.[115] Im Kontrast dazu erkennt BRUCKNER eine primär zentrifugale Dynamik,[116] wobei sie als Zentrum keinen einzelnen Strang, sondern wiederholte, variierte Szenen und Muster ausmacht, die spezifisch auf Chrétiens Text zurückgehen:

> Centrifugal intertextuality provides an obvious metaphor for a set of texts that continue to move out and away from their common starting point, as the *Conte du Graal* remains in place, the first romance of a gradually expanding sequence. The phrase represents at the same time an image of a tension between center and ever receding periphery. Centrifugal intertextuality thus figures the way Chrétien's model serves as a repeating centre throughout the series by remaining off-centre at the narrative beginning, the place where all continuators return for inspiration and reinvention to set out anew, even as they pick up the linear thread of narration wherever their immediate predecessor left it. In the *Perceval* Continuations, the intertextual play goes beyond their common participation in models shared by romances in general – types situated at the level of character (King Arthur, Yvain, dwarfs, damsels in distress, etc.), scenes (for example combat,

---

[110] Vgl. TAYLOR 1994, S. 65.

[111] Vgl. ebd., S. 69.

[112] Vgl. THOMAS HINTON: New Beginnings and False Dawns. A Reappraisal of the *Elucidation* Prologue to the *Conte du Graal* Cycle, in: Medium Aevum 80, 2011, S. 41–55, hier: S. 49.

[113] HINTON 2012, S. 56.

[114] Ebd.

[115] Es handelt sich bei den Handlungssträngen um das *Chastel Orgelus*, dem *Mont Dolorous* und *Montesclair*, die bei Chrétien durch die hässliche Botin als Bewährungsorte für verschiedene Artusritter eingeführt werden. Die *Fortsetzungen* lassen aber z. T. Perceval diese Bewährungen bestehen und machen sie so zu Teilen seiner Biographie (vgl. ebd.).

[116] Auch andere Fälle lassen sich kaum auf eine hauptsächliche Dynamik festlegen, z. B. wenn BRUCKNER für den *Vulgate-Zyklus* generell zentrifugale, eine den Kern des *Lancelot* erweiternde Bearbeitung sieht (BRUCKNER 2009, S. 15), BESAMUSCA hingegen mit dem Hinweis auf Beginn und Ende des *Vulgate-Zyklus*, wie auch der *Lancelot-Compilatie*, einen geschlossenen Handlungsbogen und damit einen zentripetalen Fokus ausmacht (vgl. BESAMUSCA 2003, S. 148).

hospitality), and situations (for example the Fair Unknown at court). Their intertextual dialogue is more pointed, based on rewriting specific scenes or patterns from their common center/starting point.[117]

Brucknes Modell legt also das Zentrum nicht auf einen bestimmten Aspekt fest, sondern berücksichtigt das z. T. abseitige und vervielfachende Erzählen der vermeintlich peripheren Teilerzählungen, das charakteristisch für zyklische Erzählkombinationen ist.[118]

Ob es dann noch treffend ist, von Zentrum und Peripherie zu sprechen, ist allerdings fraglich, da die immer wiederholten Muster, Szenen und narrativen Konstellationen, die das Zentrum ausmachen, Teil der Peripherie sind. Für den *Rappoltsteiner Parzifal* kommt hinzu, dass der von Bruckner als Startpunkt ausgemachte *Conte du Graal* durch Wolframs *Parzival* ersetzt ist, der seine Vorlage massiv bearbeitet und kaum als Ausgangspunkt der *Fortsetzungen* gesehen werden kann. Obwohl er erstaunlich häufig zu ihnen passen mag, ist das von Bruckner beschriebene intertextuelle Zusammenspiel verschoben.[119]

---

[117] Bruckner 2009, S. 16.

[118] Anders wäre das Konzept der *Lanzelet-Compilatie*, die sieben Romane zwischen *Lancelot*, *Queste* und *Arturs doet* einfügt, nicht zu erklären, da es genau diese Zusätze sind, welche die Kompilation von einer bloßen Übertragung des *Vulgate-Zyklus* unterscheiden (Vgl. Frank Brandsma: The Function of the Narrative Technique of Interlacae in the *mise en cycle* of Romances in the *Lancelot* Compilation, in: Cyclification. The Development of Narrative Cycles in the Chansons de Geste and the Arthurian Romances, hg. v. Bart Besamusca, Amsterdam/New York, NY 1994, S. 118–121). So wird durch die fünf zwischen *Queeste vanden Grale* und *Arturs doet* interpolierten Romane Walewein als Hauptfigur neben Lanceloet etabliert, was zu einer weit positiveren Bewertung des ersten Ritters der Tafelrunde führt (Vgl. Besamusca 2003, S. 166). Der Aufwand für diesen geänderten Schwerpunkt ist nicht unerheblich und deutet damit auf die Relevanz der Änderung hin, hat der Kompilator doch drei Phasen der Bearbeitung darauf verwendet, die Interpolationen zu optimieren (Vgl. Brandsma 1994, S. 120).

[119] Hinsichtlich des *Rappoltsteiner Parzifal* positioniert Chen, wenn auch nicht explizit im Kontext von Zyklizität, das Zentrum etwas anders, indem sie stärker Bruckners Ansatz der fortwährenden Retextualisierung eines »Mastertext[s]« (Chen 2015, S. 38) folgt, jedoch deutlich macht, dass Wolframs *Parzival* Chrétiens *Conte du Graal* als Bezugspunkt ablöst (vgl. ebd., S. 36). Stärkere Kohärenz sieht sie einerseits ebenfalls in der Weitererzählung der Geschichte der Parzival-Figur (vgl. hinsichtlich *Wauchiers Fortsetzung* ebd., S. 209), hauptsächlich aber in dem Bezug zum »Haupterzählgegenstand« (ebd., S. 35), dem »zentralen Geschehen des Grals« (ebd., S. 36), was sie vor allem auf Wolframs engere Verknüpfung der Gawan- mit der Parzival-Handlung gegenüber Chrétiens *Conte du Graal* zurückführt (vgl. ebd.). Episoden ohne direkten Handlungszusammenhang (z. B. die Stränge um Karados und Gaheries) stuft sie als abseitig ein: »Diesen Einschub um die Ritter Boort (Bohort) und Lyonel übernahm Manessier wohl aus der *Queste del Saint Graal*. Sie tangiert – wie der *Livre de Caradoc* oder die Erzählung um Gaheris und den toten Schwanenritter in der *Ersten Fortsetzung* – im Kontext der *Troisiéme Continuation* die Gralthematik nur

Um dieser generell dezentralen Erzählweise gerecht zu werden, bezeichne ich das gemeinsame Zentrum der Teilerzählungen als deren Konnex.[120] Dieser beschränkt sich nicht auf einen besonders prominenten Aspekt, sondern er ergibt sich aus den Schnittmengen aller narrativen Elemente, die stetig wiederholt, variiert und als relevant markiert werden und sich als Muster, Motive, Themen und Konstellationen des Erzählten äußern. Hierzu zähle ich nicht nur Elemente, die in jeder Teilerzählung auftauchen, sondern auch solche, die nur in einem Teil des Ensembles zu finden sind. In der Bestimmung dieser Elemente liegt sicherlich eine Schwierigkeit, da diese bereits mit ihrer Interpretation einhergeht. Eine weitere Schwierigkeit besteht darin zu unterscheiden, was daran spezifisch für den *Rappoltsteiner Parzifal* ist und was auf die gemeinsame Gattung zurückgeht. Das Begriffspaar ›zentripetal‹ und ›zentrifugal‹ kann in diesem Kontext dazu benutzt werden, um die Dynamik bestimmter Teilerzählungen oder deren narrativer Elemente zu den Schnittmengen zu beschreiben. Der Begriff ›Kern‹ ist weiterhin werkgeschichtlich, d. h. auf diachroner Ebene zu verstehen.

*

Die oben beschriebenen Kohärenzverfahren zyklischer Werke dienen als eine Bandbreite möglicher Strategien, die einen Erklärungsansatz zur Poetik des *Rappoltsteiner Parzifal* bieten können. Die vorliegende Untersuchung ist in zwei größere Abschnitte gegliedert. Der erste (Kap. 2 Codex und Paratext: Einheit und Unterteilung) beschäftigt sich damit, inwieweit die Handschriften des *Rappoltsteiner Parzifal* dazu beitragen, jeweils eine mediale und paratextuelle Einheit herzustellen. Aufgrund der speziellen Überlieferungssituation kann die Karlsruher Handschrift direkt mit dem Konzept der Straßburger Bearbeiter in Verbindung gebracht werden, während die römische Handschrift ein nicht weniger wertvolles Zeugnis für die sekundäre Bearbeitung dieses Konzepts ist. Dementsprechend steht in dem Kapitel zur Karlsruher Handschrift (Kap. 2.1. Der Codex Donaueschingen 97) die unterteilende bzw. einheitsbildende Funktion des Paratextes im Vordergrund, wobei Unterteilung durch Initialen, Überschriften und den Codex selbst auf ihr Verhältnis zu der Unterteilung auf narrativer Ebene untersucht wird. Das Kapitel zur römischen Handschrift (2.2. Der Codex Biblioteca Casanatense

---

peripher. Um einen stimmigen Übergang zwischen beiden Corpora bemühte man sich nicht.« (ebd., S. 261). Dennoch räumt sie ein, dass diese peripheren Erzählungen bestimmte Themen und Motive aufgreifen und variieren und der Gral an keiner Stelle des als programmatisch geltenden Epiloges erwähnt wird (ebd., S. 32). Laut CHEN werden so im *Rappoltsteiner Parzifal* durch die Kombination Wolframs mit den Fortsetzern verschiedene Kohärenzkonzeptionen miteinander konfrontiert (vgl. ebd., S. 36).

[120] Der Begriff ist BASTERT entlehnt, der ihn im Zusammenhang mit sequentieller Zyklizität gebraucht (vgl. BASTERT 1997, S. 2).

1409) schließt daran an, indem es die Weiterbearbeitung dieser Unterteilung in den Fokus nimmt. Des Weiteren beschäftigt es sich damit, inwieweit die bisher kaum beachteten Eingriffe in die Textgestalt in Form einer kürzenden Redaktion Auswirkungen auf die narrative Einheit und Kohärenz haben. Der zweite große Abschnitt (Kap. 3. Fortführung des Doppelromans) beschäftigt sich damit, inwieweit das Erzählen im *Rappoltsteiner Parzifal* sich zyklischer Kohärenzstrategien bedient. Dazu werden in einer mehrschrittigen Analyse die programmatischen Passagen (Kap. 3.1. Programmatik), die Abfolge der Handlungsstränge (Kap. 3.2. Ordnung und Autonomie), Verbindungen und Schnittstellen (Kap. 3.3. Zyklische Signale), paradigmatische Sinnstiftung durch Wiederholungen (Kap. 3.4. Alternative Helden) und der Konnex (Kap. 3.5. Konnex) der bisher als eher peripher geltenden Teilerzählungen untersucht.

2. Codex und Paratext: Einheit und Unterteilung

Der Stellenwert der Handschriften des *Rappoltsteiner Parzifal* ist für die Frage nach der Einheit nicht zu unterschätzen. Dies zeigt sich in der Darstellung des Werks als veränderbares, über mehrere Generationen andauerndes Projekt und in der Darstellung einer Autorschaft, die nicht zwischen Verfasser, Übersetzer und Redaktoren unterscheidet. Das Zusammenbringen in einem Codex und die Arbeit am Paratext erhalten damit auktoriellen Status.

Die Straßburger Bearbeiter teilen den Karlsruher Codex am Übergang von Wolframs *Parzival* zu den *Fortsetzungen* zwar in *alt* und *nuw*,[1] machen zugleich aber unmissverständlich deutlich, dass es sich um dasselbe Werk handelt: *und alles daz hie nach geschriben stat, das ist ouch parzefal* (K 115va).[2] Dies deckt sich mit dem Beginn des Epilogs, der die Erzählungen von Chrétien, Wolfram und Manessier als kontinuierliche Erzählung darstellt (RP 845,14–846,21). Der Stoff ist in dieser Darstellung leitend, wohingegen Autorschaft und Sprache dem unfesten Werk keine Grenzen aufgeben und Fortschreiben und Umformen geradezu verlangt werden.[3]

---

[1] Die Unterteilung in *tüzsch* und *welsch* ist zur Mitte des Codex (K 115^v^) nicht so deutlich formuliert. Zwar wird der *alte Parzefal* ausdrücklich auch *der tüzsche Parzefal* genannt, über den *nuwen* wird jedoch nur gesagt, dass er *von welsche zů tüzsche braht* worden ist, wobei eine entsprechende Betitelung jedoch fehlt. Diese erfolgt erst am Ende des Codex, wo beide Werkteile ein gemeinsames Ende finden: *hie het der tützsche und der welsche parzefal ein ende* (K 320^v^). Ähnlich formulieren sie schon vor dem Epilog in der nachträglich eingefügten Überschrift auf 317^v^ für *alt* und *nuw*.

[2] Erstaunlicherweise wird in der *Conte du Graal*-Handschrift A (s. o.) Chrétiens Textpart ebenfalls mit einem explicit als *alt* bezeichnet: »*Explycyt perceuax le ueil* [Here ends the old Perceval]« (HINTON 2012, S. 9).

[3] Vgl. PETER STROHSCHNEIDER: Höfische Romane in Kurzfassungen. Stichworte zu einem unbearbeiteten Aufgabenfeld, in: Zeitschrift für deutsches Altertum und deutsche Literatur 120, 1991, S. 419–439; NIKOLAUS HENKEL: Kurzfassungen höfischer Erzähldichtung im 13./ 14. Jahrhundert. Überlegungen zum Verhältnis von Textgeschichte und literarischer Interessenbildung, in: Literarische Interessenbildung im Mittelalter. DFG-Symposion 1991, hg. v. JOACHIM HEINZLE, Stuttgart/Weimar 1993, S. 39–59; JOACHIM BUMKE: Der unfeste Text. Überlegungen zur Überlieferungsgeschichte und Textkritik der höfischen Epik im 13. Jahrhundert, in: *Aufführung* und *Schrift* in Mittelalter und Früher Neuzeit, hg. v. JAN-DIRK MÜLLER, Stuttgart/Weimar 1996, S. 118–129; JOACHIM BUMKE: Die vier Fassungen der *Nibelungenklage*. Untersuchungen zur Überlieferungsgeschichte und Textkritik der höfischen Epik im 13. Jahrhundert, Berlin [u.a.] 1996; JAN-DIRK MÜLLER: Aufführung – Autor – Werk. Zu einigen blinden Stellen gegenwärtiger Diskussion,

Damit verbunden ist, dass das Werk als Produkt einer kollaborativen Autorschaft dargestellt wird:

> In der Karlsruher Handschrift [...] finden sich Texte von sieben oder acht Autoren: Wolfram und Chrétien, Pseudo Wauchier de Denain (= Zweite Fortsetzung), Manessier (= Dritte Fortsetzung), der Verfasser der *Elucidation* sowie Wisse, Colin und Samson Pine, den man als Mit-Autor werten kann. Sieben dieser Autoren werden namentlich erwähnt [...].[4]

Die Nennung der Autoren stellt die Straßburger Bearbeiter nicht nur an das Ende einer über das Werk definierten Traditionslinie, sondern es setzt sie mit den vorangegangenen Dichtern gleich, obwohl sie – ganz anders als ihre Vorgänger – nur minimal über den Text ihrer Vorlagen hinausgehen, ihm penibel treu bleiben und hauptsächlich auf redaktioneller Ebene eingreifen.[5] Die Tätigkeiten von Wolfram, Chrétien und Manessier werden im Epilog mehrfach als *rimen* und *tihten*, in Wolframs Fall zudem auch mit ›übersetzen‹ (*in tüsche sagen*) beschrieben (RP 845,18ff.). Manessiers Tätigkeiten ist zudem das Vollenden zuzurechnen (*und allez zuo eime ende broht* RP 845,34). Genau dasselbe Vokabular benutzt Colin bei

---

in: Mittelalterliche Literatur und Kunst im Spannungsfeld von Hof und Kloster. Ergebnisse der Berliner Tagung, 9.–11. Oktober 1997, hg. v. NIGEL F. PALMER, HANS-JOCHEN SCHIEWER, Tübingen 1999, S. 149–166; MICHAEL STOLZ: Autor – Schreiber – Editor. Versuch einer Feldvermessung, in: Editio: Internationales Jahrbuch für Editionswissenschaft 19, 2005, S. 23–42; HANS-JOCHEN SCHIEWER: Fassung, Bearbeitung, Version und Edition, in: Deutsche Texte des Mittelalters zwischen Handschriftennähe und Rekonstruktion. Berliner Fachtagung 1.–3. April 2004, hg. v. MARTIN J. SCHUBERT, Tübingen 2005, S. 35–50; MARTIN BAISCH: Textkritik als Problem der Kulturwissenschaft. *Tristan*-Lektüren, Berlin 2006, S. 32–53.

[4] BUMKE 1997, S. 91. Dies bezieht sich auf die epischen Texte. Rechnet man das Minnesang-Florilegium mit ein, sind es noch fünf weitere, die allerdings nicht genannt werden: Walther von der Vogelweide, Walther von Metze, Reinmar, Gottfried von Neifen und Reinmar von Brennenberg (vgl. HOLZNAGEL 1995, S. 70).

[5] Sie übertragen die *Fortsetzungen* zu Chrétiens *Conte du Graal* mit so wenig Änderungen, dass der *nuwe Parzefal* nach mittelalterlichen Maßstäben als Übersetzung mit großer Vorlagentreue bezeichnet werden kann (vgl. WITTMANN-KLEMM 1977, S. 29 und BUSCHINGER 1994, S. 72). Auch am wolframschen Text des *alten Parzefal* nehmen die Bearbeiter nur wenige Eingriffe vor und stellen mit sehr hohem Aufwand und großer Sorgfalt einen möglichst vollständigen Text her, indem sie den wolframschen Text mehrmals redigieren und neu gliedern. Als Vorlage zum ursprünglich französischen Text stand wahrscheinlich nur eine einzige Handschrift, ähnlich der *Conte du Graal*-Hs. P, zur Verfügung (Vgl. WITTMANN-KLEMM 1977, S. 13; OLTROGGE & SCHUBERT 2002, S. 372; GABRIEL VIEHHAUSER-MERY: Die Parzival-Überlieferung am Ausgang des Manuskriptzeitalters. Handschriften der Lauberwerkstatt und der Strassburger Druck, Berlin/New York 2009, S. 136 und ROBERT SCHÖLLER: Die Fassung T des *Parzival* Wolframs von Eschenbach. Untersuchungen zur Überlieferung und zum Textprofil, Berlin [u.a.] 2009, S. 102).

der Beschreibung der eigenen Tätigkeiten und die seiner Mitarbeiter: Sowohl unmittelbar nach der Nennung der drei Vorgänger (*von Strasburg Philippez Colin, / der het diz buoch dem herren sin / von welsch in tüezsch gerimet* RP 846,21ff.), dann bei der Nennung seines Kollegen Claus Wisses (*wan er ist ein tihter cluog* [...] *der tihtete ein jor vor mir e* RP 854,5–11) als auch des Übersetzers Sampson Pine (*waz wir zuo rimen hant bereit, / do het er unz daz tüsch geseit* RP 854,31f.) und seiner eigenen Leistung (*so lert Minne tihten mich, / daz diz werg wurt vollebroht* RP 854,24f.). Dieselben Begriffe werden auch in der Prosa-Überleitung vom *alten* zum *nuwen Parzefal* verwendet.[6] Nicht nur»erhebt die Kompilation des Straßburgers durchaus dichterischen Anspruch«[7] durch die Nennung, es wird auch ein Autorbegriff aufgerufen, der auktorielle und redaktionelle Tätigkeiten gleichsetzt.[8]

Die Gleichsetzung findet auch innerhalb des Straßburger Teams statt, indem die Tätigkeiten aller Beteiligten mit *rimen* und *tihten* bezeichnet werden. Damit fällt es schwer, das Bild einer differenzierten Arbeitsteilung in Übersetzungshilfe (Sampson Pine), Redaktion und Formulierung (Colin und Wisse) und Niederschrift (die Schreiber) aufrechtzuhalten. Es ist kaum festzustellen, welche redaktionellen Arbeitsschritte von welcher Instanz durchgeführt wurden, noch diese Instanzen personell festzulegen, da z. B. die zahlreichen Überschriften auch von den Schreibern Hänselin und von Onheim, die in dem Epilog folgenden Kolophon genannt werden,[9] stammen könnten und nicht zwingend auf Colin oder Wisse zurückgehen.[10] Auch der Anteil Wisses ist unklar, indem Colin ihn zwar als Autor des *anevang*[s] vorstellt,[11] doch worin dieser Beginn genau besteht und was seine Rolle dabei war, wird nicht deutlich.[12] Den dichterischen Anspruch scheint das

---

[6] Vgl. Schorbach 1974, S. XIII.

[7] Chen 2015, S. 282 vgl. auch ebd., S. 19.

[8] Dass dies sprachlich nicht allzu differenziert ist, ist keinesfalls ungewöhnlich (vgl. Bumke 2005, S. 12).

[9] Vgl. Schorbach 1974, XVI.

[10] Vgl. Bumke 2005, S. 25. Oltrogge und Schubert stellen hinsichtlich der Korrekturen in Anschluss an Bumke fest dass »eine personelle Trennung [von Dichter und Redaktor der Karlsruher Handschrift] kaum möglich sein dürfte« (Oltrogge & Schubert 2002, S. 348). Eindeutig ist der Zusammenfall von Schreiber und Redaktor in einer Person in der römischen Handschrift des *Rappoltsteiner Parzifal* nachzuvollziehen (siehe Kap. 2.2.3 Kürzende Redaktion, S. 122ff.). Dass sich die tatsächlichen redaktionellen und schreiberischen Aufgaben nicht personell zurückführen lassen, ist nicht ungewöhnlich (vgl. Nigel F. Palmer: Kapitel und Buch. Zu den Gliederungsprinzipien mittelalterlicher Bücher, in: Frühmittelalterliche Studien 23, 1989, S. 43–88, S. 44).

[11] Vgl. Schorbach 1974, XX.

[12] Schorbach schließt aus der Bezeichnung *anevang* im Epilog, dass Wisse den *Prologus*/die *Elucidation* und den auf das Lachmannsche IV. Buch folgenden sog. Bittgesuch gedichtet habe (vgl. ebd., VII). Ob mit *anevang* aber tatsächlich diese beiden Teile des

nicht zu schmälern. Vor diesem Hintergrund gilt, dass »Anspruch und Leistung des *Rappoltsteiner Parzifal* nicht über das Autor-Werk-Verhältnis zu erfassen [ist], sondern nur durch eine Analyse der Handschrift[en].«[13] Dies betrifft auch die Frage, inwieweit die aus verschiedenen Traditionslinien bestehende Kompilation als zusammenhängendes Werk zu begreifen ist. Da die Bearbeiter die Textgestalt wenig abändern, um diese Einheit zu generieren, stellt sich die Frage, inwieweit Medium und Paratext diese Funktion übernehmen.

Dabei ist es wichtig zu beachten, dass die Paratexte des *Rappoltsteiner Parzifal*, anders als bei modernen Werken,[14] größtenteils nachträglich entstanden sind.[15] Zwar ist es nur sehr begrenzt rekonstruierbar, inwiefern Chrétien, Wolfram und die Fortsetzer das Beiwerk ihrer Texte mit einkalkulieren,[16] doch deutet der in der *Parzival*- und *Conte du Graal*-Überlieferung vorbildlose, extensive Einsatz darauf

---

Textes gemeint sind, ist nicht selbstverständlich. Möglich wäre auch, dass der Beginn der *nuwen Parzefal* gemeint ist. Inwiefern Wisse für die Aufteilung von Wolframs *Parzival* und das Einfügen der *Elucidation* mit verantwortlich ist, bleibt ebenfalls unklar.

[13] BUMKE 1997, S. 93.

[14] Dass das von GÉRARD GENETTE entwickelte Modell keine Allgemeingültigkeit besitzt, sondern lediglich einen synchronen Schnitt in einer langen kulturellen Entwicklung beschreibt, merkt dieser bereits selbst an (Vgl. GÉRARD GENETTE: Paratexte. Das Buch vom Beiwerk des Buches, Frankfurt am Main 2001, S. 20) und verweist auf die historische Bedingtheit der Begriffe Autorschaft, Werk und der paratextuellen Elemente (Vgl. z. B. ebd., S. 11). Die Anwendung des Paratext-Begriffs ist somit durch die jeweiligen historischen Rahmenbedingungen der Literatur bestimmt und muss daher immer an diese angepasst werden. Auch wenn eine Geschichte des Paratextes im Mittelalter noch am Anfang steht (vgl. FLORIAN KRAGL: Die (Un-)Sichtbarkeit des Paratexts. Von einem Prinzip mittelalterlicher Buchgestaltung am Beispiel der *Herzmare*-Überlieferung, in: Beiträge zur Geschichte der deutschen Sprache und Literatur 138, 2016, S. 390–432, S. 396), zeigen einzelne Beiträge, dass eine historisierte Anwendung möglich ist (z. B. BERNHARD PABST: Text und Paratext als Sinneinheit? Lehrhafte Dichtungen des Mittelalters und ihre Glossierung, in: Text und Text in lateinischer und volkssprachiger Überlieferung des Mittelalters. Freiburger Kolloquium 2004, hg. v. WOLFGANG HAUBRICHS, KLAUS RIDDER, ECKART CONRAD LUTZ, Berlin 2006, S. 117–145; MICHAEL STOLZ, GABRIEL VIEHHAUSER: Text und Paratext. Überschriften in der *Parzival*-Überlieferung als Spuren mittelalterlicher Textkultur, in: Text und Text in lateinischer und volkssprachiger Überlieferung des Mittelalters. Freiburger Kolloquium 2004, hg. v. WOLFGANG HAUBRICHS, KLAUS RIDDER, ECKART CONRAD LUTZ, Berlin 2006, S. 317–352; CHRISTEL MEIER: Typen der Text-Bild-Lektüre. Paratextuelle Introduktion – Textgliederung – diskursive und repräsentierende Illustration – bildliche Kommentierung – diagrammatische Synthesen, in: Lesevorgänge. Prozesse des Erkennens in mittelalterlichen Texten, Bildern und Handschriften, hg. v. ECKART CONRAD LUTZ, MARTINA BACKES, STEFAN MATTER, Zürich 2010, S. 157–181).

[15] Zu der nachträglichen Entstehung vgl. PALMER 1989 und KRAGL: 2016, S. 431.

[16] Vgl. zu den Initialen des wolframschen *Parzival* SCHÖLLER 2009, S. 108.

hin, dass der Paratext durch die Straßburger Bearbeiter für ihr Kompilations-Projekt geschaffen und systematisch verwendet wird. Die in den *Rappoltsteiner Parzifal* eingeflossenen Texte können ursprünglich jedoch so entworfen sein, dass sie mit einem nur sehr begrenzten Repertoire an paratextuellen Elementen auskommen, dabei aber viele Funktionen (Gliederung und Hierarchisierung von Handlungseinheiten, Autor- und Schreibernennungen, Werkname, usw.), die in modernen Texten vom Paratext übernommen werden, durch den Text erfüllt sind.[17] Interferenzen der beiden Ebenen sind zu erwarten. Wo die Grenzen verlaufen und welche Funktionen mit den jeweiligen Elementen verbunden sind, kann erst in der Analyse bestimmt werden.[18]

Für beide Handschriften des *Rappoltsteiner Parzifal* liegen bereits instruktive und leicht zugängliche Beschreibungen vor,[19] sodass nochmalige Überblicke hier nicht nötig sind. Grundlage meiner Analysen sind sorgfältige Autopsien beider Handschriften und die Arbeit an ihren Digitalisaten.

Zu bekräftigen ist, was bereits die Entdecker der Handschriften festgestellt haben: Die starke Ähnlichkeit der Handschriften springt sofort ins Auge. In ihrem zweispaltigen Layout mit abgesetzten Versen und Versalienspalte,[20] der Ausstattung durch bewohnte, z. T. zwei- oder sogar dreifarbige Initialen und Zierleisten, der Textualis auf sehr guten Niveau, wobei die römische Handschrift das kalligraphische Niveau der Karlsruher Vorlage noch ein wenig übertrifft. In beiden Handschriften sind jeweils zwei Schreiberhände festzustellen, die zwar Ähnlichkeiten aufwiesen, aber nicht auf personelle Überschneidungen hindeuten.[21]

---

[17] So finden sich in zahlreichen mittelalterlichen Handschriften z. B. Kolophone, Datierungen oder Gliederungsmittel, die als Teil des Textes und nicht als Paratext präsentiert sein können. Viele paratextuelle Elemente werden erst im Laufe der Überlieferung hinzugefügt, wobei die textuellen Elemente jedoch weiterhin bestehen bleiben können. Zu dieser funktionalen Bestimmung vgl. KRAGL: 2016, S. 430.

[18] Für eine fallspezifische Bestimmung der Funktion der Gliederungsprinzipien spricht sich bereits NIGEL PALMER aus (Vgl. PALMER 1989, S. 44).

[19] UTE OBHOF: Cod. Donaueschingen 97. *Rappoltsteiner Parzifal* (*Der alte und der nuwe Parzefal* oder *Der tüzsche und der welsche Parzefal*); *Parzival*-Hs. V [Gδ], Hs. D der frz. *Perceval*-Forschung, Minnesanghandschrift i, 2009a, http://www.manuscripta-mediaevalia.de/dokumente/html/obj31576740, zuletzt geprüft am: 03.01.2016; MATTHIAS MILLER, KARIN ZIMMERMANN: Die Codices Palatini germanici in der Universitätsbibliothek Heidelberg (Cod. Pal. germ. 304–495). Kataloge der Universitätsbibliothek Heidelberg VIII, Wiesbaden 2007, urn:nbn:de:bsz:16-opus-84706.

[20] Das Blattformat ist bis auf einen halben Zentimeter in der Breite identisch, vgl. die Abmessungen in den Beschreibungen (OBHOF 2009; MILLER & ZIMMERMANN 2007).

[21] Die Hände unterscheiden sich vor allem im kalligraphischen Niveau, sind aber ansonsten typisch für die erste Hälfte des 14. Jahrhunderts. Besonders Hand I des Karlsruher Codex (z. B. K 282[r] und 285[v], vgl. OBHOF 2009) ähnelt Hand I der römischen Abschrift

Der größte Unterschied besteht darin, dass der römische Codex 1409 (Biblioteca Casanatense, Rom) lediglich den *nuwen Parzifal* enthält, der dem zweiten
Teil des Karlsruher Codex entspricht. Der Codex Donaueschingen 97 (BLB,
Karlsruhe) überliefert Wolframs *Parzival*, die *Elucidation*, das Minnesang-Florilegium, die drei Fortsetzungen zu Chrétiens *Conte du Graal* (*Erste Fortsetzung*,
Wauchiers Fortsetzung, *Manessiers Fortsetzung*), den Epilog Philipp Colins und das
sog. Bittgesuch.

2.1.   Der Codex Donaueschingen 97

Der Karlsruher Codex Donaueschingen 97[22] gilt als »die einzige Originalhandschrift eines höfischen Epos aus dem 13. und 14. Jahrhundert, die erhalten geblieben ist«.[23] Die Handschrift ist zweigeteilt: Durch eine Reihe von Rubrikaten und
das Florilegium, das mit der größten und zugleich einzigen figurierten Initiale des
Codex versehen ist, wird der Übergang vom ersten Teil der Handschrift (dem *alten
Parzifal*) zum zweiten (dem *nuwen Parzifal*) gekennzeichnet, ohne darauf Rück-
sicht zu nehmen, dass sowohl der *alte* Teil erstmals übersetzte und neu hinzuge-
dichtete Passagen enthält als auch im *nuwen* Teil die Handlung mit den letzten
beiden Büchern aus Wolframs *Parzival* abgeschlossen wird. Die Zweiteilung des
Karlsruher Codex geht somit nicht auf die verschiedenen Quellen und der mit

(z. B. R 1ʳ, vgl. MILLER & ZIMMERMANN 2007), wohingegen sich die Schriftbilder der jeweiligen Hände II (z. B. K 286ʳ und R 59ʳ) stärker unterscheiden. Es wäre somit denkbar,
dass in der römischen Handschrift zumindest ein Schreiber der Vorlage am Werk war
(Hand I), der allerdings mit größerer Sorgfalt als in der Vorlage gearbeitet hat. Dies ist
allerdings nicht der Fall. Ich danke CHRISTOPH MACKERT, der mir in dieser Frage mit
seiner Expertise zur Seite gestanden und mich auf folgende Unterschiede hingewiesen hat,
die dem ansonsten höheren Niveau von Hand I im römischen Codex entgegenlaufen, indem
sie weniger komplex sind als in der Vorlage: Hand K I verwendet ausgeprägte i-Striche,
während R I trotz der konkaven Wölbung auf i-Kennzeichnung verzichtet; der k-Abstrich
endet bei K I über der Zeile, während er bei R I noch bis auf die Zeile heruntergezogen ist;
K I setzt Zierstriche auf die r-Fahnen, während R I diese nicht nutzt; R I schließt das o
mit einem querliegenden Grundstrich ab, während K I das o spitzwinkelig auf die Zeile
setzt.

    [22] Zur Beschreibung siehe OBHOF 2009; SCHÖLLER 2009, S. 102; WITTMANN-KLEMM
1977, S. 1–7; BERND SCHIROK: Der Aufbau von Wolframs *Parzival*. Untersuchung zur
Handschriftengliederung, zur Handlungsführung u. Erzähltechnik sowie zur Zahlenkomposition, Freiburg 1972, S. 113–115.

    [23] BUMKE 1997, S. 87. »Originalhandschrift« (SCHORBACH 1974, XI) oder »Urschrift«
(OLTROGGE & SCHUBERT 2002, S. 348) meint in diesem Fall, dass die Straßburger Bearbeiter in dieser Handschrift erstmalig den Text kompiliert, sukzessiv übersetzt und mehrmals überarbeitet haben.

ihnen verbundenen Autornamen zurück, sondern sie ist Teil der Präsentation der literarischen Fortsetzung und ihres Verhältnisses zur Tradition.[24] Beide Teile sind paratextuell durch Großinitialen und Überschriften mittel- bis kleinschrittig weiter untergliedert.[25]

Das Augenmerk der Forschung lag neben der Untersuchung des Epilogs auf der Gliederung der Handschrift. ARNE HOLTORF stellt inhaltliche Verbindungen von Florilegium und Epilog hinsichtlich der Minne-Thematik fest, die von DO-ROTHEE WITTMANN-KLEMM und FRANZ-JOSEF HOLZNAGEL bestätigt und eingehender untersucht werden. Ute OBHOF fokussiert auf die Genese der Handschrift, indem sie die Verteilung der Malerhände der Initialen und ihr Verhältnis zur Zweiteilung des Codex untersucht und dabei zu dem Schluss kommt, dass es sowohl verbindende als auch trennende Merkmale auf kodikologischer Ebene gibt.[26]

WITTMANN-KLEMM analysiert neben der Zweiteilung die Funktionen der Überschriften und die durch sie vorgenommenen Einteilungen in größere Abschnitte, Episoden und einzelne Abenteuer der Protagonisten. Die Überschriften bilden nach WITTMANN-KLEMM ein vom Übersetzer-Team eingeführtes Gliederungssystem, das den Wegfall der Romanstruktur nach chrétienschem Vorbild kompensiere und zugleich die selektive, nur lose zusammenhängende Rezeption der einzelnen Abschnitte ermögliche.[27] Sie gliedern den umfangreichen Stoff nicht nur in einzelne Episoden, sondern fassen mehrere von diesen z. T. in größere Einheiten, die als *buoch* oder *aventiure* bezeichnet werden, zusammen.[28] Dass in den Überschriften einige wiederkehrende Stationen der Helden (Gralsbesuche Parzivals und Gawans, Einkehren am Artushof, die Sigune- und die Kundwiramurs-Szenen) durchgezählt sind, führt WITTMANN-KLEMM darauf zurück, dass die Bearbeiter die einzelnen Episoden durch ihre Überschriften voneinander unterscheiden wollten.[29] Die Überschriften sieht sie als Ausweis einer fragmentierten, selektiven Rezeption, die den Zerfall der Romanstruktur kompensiere:

> Die mit der Auflösung der einst sinntragenden Romanstrukturen verbundene Vereinzelung der Episoden [...] und das funktionale Überschriftensystem machen es vollends

---

[24] Vgl. BUMKE 1997, S. 92; WITTMANN-KLEMM sieht hingegen die Einteilung in *alt* und *nuw* der »Naivität« der Bearbeiter geschuldet, die den alten Teil mit Wolframs Text, den neuen mit den *Fortsetzungen* gleichsetzten (vgl. WITTMANN-KLEMM 1977, S. 72).

[25] Zu den verschiedenen Gliederungsebenen siehe ebd., S. 71.

[26] OBHOF 2009.

[27] Vgl. WITTMANN-KLEMM 1977, S. 96.

[28] Vgl. ebd., S. 103.

[29] Vgl. ebd., S. 100.

möglich, die verschiedenen Geschichten als Minne-Exempel zu nehmen und das Ganze als Lehrbuch der Minne im Sinne des Epilogs zu benutzen.[30]

Dass dadurch auch die Parallelen des Handlungsaufbaus und damit der sinnkonstituierenden Struktur aufgedeckt werden, stuft sie als »Nebeneffekt« ein.[31]

Auch CHEN sieht in den Überschriften, vor allem im Kontext der Wiederholung ein Mittel zur Herstellung von Übersichtlichkeit der Handlung, das verrate, dass die Bearbeiter ein »gewisses Strukturbewusstsein«[32] besaßen. Sie sieht das Strukturmuster und die Zusammengehörigkeit, die sich aus wiederholten Episoden ergeben, nicht einem auf Durchzählungen basierten Plan folgend, sondern eher in dem Prinzip der Wiederholung selbst:

> Allen diesen Wiederholungen ist ein bestimmtes Prinzip der Doppelung gemeinsam: Konstellationen zwischen Figuren [...], bisweilen auch zwischen vor-konnotierten [sic!] Gegenständen [...] werden aus dem ursprünglichen Kontext abstrahiert und zum Erfinden weiterer Stoffe als Gerüst verwendet.[33]

Ob die Gliederung durch die Überschriften aber nur der Gliederung und Übersichtlichkeit dient, dabei eine »Auflösung der Romanstruktur« des Textes kompensiere und die separate Rezeption einzelner Episoden begünstige, wie WITTMANN-KLEMM folgert,[34] ist allerdings fraglich. Unter der Perspektive des heutigen Forschungsstandes ist die Reduktion der Romanstruktur auf das Doppelweg-Schema problematisch.[35] Zudem ist der Roman schon bei Chrétien keinesfalls homogen und auf ein einziges Modell festzulegen. Er erprobt im *Conte du Graal* eine neue Variante, die seinen vorherigen Protagonistenromane vollends hinter sich lässt, wobei einige seiner Hauptfiguren auch schon zuvor in Paarkonstellationen eingebettet sind.[36] Ob es bei einem Doppelroman bleiben sollte, oder ob sogar drei

---

[30] Ebd., S. 126.

[31] Ebd., S. 102.

[32] CHEN 2015, S. 30.

[33] Ebd., S. 31.

[34] WITTMANN-KLEMM 1977, S. 96.

[35] Der Aufbau der Handlung wird von WITTMANN-KLEMM noch als sehr streng gedacht: »Die Grundstruktur des Artusromans, die bei Chrétien und bei Wolfram als Mittel künstlerischer Aussage genutzt worden ist, ist hier wieder zerfallen« (ebd., S. 96). Dass WITTMANN-KLEMM die gesamte Struktur der Großerzählung auf nicht einmal zwei Seiten ihrer Untersuchung abhandelt (ebd., S. 96), zeigt, wie stark die Überlegung noch der als schematisch gedachten Struktur der Erzählungen verpflichtet ist.

[36] Vgl. BRUCKNER 2009, S. 20. BRUCKNER weist darauf hin, dass der *Conte du Graal* nicht Chrétiens erster Roman ist, der mehr als eine Hauptfigur aufweist, da in *Erec et Enide* und im *Cligés* bereits Heldenpaare verwendet werden. (vgl. ebd.).

oder vier Helden vorgesehen waren, wie durch die Anklage des Hässlichen Fräuleins impliziert wird, ist nicht sicher.[37] Die *Fortsetzungen* interpretieren dies jeweils unterschiedlich, doch wird die Heldenfigur insgesamt vervielfacht.[38] Auch Wolfram überschreitet das Doppelroman-Konzept durch die Schaffung der rahmenbildenden Gahmuret/Feirefiz-Handlung.

Unter dieser Perspektive bewegen sich auch die Bearbeiter des *Rappoltsteiner Parzifal* im Rahmen der traditionellen Gestaltung der Struktur, indem sie diese noch komplexer machen als zuvor. Dies wird unter anderem darin deutlich, dass die verschiedenen Teile der Kompilation »nicht einfach nebeneinander hingestellt, sondern ineinander verschachtelt [werden]«.[39] Dadurch, dass im ersten Teil Stücke von Chretiens *Conte du Graal* und im zweiten Teil von *Manessiers Fortsetzung* in den wolframschen Text eingeflochten werden, entstehen Verknüpfungen zwischen den unterschiedlichen Teilen des Textes.[40]

Dass auf paratextueller Ebene auch die Überschriften nicht nur Zäsuren, sondern ebenfalls Verknüpfungen der Handlung betonen, ist bisher kaum bedacht worden. So könnten gerade die durchgezählten Überschriften den Rezipienten zur Rekapitulation der früheren Episoden angeregt haben, wenn nicht sogar zum Zurückblättern und erneuten Lesen. Zudem setzt man mit der These der Auflösung der Struktur voraus, dass die Bearbeiter des *Rappoltsteiner Parzifal* diese Struktur entweder nicht erkannt oder zumindest ignoriert hätten. Bedenkt man aber, welche Sensibilität die Bearbeiter für die Erzählstruktur bei dem Ineinanderfügen der Vorlagen, den treffend formulierten Überschriften und der Synchronisation der französischen mit den wolframschen Figurennamen[41] beweisen, ist dies eher unwahrscheinlich. Naheliegender ist, dass sie auch die feingliederige Strukturierung – ähnlich wie die grobe Zweiteilung – auf das Gesamtprojekt ausgerichtet ist, indem sie die Kontinuität der darin eingeflossenen Texte und deren Mehrwert als gemeinsames Werk als Leistung Ulrichs von Rappoltstein betont.

2.1.1. Der Codex als Mittel der Werk-Einheit

Zur Beantwortung der Frage nach der kodikologischen Einheit bzw. Zweiteilung der Karlsruher Handschrift kann ein eingehender Vergleich mit der römischen Handschrift neue Erkenntnisse bringen. Dabei sind besonders der Textverlust, die

---

[37] Vgl. HINTON 2012, S. 48.
[38] Vgl. ebd., S. 25. Die *Erste* und *Manessiers Fortsetzung* führen neue Protagonisten ein, während sich *Wauchiers Fortsetzung* hauptsächlich auf Perceval konzentriert.
[39] WITTMANN-KLEMM 1977, S. 72.
[40] Vgl. ebd., S. 73.
[41] Vgl. ebd., S. 79.

falsch eingebundenen Blätter und der Übergang vom *alten* zum *nuwen Parzifal* in der Karlsruher Handschrift (im Folgenden ›K‹) relevant.[42] Die Untersuchung der entsprechenden Stellen der römischen Handschrift liefert Anhaltspunkte dafür, dass die Karlsruher Handschrift ursprünglich zweibändig war und erst nachträglich in einem Codex gebunden wurde.

Obwohl K die Originalhandschrift des *Rappoltsteiner Parzifal* ist, enthält sie nicht den gesamten Text. Überraschenderweise enthält sie einen Textverlust im *nuwen Parzefal* (von K 169vb auf 170ra). Noch überraschender ist, dass die Abschrift an dieser Stelle (R 56^{r}–58^{r}) vollständig ist.

Dafür kann es mehrere Gründe geben. Erste Möglichkeit: Die Passage wurde bei der Anfertigung der Übersetzung in K nie übersetzt und erst von den Bearbeitern von R mit Hilfe einer französischen Vorlage neu übersetzt und ergänzt. Zweite Möglichkeit: Die Textpassage war ursprünglich vorhanden, ging vor der Abschrift von R verloren und wurde dann neu übersetzt. Oder drittens: Die Passage war ursprünglich in K vorhanden und ging erst nach der Abschrift verloren.

Gegen ein Auslassen der Passage bei der ursprünglichen Übersetzung spricht, dass der Textverlust mit dem Ende eines Blattes beginnt und mit dem Beginn eines Blattes endet. Somit ist er wahrscheinlich durch den Verlust kompletter Blätter bedingt, was gut zum entsprechenden Text in R passt, der ca. 8 Spalten einnimmt und damit einem fehlenden Doppelblatt aus K entsprechen würde. Hinzu kommt, dass es keine Anzeichen dafür gibt, dass für R eine französische oder deutsche Vorlage neben K genutzt wurde. Ebenso wenig fehlen Spuren einer intensiven Arbeit in Form von Korrekturen an der entsprechenden Textpassage in R, die auf einen übersetzenden Bearbeiter schließen lassen, wie man sie durchgehend in K findet. Die Anschlüsse auf R 56^{r} und 58^{r} weisen bis auf eine Unregelmäßigkeit[43] auf keinerlei Probleme der Bearbeiter mit einer potentiell fehlenden Textstelle hin. Das Blatt muss also nach der Abschrift von K verloren gegangen sein.

Im Karlsruher Codex weist nichts darauf hin, dass das fehlende Doppelblatt herausgeschnitten wurde. Die Bindung muss also nach der Abschrift noch einmal

---

[42] Der Textverlust in K wird in SCHORBACHS Edition durch R ergänzt. Es ist die einzige Passage, die er in aus der römischen Handschrift übernimmt.

[43] Der letzte Vers vor dem Textverlust auf K 169vb (*sü enwolt in entwürten niht*) taucht nicht in R auf. Anstatt dieses Verses steht dort auf R 56^{r} *und treip ir pfert fursich die riht*. Dieser Vers bildet mit dem ersten einen Satz und Reimpaar und ist alleine ergänzungsbedürftig. In der altfranzösichen Version der *Ersten Fortsetzung* folgen die beiden Verse aufeinander: *Cele ne velt a lui parler, / Ains se haste de tost aler.* (ROACH 1949–1985, 11863). Es handelt sich demnach wahrscheinlich um einen Fehler des Schreibers von R, der den ersten Vers des Paares versehentlich übersprungen hat. In SCHORBACHS Edition folgen die beiden Verse aufeinander (RP 237, 28f.).

gelöst und der Codex muss neu gebunden worden sein, wobei das Doppelblatt verloren ging. Durch diese Neubindung lässt sich auch erklären, weshalb die Blätter 176 und 177 in K, die dem auf den Textverlust folgenden Lagenverbund angehören, fehlerhaft eingeheftet sind.[44] Sie wurden nachträglich mit korrespondierenden Zeichen (Brille und Kreuz)[45] markiert, damit der Leser die richtige Reihenfolge rekonstruieren kann. Diese umständlichen Verweise scheinen zur Zeit der Abschrift noch nicht notwendig gewesen zu sein, da sich an den entsprechenden Anschlussstellen auf R 64ʳ und 68ʳ keine Probleme der Schreiber zeigen.

Der Grund für diese Neubindung könnte ein nachträgliches Zusammenfügen des ursprünglich zweibändigen Werkes sein. Dafür spricht der Befund, dass die letzte Lage des *alten* und die erste Lage des *nuwen Parzifal* jeweils das letzte Blatt bzw. ersten beiden Blätter herausgeschnitten wurden.[46] OBHOF schließt aus dem Befund der herausgetrennten Blätter, dass man entweder unbeschriebenes Pergament zum weiteren Beschreiben sichern wollte oder bereits beschriebene Blätter, die nicht mehr in das Schlusskonzept passten, entfernt hat.[47] Möglich ist aber auch, dass die entfernten Blätter aus einer vorherigen, getrennten Bindung der Teile nicht mit herausgenommen werden konnten, da sie als Spiegel in den Einband geklebt waren oder dass sie in einem ungebundenen Zustand als Schutz fungierten, daher abgenutzt waren und nicht zum Beschreiben in Frage kamen.

Dieser These widerspricht, dass sich beide Teile kodikologisch gesehen überlagern:[48] Erstens steht das Florilegium auf der letzten Seite des ersten Teils, kann aber hinsichtlich der Malerhände[49] dem zweiten Teil zugeordnet werden. Zweitens befindet sich die sog. Prosa-Überleitung auf 115ʳᵃ⁻ᵛᵇ, dem letzten Blatt des ersten Teils, obwohl ihr Inhalt aus der *Ersten Fortsetzung* zusammengefasst ist.

Dies legt zwar eher die Entstehung der beiden Teile »in einem Guss«[50] nahe, doch gibt es Hinweise, dass die Texte keinesfalls sukzessiv eingetragen worden sind: Auf 115ᵛᵃ gehen dem Florilegium die Datierung und die Blattzählung voran, die beide auf den gesamten Codex Bezug nehmen[51] und daher erst nach seiner Fertigstellung, also nicht fortlaufend und als Zwischenbilanz zwischen dem Ende

---

[44] Vgl. OBHOF 2009.

[45] Ebd.

[46] Vgl. das Lagenschema in OBHOF 2009, S. 379.

[47] Vgl. ebd.

[48] CHEN folgt hierin OBHOF, lässt allerdings die römische Handschrift ebenfalls unberücksichtigt (vgl. CHEN 2015, S. 128).

[49] Vgl. OBHOF 2009, S. 379.

[50] Ebd., S. 377.

[51] Nach der Prosa-Überleitung folgt die Datierung des Endes der Übersetzung des zweiten Teils. Darauf die Blattzählungen jeweils separat zum ersten, dann zum zweiten Teil.

des *alten* zum *nuwen Parzifal* eingetragen worden sein können. Dies stellt auch die fortlaufende Eintragung der darauf folgenden Texte in Frage, denn die Texte schließen – ohne dass Zwischenräume gelassen wurden – aneinander an: Auf das Ende des Textes des *alten Parzifal* auf 115ra folgt bis in die dritte Zeile auf 115va die Prosa-Überleitung, darauf die Datierung, darauf die Blattzählungen und darauf das Florilegium. Bemerkenswert ist, dass das Florilegium mit der letzten Zeile auf 115vb abschließt und dabei keine Unregelmäßigkeiten oder nachträgliche Korrekturen hinsichtlich seines Layouts aufweist. Sollten die Texte tatsächlich fortlaufend eingetragen worden sein, dann zeugt dieser Umstand von einer ausgezeichneten Planungsfähigkeit der Schreiber hinsichtlich des für den Text benötigten Schriftraums. Sollte das Florilegium aber zeitlich vor den übrigen Texten auf 115^{v} eingetragen worden sein, dann müssen sowohl die freien Räume für die erst später eingetragenen Texte sowie der genaue Abschluss des Florilegiums zeilengenau geplant worden sein. Diese an sich schon schwierige Aufgabe ist noch zusätzlich durch die siebenzeilige Initiale zu Beginn des Florilegiums erschwert, die aufgrund ihrer Größe Anzahl und Umbrüche der Zeilen und damit ihre Zahl verändert. Beide Szenarien sind ohne eine vorherige Vorlage der Strophen in der Form des Florilegiums kaum denkbar, da den Schreibern der Karlsruher Handschrift schon bei weniger anspruchsvollen Planungen des Seiten-Layouts (z. B. bei den freien Räumen für die Überschriften und Initialen) Fehler unterlaufen.[52] Diesbezüglich fällt auf, dass im Florilegium keine Korrekturen vorgenommen worden sind. Möglicherweise wurden diese Fehler bereits in der Vorlage behoben.

Wenn im Karlsruher Codex tatsächlich zwei vorher separate Bände zusammengefügt worden sind, dann könnte sich die Vorlage des Florilegiums auf einem der abgetrennten Blätter der nun 14. Lage befunden haben. Es ist möglich, dass mit den Blättern zudem ein Teil des Vers-Textes verloren ging, der bei der Übertragung in den neuen Codex in die kompaktere Prosa-Überleitung umgewandelt wurde. CHEN bemerkt, dass die Bearbeiter den Teil, welcher der Prosaüberleitung entspricht, nicht im vollen Umfang übersetzt haben und macht darauf aufmerksam, dass den Bearbeitern durchaus andere Möglichkeiten zur Verfügung standen, wenn sie den durch die Überleitung entstehenden Bruch hätten vermeiden wollen.[53]

Bei genauerer Betrachtung fällt auf, dass die Prosa- Überleitung eine Ausnahme bildet und die Wahl dieser Form der Überleitung für den Anschluss des *nuwen Parzifal* nicht notwendig ist. Den wolframschen Text lassen die Bearbeiter (vorübergehend) mit der Klage um Parzivals Aufbruch enden. Die Fortführung der

---

[52] Siehe S. 51ff.
[53] Vgl. CHEN 2015, S. 181.

Handlung nach der *Ersten Fortsetzung* wäre – mit Hilfe einer kurzen Vers-Über-
leitung und/oder einer Überschrift, welche die Bearbeiter an anderen Stellen an-
wenden[54] – durchaus möglich gewesen. Die Prosa-Form sowie die Raffung der
Handlung ist äußert untypisch für die Vorgehensweise der Straßburger Bearbeiter,
die in der Regel Vers für Vers übersetzen und daher erklärungsbedürftig. Zählt
man die Verse der gemischten Redaktion der frz. *Fortsetzungen* vom Einsatz des
nuwen Parzifal rückwärts bis zu dem Punkt, der inhaltlich dem Beginn der Prosa-
Überleitung entspricht, so kommt man auf mindestens 86 Verse (ROACH Bd. I, V.
1107–1193).[55] Mit anderen Seiten der Karlsruher Handschrift als Maßstab würde
diese Anzahl an Versen eine Seite Verstext im *Rappoltsteiner Parzifal* füllen. Die
Seite könnte zusammen mit dem Florilegium auf einem der aus der 14. Lage abgetrennten Blätter gestanden haben, die – bedingt durch eine vorherige Bindung
oder Verschleiß – nicht in den jetzigen Codex übernommen werden konnten. Das
erneute Eintragen der Prosa-Kurzform sowie des Florilegiums kann also das
Überlagern der beiden Teile des *Rappoltsteiner Parzifal* in K erklären.[56]

Der Vergleich von K 115ᵛ (s. u. Abb. 1) mit der ersten Seite der römischen
Handschrift (siehe Abb. 11, S. 118) liefert allerdings ein irritierendes, wider-
sprüchliches Ergebnis. Der römische Codex enthält nur den zweiten Teil des
Rappoltsteiner Parzifal, womit eine Abschrift vor dem Zeitpunkt der Neubindung
naheliegen würde. Sie beginnt aber mit der aus K übernommenen Datierung, auf
die lückenlos das Florilegium folgt, an das wiederum lückenlos auf derselben Seite
der narrative Verstext anschließt. Da die Datierung mit abgeschrieben wurde,
muss sie zum Zeitpunkt der Abschrift bereits vorhanden gewesen und damit die
gesamte Dichtung bereits abgeschlossen worden sein. Dass diese Datierung zu
Beginn eines separaten Bandes gestanden hat, ist unwahrscheinlich, da in der direkt angrenzenden Blattzählung Bezug auf beide Teile des Codex genommen
wird. Dies lässt folgern, dass die Abschrift direkt von der Karlsruher Handschrift,
wie wir sie heute kennen, stammt.

Dagegen spricht aber, dass R weder den Textverlust noch Unregelmäßigkeiten
bei der Abschrift der in K fehlerhaft eingebundenen Blätter aufweist, da dies be-

---

[54] Siehe ebd.

[55] Entscheidend ist hierbei ein Detail der Prosa-Überleitung: Gawan schwört, dass Artus ihn nicht mit *tusent rittern* (K 115ʳᵇ) zurückholen könne. Dieser Schwur hat sein Äqui-
valent in der *Ersten Fortsetzung* ab ROACH 1949–1985, S. 1107 und folgt einem kurzen
Wortwechsel Gauvains und Keus. Zählt man diesen Wortwechsel von 15 Versen mit, könnten es je nach Vorlage hundert oder mehr Verse gewesen sein, die der Überleitung entsprechen. Auch diese hätten noch Platz auf ziemlich genau einer Seite gefunden.

[56] Sicherlich kommt auch in Frage, dass die Bearbeiter des *Rappoltsteiner Parzifal* auf
eine andere Vorlage zurückgriffen, in der die Minnesang-Strophen bereits als Florilegium
arrangiert waren. Auch damit wäre ein nachträgliches Einfügen erleichtert gewesen.

deutet, dass K zum Zeitpunkt der Abschrift noch vollständig und korrekt gebunden war und somit die Abschrift vor der Neubindung vorgenommen worden sein muss. Dieser widersprüchliche Befund ist meiner Ansicht nach nur so erklären, dass K (mindestens) zwei Mal neu gebunden worden ist: Das erste Mal wurde die ursprünglich zweigeteilte Handschrift – ohne Textverlust und Bindungsfehler – zu einem Codex zusammengefügt. Danach entstand R, die Abschrift des *nuwen Parzifals*, die weder Textverlust noch Spuren einer Korrektur hinsichtlich der betreffenden Stellen enthält. Irgendwann nach dieser Abschrift wurde K abermals neu gebunden, wobei der Textverlust und die fehlerhafte Einbindung entstanden.

Dieses Szenario der Genese des Codex kann zwar nicht als gesichert gelten, da einige Faktoren verschiedene Möglichkeiten offen lassen, doch es liefert eine schlüssige Erklärung für die ungewöhnliche Art der kodikologischen Zusammenstellung von K, die einerseits eine Zäsur aufweist (Prosa-Überleitung, Datierung, Blattzählung, Einschub des Florilegiums) und gleichzeitig diese Zäsur überbrückt (die Texte stehen auf der letzten Lage des *alten Parzifal*, Verbindung durch die Überleitung, Blattzählung für beide Teile). Auch das Fehlen jeglicher Unregelmäßigkeiten bei der Abschrift der in K fehlenden bzw. falsch eingebundenen Blätter kann so erklärt werden.

Das nachträgliche Herstellen der kodikologischen Einheit zeugt einerseits davon, dass seine Bearbeiter den *Rappoltsteiner Parzifal* als einheitliches literarisches Werk gesehen haben. Andererseits belegt die vorher bestehende Abfassung in zwei Bänden eine Autonomie beider Teile voneinander.[57] Einen ebenso ambivalenten Umgang spiegeln die Rubrikate wider, die einerseits den Codex in *alt* und *nuw* unterteilen, gleichzeitig aber ihre Kontinuität betonen: *das ist ouch Perzefal* (115va). Diese scheinbar paradoxe Auffassung des Werks passt aber durchaus zum Anspruch, der im Epilog formuliert wird: Eine hoch geschätzte, prestigeträchtige literarische Tradition wird scheinbar nahtlos fortgeführt und der Beitrag Ulrichs von Rappoltstein zu dieser Tradition dennoch exponiert sichtbar gemacht.

---

[57] Vgl. WITTMANN-KLEMM 1977, S. 106.

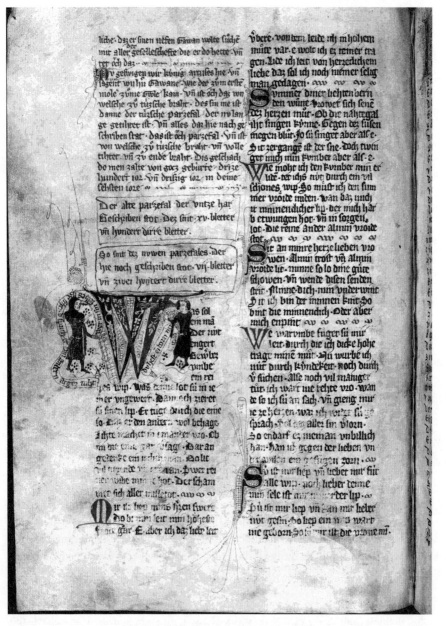

Abb. 1. Codex Donaueschingen 97, 115^v58

---

[58] Karlsruhe, Badische Landesbibliothek, Cod. Donaueschingen 97, fol.115ᵛ.

2.1.2. Paratext als Innovation

Schon allein durch seine 128[59] Überschriften, 17 Großinitialen und zahlreichen einfachen Initialen weist der Karlsruher Codex beträchtliche Mengen an paratextuellen Elementen auf. Nach WITTMANN-KLEMM gelten die Überschriften als »Autorenüberschriften«, d. h. sie seien nicht aus den Vorlagen übernommen, sondern von den Bearbeitern der Handschrift eingefügt worden.[60] Sie verweist in diesem Zusammenhang auf den Vergleich der Karlsruher Handschrift mit den verwandten Handschriften beider Überlieferungen und zeigt, dass der *Rappoltsteiner Parzifal* im Vergleich zur Überlieferung die meisten Überschriften aufweist:

> Es fällt auf, daß G–D ausgesprochen reich mit Überschriften ausgestattet ist. Den 38 Über-schriften in Textabschnitten, die aus Wolfram-Handschriften abgeschrieben worden sind, stehen 31 im Grundbestand von *mno gegenüber, 28 bzw. 49 in den nicht direkt verwandten, aber immerhin zeitgenössischen Handschriften und G und G^k; den 88 Überschriften, die auf ursprünglich französische Passagen entfallen, entsprechen der wiederum bloß indirekt verwandten, aber etwa zeitgenössischen Handschriften S und U 36 bzw. 44 und selbst in dem viel jüngeren Druck G nur 72. Die relativ hohe Zahl von Überschriften in G–D rührt daher, daß die Bearbeiter selbst sie mit Bedacht gesetzt haben und daß sie dabei ganz anders vorgegangen sind als etwa die Schreiber der zum Vergleich herangezogenen Manuskripte.[61]

Diese Verhältnisse der Gesamtanzahlen geben WITTMANN-KLEMM darin Recht, dass die Bearbeiter des *Rappoltsteiner Parzifal* weit mehr Gebrauch von Überschriften machen als es bei anderen Überlieferungsträgern der Fall ist.

Dass aber alle Überschriften von ihnen stammen, ist damit nicht zwingend erwiesen. Denkbar ist auch, dass sie auf einen schon vorhandenen Überschriftenbestand ihrer Vorlagen zurückgriffen und diesen lediglich erweiterten, d. h. die Überschriften teilweise von den Bearbeitern und teilweise aus der Überlieferung stammen. Zudem stellt sich die Frage, ob und inwieweit die Bearbeiter dabei nicht auf andere paratextuelle Gliederungssysteme, wie etwa die Gliederung durch Initialen oder Illustrationen, zurückgriffen. Nötig ist daher sowohl ein Vergleich der Positionen als auch des Wortlauts der Überschriften zu den Handschriften, speziell den in Verwandtschaft stehenden, in dem auch die Kleingliederung beachtet wird, welche ebenfalls als Basis für die Positionen der Überschriften gedient haben könnte. Gleiches gilt für die Gliederung durch die großen Initialen.

---

[59] Ich folge mit dieser Zahl WITTMANN-KLEMM, die trotz formaler Unterschiede (die Überschrift auf 20rb ist gereimt und die sog. Prosa-Überleitung auf 115rb–va enthält zusätzliche, überleitende Informationen) die meisten Rubrikate als Überschriften ansieht (vgl. ebd., S. 97).

[60] Ebd., S. 98.

[61] Ebd., siehe dazu auch SCHÖLLER 2009, S. 108.

2.1.2.1. Parzival-*Überlieferung*

Hinsichtlich der Positionen der Überschriften des *Parzival*-Teils kann der Befund mit Hilfe der Vorarbeiten von Schirok erbracht werden.[62] Setzt man K anhand der von ihm erhobenen Daten zur Gliederung der Handschriften nach den Überschriften des wolframschen Teils (der *Parzival*-Handschrift V) in Relation zur restlichen Überlieferung (s. u. Abb. 2),[63] so ergibt sich folgendes Bild: Von insgesamt 38 Überschriften sind die Positionen von 29 singulär im Karlsruher Codex überliefert,[64] d. h. keine andere Handschrift weist an diesen Stellen Überschriften auf.[65] Es ist zwar denkbar, dass die Bearbeiter bei der Positionierung auf die wahrscheinlich bereits vorhandene paratextuelle Gliederung durch Initialen zurückgriffen, da in 16 Fällen Initialen an Stellen überliefert sind, an denen in V Überschriften stehen. Jedoch sind die übrigen 13 an Stellen eingefügt, an denen in der übrigen Überlieferung keinerlei Initialen gesetzt sind.[66] Ungefähr Dreiviertel der Überschriften wurden demnach von den Bearbeitern neu eingefügt, wobei von diesen ca. die Hälfte wahrscheinlich keine Initiale als Vorlage für die Positionierung hatte.

---

[62] Ich beziehe mich auf SCHIROKs Tabellen der Groß- und Kleingliederungszeichen, die u. a. die Initialen und Überschriften der Handschriften bzw. Drucke enthalten (vgl. SCHIROK 1972, S. 149).

[63] Zusätzlich sind einige Daten zu relativieren: SCHIROK zählt auch die Initialen H (Pz. 65,29, Bl. 10vb) und P (Pz. 783,1; Bl. 310ra) zu den Großinitialen, wenn auch letztere mit Einschränkung (vgl. ebd., S. 114). Tatsächlich ist ihr Status als Großinitialen diskutabel, da mit drei bzw. sechs Zeilen für sie zwar mehr Schriftraum als für die kleineren, zweizeiligen Initialen vorgesehen wurde, die Ausführung in beiden Fällen jedoch einfarbig und schlicht ist und die Initialen sich daher optisch kaum von den kleineren abheben. Dass die Verse für die Schäfte der beiden Initialen eingerückt wurden, ist zwar ungewöhnlich, doch dieses Einrücken von mehr als zwei Zeilen für einen Schaft kommt im Codex öfter vor, auch im ähnlichen Umfang (vgl. die Initialen I z. B. auf Bl. 1ra, 226vb, 227rb, 229rb, 232vb, 260vb, 266va, 274rb, 280va, 283ra, 290rb, 307vb und 318rb). Größere Einschnitte in der Gliederung gehen mit diesen Initialen aber nicht einher. Sie sind nicht als große Initialen zu werten, sondern scheinen eher die Verlängerung der Schäfte kleinerer Initialen, die sonst nachträglich neben dem Verstext ausgeführt wird, zu variieren, indem die Schaftverlängerung bereits im Schreibprozess durch das geringe Einrücken des Haupttextes vorbereitet wird.

[64] Anders SCHÖLLER 2009, S. 108 (27 von 38 singulär überlieferten Überschriften).

[65] Die römischen Handschrift V', die weiter unten besprochen wird, habe ich ausgenommen, da sie nachweislich die Abschrift von V ist.

[66] Insgesamt sind zehn Überschriften ohne Folgeinitiale ausgeführt (vgl. SCHIROK 1972, S. 113 und BUMKE 1997, S. 94). Fünf davon sind an Stellen eingefügt, an denen in der Überlieferung kleine Initialen stehen. Die übrigen fünf stehen an Positionen, die keine Parallelen zur Überlieferung aufweisen und somit zu den acht Überschriften mit Folgeinitiale und ohne Parallelüberlieferung hinzuzurechnen sind.

Positionen der *Überschriften* in V	Überlieferung von *Überschriften* an entsprechender Stelle	Überlieferung von *kleinen Initialen* an entsprechender Stelle
112,11		
112,13		
128,13	n	moLRTUWZ Fr.13
129,17		
138,9	mno	moRU
142,11		ILOQRTZ
147,9	W	mnITU
153,21		TU
161,23	W	U
180,15	W	LOTUZ Fr. 19
225,1		mnLMOTUWZ Fr. 21
235,23		
249,21		
256,11		
274,19		LTU
281,9		mnTUW
338,1	mnoQ	oILW
350,17		I
398,25		
435,19		
443,5		mnR
446,9		
462,23		
503,1	mnoWZ	mL Fr. 57
507,29		
525,13		
534,4		
556,27		T
596,19		
601,17		U
678,9		W
703,1	mnQ	mGLWZ
728,9		QU
734,1	QZ	mnLMQW
754,5		U
778,13		Mn
793,29		
805,3		I

Abb. 2. Positionen der Überschriften in V im Vergleich zur Überlieferung

Neun der Überschriften weisen parallele Überlieferungen auf. Vier davon sind an Stellen platziert, die in der Überlieferung vermehrt Großinitialen aufweisen.[67] Zwar stehen in V nur zwei davon ebenfalls in Verbindung mit einer Großinitiale (Pz. 338,1 und 503,1), doch kann in diesen Fällen mit einem Rückgriff auf die Positionen der Initialen für die Gliederung gerechnet werden. Auffällig sind drei weitere Parallelen in der Überlieferung, die lediglich in W vorkommen und aufeinander folgen (Pz. 147,9; 161,23 und 180,15). W weist an diesen Stellen zudem große Initialen auf. Da sowohl V als auch W zu *T gehören, sind gemeinsame oder ähnliche Vorlagen gut möglich, die an diesen Stellen Paratexte enthielten. Ob es sich dabei aber um Überschriften handelte oder ob diese in W und V parallel auf Basis einer Initialgliederung eingeführt wurden, lässt sich nicht feststellen. Wenn eine Übernahme der Positionen der Überschriften stattgefunden haben sollte, dann jedoch nicht im Wortlaut. Darin weichen V und W voneinander ab, wobei in V die markanten Durchzählungen der Episoden mit wiederkehrenden Stationen aufgenommen worden sind, die nur in Verbindung mit dem *nuwen Parzifal* Sinn ergeben und sicher auf die Bearbeiter des *Rappoltsteiner Parzifal* zurückgehen.[68] Die beiden übrigen parallel überlieferten Überschriftenpositionen finden sich in mno (ebenfalls *T) bzw. nur n wieder.

Erweitert man den Fokus und berücksichtigt dazu die Positionen der Großinitialen, so stellt man fest, dass diese nur wenig mit der übrigen Überlieferung gemein haben (s. o. Abb. 3). Lediglich die drei Stellen Pz. 1,1, 338,1 und 503,1, die den Beginn der Dichtung und Protagonistenwechsel markieren, sind breit überliefert. Die Parallelbelege Pz. 112,11 (mit G) und 147,9 (mit W) sind jeweils nur ein weiteres Mal überliefert. Für alle übrigen Großinitialen sind zwar kleine Initialen an entsprechenden Stellen überliefert, doch sind ihre Ausführungen als große Initialen und die damit einhergehende Betonung der jeweiligen Einschnitte von V z. T. untypisch im Vergleich zur Überlieferung.[69]

---

[67] Pz. 338,1; 503,1; 703,1 und 734,1. Außer 703,1 entsprechen die Initialen den Anfängen drei LACHMANNSCHEr Bücher (VII, X und XV), die sich an den überlieferten Großinitialen orientieren, sowie der Dreißiger-Zählung.

[68] Hier die entsprechenden Überschriften im Vergleich: Pz. 147,9: *hie kumet parcifal zů dem erſten mole in kůnig artus hof in ſinre kintheit* (V) vs. *Hie kam partzifal zuo kůnig artus der schluog in zuo ritter* (W); Pz. 161,23: *hie kam parzifal zů Gurnamanzen von greharz der im zem erſten male ritterſchaft lerte* (V) vs. *Hie kam her partziual zuo gurnamantz von grahars den hertzogen der lerte in witze* (W); Pz. 180,15: *hie kumet parcifal zem erſten male zů pelrepere* vs. *Hie kam parzifal in dz kůnigrich zuo brebars in die stat pelrapier und erſtrait aldo die kůnigin gundwiramurs.* Zu den Formulierungen der Überschriften im *Rappoltsteiner Parzifal* vgl. WITTMANN-KLEMM 1977, S. 99.

[69] SCHIROK beschreibt, dass die »Differenzierung der auf die Überschriften folgenden Initialen offenbar nach inhaltlichen Gesichtspunkten vorgenommen [wurde], ohne daß sich

Positionen der *Großinitialen* in V	Überlieferung von *Großinitialen* an entsprechender Stelle
1,1	DmnoGLMOQTUWZ Fr. 58
65,29	
112,11	G
112,13	
147,9	W
338,1	DmnGOQRTZ
503,1	DnoGMORTUWZ Fr. 39
730,23	
771,1	
783,1	QU

Abb. 3. Positionen der Großinitialen in V im Vergleich zur Überlieferung

2.1.2.2. Conte du Graal-*Überlieferung*

Die Überlieferung des *Conte du Graal* und seiner *Fortsetzungen* bietet, obwohl sie im Vergleich zur Überlieferung von Wolframs *Parzival* eher schmal ist, viele verschiedene Typen von paratextuellen Apparaten, die Thomas HINTON für die vollständigen Handschriften anschaulich systematisiert: Die Handschriften PT enthalten historisierte Initialen und wenige Miniaturen. MSU weisen ein großes Bild-Programm von jeweils mehr als 50 Miniaturen auf. PSU(M) sind mit Rubrikaten ausgestattet, wobei diejenigen in M erst nachträglich zugefügt wurden. EQV sind mit großen, nicht historisierten Initialen ausgestattet.[70] Verortet man die *Fortsetzungen* der Karlsruher Handschrift, in der romanistischen Forschung als Handschrift D geführt,[71] in dieser Kategorisierung, so müsste sie sowohl zu EQV (große Initialen) als auch zu PSU(M) (Rubrikate) gestellt werden.

jedoch ein eindeutiges und konsequentes System ergäbe« (SCHIROK 1972, S. 115). VIEHHAUSER hingegen beobachtet die Tendenz, dass »das Überschriftenprogramm zu Beginn von V ganz im Zeichen der Kindheit und Ritterwerdung Parzivals [steht]« und führt dies auf den Gebrauchszusammenhang der Handschrift zurück (VIEHHAUSER-MERY 2009, S. 245).

[70] Vgl. HINTON 2012, S. 73.

[71] Die römische Handschrift des *Rappoltsteiner Parzifal* wurde in der romanistischen Forschung bisher kaum berücksichtigt, da sie als genaue Kopie gilt. POTVIN führt sie in seiner Edition als R an (CHARLES POTVIN: Chrétien de Troyes: *Perceval le Gallois ou le conte du Graal*. Publ. d'apres les ms. originaux 1866–1871, S. 1), doch trägt diese Sigle heute die Handschrift fr. 1450 (BNF, Paris) und wird mit der Karlsruher Handschrift unter derselben Sigle D geführt (vgl. HINTON 2012, S. 245).

Für die Frage nach einer möglichen Übernahme der Positionen der Überschriften aus der Überlieferung ist zu den Typen jedoch die Gruppierung nach Redaktionen der *Ersten Fortsetzung* zu beachten. D wird in der romanistischen Forschung mit TVJ zur gemischten Redaktion gestellt.[72] Dass diese Zuordnung problematisch ist, hat WITTMANN-KLEMM bereits diskutiert.[73] Nicht zuletzt ist der Umstand, dass D auch die *Elucidation* beinhaltet, die sonst nur in P und dem Druck G überliefert ist, problematisch für die deutliche Zuordnung zur gemischten Redaktion. WITTMANN-KLEMM erwägt die Möglichkeit eines Vorlagenwechsels von *TV zu *P, da D in den späteren Teil eine größere Nähe zu P aufweise, hält aber in Anlehnung an Ivy eine gemeinsame Vorstufe beider Gruppen für wahrscheinlicher.[74] Dies passt zu der von HINTON vertretenen These, dass zunächst die kurze Redaktion entstand und diese erst nach bzw. mit *Wauchiers Fortsetzung* zur gemischten und langen Redaktion erweitert wurde.[75] Er weist in diesem Zusammenhang darauf hin, dass eine Trennung der langen von der gemischten Redaktion bei einigen Vertretern, besonders bei PU, nicht möglich sei, da auch sie von ihrer Zusammensetzung her gemischt seien,[76] indem z. B. in P alle Episoden der kurzen Redaktion zuzurechnen sind, bis auf eine (III nach ROACH), die zur langen Redaktion zählt.[77] Diese Relativierung der langen und gemischten Redaktionen als eher graduelle Unterscheidung befreit die Forschung davon, die Vorlage von D allzu starr in eine der Kategorien einordnen zu müssen und lässt damit das von WITTMANN-KLEMM erwogene Szenario einer einzelnen, zwischen P und TV angesiedelten Vorlage als plausibel erscheinen.

Betrachtet man die Positionen der paratextuellen Gliederungsmittel der Karlsruher Handschrift im Vergleich zu den entsprechenden Stellen der Überlieferung der *Conte du Graal-Fortsetzungen* (s. u. Abb. 4), so zeigt sich ein ähnliches Bild wie bei dem Vergleich zur Überlieferung von Wolframs *Parzival*. Von den 87 Überschriften, die insgesamt auf den *nuwen Parzifal* entfallen (zweite Spalte von links), befinden sich lediglich 27 an Stellen, in denen eine oder mehrere Handschriften der *Conte du Graal-Fortsetzungen* paratextuelle Großgliederungsmittel,[78]

---

[72] Prägend für die Unterteilung in die verschiedenen Redaktionen der *Ersten* und *Wauchiers Fortsetzung* ist die Edition von ROACH (ROACH 1949–1985). Zum Fragment J siehe TETHER 2012, S. 39.

[73] Vgl. WITTMANN-KLEMM 1977, S. 16.

[74] Vgl. ebd., S. 27.

[75] Vgl. HINTON 2012, S. 31.

[76] Ebd., S. 30.

[77] U und R weisen ähnliche Ausreißer auf (vgl. die Übersicht ebd., S. 245).

[78] Da die Bearbeiter der Karlsruher Handschrift bei der Übersetzung des französischen Textes nicht immer Vers für Vers übersetzen (vgl. WITTMANN-KLEMM 1977, S. 32–40), habe ich eine Toleranz von wenigen Versen angelegt.

d. h. Überschriften, Großinitialen, illuminierte Initiale oder Miniaturen (siehe die rechten vier Spalten) aufweisen. Auffällig ist, dass die Überschriften der Karlsruher Handschrift, die Teil der *Ersten Fortsetzung* sind (RP 1,1–314,4), ausschließlich Parallelen zu Gliederungsmitteln in den Handschriften TV (fett hervorgehoben) haben. Dieser Befund harmoniert mit dem bisherigen Ergebnis der Forschung, die in D enthaltene Version der *Ersten Fortsetzung* zur gemischten Redaktion und damit in Verwandtschaft zu TV zu stellen. Die Parallelen der Überschriften im restlichen Teil zeigen keine derart klare Dominanz einer bestimmten Redaktion oder Handschrift, auch wenn Parallelen zur Handschrift P (ebenfalls fett hervorgehoben), für die ebenfalls eine Nähe zu D angenommen wird, etwas häufiger sind als zu anderen Handschriften.

Die Positionen der Großinitialen von D (erste Spalte von links) zeigen in nur zwei Fällen Parallelen zu anderen Handschriften, nämlich T und V. Auffällig an der Verteilung der Großinitialen von D ist, dass sie – bis auf eine Ausnahme – lediglich im Text der *Ersten Fortsetzung* vorkommen und im weiteren Verlauf keine Parallele zur französischen Überlieferung aufweist. Eindrücklichstes Beispiel ist die Position RP 582,13 (= Roach V. 31421), die in sechs *Conte du Graal*-Handschriften mit einer Großinitiale bzw. Miniatur ausgestattet ist. Die Bearbeiter der Karlsruher Handschrift haben an dieser Stelle, die erstens einen Protagonistenwechsel von Gawan auf Parzival markiert und auf die zweitens die Autornennung Wauchiers folgt, zwar eine Überschrift folgen lassen, sie jedoch nicht durch eine Großinitiale hervorgehoben.

Eine weitere Auffälligkeit betrifft Passagen aus *Manessiers Fortsetzung*, die die Bearbeiter in den wolframschen Schluss integriert haben. Sie wurden von Schorbach zunächst für Zusätze gehalten, jedoch später von Edmund Kurt Heller und Wittmann-Klemm als Stücke der Fortsetzung Manessiers identifiziert und sind in Roachs Edition als solche vermerkt.[79] Drei dieser aus *Manessiers Fortsetzung* stammenden Passagen sind in der parallelen Überlieferung mit je einer Überschrift und Großinitiale bzw. Miniatur hervorgehoben. Besonders interessant sind die Passagen Roach V. 42335–42354 und V. 42355–42428 (siehe dritte Spalte von links), die, wie aus den Versangaben ersichtlich ist, in der französischen Version direkt aneinander anschließen. Die Bearbeiter der Karlsruher Handschrift teilen dieses Textstück jedoch in zwei Passagen auf, die sie – getrennt voneinander – hinter Pz. 769,28 und 772,30 in den wolframschen Text einfügen. Als Punkt für die Trennung wählen sie genau die Stelle, an der P eine Großinitiale und eine Überschrift aufweist (Roach 42353). Die Karlsruher Handschrift hat an dieser Stelle der Trennung zwar keine Großinitiale, jedoch haben die Bearbeiter eine

---

[79] Vgl. ebd., Bd. V, S. 383f., Anm. zu Vv. 42292. Roach verweist dort auf Heller 1930. Siehe dazu auch Wittmann-Klemm 1977, S. 171.

solche Großinitiale an den Beginn der ersten dieser Passagen (ROACH 42335–42354) platziert, welche die einzige Initiale im Teil des *nuwen Parzifal* ist, die sich nicht im wolframschen Text oder der *Ersten Fortsetzung* befindet (Initiale S auf 307va). Der auf die Passage folgende Wechsel zum wolframschen Text (Pz. 770,1) wird durch eine einfache Initiale (Initiale D auf 307vb) markiert. Der Beginn der zweiten Passage (ROACH 42355–42428) ist ebenfalls paratextuell hervorgehoben, jedoch mit einer einfachen Initiale (Initiale D auf 308rb), ebenso abermals der Übergang zum wolframschen Text (Initiale D auf 308va). Ganz ähnlich verhält es sich mit der Passage ROACH 42478–42526: Ihr Beginn ist in S mit einer Miniatur und einer Überschrift ausgezeichnet. In der Karlsruher Handschrift sind Beginn und Ende der Passage jeweils durch einfache Initialen gekennzeichnet (Initialen S auf 316ra bzw. F auf 316rb).

Position in D		Position in französischer Überlieferung				
Groß-initiale	Überschrift	(Vers nach ROACH)[80]	Überschrift	Großinitiale	illuminierte Initiale	Miniatur
1,1	–					
	8,35					
	13,1					
	21,24					
	33,38	2547		TV		
45,36	45,35	3083		T		
	51,46					
	54,14					
	67,10					
	73,10					
109,37	109,35	6003		TV		
	115,1					
	142,13					
	150,32					
	160,10					
	165,4	8493		V		
170,1	169,42					
	182,30					
191,11	191,8					
	211,9					
	222,39					
	250,35	12481		T		

[80] ROACH 1949–1985.

Position in D		Position in französischer Überlieferung				
Groß-initiale	Überschrift	(Vers nach ROACH)[80]	Überschrift	Großinitiale	illuminierte Initiale	Miniatur
	259,25					
	264,45					
	276,4	13625		TV		
	287,5	14119		V		
	294,12					
	308,8					
	314,5	19610	P	E		
	322,28					
	330,39					
	338,16					
	350,2	21579	GU	EQ		U
	351,42					
	359,4					
	364,32		G			
	371,44	22549	M			M
	386,1					
	394,8					
	399,15					
	409,39	24222				
	422,31					
	439,16	25433	P	SP		
	456,31	26209	U			U
	485,15	27374				
	486,43					
	491,46					
	506,14	28239				
	513,4					
	531,19					
	561,3					
	572,36					
	579,43					
	582,13	31421	MP	PESTV		M
	586,4	31581		Q		
	591,24					
	598,3					
	602,35					
	625,22					
	639,26	33761–64			T	
	648,3					

Position in D		Position in französischer Überlieferung				
Groß-initiale	Überschrift	(Vers nach ROACH)[80]	Überschrift	Großinitiale	illuminierte Initiale	Miniatur
	662,35					
	672,8	35051	P	EP	ST	
	680,15	35413	S			S
	684,46	35593	U			U
	689,1					
	699,46					
	703,28	36375	P	P		
	710,41					
	716,46					
	723,12					
	738,32	37863				
	742,1					
	747,23					
	752,1					
	754,23					
	763,2	(38852)				
	766,41	39027				
	779,24	39577	S			S
	781,25					
	794,8					
	799,14	40402			T	
	804,21	40625				
	812,35	40975	P	S	P	
	822,18					
	828,31					
	834,12					
	840,40					
		42353	P	P		
		42487	S			S

Abb. 4. Positionen der Großgliederung in D im Vergleich zu den Hss. der frz. *Conte du Graal-Fortsetzungen*

Die Befunde zum Vergleich der Positionen der Großgliederungsmittel der Karlsruher Handschrift mit denen der Überlieferung der französischen *Conte du Graal-Fortsetzungen* zeigen, dass die Bearbeiter im *nuwen Parzifal* in einigen Aspekten die paratextuelle Gliederung in Eigenregie gestalten: Sie verwenden Überschriften in einem extensiven Ausmaß, platzieren sie größtenteils unabhängig von der restlichen Überlieferung und übernehmen die Positionen von Großinitialen in nur

zwei Fällen. Die Befunde zeigen aber auch, dass die Bearbeiter sich auf die Gliederung der Vorlagen stützen: Fast ein Drittel der Überschriften weist Parallelen
zu Großgliederungsmitteln in anderen Handschriften auf. Eine besonders starke
Orientierung an den paratextuellen Elementen der Vorlage wird dadurch deutlich,
dass sie sie möglicherweise als Grundlage ihrer Einteilung der aus *Manessiers
Fortsetzung* stammenden Textpassagen, die sie in den wolframschen Schluss
integrierten, genommen haben.

Insgesamt ist Wittmann-Klemms Urteil demnach generell zu bestätigen, jedoch in einigen Punkten zu relativieren. Für fast ein Drittel der Positionen der
Überschriften des *alten* wie des *nuwen Parzival* sind parallel überlieferte paratextuelle Gliederungsmittel in der jeweiligen Überlieferung belegt, was auf eine Orientierung an den Vorlagen hindeutet. Zudem ist ein Einfluss der Gliederung der
Vorlagen auf die Kompilation der Episoden hinsichtlich ihrer Abfolge und Unterteilung wahrscheinlich. Dennoch lassen die Vergleiche klar erkennen, dass die
Orientierung an den Paratexten der Vorlagen nur die Basis für die paratextuelle
Gliederung der Karlsruher Handschrift gebildet haben kann, da über zwei Drittel
der Positionen der Überschriften singulär und die Großinitialen in nur wenigen
Fällen parallel belegt sind. Die Gliederung durch Überschriften und Großinitialen
ist also von den Bearbeitern der Karlsruher Handschrift geschaffen.

2.1.3. Narrative Strukturen als Basis der paratextuellen Gliederung

Da der Paratext nur teilweise aus den Vorlagen stammt, stellt sich die Frage, ob es
andere Vorbilder für diese Gliederung gab. Die Suche nach solchen Vorbildern
fällt auf die Ebene des Textes zurück, der narrativ ebenfalls gegliedert ist. Nicht
immer handelt es sich dabei um »›unsichtbare‹ Paratexte«,[81] d. h. Passagen des
Textes, die typische Funktionen des Paratextes erfüllen, sondern auch um andere
Zäsuren innerhalb der Erzählung. Das Ziel der folgenden Analyse ist der Versuch
zu rekonstruieren, inwieweit die Bearbeiter des *Rappoltsteiner Parzifal* bei der Setzung der Überschriften und Initialen auf diese Zäsuren im Erzähltext zurückgriffen. Abstrakter formuliert: Inwieweit ist das paratextuelle Gliederungssystem von
narrativen Systemen abhängig?

Die bisherigen Forschungsergebnisse lassen sowohl das Szenario einer Konkurrenz als auch das einer gegenseitigen Unterstützung der beiden Ebene zu.[82] In
beiden Fällen steuern sie die Rezeption des Textes, ob nun zu nicht-linearen

---

[81] Kragl: 2016, S. 397 Siehe auch ebd., 419ff.
[82] Vgl. Hinton 2012, S. 82–94.

Sprüngen verleitend[83] oder auf einer zyklische, nicht auf einen einzelnen Protagonisten ausgerichteten Lesart abzielend.[84] Als häufige Punkte für Interferenzen
wurden Orts- und Protagonistenwechsel ausgemacht,[85] doch auch auf andere
Gliederungsmittel könnte der Paratext reagieren, wie z. B. die Unterteilung »by
an auctorial intervention, by change of character or location [...], by an expression
of time or by an indefinite adverb denoting passage of time.«[86]

[83] Vgl. CHRISTINE PUTZO: Das implizite Buch. Zu einem überlesenen Faktor vormoderner Narrativität. Am Beispiel von Wolframs *Parzival*, Wittenweilers *Ring* und Prosaromanen Wickrams, in: Finden, gestalten, vermitteln. Schreibprozesse und ihre Brechungen
in der mittelalterlichen Überlieferung. Freiburger Colloquium der Wolfram von Eschenbach Gesellschaft 2010, hg. v. ECKART CONRAD LUTZ, SUSANNE KÖBELE, KLAUS RIDDER,
Berlin 2012, S. 279–330, hier: S. 308. PUTZO sieht paratextuelle Gliederungsmittel generell
als nicht-linear, während narrative Gliederungsmittel linear, im sukzessiven Lesen, operier-
ten (vgl. PUTZO 2012, S. 282). Bezüglich Wolframs *Parzival* arbeitet sie jedoch heraus, dass
durch die in der Forschung viel diskutierten Verknüpfungstechniken des Textes ebenfalls
eine nicht-lineare Rezeption, wenn auch erst im Laufe der linearen Lektüre entstehe und
systematisiert einige Verknüpfungsmomente in verschiedenen Typen (Markierungen, Dia-
gramme, Querverweise, Expositionen, Bewegliche Lesezeichen).

[84] Neben den Initialen und Überschriften untersucht HINTON auch die Gliederung der
Handschriften durch Bilder und stellt eine dreischrittige Entwicklung der Gliederung auf
(ebd. HINTON 2012, S. 97–104). Die Bildprogramme, so HINTON, unterstützen durch ihre
Fokussierung auf die Figur *Perceval* zentrierte, biographische Lesarten. In den jüngeren
Handschriften sei ein Zunehmen des Umfangs der Bilder und Rubrikate zu beobachten,
wohingegen die Initialen an Bedeutung verlieren würden. Zudem würden die Bildprogramme zunehmend autonomer vom Text (vgl. ebd., S. 98).

[85] Vgl. STOLZ & VIEHHAUSER 2006, S. 342. MICHAEL STOLZ und GABRIEL VIEHHAU-
SER bemerken in ihrer vergleichenden Untersuchung zu den Überschriften in den *Parzival*-
Handschriften I, Z und R, dass in Handschrift I, wo andere paratextuelle Gliederungsvor-
gaben (wie die Großinitialen oder Bilder in Z bzw. R) nicht vorhanden sind, eine narrative
Gliederungsebene, die als Vorlage für die Überschriften dient, nämlich die Ortswechsel der
Protagonisten.

[86] KAREN MARY WOODWARD: Narrative Techniques in Chretien de Troye's *Conte du
Graal* and it's First and Second Contiunuations 1982, S. 159. KAREN MARY WOODWARD
untersucht die narrative Gliederung der ersten beiden *Fortsetzungen*, u. a. hinsichtlich ihrer
Abgrenzung verschiedener Episoden, und berücksichtigt, inwieweit die *Fortsetzungen* darin
vom chrétienschen Text und voneinander abhängig sind. Sie stellt fest, dass die Episoden-
übergänge mit bestimmten, regelmäßig auftretenden Markern versehen sind. Dass die verschiedenen Indikationstechniken in den verschiedenen Teilen des Textes (Chrétiens Teil,
Erste Fortsetzung und *Wauchiers Fortsetzung*) mit unterschiedlicher Häufigkeit und Intensität vorkommen (vgl. ebd., S. 159), ist vor allem im Hinblick auf die Überleitungen durch
den Erzähler bemerkenswert, da diese in den *Fortsetzungen* weit häufiger vertreten sind als
im chrétienschen Text (vgl. ebd.). Diese akzentuiert die Erzählerfigur deutlicher, was gut
zur stark ausgeprägten Erzählerfigur Wolframs passt.

Einige Anmerkungen zu Terminologie und Vorgehen: Als textuelle Umfelder der paratextuellen Elemente begreife ich die Textabschnitte, die direkt vor und nach ihnen stehen. Dass diese Abschnitte ein besonderes Augenmerk bei der Untersuchung der Paratexte verdienen, ist durch die Herstellungsprozesse bedingt: Für die Überschriften und Initialen mussten die Schreiber bestimmte Lücken in den Haupttext einbauen, die später mit Rubrikaten oder Initialen gefüllt wurden. Die Schreiber mussten dabei entscheiden, an welcher Position die jeweilige Lücke gelassen wurde. Wenn in den Umfeldern dieser (nun mit Überschriften oder Initialen gefüllten) Lücken dann Zäsuren auf narrativer Ebene zu finden sind, deutet dies darauf hin, dass die Entscheidungen der Schreiber durch diese Zäsuren bestimmt waren. Dies wirft die Fragen auf, ob bestimmte narrative Zäsuren besonders häufig in den Kotexten der Paratexte zu finden sind und inwieweit die Art der Zäsur die Gestaltung der Paratexte beeinflusst hat. Wenn bestimmte Zäsuren regelmäßig und häufig in den Kotexten auftreten, dann zeigt dies, dass die Bearbeiter für diese besonders sensibel waren und für sie als Gliederungsmarker zur Orientierung bei der von ihnen gesetzten Gliederung dienten. Zu den Gliederungsmarkern zählen Ortswechsel der Figuren, Protagonistenwechsel, »Markierungen«[87] und Überleitungen durch den Erzähler. Gerade letztere können auch als zyklische Signale begriffen werden.

2.1.3.1. Überschriften

Ortswechsel

Die häufigsten narrativen Gliederungsmarker sind die Wechsel von Orten der Protagonisten (d. h. der Aufbruch der Figuren von oder die Ankunft an bestimmten Orten).[88] Im *Rappoltsteiner Parzifal* treten diese beiden Ebenen häufig in Kombination miteinander auf.[89] Ein Beispiel dafür ist das Umfeld der Überschrift auf 266vb:

---

[87] Die Kategorie »Markierungen« ist im Sinne der von Putzo dargestellten Verknüpfungstechnik zu verstehen (vgl. Putzo 2012, S. 299–301).

[88] Unter dieser Kategorie lassen sich die Umfelder folgender Überschriften des Karlsruher Codex fassen: 22va, 22vb, 25va, 26va, 27vb, 30vb, 42ra, 44vb, 56va, 64ra, 80rb, 110va, 117va, 123rb, 130vb, 132rb, 152ra, 159rb, 166vb, 172vb, 184ra, 189rb, 191ra, 193vb, 194ra, 195vb, 198vb, 202ra, 205ra, 207ra, 210[rb], 224[ra], 225[va], 240[vb], 243[rb], 244[vb], 246[rb], 248[vb], 249[vb], 254[vb], 262[vb], 266[vb], 267vb, 268vb, 271ra, 279va, 282va, 297rb, 298va, 299vb, 301ra, 311vb.

[89] Zu den Stellen 22vb (129,17), 64ra (398,25) und 80rb (507,29) beobachtet bereits Bumke, dass Ortswechsel und paratextuelle Gliederung korrelieren (vgl. Bumke 1997, S. 94). Bumke spricht zwar von Großinitialen, doch folgt von diesen drei Stellen lediglich auf die Überschriften auf 80rb eine große Initiale, die übrigen sind klein ausgeführt.

> den rittent sü bitze vesperzit in
> do got wolte daz es solte sin
> do koment sü in eins ritters hus ieso
> der erber waz unde worent die naht do
> *Hie kummet her Gawan zuo einem füre do*
> *wolte man eine juncfrowe inne ver*
> *derbet han mit unrehte*
> Dez morgens bereitent sü sich
> unde noment urlop behendelich
> (K 266vb)

Die Überschrift ist genau zwischen zwei Tagen, die gleichzeitig einen jeweils neuen Handlungsabschnitt definieren, eingefügt worden. Dieser Einschnitt in die Erzählzeit fällt mit einem doppelten Einschnitt der Erzählorte der Narration, nämlich der Ankunft an und Abreise von der Herberge, zusammen. Der Aufenthalt Gawans und der Dame bei dem ritterlichen Wirt ist nicht für den Fortgang der Handlung relevant, und dient allenfalls der Markierung einer Transgression. Seine Funktion ist die Strukturierung der Erzählung durch den Wechsel der Erzählorte.

Einige Überschriften beziehen sich explizit auf die Ortswechsel der Figuren. Häufig geschieht dies in Verbindung mit dem Verb *komen*, wie in den folgenden beiden Beispielen. Die Stellen, an denen der Platz für die Überschriften eingefügt wurde, sind kurz vor der Ankunft bzw. zwischen Aufbruch und Ankunft der Protagonisten an anderen Handlungsorten. Möglicherweise kann darin, dass die Überschriften die Ortswechsel der Erzählung aufgreifen bzw. widerspiegeln, als Anzeichen dafür gesehen werden, dass die Bearbeiter sich an diesen Markern orientiert und sie in das paratextuelle System überführt haben. Typische Beispiele sind die folgenden Überschriften und deren textuelle Umfelder:

> *hie kumet parzifal zein ersten male*
> *zuom grale . do er von pelrepere schiet*
> Went ir nu hoeren wie ez im erge
> er kam dez abends an einen se
> (K 37va)
> Gawan gegen bearosche reit
> *hie kumet Gawan ze bearot che*
> *z dem turnei turnierte do*
> Burg und stat so vor im lag
> (K 56va)

Der Aufbruch und die Ankunft von Figuren ist eine Markierung von Episodengrenzen, auf welche die Schreiber besonders sensibel reagiert haben. Die Sensibilität für diese Art der Zäsur geht teilweise so weit, dass selbst weniger deutliche Ortswechsel sie zu Aussparungen für Überschriften veranlasst haben. Die folgende

Überschrift ist bereits bei den Anzeichen eines Ortswechsels, beim Aufsitzen der Figuren auf ihre Pferde, platziert:

> perzefal sprach gerne swester min
> ich fuere üch mit mir sprach er
> sü hiessent die pherde bringen der
> *Hie würt Parzifal vehtende mit eime*
> *ritter der im sine swester wolte nemen*
> Die iuncfrowe do uf sas
> die usser mose schoene was
> (K 205ʳᵃ)

Dass der Paratext hier dem Text eine Ordnung aufzwingt,[90] kann nicht behauptet werden. Dass die paratextuelle Ordnung konsequent auf bestimmten narrativen Gliederungsmarkern aufbaut, zeigt vielmehr, dass die beiden Ebenen miteinander synchronisiert sind, da die paratextuelle Ordnung auf der narrativen basiert, indem sie die Überschrift genau dort setzt, wo auch der Erzähltext seine Zäsur hat.

Überleitungen durch den Erzähler

In vielen Fällen sind die Überschriften kurz vor, nach oder zwischen Überleitungen durch den Erzähler eingefügt worden.[91] Dabei handelt es sich um solche Passagen, in denen sich der Erzähler explizit auf die Erzählung, auf den Erzählprozess oder auf seine Rolle als Erzähler bezieht und dabei den Wechsel von Episoden, Protagonisten und/oder Handlungssträngen einleitet. Hierunter fallen sowohl »auctorial intervention[s]«,[92] als auch Formulierungen in denen die Erzählerfigur weniger auffällig hervortritt und dennoch ein Metabezug zur Erzählung hergestellt wird.[93] So spart der Schreiber z. B. mitten in einer solchen Überleitung auf 203ᵛᵇ den Platz für die spätere Überschrift aus:

---

[90] Eine ähnliche Sensibilität der Schreiber für Ortswechsel beobachten Stolz und Viehhauser an einer Überschrift in der *Parzival*-Handschrift I (vgl. Stolz & Viehhauser 2006, S. 325). Dort ist nach dem Aufbruch der Gralsbotin Kundrie (Pz. 319,20) eine Überschrift eingefügt und der Haupttext angepasst worden. Nach Stolz und Viehhauser »[stellt hier] der Paratext dem Haupttext eine eigenständige Ordnung entgegen« (ebd.).

[91] Solche Überleitungen begleiten die Umfelder der Überschriften auf: 12ᵛᵃ⁻ᵛᵇ, 20ʳᵇ, 45ᵛᵇ, 48ʳᵃ, 54ᵛᵃ, 70ᵛᵇ, 71ʳᵇ, 80ʳᵃ, 120ᵛᵃ, 123ʳᵇ, 132ʳᵇ, 140ᵛᵃ, 152ʳᵃ, 166ᵛᵇ, 178ᵛᵇ, 177ʳᵇ, 185ʳᵃ, 187ᵛᵃ, 193ᵛᵇ, 197ʳᵃ, 203ᵛ, 213ᵛᵇ–214ʳᵃ, 224ʳᵃ, 228ᵛᵇ, 245ʳᵇ, 257ᵛᵇ, 262ᵛᵇ, 265ʳᵃ, 271ᵛᵇ–272ʳᵃ, 288ᵛᵃ, 292ᵛᵃ, 295ʳᵇ, 302ʳᵃ, 317ᵛᵃ.

[92] Woodward 1982, S. 159.

[93] Z. B. durch Bezeichnungen der Erzählung oder das Bezug nehmen auf eine (z. T. fingierte) Vorlage. Dass solchen Passagen z. T. noch andere Funktionen als die bloße Überleitung zukommen können (z. B. poetologische Reflektionen, syntagmatische Verknüpfung), kann den Zäsur-Effekt mitunter verstärken.

wande die iuncfrowe dar nochdaz ist war
schone wart und so weidenlich gar
daz ez daz lant alles gar wunder nam
inenweis ob sü von feinen kam
Hie kumet Parzifal zuo siner muoter wo
nunge und bevindet, daz er eine swester het
Von ir wil ich reden nüt me
von Parzifal hören fürbas als e
(K 203vb)

Der Erzähler kündigt in den auf die Überschrift folgenden Versen die Rückkehr der Erzählung zu Parzival an. Dabei tritt er durch die 1. Pers. Sing. sowie das Personalpronomen *ich* als Figur deutlich hervor, was bereits vor der Überschrift eingeleitet wird (*inenweis*) und bezieht sich zugleich auf das Erzählen (*reden*) und die Rezeption (das Publikum soll wieder von Parzival *hören*). Die Stelle, an der die Überschrift eingefügt ist, ist also bereits auf metadiegetischer Ebene eine Überleitung hin zu einer neuen Episode. Das ausdrückliche Beschließen des Vorherigen und das Beginnen von etwas Neuem in der Überleitung stellen bereits eine Zäsur dar, die durch die Überschrift auf paratextueller Ebene widergespiegelt wird.

Nicht nur die Schreiber reagieren auf die Überleitungen des Erzählers, indem sie in ihrer oft unmittelbaren Nähe die Lücken für die Überschriften aussparen. Auch die Rubrikatoren, die diese Lücken füllen, reagieren, indem sie z. T. ihre Formulierungen daran anlehnen. Dies zeigen z. B. die Überschrift und ihr Umfeld auf 79vb:

von einander schieden sie   K 79vb
ob ir nu wellent so prüfen wie
hie würt Gawan und der lantgrave
versuonet kyngrisin unde
sine sune vergulat umbe den kamph
den sü solltent han getan zu schamfenzun
-----[Trennlinie]-----
hie gan die wilden aventüren
an . unde wie Gawan zuo orgelusen kam
Es nahet nu wilden meren   K 80ra
die froeide künnent leren
und die hochgemuete bringent
mit den beiden sü ringet

Im Umfeld findet sich eine Erzählerüberleitung, welche die kommende Handlung als *wilde[n] meren* ankündigt. Diese Formulierung wurde in der Überschrift aufgegriffen (*wilden aventüren*). Dass der Begriff *mere* hier durch *aventüre* ersetzt wird, macht nur einen geringen Unterschied aus. Entscheidender ist der Umstand, dass die paratextuelle Einteilung des Textes durch die Bearbeiter offensichtlich auf einer Einteilung basiert, die bereits auf narrativer Ebene besteht und die Schreiber für die Zäsur eben jene Stelle wählen, an der auch der Text die Zäsur setzt. In diesem Fall ist dem Rubrikator ein Fehler unterlaufen, der den engen Textbezug der Überschrift zeigt. Zunächst hatte er die Überschrift nur auf die ersten Verse nach der von dem Schreiber ausgesparten Textlücke bezogen (Vergulaht lässt seine Anschuldigungen gegen Gawan fallen). Später hat er bemerkt, dass der nachfolgende Abschnitt sich eher um die Abenteuer Gawans im Dienst der Herzogin Orgeluse dreht und darauf die ursprüngliche Überschrift durch eine weitere ergänzt. Diese Ergänzung ist mit einer Trennlinie von der ursprünglichen Überschrift getrennt und unter den Schriftspiegel der Spalte geschrieben. Dieses Vorgehen des Rubrikators macht deutlich, dass er sich beide Male nahe am Text orientiert und sich die narrative Gliederung beinahe wörtlich in der Überschrift widerspiegelt.

In einem Rubrikat tritt der Einfluss des Erzählers auf die Formulierungen der Überschriften so deutlich hervor, dass es als eine Mischform von Text und Paratext eingestuft werden muss. Zum Ende des *Prologus* es zum *Parzival* über:

also hette iedr hertze sich	K 20ra
geschigkeit nach dem willen sin	
in hochgemuete sunder pin	
ir kurzwile was maniger lege	K 20rb
den winter reht unz uf den meige	
der Prologus si hingeleit	
nu horent Parcifals kintheit	
dar noch sin manheit hohen pris	
erwarp in maniger hande wis	
als ir har nach bevinden wol	
dis buoch es üh unterwinden sol	
Sines vater fröde und des not	(Pz. 112,13ff.)
beide sin leben unde sin tot:	
des habent ir ein teil vernomen.	
nu wissent, wavon üch si komen	
dis mere sachewalte	
unde wie men den behalte.	
men barg in vor ritterschaft,	
untz er kam an siner witze craft.	

Das Reflektieren der Handlung im Rubrikat ist deutlich erkennbar: Es ist sowohl auf den Abschluss des vorhergehenden Teils (*si hingeleit*) als auch auf den vorhergehenden (*nu horent* [...] *dar noch* [...] *har nach*) bezogen und macht dabei Gebrauch von metadiegetischen Begriffen (*Prologus* [...] *dis buoch*) sowie von einer Anrede des Publikums (*ir*) und unterscheidet sich damit kaum von der Überleitung, die im Text folgt (*des habent ir ein teil vernomen* [...] *nu wissent* [...] *dis mere sachewalte*).[94] Doch die Annäherung von Text und Paratext geht in diesem Beispiel noch über das Aufgreifen der Form hinaus, denn das Rubrikat ist derart organisch in die Formulierung des Haupttextes eingebunden, dass dieser ohne dessen syntaktische Bezüge nicht verständlich wäre: Das Pronomen *sines* im anschließenden Satz bezieht sich auf *Parcifal* in dem Rubrikat und wäre ansonsten ohne Bezug.[95] Die vermeintliche Überschrift ergänzt damit die ansonsten unvollständige Überleitung des Textes. Sie ist sowohl als Teil des Textes als auch als Überschrift lesbar. Dass narrative und paratextuelle Gliederung hier untrennbar zusammenfallen, zeigt, wie eng die beiden Gliederungssysteme, mit deren Hilfe die Bearbeiter in den Text eingreifen, miteinander verbunden sind.

Protagonistenwechsel mit Überleitung

Protagonistenwechsel sind ein weiterer Indikator der narrativen Abgrenzung von Episoden. Tatsächlich ist es auffällig, dass die Protagonistenwechsel in den Umfeldern der Überschriften des *Rappoltsteiner Parzifal* beinahe immer in Verbindung mit metadiegetischen Formulierungen auftreten.[96] Diese häufige Paarung könnte ihre Ursache darin haben, dass ein Wechsel des Protagonisten einen verhältnismäßig starken Bruch in der Erzählung darstellt. Die Überleitungen durch den Erzähler können diese Brüche überbrücken, da sie – anders als z. B. Ortswechsel oder inhaltliche Parallelen – nicht aus dem Handlungshergang begründet

---

[94] WITTMANN-KLEMM beobachtet, dass diese Überleitung die Schlussverse der *Elucidation* ersetzt, dass sie von den Bearbeitern hinzugedichtet ist und dass sie, da sie rubriziert ist, den Überschriften entspricht (vgl. WITTMANN-KLEMM 1977, S. 75). Auch VIEHHAUSER weist auf die gemischte Form hin, indem er argumentiert, dass die Form dieser »gereimten Überschrift« denjenigen anderer »Überleitungsformeln« des *Parzival* entspräche, jedoch rubriziert sei und als Überschrift fungiere (VIEHHAUSER-MERY 2009, S. 266).

[95] Ursprünglich, ohne den ca. 500 Verse starken eingeschobenen Prolog, würde *sines* sich auf den zweiten Vers des im wolframschen Text vorangehendem Verspaares *wan er ist alrest geborn / dem diz mer ist erkorn* (K 17va, Pz. 112,11f.), zusammen mit zwei weiteren Versen, die bereits Teil dieser Überleitung sind, beziehen. Die Bearbeiter haben also den Schnitt des *Prologs* mitten in der wolframschen Überleitung gemacht und diese dann anschließend wieder ergänzt. Interessant ist zudem, dass das wolframsche Verspaar 112, 11f. nicht am Schluss von Gahmurets Buch steht, sondern den Prolog mit einer vierzeiligen Initiale einleitet.

[96] Die entsprechenden Überschriften sind 17$^{va–vb}$, 54va, 245rb, 257vb, 271vb–272ra, 288va, 292va, 295rb. Ausnahmen sind die Protagonistenwechsel am Beginn und Ende von *Karados' Buch* (auf 126ra bzw. 154rb), die ohne metadiegetische Elemente einen Protagonistenwechsel vollziehen und mit Überschriften versehen sind. Für die *Fortsetzungen* beobachtet bereits WOODWARD, dass Protagonistenwechsel immer mit einer Erzählerüberleitung einhergehen (vgl. WOODWARD 1982, S. 160).

werden müssen, sondern beinahe willkürliche Sprünge erlauben. Ein gutes Beispiel dafür bietet ein Wechsel von Gawan zu Parzival in *Wauchiers Fortsetzung*:

> Gawan bleip bi dem kunige also
> und enseit dis mere von imme nüt me
> nu wie ez joch harnoch erge
> *nu wil er von Parzefale sagen, wie er*
> *ein bilde in eins kindes wise vant*
> *und mit im rette uf einem boume und*
> *wisete in zuo dem leidigen berge*
> Nu wil ich üch von Parzifalen sagen
> hörent irs gerne und lontz üch wol behagen
> Walther von Dunsin dise rede ret
> der diese ystorie vollebroht het
> er sprichet daz Parzefal wolgemuot
> der getrüwe ritter guot
> reit fierzehen tage one underlos
> do er schiet von dem boume gros
> do er Bagumades hangen sach
> daz im nie oventüre geschach
> noch üt dovon ze sagende were iht
> unz er kam in einen walt die riht
> (K 245rb–va)

Die Überschrift ist nach dem Abschluss einer Gawan-Partie eingefügt worden.
Dieser Abschluss wird mit dem Verweis auf die Erzählung selbst (*dis mere*) als voll
ausgeschöpfte Quelle begründet. Die auf die Überschrift folgende Hinwendung
der Erzählung zu Parzival wird ebenfalls mit einer Reflexion der Handlung begründet, diesmal mit einem zweifachen Verweis auf den Erzähler (*Nu wil ich üch*
von Parzifalen sagen und *Walther von Dunsin dise rede ret / der diese ystorie vollebroht*
het).[97] Anschließend wird die folgende Handlung zeitlich und logisch eingeordnet[98] und schließlich zu einem neuen Ort geführt. Insgesamt helfen die erzählerischen Elemente der Passage erstens den Wechsel der Protagonisten zu legitimieren und zweitens den zuvor verlassenen Handlungsstrang um Parzival wieder auf-
zugreifen. Der Beginn der Überschrift wirkt beinahe wie ein Echo des Verstextes
(*Nu wil ich üch von Parzifalen sagen* […]; *Nu wil er von Parzefale sagen* […]), was
wieder die enge Orientierung des Rubrikators am Text deutlich macht.

---

[97] Der äußerst ungewöhnliche Wechsel des Erzählers in die 3. Pers. Sing. bezüglich der
Quelle (*er sprichet daz Parzefal wolgemuot*) wird in der Formulierung der Überschrift aufge-
griffen.
[98] Parzival ist seit seinem letzten Auftauchen im Text (der Begegnung mit dem Ritter
Bagumades) innerhalb von zwei Wochen, zum Glück des Rezipienten, offensichtlich nichts
Nennenswertes passiert.

Allerdings haben die Bearbeiter nicht bei jeder metadiegetischen Überleitung auch eine Überschrift gesetzt. So folgt auf den durch den Erzähler deutlich markierten Wechsel von Parzival auf Bagumades zunächst keine Überschrift:

> von Parzifale nu zemole
> swiget die hystorie guot
> die wile ich anders han ze sagende muot
> wie Bagumades alse ich ez vernam
> zuo dez küniges Artuses hof kam
> und ouch wie her Gawon
> Briens von der ynseln und her Ywon
> und wol vierzig gesellen wol gemuot
> [...]
> wie die fuorent suochen Parzival
> (K 229ᵛᵃ)

Die Markierung des Wechsels der Figur durch eine Überschrift folgt erst drei Spalten später (*Hie kummet Bagumades zuo künig Artus und würt vehtende mit Keygin* [230ʳᵇ]), als Bagumades am Artushof eintrifft. Doch ist er dort längst in den Fokus der Erzählung gerückt und die Indikatoren, die zu der Überschrift veranlasst haben (Orts- und Tageszeitenwechsel), sind weniger einschneidende Zäsuren als die vorangehende Überleitung.

Der Grund, dass dort dennoch keine Überschrift eingefügt wurde, könnte in dem verhältnismäßig organischen Übergang der Handlung zu finden sein: Der Wechsel von Parzival auf Bagumades ist weit weniger drastisch als die vorher besprochenen Protagonistenwechsel, da die beiden Figuren beim Übergang Ort und Zeit der Handlung teilen und die Bagumades-Handlung aus der Parzival-Handlung resultiert.[99] Aus Bagumades Auftauchen am Artushof wird wiederum die nächste Handlungssequenz um Gawan angestoßen und der Fokus wird an Gawan weitergereicht.[100] Die narrativen Brüche sind also, trotz der Protagonistenwechsel und der metadiegetischen Markierung, weniger stark ausgeprägt.

Ob sie von den Bearbeitern bei der Platzierung der Freiräume für die Überschriften übersehen oder bewusst übergangen wurden, ist nicht auszumachen. Das Resultat ist in beiden Fällen das gleiche: Dadurch, dass die Bearbeiter nicht jede Markierung der narrativen Gliederungssysteme in ihr paratextuelles System überführen, verschieben sie die Akzente, die durch die Gliederung gesetzt werden und ändern so – ob intendiert oder nicht – die Rezeptionssteuerung des Textes, da durch die visuelle Hervorhebung der Überschriften das paratextuelle System zum

---

[99] Parzival befreit den kopfüber an einem Baum aufgehängten Bagumades. Dieser reitet zum Artushof, um Rache an dem für seine Lage verantwortlichen Keye zu nehmen.

[100] Gawan zieht mit den anderen Rittern aus, um Parzival zu suchen und erlebt eine Reihe von *aventiuren*.

primären Gliederungssystem des Textes wird und die narrativen Systeme möglicherweise nur noch sekundär, etwa als Binnengliederung, wahrgenommen werden.

Protagonistenwechsel ohne Überleitung

In nur zwei Umfeldern von Überschriften des *Rappoltsteiner Parzifal*, bei denen der Protagonist gewechselt wird, finden sich keine Überleitungen, in denen der Erzähler hervortritt. Überraschend daran ist, dass es sich dabei um den Beginn und das Ende der Karados-Handlung, die üblicherweise als eigenständig, in sich geschlossen und mit wenigen Bezügen zu den restlichen Handlungssträngen gesehen wird, handelt. Im Umfeld der ersten Überschrift der Karados-Handlung wird, nachdem von der erfolgreichen Unterwerfung Bruns von Melant, der von Artus sieben Jahre (RP 25,12) lang belagert worden war, berichtet wurde, der Übergang subtil narrativ markiert:

> Gawan noch nüt genesen was
> der wunden sin sus hort ich sagen
> uf sine burg wart er getragen
> durch gemach pfegen sunder we
> bitz er riten möht als e
> dar noch der künig ruowen pflag
> unde waz in friden manigen dag.
> *Hie vohet Karados buoch an*
> Alse men lag vor Melant
> in dem ersten jore zehant
> ein brunlouft maht der künig her.
> (K 126ʳᵃ)

Auf den Bericht der politischen Lösung wird die Genesung von Gawans Wunde, die durch ein mehrmaliges Aufreißen in verschiedenen Kämpfen mehrmals verzögert wurde, beschrieben. Dabei wird ebenfalls ein Ausblick auf die zukünftige Wiederherstellung der Ordnung gegeben (*bitz er riten möht als e / dar noch der künig ruowen pflag / unde waz in friden manigen dag*). Die Überschrift wurde anschließend, zunächst als ausgesparter Schriftraum, vor die chronologische Einordnung der folgenden Ereignisse der Erzählung, die durch das temporale Adverb *als* eingeleitet werden, eingefügt. Diese Einordnung nimmt Bezug auf die vorhergehende Rahmenhandlung (die Belagerung von Melant) und situiert die Ereignisse dabei sechs bis sieben Jahre vor dem eben erzählten, vorläufigen Abschluss der Gawan-Handlung. Diese chronologische Verknüpfung ist für die Karados-Handlung allerdings ohne weiteren Belang da es, bis auf das gemeinsame, einschlägig bekannten Figurenpersonals der Tafelrunde keine Verflechtung mit anderen

Handlungssträngen gibt. Die einzige Funktion der Verknüpfung liegt darin begründet, für einen glatteren Übergang der verschiedenen Episoden zu sorgen, indem durch sie scheinbar ein Thema (die Belagerung Melants) weiter fortgeführt
und so die Karados-Handlung in die Erzählwelt des Romans integriert wird.

Eine ganz ähnliche narrative Überleitungsstrategie, bestehend aus Lösung der
Hindernisse der Handlung, Zukunftsausblick und chronologischer und themati-
scher Verknüpfung, wird auch zum Ende der Karados-Handlung angewandt. Ein
Vergleich mit den anderen Handschriften der gemischten Redaktion der *Ersten
Fortsetzung* lässt vermuten, dass die Bearbeiter des *Rappoltsteiner Parzifal* das Umfeld erweitert haben und den bereits bestehenden narrativen Übergang deutlicher
hervorzuheben:

Por che qu`el dist »seürement.«	darümbe sie sprach trinket sicher
----------------------------	-----[Zusatz Beginn]-----
	karados deste froelicher
	bleip bi artuse furwar
	geselle der tavelrunder schar
	er suochte menig oventüre
	die vant er ungehüre
	wan uf ritterschaft waz sin ger
	mit froeiden alsus do lebet er
----------------------------	-----[Zusatz Ende]-----
Puis fu li rois molt longuement	donoch künig artus lange waz
En grant sejor et en grant pes.	in froiden und in ruowe er sas
Par ses meillors forés adés	durch sine besten welde also
Sejorna tot l`iver entier	vertreip er einen winter do
Por deduire et por archoier.	durch banichen und spacieren
	durch jagen und durch birsieren
	Hie hat Karados buoch ein ende und
	wil sagen von künig Artus wie er
	hern Gyflet erlösen wil, der gevangen
Et quant revint au tans novel	*lange uf kastel Orgelus lag*
Que dolcement chantent oisel,	
Si fu un jor el bos alez.	Do die nüwe zit har für drang
De ses compaignons plus privez	so die vogel singent suezen sang
Mena od lui bien grant partie	eines tages reit in den walt
Por solas et por compaignie;	artus und mit im fürsten balt
(ROACH 8729-8740)	die heimlichesten die er hette aldo
	durch kurzwile si woren vor
	(K 154rb)

Nach der Bewältigung von Karados' Krise, seiner Rückkehr an den Artushof und
seiner Bestätigung als bester Ritter durch die Horn-Probe haben sich alle Probleme der Handlung gelöst. Der Zusatz im *Rappoltsteiner Parzifal* enthält – ähnlich

wie zum Abschluss der vorhergehenden Gawan Handlung – einen Ausblick auf Karados weitere Karriere als Mitglied der Tafelrunde. Die Wiederherstellung von Ordnung und höfischer Freude am Artushof ist beiden Versionen gemein. Die Überschrift ist zwischen der kurzen Beschreibung eines von Artus mit höfischen Aktivitäten vertriebenen Winters und der Erwähnung des darauffolgenden Frühlings eingefügt worden. Auch hier besteht eine die Episoden-Zäsur überbrückende chronologische (Wechsel vom Winter zum Frühling) und thematische (höfische Kurzweil) Verbindung. Wie auch im vorhergehenden Fall ist die Zäsur von den Bearbeitern vor dem temporalen Adverb (*do*) gesetzt worden. Der Übergang des Fokus der Handlung von Karados auf Artus (und später Gawan) ergibt sich aus dem Ende der vorherigen, d. h. ohne erzählerischen Sprung,[101] wird aber durch den Zusatz, der von Karados Zukunft berichtet und damit die Strategie des zuvor besprochenen Übergangs übernimmt, deutlicher betont als in den anderen Handschriften der gemischten Redaktion. Die Bearbeiter des *Rappoltsteiner Parzifal* lassen also den Episodenübergang auf narrativer Ebene deutlicher hervortreten, indem sie auf im Text bereits angewandte Strategien zurückgreifen. Zudem unterstreichen sie durch ihre Überschrift in Verbindung mit den mehrfarbigen Großinitialen den Wechsel mit paratextuellen Mitteln. Dabei wählen sie eine Formulierung, die den doppelten Bezug des narrativen Übergangs widerspiegelt, indem sie sowohl abschließend auf den vorhergehenden Text (*Hie hat Karados buoch ein ende*) als auch auf das Folgende verweist (*und / wil sagen von künig Artus wie er* [...]).

Dass die Bearbeiter Beginn und Ende der Karados-Handlung trotz der vergleichsweise subtilen, narrativen Zäsuren dennoch erkannt, ihn betont, in ein paratextuelles System überführt und – wie die beiden großen drei- bzw. vierzeiligen Initialen nach den Überschriften und die Benennung als *karados buoch* zeigen – ihnen größere Relevanz zugeschrieben haben, zeigt, dass sie auch dort für narrative Zäsuren sensibel sind, wenn sie nicht durch den Erzähler explizit gemacht werden.[102] Der Zusatz gegenüber der französischen Überlieferung zeigt zudem, dass die Bearbeiter auch auf der Ebene der narrativen Gliederung eingreifen, jedoch nur um die bereits vorhandene Einteilung zu unterstützen. Ob der Zusatz aber tatsächlich auf die Bearbeiter zurückgeht, ist nicht eindeutig zu belegen, da er bereits in deren Vorlage enthalten gewesen sein könnte. Allerdings passt er sehr gut zur Arbeitsweise der Straßburger Bearbeiter im wolframschen Teil, da auch diese nur verknüpfende oder gliedernde Funktion haben und – die Einbindung Artus'

---

[101] Ähnlich wie bei dem oben Besprochenen Übergang von Parzival auf Bagumades.

[102] Daneben besteht auch die Möglichkeit, dass sie die Überschriften aus der französischen Vorlage übernahmen.

und der Tafelrunde bei Parzivals Zug nach Munsalvaesche im Schlussteil ausgenommen – nicht entscheidend in die Inhalte eingreifen.

Die Bearbeiter kennzeichnen nicht nur die Wechsel durch Überschriften, sondern tragen auch der geschlossenen Struktur der Karados-Handlung durch ihre Benennung als *Karados buoch* Rechnung. *buoch* bezeichnet hier einen mehrere Episoden umfassenden Handlungsabschnitt[103] und tritt in drei Fällen in den Überschriften der Karlsruher Handschrift in dieser Funktion auf. In anderen Fällen wird mit *buoch* jedoch die frz. Quelle bzw. Vorlage der Bearbeiter bezeichnet, wie z. B. auf 185va:

> *Hie nimet die oventür ein ende vomme swan der den toten ritter brohte uffe dem mer in eime schiffe zuo Glomargan und wil nu sagen von Parzifale und kumet zuo der bürge zuo dem horne und ist die erste oventür die er begie in dem welschen buoche daz ze tüsche broht ist* (K 185va)

Der Begriff *aventüre* kann ebenfalls die Funktion haben, mehrere Episoden zusammenfassend zu bezeichnen.[104] Doch kann sich der Begriff auch lediglich auf die folgende Episode beziehen, wie das hier angeführte Beispiel zeigt. In der Überschrift auf 185va kommen beide Verwendungsweisen vor: Das erste *oventür* bezieht sich auf die in drei Abschnitte unterteilte, gesamte Gaheries-Handlung, wohingegen das zweite *oventür* sich nur auf die erste, kurze Episode einer längeren Parzival-Sequenz bezieht. Demnach scheinen die Bearbeiter des *Rappoltsteiner Parzifal* zwar über eine Terminologie der Handlungsabschnitte zu verfügen, sind in ihrer Anwendung aber nicht konsequent. Es ist bemerkenswert, dass die Bearbeiter diese deutliche Bezeichnung für eine Teilerzählung verwenden, deren Beginn und Ende in der Erzählung vergleichsweise schwach markiert sind.

Geänderte Überleitungen

Wie subtil die Bearbeiter die Gliederung der französischen *Fortsetzungen* an die Kombination mit dem wolframschen Text anpassen, zeigt sich an einer Überleitung, die sie gekürzt und dabei verändert haben. Diese Überleitung von der *Ersten* zu *Wauchiers Fortsetzung* ist zugleich ein Wechsel von Gaheries auf Parzival. Die Bearbeiter haben den Wechsel mit einer längeren Überschrift markiert,[105] die sowohl vorwärts- als auch rückwärtsgewandt ist und auf den Übersetzungsvorgang

---

[103] Vgl. WITTMANN-KLEMM 1977, S. 103–105.

[104] Ebd.

[105] Ob sie den damit einhergehenden Wechsel der Autorschaft bemerkt haben, ist jedoch zweifelhaft. Wauchier markiert ihn nicht, nennt sich erst wesentlich später und auch die Schreiber der Handschriften setzen keine paratextuellen Signale, sondern behandeln die *Erste* und *Wauchiers Fortsetzung* meist als eine Einheit (vgl. BRUCKNER 2009, S. 44).

hinweist. Sie ist innerhalb der Erzählerüberleitung platziert, mit der *Wauchiers Fortsetzung* beginnt:

Et a le feste de Toz Sains,	und an aller heiligen tage,
Si com je vos contai orains.	alse ich vor seite und aber sage.
D'eus vos lairai ore a itant,	von in wil ich reden nüt me,
Et si orroiz d'or an avant	ich wil üch sagen fürbas e
Parler dou hardi chevalier,	von dem werden ritter gemeit,
Qui par molt regne ala cerchier	der durch manig lant suochende reit
La corte o la lance [est] qui saine.	den hof, do daz bluotende sper was,
Tant an soufri travail et poine,	und leit gros erbeit durch daz,
Ainçois qu'i[l] la peüst trover,	e er daz konde vinden ie.
Ne porroie tot raconter;	ez verdrüsse üch sere hie,
Trop erra amont at aval.	der solte sagen alle ding:
Or conmance de Perceval:	nu hörent doch, wie ez erging.

Hie nimet die oventüre ein ende vomme
swan, der den toten ritter brohte uffe
dem mer in eime schiffe zuo Glomar-
gan, und wil nu sagen von Parzifale
und kumet zuo der bürge zuo dem
horne und ist die erste oventüre, die
er begie in dem welschen buoche, daz
ze tüsche broht ist.

Perceval, ce conte l'estoire,	Nu seit uns dis mere kürzlich
----------------------------	---[Beginn geänderte Überleitung]---
A si perdue la mimoire	daz des selben tages fuegete sich,
Que de Dieu ne li sovint mes.	uf eine mittewuche ez geriet,
Cinc foiz passa avril et mais,	daz Parzifal sich do schiet
Cinc sont cinc anz trestot antier,	von künig Artuse zuo Joflanz,
Ainçois quil antrast an mostier,	do er gestreit mit Gawan und Gramo-
ne dieu ne sa croiz nàora.	flanz.
Tot ainsint cic anz demora,	
et por ce ne laissa il mie	
Quil ne queïst chevalerie;	
et les estranges avantures,	
Les felonesses et les dures,	
Ala querant, si an trova	
Tant que molt bien s'i esprova.	
De ca ne voil dire an avant,	
Car raconte l'ai ça devant;	
Et qui deus foiz le controit,	
Trop grant annuiz vos samberloit.	
Mais quant il fu conmenïez	
Et de ses pechiez nestïez,	
De son oncle se departi	
Que il ot de bon cuer oï.	
----------------------------	---[Ende geänderte Überleitung]---

Et si vos di que il erra	ouch sage uch üch, daz er zehant
Par mains païs et si trova	reit durch manig frömede lant.
Maint mau pas et mainte avanture	dar zuo vant er ouch zwor,
	daz sollent ir wüssen fürwor,
	manig oventür swer,
Qui ne sont pas an escriture.	die nüt sint geschriben her.
Mes un samedi par matin	an einem samestage, so men seit
Erroit par un ferré chemin,	daz er uf einre geuebeter strosen reit
Par l'oraille d'une forest,	nebent eime walde gros,
(Roach C1 15321f. [T]	(K 185va bzw. RP 313,39–314,28)
und C2 19697ff. [EPT])	

Wittmann-Klemm betont, dass durch das Einfügen der Überschrift eine Zäsur entstehe,[106] sieht in der Änderung der Passage jedoch eine verknüpfende Funktion, die allerdings von der französischen Vorlage inspiriert sei und daher »die Umgestaltung, die die deutschen Bearbeiter offensichtlich vorgenommen haben, im Grunde keine Umdichtung ist, sondern nur ein Austausch von Namen bzw. Ereignissen«.[107]

Ihrer Beobachtung ist zuzustimmen,[108] ihrer Bewertung allerdings nicht. Denn die Zäsur wird nicht erst durch die Überschrift geschaffen, sondern sie ist

---

[106] Vgl. Wittmann-Klemm 1977, S. 78.

[107] Ebd., S. 79. Es ist nicht ganz auszumachen, welchen Umfang die umgestaltete Passage laut Wittmann-Klemm hat. Sie gibt an, dass dem Textabschnitt RP 313,41–314,25 keine schriftliche Quelle zugeordnet werden kann (vgl. ebd., S. 10), womit demnach 21 Verse, die zu einem Teil vor und zu dem anderen nach der Überschrift stehen, von den Bearbeitern stammten (Die Zahl 21 ergibt sich aus Schorbachs Edition: Die Zeilen RP 314,18f. bilden einen einzigen Vers ab und die Überschrift nimmt acht Zeilen ein). In der späteren Analyse bezieht sie sich allerdings nur auf die sechs auf die Überschrift folgenden Verse und vergleicht die Passage mit ihrer Entsprechung in ETP (vgl. ebd., S. 78). Auch Tether attestiert einen Zusatz in D, nämlich die zehn Verse, die der Überschrift vorangehen (vgl. Tether 2012, S. 48). Sie bezieht in ihrem Vergleich jedoch lediglich die Handschriften TVJ der gemischten Redaktion ein und übersieht daher die Verse in E bzw. ETP, die denen in D entsprechen.

[108] Die Bearbeiter passen ihren Text tatsächlich an ihre Kompilation an und greifen bei der Verknüpfungstechnik wahrscheinlich auf die Vorlage zurück: Der erste Vers nach der Überschrift ist seiner Entsprechung in E noch sehr ähnlich, da er ebenfalls auf die Erzählung selbst als Quelle verweist (vgl. *ce conte l'estoire* mit *nu seit uns dis mere*). Danach weicht der mittelhochdeutsche Text in D jedoch deutlich von E (und auch TP) ab, indem statt der nächsten 21 Verse, die von Percevals weiterem Aufenthalt bei seinem Onkel berichten, durch nur fünf Verse ersetzt werden, in denen Parzivals Aufbruch von Joflanze rekapituliert wird. Dies passt besser zur Kompilation des *Rappoltsteiner Parzifal*, da Parzival nach der dort verwendeten wolframschen Version längst nicht mehr bei Trevrezent weilt und als letztes – sieht man von dem Turnier in der Karados-Handlung der *Ersten Fortsetzung* ab – bei seinem Aufbruch von Joflanze erwähnt wurde. Am Ende der metadiegetischen Passage

bereits auf narrativer Ebene vorhanden. Somit überführen die Bearbeiter die Zäsur und Verknüpfung eher in das paratextuelle System, als dass sie sie neu schaffen. Zweitens ist der Austausch der Namen und Ereignisse der Passage kein geringer Eingriff, da er vor allem verknüpfende und kohärenzstiftende Funktion hat. Der doppelte Eingriff auf den Ebenen von Text und Paratext zeigt, dass die Bearbeiter die beiden Gliederungsebenen zumindest punktuell anpassen und aufeinander abstimmen.

Eine ähnliche, wenn auch geringere Änderung einer Erzählerüberleitung haben die Bearbeiter im Umfeld der Überschrift auf K 177rb vorgenommen. Die Überschrift steht zwischen zwei Verspaaren, von denen das erste die vorhergehende Episode beschließt und das zweite die nächste einleitet. Der Vergleich mit der französischen gemischten Redaktion zeigt, dass das direkt vor der Überschrift platzierte Verspaar dort nicht auftaucht.[109]

> hie het daz mer ein ende gar
> von hern Gawans sun bitz har.
> *Hie vahet die oventür an vomme*
> *swan, der den toten ritter brohte uffen*
> *dem mer in eime schiffe zuo Glomorgan.*
> Die rede hab ich von dem schiffe an,
> daz kam durchs mer ze Glomargan
> (K 177[r], RP 287,3–10)

Die Begriffe *mer* und *rede* als Bezeichnungen für die Erzählungen sowie das Hervortreten des Erzählers in der 1. Pers. Sing. nehmen reflektierend Bezug auf den Protagonistenwechsel und spiegeln das Verspaar, das auf die Überschrift folgt, wider. Durch das Einfügen der Überschrift in die nun zweigeteilte Überleitung wird der narrative Übergang mit der paratextuellen Ebene synchronisiert, wobei sich die Formulierung der Überschrift abermals an den Modus des Textes anlehnt (*oventür*). Es könnte den Bearbeitern bei dem Einfügen des ersten Verspaares um die deutlichere Betonung des Übergangs gegangen sein.[110]

---

folgt D wieder der französischen Version, indem bisher nicht niedergeschriebene Aventiuren angekündigt werden und schließlich die Erzählung einsetzt.

[109] Vgl. Roachs Anm. zu V. 14115–16 (Roach 1949–1985, S. 384).

[110] Allerdings weist die kurze Redaktion an dieser Stelle ebenfalls einen Übergang auf (vgl. Hinton 2012, S. 32). In diesem berichtet der Erzähler ebenfalls von dem Ende der Episode (*Li contes faut ci entreset* [ebd.]), erstreckt sich aber über zwölf Verse und erwähnt Gawans Sohn mit keinem Wort. Eine Übernahme aus der französischen Vorlage ist demnach möglich, die Erweiterung durch die Straßburger Bearbeiter jedoch wahrscheinlicher.

Markierungen

Die Überschriften der Karlsruher Handschrift unterstützen auch narrative Techniken, die den Text paradigmatisch gliedern.[111] Hierzu zählen erstens Motive und Episoden, die sich mehr oder minder leicht abgewandelt im Laufe des Romans wiederholen, dadurch aufeinander verweisen und zugleich Stationen oder Abschnitte der Handlung anzeigen.[112] Dass solche Erzählelemente in den Überschriften des *Rappoltsteiner Parzifal* durchgezählt sind, zeigt, dass die Bearbeiter sich dieser Verknüpfungen bewusst waren. Das Umfeld der dritten Sigune-Begegnung macht deutlich, dass sie mit ihren Überschriften auf diese narrative Gliederung reagieren:

> die anventüre unz kündet
> daz Parzefal der degen balt
> kam geriten uf einen walt
> [...]
> er vant eine closenerinne
> die durch die gottez minne
> ir magetuom und froeide gap
> wiplicher sorgen urhap
> uz ir herze bluote al nuwe
> und doch durch alte truwe
> *hie kummet parzifal zem dritten male*
> *zuo sigunen sinre nüfteln do sü ein*
> *closenerin waz worden*
> schinahtulander
> und sigunen vand er
> (K 69vb)

Dafür, dass mit der Überschrift auf die Wiederholung der Episode reagiert wird, spricht die in der Szene relativ späte Platzierung. Weder das inszenierte Gespräch von Erzähler und Frau Aventiure,[113] das den Protagonistenwechsel von Gawan auf Parzival eine Seite zuvor einleitet, noch die Erzählerüberleitung (*die aventüre unz kündet*) und der Ortswechsel (*kam geriten uf einen walt*), die zu Beginn der Sigune-Begegnung stehen, haben die Bearbeiter veranlasst, Platz für eine Überschrift einzufügen. Erst kurz vor der Nennung der Namen Schionachtulanders und Sigunes, die unmittelbar die vorherige Sigune-Begegnung wieder beim Rezipienten aufrufen, spart der Schreiber den freien Raum für die Überschrift aus. Die Markierung,

---

[111] Putzo bezeichnet solche Gliederungstechnik als »Markierungen« und nennt die vier Sigune-Szenen in Wolframs *Parzival* als Beispiel (vgl. Putzo 2012, S. 299–301).

[112] Die Überschriften zu den betreffenden Umfeldern befinden sich auf 24ra, 24vb, 25va, 30vb, 41ra, 45vb, 69va, 174ra, 198vb, 249vb, 262vb, 265ra, 285vb, 299vb, 309rb und 313va.

[113] Zu Beginn von Lachmanns IX. Buch (Pz. 433, 1ff.).

die durch die Wiederholung hervorgerufen wird, hatte in diesem Fall möglicherweise Priorität vor den anderen Indikatoren der Handlungsgliederung. Durch die Positionierung der Überschrift in unmittelbarer Nähe der Namen, welche die Wiederholung kennzeichnen, wird die textuell-narrative Gliederungstechnik paratextuell betont.[114]

Dass die Strukturierung durch parallele Inhalte Einfluss auf die paratextuelle Gliederung hatte, ist möglicherweise nicht nur auf die durchgezählten Szenen bzw. Episoden beschränkt. Die erste Sektion der *Ersten Fortsetzung* endet u. a. damit, dass Gawan sich von einer immer wieder aufbrechenden Wunde erholen muss und der Fokus wechselt auf Karados als Protagonisten (s. o.). Manessier greift in seiner Fortsetzung dieses Motiv des Helden, der verletzungsbedingt eine Pause als Protagonist einlegen muss, gleich zweimal auf. Sowohl bei dem Wechsel der Handlung von Parzival[115] auf Segramors sowie bei dem Wechsel von Segramors auf Gawan wird jeweils von einer längeren Genesungspause des Helden berichtet. Die anschließenden Wechsel sind jeweils mit einer Überschrift markiert:

> sus lag Parzefal wunt do
> me denne einen monot also
> e die wunde genesen were
> nu hörent von Segremors mere
> *Hie jaget Sagremors eime ritter*
> *noch der im sin ros hette genomen*
> *unde würt mit im vehtende in sinre*
> *eiginen bürge.*
> Der guote ritter reit noch die riht
> dez enverswige ich langer niht
> (K 257vb)

> von Sagremors lon wirs bliben also
> der also siech lag do

---

[114] Wittmann-Klemm sieht die Funktion der Durchzählung (hier: *zem dritten male*) primär in der Unterscheidung der Szenen voneinander (Wittmann-Klemm 1977, S. 100– 102) und einen »wohl nicht beabsichtigte[n], aber darum nicht weniger interessante[n] Nebeneffekt« darin, dass die narrativen Parallelen aufgedeckt werden (ebd.). Ob diese Funktion sekundär ist, scheint mit fraglich, da erstens die Unterscheidung der Szenen voneinander, trotz der Hilfe durch die Überschriften, ein hohes Maß an Textkenntnis voraussetzt und zweitens dies in der Erzähltechnik, wie sie Putzo hinsichtlich der wiederholten Sigune-Szenen beschreibt (vgl. Putzo 2012, S. 299), auf Verknüpfen und Vergleichen der Szenen angelegt ist. So gesehen unterstützt der Paratext das narrative System, indem er dieselben Funktionen an denselben Stellen übernimmt.

[115] Vgl. Konrad Sandkühler: Perceval der Gralskönig. Ende der zweiten und dritte (Manessier-) Fortsetzung von Chrestien de Troyes' *Perceval*. Übersetzt von Konrad Sandkühler, Stuttgart 1964, hier: S. 247.

von sinen wunden an der stet
[...]
dez geswigen wir nu wie ez umbe in lit
bitz daz ez nu wirt zit
eins anders söllen wir an fon
von künig Artus öhein Gawon,
alse ich ez in der ystorien vant,
anders tuon ich ez üch nüt bekant
Hie kummet die juncfrowe zuo hern Gawan
die des ritters swester waz der bi dem gezelt
erschossen wart in hern Gawans geleite
Die mere seit uns von Gawan das
wie er ze hove komen waz
(K 265ra)

In beiden Beispielen ist der Protagonistenwechsel durch metadiegetische Mittel (1. Pers., Verben des Redens und Hörens, Verweise auf Quelle und Erzählung) begleitet. Es ist daher schwierig zu entscheiden, ob das Motiv der Verletzungspause des Helden für die Bearbeiter tatsächlich eine ähnliche Signalwirkung wie die Sigune-Begegnung hatte. Zu beobachten ist jedoch, dass durch die Kombination der narrativen Gliederung der Bruch stärker hervortritt.

Rückwärts gewandte Überschriften

Nicht bei allen Überschriften sind narrative Gliederungsmarker auszumachen. In einigen dieser Fälle ist jedoch zu beobachten, dass die Überschrift an unpassenden Stellen eingetragen ist und den narrativen Übergang erst verspätet nachvollziehen oder nicht auf den folgenden, sondern den vorhergehenden Text verweisen.[116] So ist z. B. die Überschrift zu der Hornprobe, die nach der Lösung der Krise der Karados-Handlung folgt, mitten in eine Rede Artus' eingetragen:

kein sprach er ich wil sin niht
daz man wasser gebe iht
Diz ist die aventüre vomme horne
so man wasser drin schütte der wart
zuo guoten wine
Ir wüssent lange mine sitte hie
(K 153^{ra–b})

---

[116] Solche Überschriften befinden sich auf 73vb, 83rb, 84vb, 94ra, 118va und 127rb. Leider kann man nicht eindeutig nachvollziehen, ob die Positionen der Überschriften auch aus der Sicht der Bearbeiter falsch oder unpassend waren; davon könnten allenfalls Textlücken zeugen, die durch Korrektur nachträglich geschaffen wurden. Obwohl in der Karlsruher Handschrift sehr viel korrigiert worden ist, finden sich solche Korrekturen nicht.

Die narrative Überleitung zu der Hornprobe erfolgt bereits vor der Überschrift in der vorangehenden Spalte derselben Seite: *Nu hoerent selzene mêre / von oventür gewere* (auf 153ra). Der Schreiber hat zwar an dieser Stelle einen paratextuellen Einschnitt vorgenommen, indem er Platz für die Initiale N gelassen hat, diese ist aber einzeilig und einfarbig und damit nicht gerade markant. Den Platz für die Überschrift der Episode hat er erst 26 Verse später ausgespart. Durch die Überschrift werden zwar keine Satzgrenzen verletzt, wie in anderen Fällen, doch ihre Platzierung mitten in der Figurenrede ist dennoch unpassend, da sich in ihrem Umfeld kein narrativer Übergang befindet. Der Rubrikator stellt jedoch beim Eintragen der Überschrift den Bezug zum textuellen System (wieder) her, indem er die Formulierung der zuvor verpassten Überleitung darin aufgreift (*oventür – aventüre*).

Andere Überschriften im *Rappoltsteiner Parzifal* verweisen nicht auf den ihnen folgenden, sondern den vorhergehenden Text. Man könnte in solchen Fällen von rückwärtsgewandten Überschriften sprechen.[117] Die Position einer solchen Überschrift der Karlsruher Handschrift auf 148ra (*hie het Kador Karadossen funden*) weist auf einen Schreiberfehler bzw. eine nachträgliche Korrektur hin. Die Überschrift signalisiert deutlich, dass die in ihr zusammengefasste Handlung bereits erzählt ist. Tatsächlich beginnt dieser Handlungsabschnitt[118] bereits auf K 147va und ist doppelt markiert durch den Wechsel des Erzählfokus von Karados auf den nach ihm suchenden Kador (Protagonistenwechsel), der durch Zufall das Kloster der Mönche erreicht (Ortswechsel). Paratextuell wird die Zäsur ebenfalls markiert, nämlich durch die Initiale K, die einfach gestaltet ist und für die offensichtlich keine Kombination mit einer Überschrift vorgesehen war. Eine auf den Abschnitt bezogene Überschrift hätte hier jedoch ihren optimalen Platz finden können. Stattdessen wurde diese Überschrift aber auf 148ra eingetragen. Sie steht mitten im Wiedersehen der beiden Ritter (sie geht also nicht mit einer inhaltlichen Zäsur einher), ist einzeilig und ohne Initiale ausgeführt. Dies sind Anzeichen dafür, dass der Schreiber seinen vorherigen Fehler, keinen Platz für die Überschrift auszulassen, durch eine rückwärtsgewandte Überschrift spontan korrigieren wollte.[119] Der Schreiber hat es zumindest, wenn auch nachträglich, für so notwendig gehalten, diesen Abschnitt paratextuell deutlicher zu markieren, dass er die übliche Rich-

---

[117] Ähnliche Fälle von »Rückwärtsgewandtheit« zeigen STOLZ und VIEHHAUSER in der *Parzival*-Handschrift I auf (STOLZ & VIEHHAUSER 2006, S. 332).

[118] Kador findet Karados, der sich aus Scham über die Entstellung durch den durch seine leiblichen Eltern auferlegten Fluch bei Mönchen versteckt hält.

[119] Eine andere Möglichkeit wäre, dass die Überschrift sich auf den folgenden Abschnitt beziehen sollte, der Rubrikator sich jedoch für rückwärts gewandte Variante entschieden hat. Aus den genannten Gründen halte ich dies jedoch für weniger wahrscheinlich.

tung des Verweises umgekehrt hat. Diese Notwendigkeit ist, wenn man den Verlauf der Handlung beachtet, durchaus berechtigt, da der Abschnitt nämlich die Lösung der Krise Karados einleitet und damit einen wichtigen Wendepunkt der Handlung darstellt.[120]

Häufiger sind solche Überschriften, die sowohl einen rückwärts als auch einen vorwärts gewandten Teil aufweisen. So verweist z. B. die Überschrift auf K 154rb sowohl vorwärts gewandt auf Artus' Hof zu Pfingsten als auch rückwärtsgewandt auf das Ende der Karados Handlung (s. o.). Damit wird die Zäsur zwar deutlich stärker betont. Ob aber ein Fehler dadurch ausgeglichen werden sollte, ist fraglich, da der Paratext an der passenden Stelle – eben am Ende der Karados-Handlung – platziert ist. Noch weniger deutlich ist dies bei der Überschrift auf K 17vb (s. u., Abb. 5), die sowohl auf den vorhergehenden Gahmuret-Teil als auch auf den ihr nachfolgenden *Prologus* verweist. Da der *Rappoltsteiner Parzifal* für ersteren keine andere Überschrift bietet, könnte es sich durchaus um einen Versuch handeln, dies auszugleichen. Die Intention des Schreibers oder Rubrikators, einen Fehler zu korrigieren, lässt sich hier jedoch nicht nachweisen.

2.1.3.2. Initialen

Die Großinitialen

Die Karlsruher Handschrift enthält neben den einfachen Initialen, die in der Regel zweizeilig und einfarbig gestaltet sind, siebzehn Großinitialen.[121] Diese sind dreizeilig oder höher, ihre Breite entspricht ziemlich genau ihrer Höhe, sie sind zwei- bis dreifarbig und oft mit Zierleisten ausgestattet.

---

[120] Dass die Bearbeiter des *Rappoltsteiner Parzifal* solche Wendepunkte auch an anderen Stellen paratextuell markieren, ist auch auf anderen Ebenen zu sehen. So leiten sie z. B. den Beginn der Krise der Karados Handlung mit einer Großinitiale (s. u.) ein.

[121] Die Anzahl der Großinitialen hängt davon ab, welche Merkmale herangezogen werden (anders zählt z. B. Schirok 1972, S. 113–115). Ob eine Initiale als groß oder klein einzuordnen ist, kann im Karlsruher Codex jedoch nicht an ihrer Zeilenhöhe allein festgemacht werden, da einige sich trotz ihrer Größe nicht signifikant von den kleineren zweizeiligen abheben. Drei Initialen, allesamt im Schlussteil des Codex, sind zwar mit anderen Merkmalen der großen Initialen ausgestattet (Initiale *I* 290rb: Verzierung in zweiter Farbe außerhalb des Buchstabenkörpers, erhöht und gering eingerückt; Initiale *ou* 288va: ungewöhnlich da grün und aus zwei Buchstaben bestehend, Zierleiste; Initiale *D* 287vb: Zierleist über ganze Seite), doch unterscheidet sie von den Großinitialen, dass erstens ihre Größe auf die Höhe beschränkt ist und sie nicht in die Breite gehen, zweitens die Mehrfarbigkeit (wenn vorhanden) nicht den Buchstabenkörper betrifft und drittens die Zierleisten weniger durchkomponiert sind. Möglicherweise wurden die Verzierungen an diesen drei Initialen aus rein dekorativen Gründen ausgeführt und überschüssige Farbe am Ende des Projekts aufgebraucht. Zu Farben und Stil der Gestaltung siehe Obhof 2009, S. 375.

Blatt	vorherige Episode	folgende Episode	Überschrift
K 1ra	–	Wolframs Prolog	–
K 17vb	Gahmurets Buch	Prologus	Hie ist künig Gamuretes buoch us der Parcifals vatter was (17va) So hebet hier an ter prologus von parcifal der us welschem zuo tüschem ist gemaht und vohet hie sine kintheit an (17vb)
K 20rb	Prologus	Kindheit in Soltane	Der Prologus si hingeleit / nu horent Parcifals kintheit / dar noch sin manheit hohen pris / erwarp in maniger hande wis / als ir har nach bevinden wol / dis buoch es üch unterwinden sol (20rb)
K 22va	Kindheit in Soltane	Ausritt von Soltane	hie ist parcifales erstes uz riten in siner kindheit do er von sinre muoter fron herzelauden schiet (22va)
K 25va	Ausritt von Soltane	Ankunft am Artushof	hie kumet parcifal zuo dem ersten mole in künig artus hof in sinre kintheit (25va)
K 54va	Verfluchung und Anklage	Aufbruch vom Plimizöl	hie vert her gawan in daz lant zuo ascalun do er kemphen solte mit kyngrimursel (54va)
K 80ra	Einkehr bei Trevrizent	Beginn Orgeluse und Chastel Marveile	hie würt Gawan und der lantgrave versuonet kyngrisin unde sine sune vergulat umbe den kamph den sü solltent han getan zu schamfenzun [Trennstrich] hie gan die wilden aventüren an unde wie Gawan zuo orgelusen kam (79vb)
K 114^{v}	Orgeluse und Chastel Marveile	Aufbruch nach den Hochzeiten	–
K 115va	Aufbruch nach den Hochzeiten	Florilegium	–
K 116ra	Florilegium	Gawans erster Gralbesuch	–

Blatt	vorherige Episode	folgende Episode	Überschrift
K 126ra	Belagerung Meliants	Beginn Karados' Buch	Hie vohet Karados buoch an (126ra)
K 140va	Turnier/Höhepunkt	Wendepunkt	Hie het der turnei ein ende und wil von Karados muoter sagen (140va)
K 141vb	Beginn der Krise	Krise	Hie machet Elyavres und Karados muoter daz Karados mit eime slangen wart bekümbert (141vb)
K 154ra	Ende Karados' Buch	Chastel Orgelus	Hie hat Karados buoch ein ende und wil sagen von künig Artus wie er hern Gyflet erlösen wil der gevangen lange uf kastel Orgelus lag (154rb)
K 159rb	Chastel Orgelus	Bran de Lis II	Hie kam kunig Artus zuo Lis von ungeschiht hern Brandelins burg (159rb)
K 198vb		Kundwiramurs II	Hie kunt Parzifal zuo dem anderen mole zuo sinem wibe Kundewiramurs ze Belrepere (198vb)
K 307va		Boors berichtet über Kalogrenants Tod	–
K 310ra	Berufung zum Gral durch Cundrie	Parzivals Reaktion und Zug nach Munsalvaesche	–
K 318rb	Beginn d. Epilogs	Minnebrief	–

Abb. 5. Großinitialen im Codex Donaueschingen 97

Die Einteilung von Wolframs *Parzival* durch LACHMANN in Bücher, der die germanistische Forschung noch heute folgt, geht größtenteils auf die Großinitialen (besonders der Handschrift D) zurück. Diese fallen, wie Bernd Schirok in seinen Hinweisen zur Ausgabe bemerkt, mit »Handlungseinschnitten (z. B. Wechsel des Haupthandlungsträgers, Schauplatzwechsel)« zusammen. [122] Hinsichtlich der

[122] Wolfram von Eschenbach: *Parzival*. Mhd. Text nach der sechsten Ausgabe von KARL LACHMANN. Übersetzung von PETER KNECHT. Mit Einführungen zum Text der lachmannschen Ausgabe und in Probleme der *Parzival*-Interpretation von BERND SCHIROK, 2. Aufl., Berlin [u.a.] 2003, LXXIII. Diese Einteilung weist eine stark fokussierte Perspektive auf, da sie auf die Handschrift D beschränkt ist und die Gliederung anderer Handschriften oder gar der gesamten Überlieferung außer Acht lässt. SCHIROK sieht die Einteilung in

Großinitialen des *Conte du Graal* und seiner *Fortsetzungen* stellt Hinton, der deren gesamte Überlieferung betrachtet, fest, dass die Großinitialen die Entrelacement-Struktur besonders betonen:

> Indeed, in our manuscripts there is a clear correlation between the placement of large initials and the beginning of an episode. In particular, the (re)introduction of a new hero is frequently marked. Interlace, which we identified [...] as one of the key elements of the cycle's narrative aesthetic, is thus fore-grounded by the placement of large initials.[123]

Die Großinitialen der Karlsruher Handschrift weisen im Groben ähnliche Tendenzen der Betonung von Episoden durch Großinitialen auf: Protagonistenwechsel und Entrelacement. Bei genauerer Betrachtung wird jedoch deutlich, dass besonders verbindende Episoden und Textteile, bei denen die kompilatorische Arbeit, d. h. das harmonisierte Ineinanderfügen der Textteile, besonders oft mit Großinitialen versehen sind, wodurch die Kohärenz der verschiedenen Handlungsstränge betont wird.

Die meisten durch Großinitialen eingeleiteten Episoden entfallen auf die Gawan-Handlung. Die ersten beiden (54va und 80va)[124] fallen jeweils mit einem Protagonistenwechsel von Parzival auf Gawan zusammen und betonen so die Entrelacement-Struktur. Die dritte dieser Großinitialen (114vb) leitet den Abschluss der Handlung um Orgeluse und Schastel Marveile ein. Auch wenn der Fokus nach dieser Initiale auf Parzival übergeht, ist hier kein Protagonistenwechsel und auch sonst kein gravierender Einschnitt zu verzeichnen. Viehhauser macht jedoch eine für den *Rappoltsteiner Parzifal* spezifische Lesart plausibel, in der die Großinitiale an dieser Stelle durchaus sinnvoll erscheint:

> Aus dem Befund, dass hier keine handlungsrelevante Gliederungsfunktion der Großinitiale auszumachen ist, sollte aber nicht vorschnell auf eine völlig willkürliche Setzung

---

Bücher als höchste Ebene kritisch und verweist darauf, dass für so eine Ebene am ehesten die Wechsel der Haupthandlungsträger als gliedernde Zäsuren in Frage kommen (ebd.).

[123] Hinton 2012, S. 83.

[124] Diese beiden Initialen fallen genau auf Stellen, in denen auch die *Parzival*-Handschrift D Großinitialen aufweist (es sind die Anfänge der Bücher VI und X). Es ist nicht auszuschließen, dass die Großinitialen aus der Überlieferung übernommen worden sein könnten. Von den übrigen sechs Großinitialen des Wolfram-Teils des *Rappoltsteiner Parzifal* weist nur die Eingangsinitiale (Pz. 1,1) eine parallele Überlieferung zu D auf. Die Vorlage könnte auch zum Beginn des XV. Buchs eine Großinitiale enthalten haben, da der *alte Parzifal* (also der Teil bis zum Florilegium) genau mit dem XIV. Buch abschließt. Allerdings weist der Beginn des XV. Buchs im *Rappoltsteiner Parzifal* (K 302ra) nur eine einfache Initiale auf, was gegen diese These spricht. Zuletzt bliebe die Möglichkeit, dass eine der Vorlagen zwar an dieser Stelle eine Großinitiale aufwies, diese von den Bearbeitern des *Rappoltsteiner Parzifal* aber nicht übernommen wurde.

geschlossen werden. Unter Umständen wird man trotzdem einen bewusst hinweisenden Charakter der Textauszeichnung vermuten dürfen, da sie jenem Interesse an der Liebesgeschichte zwischen Gawan und Orgeluse entgegengekommen sein könnte, das auch an einigen von den Benutzern vorgenommenen Randeinträgen im Codex sichtbar wird.[125]

Insofern kann die Funktion der Initiale ebenfalls als Betonung der Entrelacement-Struktur gesehen werden, da in diesem Abschluss alle noch bestehenden Probleme und Erwartungen der bisherigen Gawan-Handlung (nach Chretien und Wolfram) gelöst bzw. erfüllt werden. Zudem verschwindet Parzival an dieser Stelle – anders als bei Wolfram – durch das Einfügen des *nuwen Parzifal* wieder vorübergehend aus der Erzählung.

Die Großinitiale auf K 154ra markiert den Protagonistenwechsel von Karados auf Gawan. Dazu ist die ihr nachfolgende Episode um das Castel Orgelus auch auf einer weiteren Ebene relevant für die Entrelacement-Struktur, da sie einen Handlungsstrang aufgreift, den die Bearbeiter des *Rappoltsteiner Parzifal* in das V. Buch des wolframschen Teils bereits begonnen haben: Dort ergänzen die Bearbeiter Wolframs Text um die Erwähnung des Castel Orgelus und Gyflets Schwur, die damit verbundene *aventiure* zu bestehen und greifen dabei auf Chrétiens *Conte du Graal* als Quelle zurück. Der dort angekündigte Handlungsstrang, der erst viele tausend Verse später eingelöst wird, ist also paratextuell deutlicher hervorgehoben. Ähnliches gilt für die Großinitiale auf K 159rb: Sie markiert ebenfalls einen Handlungsstrang, der im wolframschen Teil beginnt,[126] in der ersten Sektion der *Ersten Fortsetzung* fortgeführt und, unterbrochen durch *Karados' Buch* und andere Handlungsstränge, schließlich weitergeführt wird.[127]

Auf Karados' Buch entfallen vier Großinitialen. Die erste dieser Initialen (K 126ra) und die letzte (K 154ra) stehen zum Beginn bzw. Ende der Karados-Handlung, also zu Protagonistenwechseln, und betonen damit das Entrelacement. *Karados' Buch* ist damit paratextuell als geschlossene Einheit ähnlich deutlich hervorgehoben, wie es mit textuellen Mitteln abgegrenzt ist. Die anderen beiden Großinitialen in *Karados' Buch* betonen keine Episoden, die sich der Entrelacement-Technik bedienen. Dennoch sind diese Episoden von größerer Relevanz, da sie Wendepunkt (K 140va) und Krise (K 141vb) der Handlung betonen.

---

[125] VIEHHAUSER-MERY 2009, S. 246.

[126] Hier war keine Ergänzung nötig, da Wolfram die Figur Melianz von Liz von Chrétien übernommen hat und die *Erste Fortsetzung* in dieser Figur ihren Anknüpfungspunkt hat (s. o.).

[127] Hier besteht eine Parallele zur *Conte du Graal*-Handschrift E: Auch dort werden die Übergänge der Episoden um *Bran de Lis* bzw. die *Pucele de Lis* durch Großinitialen hervorgehoben, um die Kontinuität des Handlungsstrangs zu betonen (vgl. HINTON 2012, S. 87).

Ebenfalls vier Großinitialen leiten Episoden ein, in denen Parzival der Protagonist ist. Drei dieser Episoden[128] gehören zum wolframschen Teil des Textes und erzählen von Parzivals Kindheit, seinem Aufbruch von Soltane und seinem ersten Auftritt am Artushof. Anders als die meisten anderen Großinitialen betonen diese weder das Entrelacement noch andersartig verknüpfende Episoden, sondern legen paratextuell ein Gewicht auf die Kindheits- und Jugendepisoden der Parzival-Figur,[129] welches durch die relativ hohe Frequenz (drei Großinitialen innerhalb von fünf Blättern) umso konzentrierter wirkt. Die vierte Großinitiale der Parzival-Handlung (auf K 198vb) leitet die Kundwiramurs-Episode in *Wauchiers Fortsetzung* ein und betont damit, wie auch die beiden letzten Großinitialen der Gawan-Handlung, die Wiederaufnahme eines unterbrochenen Handlungsstrangs.

Die Funktion, die Verknüpfungen des Textes hervorzuheben, kann auch hinsichtlich der übrigen Großinitialen beobachtet werden. Der *Prologus* (= die *Elucidation*), das Florilegium und der in Wolframs Schlussteil eingeschobene Bericht Boors über Kalogrenants Tod sind jeweils durch eine Großinitiale (17vb, 115va und 307va) hervorgehoben. Alle drei Passagen wurden von den Bearbeitern in den wolframschen Text bzw. zwischen Wolframs Text und die *Erste Fortsetzung* eingefügt, was zwangsläufig mit gewissem Aufwand und vor allem bewussten, redaktionellen Entscheidungen verbunden war. Die Hervorhebung dieser Passagen ist damit möglicherweise auch eine Hervorhebung dieser redaktionellen Arbeit. Hinzu kommt, dass alle drei Passagen Bezüge zu weit entfernten Teilen des Textes herstellen und somit ebenfalls als Wiederaufnahmen bzw. Vorausdeutungen auf bestimmte Handlungsstränge gesehen werden können. Ähnliches gilt auch für die Erweiterung der Verfluchungs- und Anschuldigungsszene im VI. Buch:[130] Der eingefügte Textteil, der zu einer Verknüpfung der Szene mit Branche IV der *Ersten Fortsetzung* führt, ist mit der einfachen Initiale K (K 51vb) eingeleitet und dadurch paratextuell, wenn auch weniger deutlich als bei den Großinitialen, betont. Die Großinitialen, die jeweils am Beginn des *alten* (1ra) und des *nuwen Parzifals* (116ra) stehen leiten die beiden großen Teile der Kompilation ein. Beide stehen ohne begleitende Überschrift, die auf eine spezielle Episode oder Figur fokussieren würde.

Auf zwölf der siebzehn Großinitialen folgen Überschriften. Auffällig an ihnen ist, dass sie erstens relativ häufig die Handlung reflektierenede Begriffe, welche klar abgegrenzte Texteinheiten beschreiben, enthalten und zweitens relativ häufig zweigeteilt sind, indem sie aus einem rückwärts und einem vorwärts gewandten Part bestehen. Zu diesen Begriffen zählen *Gahmuretes buoch* (17va), der *Prologus*

---

[128] Die dazugehörigen Großinitialen befinden sich auf K 20rb, 22va und 25va.

[129] S.o. die Verweise auf SCHIROK und VIEHHAUSER in Amn. 69, S. 60.

[130] Siehe S. 163ff..

(17vb und 20rb) und *Karados buoch* (126ra und 154rb). Rück- wie vorwärts gewandte Überschriften in Verbindung mit Großinitialen finden sich auf 17^{va-vb}, 20rb, 140va und 154rb.[131] Ihr doppelter Bezug ist teilweise auch visuell umgesetzt, indem z. B. die auf 17^{va-vb} ein Spaltenumbruch den rückwärts und den vorwärts gewandten Teil voneinander trennt. Beide Phänomene betonen, dass die strukturellen Zäsuren des Textes an diesen Stellen stärker sind als bei anderen Überschriften. Durch die Kombination mit den Großinitialen unterstützen die unterschiedlichen paratextuellen Elemente ihre Funktionen gegenseitig.

Dennoch ist zu beobachten, dass trotz dieser korrelierenden Betonung durch Großinitialen und Überschriften diese beiden paratextuellen Gliederungssysteme voneinander unabhängig sind, denn nur die Hälfte der zu den Großinitialen gehörigen Überschriften weist solche Betonungen der Zäsur auf und gut ein Drittel der Großinitialen ist gar nicht mit Überschriften kombiniert. Die Gliederung, Verbindungen der Handlungsstränge und Stärke der Einschnitte ergeben sich somit aus dem Zusammenspiel der sich einander überlagernden, paratextuellen Gliederungssysteme. In dieser Hinsicht sind sie den narrativen Mitteln sehr ähnlich: Auch bei ihnen werden oft mehre Gleiderungsmarker miteinander kombiniert (z. B. eine Erzählerüberleitung mit einem Protagonisten- und Ortswechsel, s. o.), sodass die Zäsur stärker ausfällt.

Folgende Tendenzen lassen sich hinsichtlich der durch Großinitialen betonten Episoden festhalten: Es werden vor allem solche Episoden betont, die Verbindungen zu anderen Episoden herstellen. Hierzu zählt auch das Hervorheben der Entrelacement-Technik und der Handlungen der alternativen Protagonisten Gawan und Karados sowie der durch die Kompilatoren in Wolframs Text implementierten Textteile. Ein weiterer, jedoch schwächer ausgeprägter, Schwerpunkt liegt auf der Betonung der Kindheits-Episoden der Parzival-Figur.

Durch die Großinitialen werden also mit einem paratextuellen Mittel die bereits vorhandenen, narrativen Verbindungen des Textes aufgegriffen und besonders betont. Ähnlich wie bei den Überschriften erfolgt also auch die Etablierung eines neuen Gliederungssystems. Die Großinitialen stehen nicht in direkter Abhängigkeit zu den Überschriften, doch überlagern sich und setzen Akzente auf verbindende Episoden.

Es ist einzuräumen, dass die Überführung der narrativen in paratextuelle Marker selektiv erfolgt, d. h. dass bei weitem nicht jede narrative Verbindung durch eine Großinitiale widergespiegelt wird, obwohl sie ähnlich relevant ist, wie solche, die paratextuell hervorgehoben werden. So wird von 198vb bis 307va keine einzige

---

[131] Auch die Überschrift auf 79vb ist zwar zweigeteilt, doch sie bezieht sich in beiden Teilen auf den nachfolgenden Text und ist durch einen Fehler des Rubrikators verschuldet (s. o.) und fällt daher nicht in diese Kategorie.

Episode mit einer Großinitiale markiert, obwohl besonders in diesen Teilen des Textes (*Wauchiers Fortsetzung, Manessiers Fortsetzung* und Wolframs Schluss) alte Handlungsstränge aufgegriffen und alte Handlungsorte wieder besucht werden. Diese Lücke, wie immer man sie auch erklären mag,[132] zeigt, dass die Gliederung durch die Initialen sicherlich nicht nach einem strengen Plan verlief. Dennoch zeugt die Gliederung durch die Großinitialen davon, dass die Bearbeiter durch diese Paratexte eine Rezeption anregen wollten, die die weitläufig verteilten Handlungsstränge und Textteile der umfangreichen Kompilation vernetzt, indem Episoden mit verbindendem Charakter oder stärkere Zäsuren besonders betont werden.

Die figurierte Initiale

Die Initiale auf 115va (s. u. Abb. 6) ist die einzige ihrer Art ist und steht an einer für den Codex zentralen Stelle. Die siebenzeilige und damit größte Initiale W wird von zwei Figuren begleitet, die szenisch und mit Spruchbändern den Evangelientext Matthäus 7, 3–5 und zugleich Lukas 6, 41–42 (s. u. Abb. 7) und einen dazu passenden Freidank-Spruch wiedergeben.[133] Der Bibeltext wird durch die zwei einander zugewandten Figuren, denen ein Dorn (links von der Initiale) bzw. ein Balken (recht der Initiale) im Auge steckt, verbildlicht. Diese bildliche Darstellung wird durch je einen Textpart auf Spruchbändern unterstützt, indem die Figur mit dem Balken anmerkt: *du hast ein dorn im ouge*, während die so angesprochene Figur mit der Sentenz kontert: *wer in sin selbes herze siht der sprichet eim andern argez niht*. Die beiden Figuren sind als zeitgenössisch modisch gekleidet dargestellt, tragen Gugeln und bunte Gewänder.[134]

Weder Typ noch Szene der Initiale haben Parallelen in den Überlieferungen des *Conte du Graal* und von Wolframs *Parzival*, in der ansonsten meist die Erzählung – ob nun illustrierend oder mit eigenem programmatischem Anspruch – wiedergegeben wird und Szenen und Figuren des Romans abgebildet werden. Dass

---

[132] Verschiedene Ursachen sind denkbar: Möglicherweise haben die Schreiber die relevanten Verbindungen nicht erkannt oder die Zäsuren zwischen den Episoden als nicht so stark empfunden (besonders bei *Manessiers Fortsetzung* ist dies nachzuvollziehen). Möglich ist auch, dass die Überschriften in diesem Teil des Codex als ausreichende paratextuelle Gliederung betrachtet wurden, die keiner zusätzlichen Betonung durch Großinitialen bedurfte.

[133] Zum Freidank-Spruch vgl. Obhof 2009, S. 377 und Henrike Manuwald: Eine blühende Nachkommenschaft und ein hürdennehmender Steuerberater. Zur medialen Struktur und Funktion von Wortillustrationen, in: Archiv für Kulturgeschichte 92, 2010, 1, S. 1–45, hier: S. 12f.

[134] Vgl. Obhof 2009.

die Initiale samt den Figuren und dem Spruch aus einer der Vorlagen des epischen Textes stammt, ist damit unwahrscheinlich. Geht man den Fragen nach, inwiefern die Initiale für die Gliederung des *Rappoltsteiner Parzifal* relevant ist und welche Bezüge sie zum Inhalt hat, so ergeben sich mehrere mögliche Funktionen, die insgesamt eine komplexere und weniger eindeutige Relation zum Text offenbaren als der übrige Paratext.[135]

Abb. 6. Initiale auf 115va des Codex Donaueschingen 97

Die Form der Initiale lässt darauf schließen, dass sie gerade wegen eines inhaltlichen Bezuges so gestaltet wurde, wie sie es ist: Streng genommen handelt es sich bei ihr nicht um eine Figureninitiale, denn die Figuren sind nicht Teil des Buchstabenkörpers, sondern ihm lediglich beigestellt und daher eher als eine Wortillustration[136] zu bezeichnen, die um eine Initiale arrangiert ist. Dies ist untypisch im Vergleich zur Tradition sowohl zu in Bezug auf die *Conte du Graal-* als auch die *Parzival-*Überlieferung.[137] Insgesamt erlaubt diese Form, in der die Figuren nicht an den Buchstabenkörper gebunden sind, eine freie, gänzlich unabhängige Wahl der dargestellten Szene, wodurch sich die Frage stellt, warum gerade dieser biblische Text mit diesem Freidank-Spruch an dieser Stelle derart exponiert dargestellt ist. Bei genauerem Hinsehen wird deutlich, dass der Freidank-Spruch die

---

[135] Anders interpretiert CHEN die Initiale (vgl. CHEN 2015, S. 316–321).

[136] Vgl. MANUWALD: 2010, 12f.

[137] Vgl. NORBERT H. OTT: Zwischen Schrift und Bild. Initiale und Miniatur als interpretationsleitendes Gliederungsprinzip in Handschriften des Mittelalters, in: Zeichen zwischen Klartext und Arabeske, hg. v. SUSI KOTZINGER, u. a, Amsterdam 1994, S. 107–124, hier: S. 115.

Moral des Evangelientextes nicht nur widerspiegelt, sondern sie ein Stück weit überschreitet und interpretiert. Diese Sentenz ist nicht mehr Teil des Gleichnisses, sondern sie bietet eine Lösung zu dessen dargestellter, ethischer Problematik und fügt der Metapher der Wahrnehmung die Metapher des Herzens hinzu.

Die erste Gliederungsfunktion der Initiale besteht in der Einleitung des Minnesang-Florilegiums, dessen ersten Buchstaben sie bildet. Damit ist der strukturelle Bruch, der durch den Einschub des lyrischen Textes in den epischen entsteht, so stark hervorgehoben wie kein anderer. Irritierend sind dabei allerdings die Inhalte des dargestellten Bibeltextes und des Freidank-Spruchs, die in keiner offensichtlichen Verbindung zum Inhalt des Florilegiums zu stehen scheinen. Die strophenübergreifenden, dominierenden Themen sind Minnedienst und das »Ineinander von Liebes- und Leiderfahrung«,[138] nicht aber die Diskussion über die Bewertung ethisch-moralischer Qualitäten und Fremd- und Selbstwahrnehmung, wie sie die Initiale in Anlehnung an den Evangelientext entwirft.[139] Allenfalls in der durch den Freidank-Spruch eingebrachten Metapher des Herzens könnte man eine Verbindung sehen, indem an vier Stellen durch Wortfeld das Herz das Innere des Sprecher-Ichs als Schauplatz des Minne-Diskurses betont wird. Allerdings fungieren diese Belege eher unterstützend und sind nicht prägnant.[140]

Die zweite Gliederungsfunktion der Initiale ist die Einleitung des *nuwen Parzifals*, also dem zweiten Teil des Codex[141] und dessen Abgrenzung zum *alten* Teil. Der Initiale gehen bereits mehrere Elemente des Paratextes voran, welche die Zäsur markieren. Nachdem Wolframs *Parzival* abgebrochen wird, folgt die rubrizierte Prosa-Überleitung, dann die Datierung mit der expliziten Einteilung in *alt* und *nuw*[142] und danach die getrennten Blattzählungen der jeweiligen Teile, welche die Formulierung der Einteilung aufgreifen. Darauf folgt das Florilegium samt der Figureninitiale, die aufgrund dieser Abfolge als Einleitung zum *nuwen* Teil gesehen werden können.[143] Die Übersetzung der *Fortsetzungen* beginnt mit einer

---

[138] Vgl. HOLZNAGEL 1995, S. 71.

[139] Dem Florilegium eine universelle Bezugsfähigkeit zu unterstellen und in ihm eine Analogie zur Gralsuche zu lesen (vgl. CHEN 2015, S. 308–316), scheint mir übertrieben. Die Initiale ist primär auf den Epilog hin entworfen und dient damit als kompositorische Klammer (s. u.).

[140] *mins herzen swere* (2, 1), *herzeclichem liebe* (2, 6), *minre herzelieben vrowen* (5, 1) und *gieng mir ie ze herzen* (6, 6).

[141] Vgl. OBHOF 2009; BUMKE 1997; HOLZNAGEL 1995; WITTMANN-KLEMM 1977, S. 71; HOLTORF 1967.

[142] Vgl. WITTMANN-KLEMM 1977, S. 105–108.

[143] Ob das Florilegium nachträglich eingetragen wurde, was OBHOF als durchaus möglich betrachtet (vgl. OBHOF 2009, S. 379) oder von vornherein eingeplant war, ist für diese Funktion nicht maßgeblich.

großen Initiale. Insgesamt wäre die Zäsur auch ohne die Figureninitiale so deutlich wie keine andere im Codex gewesen und das Gleichnis ist unter dieser Perspektive vollkommen dysfunktional. Möglicherweise steht eine andere Funktion im Vordergrund, auf die Gleichnis und Sentenz einen Hinweis geben.

Eine solche Funktion lässt sich in der verbindenden Funktion der Initiale feststellen, die zwar auf die Zweiteilung bezogen ist, aber eher darauf abzielt, den Codex als ein zweigeteiltes Ganzes darzustellen. Wenn man die Figureninitiale als Eingang zum *nuwen Parzifal* liest, so entsteht strukturell ein Bezug zu dessen Ende, dem Epilog Colins. Im Zentrum dieses Epilogs steht Ulrich von Rappoltstein, der als vorbildlicher Minner und milder Mäzen und Herrscher dargestellt wird.[144] Thematische Zusammenhänge der Inhalte von Florilegium und Epilog wurden bereits von Arne Holtorf erkannt, von WITTMANN-KLEMM bestätigt und von FRANZ-JOSEF HOLZNAGEL präzisierend ergänzt. Alle drei sehen vor allem Parallelen in der Minne-Thematik, insbesondere das Dienst-Lohn-Verhältnis.[145] Bisher unbeachtet blieb aber die Initiale, die ebenfalls in Verbindung zum Epilog steht und dem groben Aufgreifen der Minne-Thematik einen ethisch-religiösen Rahmen gibt, indem Argumentationsstrukturen des Lukas- und des Matthäus-Evangeliums auf den Epilog übertragen werden (s. o., S. 101). Ausgangs- und Verbindungspunkt ist jedoch die mehrere hundert Seiten früher platzierte Figureninitiale, die zum Verständnisschlüssel des Epilogs wird.

Lukas-Evangelium[146]	Matthäus-Evangelium[147]	*Rappoltsteiner Parzifal*
Quid autem vides festucam in oculo fratris tui / trabem autem quae in oculo tuo est non consideras / et quomodo potes dicere fratri tuo / frater sine eiciam festucam	Quid autem vides festucam in oculo fratris tui / et trabem in oculo tuo non vides / aut quomodo dicis fratri tuo / sine eiciam fes-	szenische Darstellung der Figureninitiale 115ᵛ mit Spruchbändern. Rechte Figur: *du hast ein dorn im ouge.* Linke Figur (Freidank-Sentenz): *wer in sin selbes*

[144] Zu der Bedeutung der Begriffe Minne und Milte siehe Kap. 3.1.1 Der Epilog, S. 147ff.

[145] HOLTORF weist allgemein auf die für den Rappoltsteiner Parzifal programmatische Minne-Thematik hin, welche den Textteilen gemein ist (vgl. HOLTORF 1967, S. 324). WITTMANN-KLEMM betont dazu, dass beide Teile eine Akzentverschiebung von der Gral- zur Minne-Thematik vornehmen und weist dazu auf das Dienst-Lohn-Verhältnis in Florilegium und Epilog hin (WITTMANN-KLEMM 1977, S. 127). HOLZNAGEL stellt diese Parallelen mit konkreten Verweisen auf die einzelnen Strophen und Stellen im Epilog anschaulich dar (vgl. HOLZNAGEL 1995, S. 72).

[146] Zitiert nach Biblia sacra. Iuxta vulgatam versionem. Recensuit et brevi apparatu critico instruxit ROBERTUS WEBER. Editionem quartam emendatam cum sociis B. FISCHER, H. I. FREDE, H. F. D. SPARKS, W. THIELE. Preaparavit ROGER GRYSON, hg. v. ROGER GRYSON, Stuttgart 1994.

[147] Ebd.

Lukas-Evangelium[146]	Matthäus-Evangelium[147]	*Rappoltsteiner Parzifal*
de oculo tuo / ipse in oculo tuo trabem non videns hypocrite eice primum trabem de oculo tuo / et tunc perspicies ut educas festucam de oculo fratris tui (Lc 6,41–42)	tucam de oculo tuo / hypocritia eice primum traben de oculo tuo / ett tunc videbis eicere festucam de oculo fratris tui (Mt 7,3–5)	*herze siht der sprichet eim andern argez niht.*
Non est enim arbor bona quae facit fructus malos / neque arbor mala fructum bonum / unaquaeque enim arbor de fructu suo cognoscitur / Neque enim de spinis colligunt ficus / neque de rubo vindemiant uvam (Lc 6,43–44)		in dez herren herze kimet / die minne uf von grunde. / do die wahssen begunde / uszer imme als ein blueyender ris / unde umbevieng in in alle wis / mit ir bernder bluete, / do wuohs us sime gemuete / die fruht siner edelkeit. (RP 846,24–31)
	Nolite dare sanctum canibus neque mittatis margaritas vestras ante porcos / ne forte conculent eas pedibus suis / et conversi disrumpant vos (Mt 7,6)	milte ziert den minnere, / alse daz golt ein edeln stein tuot. / minne und milte hant ein muot, / wie wol einz bi dem anderen stat. (RP 847,38–41)
	Petite et dabitur vobis / quaerite et invenietis / pulsate et aperietur vobis / omnis enim qui petit accipit / et qui quaerit invenit / et pulsanti aperietur / aut quis est ex vobis homo quem si peterit filius suus panem / numquid lapidem porriget ei / aut si piscem petet / numquid serpentem porriget ei / si ergo vos cum sitis mali nostis bona dare filiis vestris / quanto magis Pater vester qui in caelis est dabit bona petentibus se (Mt 7,7–11)	Minne tet ez dem herzen kunt, / Minne mit dem herzen endet, / den sü ir briefe sendet, / allez dez sü willen het, / wan sü nuwent mit dem herzen ret. [...] / ‚von Rapolzstein edelre Uolrich, / einre bette ich an dich ger. [...] / wurt ich hie von dir gewert, / wez din herze danne begert / von minnenclicher trutschaft, / do tuon ich dich sigehaft'. (RP 849,14–851,14)
Bonus homo de bono theosauro cordis sui profert bonum / et malus homo de malo profert malum / ex		nu daz die Minne gerette do / zuo dez herren herze also, / do möht ez niht entheben sich, / ez engeborte

Lukas-Evangelium[146]	Matthäus-Evangelium[147]	*Rappoltsteiner Parzifal*
abundantia enim cordis os loquitur (Lc 6,45)		so frölich, daz ez den lip gar bewegete: / herze und munt sich regete. / die rede innerlich waz, / begunde brechen heruz baz. / der munt sprach: ‚herze und sinne, / sagent mir der Minne, / daz sü ir bette si gewert / und wez sü me an mich begert, / daz sü mich dez nüt me enbitte. (RP 851,15–27)

Abb. 7. Anspielungen von Figureninitiale und Epilog zu den Evangelien

Insgesamt zielt die Argumentation darauf ab, Ulrich als im Sinne der Evangelien vorbildlichen Minner darzustellen. Der erste Bezug zu den Evangelien erfolgt in der ersten Anspielung auf Ulrich, den noch namenlosen Auftraggeber des Buchs, indem dieser als mit der Allegorie vom Baum, der ausschlägt und Früchte trägt, nach dem Lukas-Evangelium stilisiert wird (siehe Abb. 7). Bemerkenswert ist, dass diese Allegorie unmittelbarer auf das Gleichnis vom Dorn und Balken im Auge im Lukasevangelium folgt. Der im Matthäus-Evangelium auf das Gleichnis folgende Vers ist gleich danach mit der Metapher des Edelsteins umgesetzt, der besonders im Kontext von Dichtungsreflexion häufig als Alternative zur Perle verwendet wird. Auch die nächste Anspielung bezieht sich auf den Vers, der wiederum nahtlos an das Perlen-vor-die-Säue-Gleichnis anschließt. Dazu spielt der Bezug zum Gleichnis auf den Beginn des IX. Buch von Wolframs *Parzival* an, in dem Frau Minne an Wolframs Herz anklopft. Zwar ist in Colins Epilog nicht explizit vom Anklopfen und Öffnen die Rede, doch über das Fragen und Bitten von Frau Minne an Ulrichs Herz kann dies kaum anders als die Umsetzung dieses Gleichnisses gelesen werden. Die letzte Anspielung schließt direkt daran an und nimmt den Bezug zum Lukas-Evangelium wieder auf, indem genau derjenige Vers umgesetzt wird, der auf das Gleichnis vom guten Baum folgt, indem Ulrich durch sein Herz zu einem sprachlichen Befehl veranlasst wird, der Gutes hervorbringt.

Diese mehrfachen, sich überlagernden Anspielungen rufen die Gleichnisse nicht separat auf, sondern sie verdichten die Bezüge zum Evangelientext erheblich. Trotz der komplexen Verdichtung werden die Reihenfolgen und damit auch die übergreifende Argumentation der Gleichnisse beibehalten.[148] Für das Lukas-Evangelium ist diese wie folgt: Das Gleichnis mit dem Dorn und Balken im Auge steht thematisch im Zusammenhang mit der Berechtigung zur Didaxe und führt damit das Thema der vorhergehenden Gleichnisse weiter, indem es impliziert, dass nur derjenige zur didaktischen Anleitung anderer berechtigt ist, der selbst vorbildlich ist. Dies wird mit dem Gleichnis des Baums, der an seiner Frucht erkannt wird, begründet. Das Gleichnis wird anschließend durch das Bild vom Mund, der vom Herzen übergeht, auf das menschliche Innere und dessen (äußeres) sprachliches Handeln übertragen. Die Übertragung der Gleichnisse auf Ulrich als Positivbeispiel ist offensichtlich.

Die Argumentation im Matthäus-Evangelium verläuft etwas anders und die Übertragung ist etwas subtiler, da sie mit Dichtungsreflexion verbunden ist: Steht bei den Lukas-Versen eher die Didaxe im Vordergrund,[149] so ist es in der Matthäus-Passage einerseits das richtige Urteil,[150] mehr noch aber die Wahrnehmung materieller Güter bzw. immateriellen Reichtums im Gegensatz zu jenseitigen Schätzen, wobei der (gestörten) Wahrnehmung über das Auge bereits mit der Thematik (im-)materieller Schätze verbunden ist.[151] In diesem ursprünglichen Kontext ist die Metapher des Edelsteins zu sehen, durch den im Epilog dann *milte* als die (goldene) Fassung, d. h. materielle Form, und die *minne* über den Minner als immaterieller Schatz (Edelstein) stilisiert werden. Imm Kontext ist das Urteil von Minne und Milte, dass Ulrich der richtige Adressat für den Auftrag ist, ebenfalls an das Gleichnis von den Perlen vor die Säue gebunden. Das darauf im Matthäus-Evangelium folgende Gleichnis um das Bitten ist hingegen auf die Minne, sicher aber auch auf Colin und Wisse zu beziehen, die jeweils im Epilog und im sog. Bittgesuch (!) ihren Mäzen um Lohn bitten.

---

[148] Die drei Verse des Lukas-Evangeliums, die im *Rappoltsteiner Parzifal* bildlich und sprachlich umgesetzt werden, werden in ihrer mittelalterlichen Überlieferung zunächst in geistlichen, später auch in weltlichen Kontexten verwendet und teilweise mit dem Thema Minne in Verbindung gebracht (vgl. die Belege SAMUEL SINGER, WERNER ZILTENER, CHRISTIAN HOSTETTLER: Thesaurus proverbiorum medii aevi. Lexikon der Sprichwörter des romanisch-germanischen Mittelalters, Berlin/New York, NY 1995, S. 1). Zwar ist im *Rappoltsteiner Parzifal* ebenfalls eine Verbindung zum Minne-Thema zu beobachten, doch ist diese zur Darstellung der Vorbildlichkeit Ulrichs instrumentalisiert. Durch das Einhalten der Reihenfolge des Lukas-Evangeliums werden die Sentenzen stärker an ihren Urtext zurückgebunden, als dass sie auf andere Verwendungsweisen verweisen. Damit wird die Argumentation der Darstellung Ulrichs als vorbildlicher Herrscher durch den Textbezug legitimiert, der die denkbar höchste Autorität besitzt, nämlich den Evangelientext selbst.

[149] Vgl. Lc 6,37–40 (GRYSON 1994).

[150] Vgl. Mt 7,1–2 (ebd.).

[151] Vgl. Mt 6,19–34 (ebd.).

Durch diesen Kontext wird aber einer materiellen, d. h. finanziellen Forderung geradezu widersprochen; die Bitte an den Herrn wird vielmehr zu einer Tugend-geste stilisiert, die auf immateriellen Lohn zielt. Diese Bezüge sind in ein kom-plexes literarisches Spiel eingeflochten, das die hier skizzierte Stilisierung noch überschreitet. Schnittpunkt und Schlüssel dazu ist die Figureninitiale, die mit einer alles andere als beliebig gewählten Szene nicht bloß der Markierung der Zä-sur dient, sondern entscheidend für die im Epilog vertretene Programmatik ist.

Wittmann-Klemm und Holznagel weisen darauf hin, dass das Florilegium Verbindungen nicht nur zum Epilog, sondern möglicherweise zum *Prologus* auf-macht. In dessen Eingangsversen werde ebenfalls der Schwerpunkt von der Gral-zur Minne-Thematik verschoben und der dort verwendete Ausdruck *reine wip* könne möglicherweise von der ersten Strophe des Florilegiums angeregt sein.[152] Dies mag vielleicht der Fall sein, doch steht der *Prologus* nicht zu Beginn des Tex-tes und ist damit strukturell weniger offensichtlich mit dessen Ende und Mitte verbunden, als der tatsächliche Beginn der Kompilation, der Prolog von Wolframs *Parzival*. Auch dieser ist mit dem Minne-Programm von Epilog und Florilegium im Einklang lesbar, da Wolfram im Dienst von Frauen schreibt: *für diu wip stôze ich disiu zil* (Pz. 2,25). Im Unterschied zum *Prologus* spielt dort zudem die Herz-Metapher ebenfalls eine zentrale Rolle. Gleich im ersten Vers wird eine Gefähr-dung mit Anklängen auf das Seelenheil über das Innere des exemplarischen Men-schen mit Hilfe der Herz-Metapher thematisiert: *ist zwivel herzen nachgebur / daz muos der selen werden sur* (1ra). Beide Themen werden später so verbunden, wobei es um die Schwierigkeit der Bewertung des Inneren der Frauen (und anderer Men-schen) geht:

> diu ir wîpheit rehte tuot,
> dane sol ich varwe prüeven niht,
> noch ir herzen dach, daz man siht.
> ist si inerhalp der brust bewart,
> so ist werder prîs dâ niht verschart.
>   Solt ich nu wîp unde man
> ze rehte prüeven als ich kan,
> dâ füere ein langez mære mite.
> (Parz. 4, 20–27).

Damit lassen sich Beginn, strukturell-kodikologische Mitte und Ende der Kom-pilation als drei Schritte zum übergreifenden Thema ›Prüfung-des-Herzens‹ er-kennen: Gefährdung (Prolog), sich abzeichnende Lösung (Figureninitiale zur Mitte) und die Lösung im durch Ulrich verkörperten Beispiel (Epilog). Dieser Zusammenhang wird erst in der Retrospektive, d. h. nach dem Lesen bzw. Hören

---

[152] Vgl. Wittmann-Klemm 1977, S. 127 und Holznagel 1995, S. 73.

des Epilogs deutlich. Auch muss sich der Rezipient an all diese Bezüge erinnern. Dies zeigt erstens, dass die Bearbeiter ihren potentiellen Rezipienten sehr viel zutrauen und zweitens, dass sie die Gliederung und Anordnung ihrer Kompilation sehr bewusst angelegt haben.

2.2.   Der Codex Biblioteca Casanatense 1409

Die Karlsruher Handschrift (K) hat in der Forschung ungleich größeres Interesse auf sich gezogen als die römische Handschrift (R). Die frühe Forschung des 19. Jh. war sich einig, dass R ein »Doppelgänger«[153] der Karlsruher Handschrift sei. SCHORBACH bestätigt dies in seiner Edition,[154] wenngleich er bemerkt, dass die Schreiber »ganze Verspartien übersprungen haben.«[155] Er führt diese Kürzungen auf die geringe Sorgfalt und die »Flüchtigkeit«[156] der Schreiber beim Umgang mit der Vorlage zurück. WITTMANN-KLEMM folgt diesem Urteil, bemerkt allerdings, dass in der Handschrift »mehrere der auch in ihr reichlich vorgesehenen Miniaturen und Schmuckinitialen unvollendet geblieben [sind]«[157] und führt dies auf ein wohl nachlassendes Interesse des Auftraggebers zurück.[158] BUMKE schließt eine parallele Entstehung von R zu K nicht aus[159] und räumt damit auch die Möglichkeit alternativer Verhältnisse der beiden Handschriften ein. Schließlich stellt MICHAEL STOLZ nach einem Vergleich in Frage, dass R eine Kopie von K sei, indem er im Zusammenhang mit der Parzival-Überlieferung auf eine offenbar geplante Redaktion des Textes hinweist:

> Dieser Textzeuge [die Parzival-Handschrift V'] galt lange Zeit als Abschrift von V, während eine genauere Betrachtung der Textgestalt ergab, dass hier subtile Texteingriffe und sorgsame Kürzungen gegenüber dem Karlsruher Codex 97 vorliegen.[160]

---

[153] Vgl. UHLAND 1840, S. 259; KELLER 1844, S. 687 und SCHEFFEL 1859, S. 687. Eine Ausnahme bildet VON DER HAGEN, der – als er die Handschrift 1816 in der Bib. Cas. Entdeckte – es aufgrund des Kolophons für möglich hielt, dass es sich um die »Urschrift« handele (VON DER HAGEN 1818, S. 304).

[154] SCHORBACH nutzt R einzig, um den Textverlust der Karlsruher Handschrift zwischen Blatt K 169 und 170 zu füllen.

[155] SCHORBACH 1974, XVIII.

[156] Ebd.

[157] WITTMANN-KLEMM 1977, S. 131.

[158] Vgl. ebd.

[159] Vgl. BUMKE 1997, S. 89.

[160] MICHAEL STOLZ: Texte des Mittelalters im Zeitalter der elektronischen Reproduzierbarkeit. Erfahrungen und Perspektiven, in: Deutsche Texte des Mittelalters zwischen

Stolz bezeichnet die Technik der Kürzungen im *Parzival*-Teil als das sorgfältige
»Verweben« von Textinseln,[161] die aus der Vorlage erhalten bleiben. Unter der
Perspektive dieser möglichen Neubewertung der von Schorbach als Flüchtig-
keitsfehler eingestuften Änderungen erschien eine erneute Überprüfung des Verhältnisses der beiden Handschriften zueinander notwendig. In einem Beitrag, der
sich dem Vergleich der römischen Handschrift zum Karlsruher Codex widmet,
liefert Stolz erstmals Belege für die seit den 1840er Jahren vertretene These, dass
R tatsächlich eine Abschrift von K ist.[162] Der Auftraggeber der Handschrift könne
der Bischof Lamprecht von Brunn (um 1320–1399) gewesen sein,[163] jedoch fehlen
hierfür eindeutige Belege.[164] Als gesichert können aber die Provenienz der Handschrift ab ihrem Auftauchen in der Biblioteca Palatina vor 1581, die Datierung
anhand des Schriftbildes und der Ausstattung, die nahe an die Entstehung des
Karlsruher Codex fällt,[165] sowie die Lokalisierung im Oberrheingebiet,[166] gelten.

Um den Charakter der gesamten römischen Handschrift des *Rappoltsteiner
Parzifal* zu erfassen, ist ein eingehender Vergleich zum Karlsruher Codex notwendig. Dieser Vergleich hat nicht nur zum Ziel, das Verhältnis der beiden Handschriften zueinander weiter zu klären, sondern auch die Arbeitsprozesse der Entstehung zu rekonstruieren und den literarischen Anspruch der römischen Handschrift zu erfassen. Es stellt sich die Frage, nach welchen Prinzipien die Bearbeiter
der zweiten Generation die Handschrift bearbeiten und ob sich aus diesem Umgang mit Text und Paratext Hinweise darauf finden lassen, inwieweit die Handschrift eine Lesart als ein kohärentes Werk unterstützt.

Der folgende Vergleich der beiden Handschriften zeigt, dass der oder die Abschreiber darum bemüht nicht darum bemüht waren, eine genaue Kopie der Vorlage herzustellen, sondern eine verbesserte Version des in mehrerer Hinsicht mangelhaften Textes.[167] Es wurden nicht nur Fehler der Vorlage korrigiert und Verbesserungen auf der ästhetischen Ebene der Buchgestaltung (durch Methoden der

---

Handschriftennähe und Rekonstruktion. Berliner Fachtagung 1.–3. April 2004, hg. v.
Martin J. Schubert, Tübingen 2005, S. 143–158, hier: S. 157.

[161] Vgl. Stolz 2005, S. 35.

[162] Stolz 2012. Die angeführten Belege sowie weitere Überlegungen werden im folgenden Kapitel aufgegriffen (s. u.).

[163] Vgl. Karin Schneider: Gotische Schriften in deutscher Sprache. II. Die oberdeutschen Schriften von 1300 bis 1350, Wiesbaden 2009, S. 141; Stolz 2012, S. 349; Miller
& Zimmermann 2007.

[164] Vgl. Miller 2007.

[165] Vgl. Schneider 2009, S. 141.

[166] Vgl. Miller & Zimmermann 2007.

[167] K weist sehr viele Korrekturen und – als Resultate der Umsetzung einiger dieser
Korrekturen – Unregelmäßigkeiten im Schriftbild auf. Hinzu kommt, dass einige Über-

Korrektur, die schonender für den Beschreibstoff und das Schriftbild sind) vorgenommen, sondern auch auf paratextueller (die Überschriften und Initialen betreffend) sowie auf redaktioneller Ebene (durch verschiedene Methoden der Kürzung) eingegriffen.[168] Diese kürzende Redaktion folgt dem Leitgedanken der Verbesserung, wobei zwar durchgehende Verbesserungs-Prinzipien zu erkennen sind, doch sind diese nicht immer systematisch oder konsequent angewandt. Die Art und Entwicklung der Änderungen lassen vielmehr den Schluss zu, dass sie punktuell und erst während des Schreibens vorgenommen wurden. Diese Arbeitsweise an der römischen Handschrift lässt sich als eine Mischung aus Abschreiben und Redaktion der Vorlage bezeichnen. Allerdings greift nur ein einziger der zwei oder drei Schreiber,[169] der im Folgenden als Schreiber-Redaktor bezeichnet wird,[170] derart in den Text ein.

2.2.1. Abschrift und Original

Anhand der vergleichenden Untersuchung der Überschriften lässt sich feststellen, dass nur K, die aufgrund der Bearbeitungsspuren und Lagen zweifelsfrei als das Original zu identifizieren ist, als direkte Vorlage von R gedient haben kann. Dies ist an der Kombination aus Übereinstimmungen und Abweichungen festzumachen. Die beiden Handschriften weisen beinahe dieselbe Zahl an rubrizierten Überschriften auf: Im zweiten Teil des Karlsruher Codex sind es 93, im römischen

schriften und Initialen an unpassenden Stellen gesetzt wurden (vgl. das vorangehende Kapitel). Es stellt sich die Frage, wie die Abschreiber mit diesen Besonderheiten der durch die Genese der Übersetzung und durch Korrekturen gezeichneten Vorlage umgegangen sind.

[168] Grundsätzlich sind die ästhetische und paratextuelle Ebene kaum voneinander abzugrenzen, da beide dem Text einen Rahmen geben und ihn präsentieren. In der folgenden Analyse werden unter ästhetischen Verbesserungen solche Änderungen gefasst, die hinsichtlich der paratextuellen Elemente dysfunktional und einer konsequenteren, an buchgestalterische Standards angepassten Präsentation geschuldet sind.

[169] Die erste Hand I machen MILLER und ZIMMERMANN vom Beginn bis 48vb, Hand II von 49ra bis 139va und Hand III von 139va bis 181vb aus (vgl. ebd., S. 69). Diese Einteilung hatte bereits SCHORBACH mit einer abweichenden Foliierung (Bl. 49 und 140) ausgemacht (vgl. SCHORBACH 1974, XVII). Allerdings schränken MILLER und ZIMMERMANN ein, dass Hand II und III sehr ähnlich, möglicherweise identisch und lediglich aus verschiedenen zeitlichen Stadien stammen könnten (vgl. MILLER & ZIMMERMANN 2007, S. 69).

[170] STOLZ plädiert hingegen für eine vorsorgliche Trennung beider Instanzen, da der Zusammenfall von Schreiber und Redaktor in einer Person noch ungeklärt sei (vgl. STOLZ 2012, S. 341). Da die Verteilung und Entwicklung der redaktionellen Kürzungen in Kombination mit der Verteilung der Schreiberhände aber eine solchen Zusammenfall wahrscheinlich machen (s. u.), wird hier durch die Verwendung des Doppelbegriffs bereits vorausgegriffen.

Codex 90 Überschriften.[171] Inhaltlich stimmen sie zwar weitgehend überein, doch sind die Überschriften in R oft knapper und ungenauer in ihren Zusammenfassungen der folgenden Handlung,[172] indem sie weniger Informationen als ihre Pendants enthalten oder – in zwei Fällen (R 62^v und 115^r) – falsche Angaben machen. Einige wenige Überschriften fassen den Inhalt gänzlich anders als ihre Pendants in K zusammen und drei Überschriften wurden nicht in die römischen Handschrift übernommen (K 247^v, 311^v und 317^v).

Eine häufige Ungenauigkeit ist das Fehlen von zusätzlichen Informationen zu z. T. wichtigeren Nebenfiguren oder deren Namen. Ein besonders markantes Beispiel ist die Überschrift, die das Ende der *Schwanen-Aventiure* und den Beginn einer Parzival-Sequenz angibt:

Hie nimet die oventür ein ende vomme
swan, der den toten ritter brohte uffe
dem mer in eime schiffe zuo Glomargan
und wil nu sagen von Parzifale und ku
met zuo der bürge zuo dem horne und
ist die erste oventür, die er begie in
dem welschen buoche, daz ze tüsche
broht ist
(K 185^v)

Hie vichtet parzifal mit eyme
ritter der hiez der ritter mit
dem horne
(R 73^v)

Die Gliederungseinheit *aventiure*, die in K Teil noch zur Differenzierung genutzt wird, findet sich in R nicht wieder. Die Betitelung und überhaupt jeder Bezug zur vorhergehenden Episode als *Aventiure vom Schwan* fehlen. Details wie Namen (*Glomargan*) und nähere Umstände werden weggelassen oder abweichend wiedergegeben (*bürge zuo dem horne* vs. *ritter mit dem horne*).

Solche oder ähnliche inhaltliche Ungenauigkeiten tauchen in insgesamt 53 Fällen auf.[173] Doch auch die inhaltlich weitgehend übereinstimmenden Überschriften weichen beinahe alle im Wortlaut von der Vorlage ab. Lediglich fünf Rubrikate (die Datierung, deren Anfang als Überschrift fungiert, sowie die ersten vier Überschriften)[174] stimmen – bis auf dialektal bedingte Unterschiede – Wort

---

[171] KELLERS Auflistung der Überschriften der römischen Handschrift (vgl. KELLER 1844, S. 669) sind zwei Überschriften zu ergänzen: *hie kumet parzifal zu der meide burg* (95^r) sowie *hie komet parzifal zu eime sarke und ein ritter betrog parzifal dar er drin steig* (109^v).

[172] Die Karlsruher Handschrift enthält auch wenige Überschriften, welche die vorhergehende Handlung summieren (z. B. *Hie het Kador Karadossen funden* (148^r) oder die ersten Hälften der Überschriften auf 135^r und 185^v).

[173] Z. B. auf R 84^v/K 197^r, R 86^v/K 198^v und R 13^r/K 127^r.

[174] Die Datierung befindet sich auf R 1^r (K 115^v), die Überschriften auf R 3^r (K 117^v), R 4^r (K 118^v), R 6^r (K 120^v) und 8^v (K 123^r). Die hier eingeklammerten Angaben beziehen sich auf die Pendants in Don. 97.

für Wort mit K überein. Diese finden sich alle am Anfang des Codex. Alle darauffolgenden Überschriften weichen, wenn auch nicht inhaltlich, so doch zumindest im Wortlaut und/oder der Syntax, von der Vorlage ab. Bereits die fünfte Überschrift hat einen von der Vorlage stark abweichenden Bezug zum Text: Anstatt den Beginn der umfangreichen Karados-Handlung zu kennzeichnen (*hie vohet karados buoch an* K 126ʳ), bezieht sie sich auf die unmittelbar folgende Hochzeit von Karados Mutter Yseve und ist dabei sehr vage formuliert (*hie macht kvnic artus ein brvnlouft* R 11ᵛ).[175]

Es wäre vorschnell, diese Unterschiede als Nachlässigkeiten der Schreiber abzutun oder daraus abzuleiten, dass diese Paratexte im Gegensatz zu dem vermeintlich genau kopierten Text von ihnen geringer geschätzt worden wären. Vielmehr sind die Abweichungen dadurch entstanden, dass die Vorlage beim Eintragen der rubrizierten Überschriften, das nach dem Schreiben des Textes erfolgte, nicht mehr zur Verfügung stand.[176] Diese These stützt sich auf die Tatsache, dass zahlreiche Überschriften der römischen Handschrift dieselbe oder nur geringfügig abweichende Zahl an Zeilen für die Überschriften vorsieht wie ihre Karlsruher Entsprechungen, diese aber, da sie knapper formuliert sind, nicht füllen.

Dies trifft auf das letzte der oben angeführten Beispiele, die Überschrift auf R 73ᵛ, zu. Die Überschrift der Karlsruher Handschrift erstreckt sich über acht Zeilen, wobei in der letzten Zeile lediglich zwei Worte stehen (s. u. Abb. 8). Für die Überschrift in R wurden ganze sieben Zeilen – also beinahe dieselbe Anzahl – Platz gelassen, wovon lediglich drei (die zweite bis vierte Zeile) genutzt wurden.

---

[175] Dies zeigt zudem, dass das relativ differenzierte Gliederungsvokabular der Karlsruher Handschrift (z. B. *aventiure, buoch*) nicht in der römischen Handschrift zu finden ist

[176] Vgl. STOLZ 2012, S. 346. STOLZ hält er es zudem für möglich, dass K zum Zeitpunkt der Abschrift weder Initialen noch Rubrikate aufwies und die Abweichungen daher zustande kamen (vgl. ebd., S. 343 und ebd., S. 346). Das Beispiel der auf R 153ᵛᵃ nicht eingeplanten Initiale I (die auf K 278ʳᵃ das Wort *Ir* einleitet) lässt tatsächlich diesen Schluss zu, da in der römischen Handschrift lediglich der einzelne Buchstabe *R* in der Versalienspalte steht und allein keinen Sinn ergibt (vgl. ebd. S. 343). Der These widersprechen allerdings die wortgenauen Übereinstimmungen der ersten fünf Rubrikate (s. o.) sowie diejenigen Überschriften in R, bei denen vorsorglich mehr Schriftraum als in K eingeplant wurde, da dieser dort nicht ausreichte (siehe Kap. 2.2.2 Verbesserung des Paratextes). Für die ersten fünf Rubrikate würde noch eine parallele Abfassung in beiden Handschriften in Frage kommen, was aber einen zeitlichen und örtlichen nahezu identischen Entstehungskontext voraussetzen würde. Die Erweiterung der eingeplanten Zeilen für die Überschriften kann allerdings nur nach den Rubrikaten der Vorlage erfolgt sein. Die von STOLZ bemerkten Änderungen einiger Initialen und der ihnen zugehörigen Worte (wie z. B. *Wer gehört hette* (K 234ʳᵃ) zu *Der gehort hette* (R 118ᵛᵇ)) lassen sich ebenfalls dadurch erklären, dass die Vorlage zum Zeitpunkt ihrer Eintragung nicht mehr zur Verfügung stand (vgl. ebd., S. 343), wobei der Schreiber dann zuvor keine Platzhalter eingetragen hatte und der Rubrikator die Initialen später, wie auch die Überschriften, sinnvoll ergänzt hat.

Ein weiterer für dieses Phänomen typischer Fall sind die Überschriften auf K 245^r und ihr Pendant auf R 128^v. Die Überschrift in K ist vier Zeilen lang. In R wurden zwar vier Zeilen eingeplant, wovon aber nur zwei beschrieben wurden. Ähnlich ist auch das Verhältnis der Überschrift in auf K 267^v und ihre Entsprechung auf R 145^r: Auch hier wurden entsprechend der Vorlage vier volle Zeilen eingeplant, doch nur anderthalb davon mit der Überschrift gefüllt. Von den jeweils drei eingeplanten Zeilen für die Überschriften auf R 148^v und 149^v, die denen auf K 272^r bzw. 273^v entsprechen, wurden je anderthalb Zeilen verwendet. Die restlichen ausgesparten Zeilen sind mit Zeilenfüllseln in Form roter Wellenlinien ausgefüllt, wahrscheinlich um den leeren Schriftraum zu kaschieren.

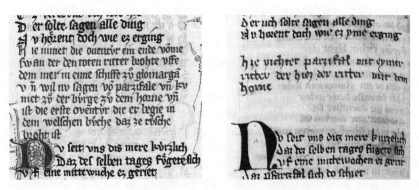

Abb. 8. Überschriften auf K 185^v (links) und R 73^v (rechts)[177]

Die Liste ließe sich noch weiter fortführen,[178] doch lässt sich daraus bereits ableiten, dass die Karlsruher Handschrift tatsächlich die Vorlage des römischen Codex gewesen sein muss, jedoch spätestens ab dem Eintragen der vierten Überschrift nicht mehr zur Verfügung stand. Der Rubrikator musste sich also ganz auf die für ihn am Rand hinterlassenen Anweisungen verlassen oder die Überschriften mit Hilfe des Textes rekonstruieren. Für beide Methoden gibt es Anhaltspunkte in der Handschrift.

[177] Karlsruhe, Badische Landesbibliothek, Cod. Donaueschingen 97, fol. 185^v. Ms. 1409. Su concessione del MiBACT Biblioteca Casanatense, Roma.

[178] Überschriften, die genau oder mit nur geringen Abweichungen dieselbe Zeilenzahl wie in K haben, diese jedoch nicht ausfüllen, sind zahlreich. Daher werden nur die entsprechenden Stellen hier lediglich aufgelistet. Der Blattangabe in R folgt in Klammern die Blattangabe des Pendants in K: 40^v (154^r), 64^v (178^v), 67^v (177^r), 73^v (185^v), 82^r (194^r), 84^v (197^r), 97^v (210^r), 101^r (213^v–214^r), 104^v (218^r), 114^r (228^v), 126^v (243^r), 139^v (257^v), 143^r (265^r), 148^r (271^r), 150^v (274^v), 151^v (276^r), 154^r (279^v), 157^v (283^r), 165^r (292^v), 167^r (295^r), 169^v (299^v), 178^r (313^v).

Viele der Rubrikationsanweisungen sind noch teilweise sichtbar.[179] Sie befinden sich meist auf einem der vier Seitenränder, manchmal direkt neben der dazugehörigen Überschrift und sind aufgrund der Beschneidung des Buchblocks meist unvollständig erhalten. Die meisten sind in deutscher Sprache verfasst, einige wenige auch in Latein[180] und einige in deutsch-lateinischer Sprachmischung (z. B. *venit zu der meide burg* R 95[r]). Als reine Arbeitshilfen sind die meisten Anweisungen in Abkürzungen geschrieben. Die Umsetzung der Anweisungen als Überschriften erfolgt in der Regel mit syntaktischen Umstellungen und geringen Ergänzungen. So wird z. B. die Anweisung *parzival einen toten ritter vant* (R 81[v]) mit *hie vant parzifal einen toten ritter* (R 81[v]) umgesetzt. Regelmäßig ergänzt werden die Namen der Protagonisten, wenn sie in der Anweisung nicht vorkommen, was immer bei der Verwendung von *venit* der Fall ist oder wenn die Anweisung extrem knapp formuliert ist.

Dies führt, bei besonders knappen Anweisungen, zu Verwechselungen der Figuren, wie z. B. auf R 115[r], wo die Anweisung *der kampf mit keygen* als Überschrift *hie kempfet gawan mit keygin vor kvnic artus vnd andern herren* umgesetzt wird. In der darauffolgenden Episode bestreitet aber nicht Gawan, sondern der Ritter Bagumades die den Kampf mit Artus' Hofmarschall.[181]

In anderen Fällen werden die Inhalte aus dem Haupttext rekonstruiert. Die knappe Anweisung *er wart erloset* (R 110[r]) wird in ihrer Umsetzung als Überschrift durch zwei Details ergänzt: *Hie wirt parzifal erloset vz dem grabe do der stein vffe lac* (R 110[r]). Die Überschrift der Vorlage lautet lediglich *hie wurt Parzefal erlöset uz dem sarke* (K 224[v]), verschweigt also den Stein. Ähnlich rekonstruiert wirkt auch die Überschrift auf R 73[v] (s. o.), die nur noch sehr wenig mit der Überschrift der Vorlage gemein hat und dabei Informationen (*vichtet* [...] *mit eyme ritter*) enthält, die aus dem Haupttext stammen müssen. STOLZ führt das Beispiel einer Überschrift an, deren Position in R im Vergleich zu K versetzt wurde und deren Wortlaut offensichtlich – trotz anderslautender Rubrikationsanweisung, die am Wortlaut von K orientiert ist – aus dem Verstext stammt.[182] An einer anderen Überschrift wird der Prozess einer solchen Rekonstruktion durch eine Markierung, die in der Tinte der Rubrikationsanweisungen gemacht wurde, greifbar:

---

[179] Vgl. MILLER & ZIMMERMANN 2007, S. 69.

[180] Vgl. ebd.

[181] Möglicherweise haben die Schreiber die Stellen mit dem späteren Kampf Keyes gegen Gawan verwechselt. Eine ähnliche Verwechslung befindet sich auf 65ra.

[182] Vgl. STOLZ 2012, S. 347. Die betreffenden Überschriften befinden sich auf K 280rb und R 155ra (vgl. ebd.).

Hie vert künig Artus wider hein von   *Hie vert artus wider heim*
kastel Orgelus und het sinen willen voll- *zv lande*
endet gar   (R 59ʳ)
(K 170ᵛ)

Wie in der Karlsruher Handschrift sind in R zwei Zeilen für die Überschrift vorgesehen, von denen nur anderthalb beschrieben sind. Die restliche halbe Zeile
wurde mit einer roten Wellenline gefüllt (s. u. Abb. 9) Die Rubrikationsanweisung
am rechten oberen Rand von R 59ʳ (*artus vert heim*) ist sehr knapp gehalten[183] und
wurde in ihrer Umsetzung um ein Detail (*zv lande*) erweitert. Das wenige Verse
nach der Überschrift folgende Verspaar *Dar nach furen sy dahinen zuhant / Und
rittent gegen britannien lant* ist je links und rechts der Spalte mit einem kleinen,
einkonturigen Kreuz mit je einem Punkt in den Winkeln markiert und enthält
diese zusätzliche Information, die weder in der Vorlage noch in der Anweisung zu
finden ist.

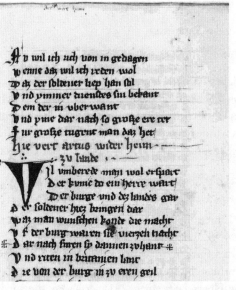

Abb. 9. Überschrift und Versmarkierung auf R 59ʳ[184]

---

[183] Diese Anweisung ist vollständig erhalten, was für viele andere dieser Handschrift
nicht gilt (vgl. MILLER & ZIMMERMANN 2007, S. 69).
[184] Ms. 1409. Su concessione del MiBACT Biblioteca Casanatense, Roma.

Ähnliche Markierungen finden sich auch im Karlsruher Codex. Dort markiert ein, wenn auch vergleichsweise schlichteres Kreuz in der Tinte der Rubrikationsanweisungen einen Vers, der in R dem letzten Vers einer umfangreichen Kürzung einer Textpassage entspricht.[185] Stolz folgert hieraus, dass der Textbearbeiter der römischen Handschrift den Vers als die Stelle in der Vorlage markiert habe, ab der er dem Text wieder folgen wollte.[186] Die Tatsache, dass sehr ähnliche Markierungen zur Textredaktion in beiden Handschriften auftauchen, erhärtet sowohl die These, dass K die direkte Vorlage von R sei als auch die Zuschreibung der redaktionellen Markierungen an den Schreiber-Redaktor von R.

Auch der Vergleich der Schreibsprachen der beiden Handschriften legt ebenfalls ein direktes Vorlagenverhältnis nahe. Dass sich in die eher normalisierte, alemannische Schreibsprache der römischen Handschrift z. T. der elsässische Dialekt der Vorlage einschleicht, hatte bereits Schorbach bemerkt.[187] Stolz macht dies anhand von der nur teilweisen Übersetzung von elsässisch gefärbten Reimpaaren und der Verlesung und Korrektur typisch elsässischer Schreibweisen deutlich.[188]

2.2.2. Verbesserung des Paratextes

2.2.2.1. Überschriften

Der Vergleich der Überschriften zeigt, dass es außer Frage steht, dass R die direkte Abschrift von K ist. Dies ist vor allem an der Planung des Schriftraums, der oft trotz der knapperen Überschriften in R mit dem in K übereinstimmt, zu erkennen. An anderen Stellen wurde bei dieser Planung jedoch von der Vorlage abgewichen, und zwar mit dem Ergebnis, dass Mängel aus K bei der Übernahme in R vermieden wurden.

Die Zeilenzahl aus K wurde immer dann nicht übernommen, sondern um eine oder mehrere Zeilen erweitert, wenn der in der Vorlage kalkulierte Platz nicht ausreichte und die Linierung überschritten wurde. So wurden z. B. für die Überschrift auf K 262[v] zwei Zeilen veranschlagt, jedoch um eine halbe Zeile, die in der Zeile des Haupttextes fortgeführt wurde, überschritten. Auf R 141[v] wurden für das Pendant von vornherein drei Zeilen eingerechnet. Ebenso wurde mit der als zu kurz kalkulierten Überschrift auf K 291[v] verfahren, die auf R 164[r] drei Zeilen einnimmt.

---

[185] Vgl. Stolz: Die Abschrift als Schreibszene S. 341f.
[186] Vgl. ebd.
[187] Vgl. Schorbach 1974, XVIII.
[188] *trote – spote* (K 313va) werden zu *drate – spote* (R 178ra) (vgl. Stolz 2012, S. 342).Das elsässische *fier* (K 170va) wird vom Abschreiber zunächst als *fivr* (R 59ra) verlesen und dann zum normalisierten *vier* korrigiert (vgl. ebd.).

Mehr Zeilen wurden beim Abschreiben auch dann einkalkuliert, wenn die Vorlage den Schriftspiegel überschritt. Unter der Spalte auf K 213ᵛ wurde die erste Zeile einer insgesamt sechszeiligen Überschrift, deren restlichen fünf Zeilen auf K 214ʳ fortgeführt werden, geschrieben. Für ihr Pendant auf R 101ʳ wurden vorsorglich sechs Zeilen frei gelassen.[189] Ähnlich wurde auch mit der Überschrift auf K 259ᵛ verfahren. Sie nimmt die letzte Zeile der linken Spalte sowie die erste Zeile der rechten Spalte ein und wurde noch oberhalb der rechten Spalte fortgeführt. Auf R 140ʳ wurden von vornherein drei Zeilen für das Pendant frei gelassen. Der Schreiber hat also vorausschauend gearbeitet, um die Fehler der Vorlage bzgl. des Schriftbilds zu vermeiden.

Das Schriftbild wurde auch hinsichtlich solcher Überschriften verbessert, deren Position in der Vorlage hinsichtlich der Gliederung nicht optimal war. Dies betrifft z. B. Fehler bei der Gesamtanlage der Seiten und die Verbindung der Überschriften mit ihnen folgenden Initialen. Eine Versetzung der Überschrift samt Initiale auf K 280ʳᵇ um einige Verse nach hinten (von R 154ᵛᵇ auf R 155ʳᵃ) wird von STOLZ verzeichnet.[190] Er erklärt die Änderung damit, dass das Eintragen der Überschrift in R in letzten Zeilen der rechten Spalte (verso) vermieden werden sollte.[191] Ähnlich wurde mit der Überschrift auf K 288ᵛ verfahren, die nicht wie üblich vor, sondern nach der Initiale ausgeführt wird. Dieser Fehler ist in R 161ᵛ behoben, indem die Überschrift an ihren normalen Platz, also vor die Initiale, gerückt wurde.

Es werden nicht nur die Positionen, sondern auch syntaktische Fehler bzgl. der Überschriften korrigiert. Die Überschrift auf K 292ᵛ steht zwischen zwei zusammengehörigen Sätzen:

> von Boorse ich es hie laszen sol
> *hie vindet her Gawan Lyonel den sehs*
> *rittere sluogent und übel handelent und*
> *wirt her Gawan mit in vehtende*
> und sagen von hern Gawane cluog
> (K 292ᵛ)

Die Unterbrechung durch die Überschrift wird in der römischen Abschrift behoben, indem die Wortstellung verändert und das verbindende *und* ersetzt wird (*Nu wil ich sagen von hern Gawan cluc* R 165ʳ). Eine andere Lösung findet der Abschreiber in einem ähnlichen Fall auf K 284ᵛ, wo die Überschrift ebenfalls einen Nebensatz abtrennt:

---

[189] Davon wurden allerdings nur drei mit Text gefüllt.
[190] Vgl. ebd., 347f.
[191] Vgl. ebd.

> Do sü geoszent gemechelich
> *hie sendet perzifals lieb kundwirarmors*
> *nach ime daz er ir zehelfe kumme*
> und men wasser solte gen do
> kam geritten hin im ieso
> ein iuncfrowe uffe eime mule wunnesam
> (K 284ᵛ)

Auf R 158ᵛ wird diese Überschrift um zwei Verse nach hinten verlegt und unter-
bricht so die Syntax des Textes nicht mehr.[192] Anders im vorherigen Beispiel wird
nicht in den Text eingegriffen, sondern der für die Überschrift freigelassene Raum
an einer anderen Stelle platziert. Das Ergebnis ist jedoch dasselbe und optimiert
das Verhältnis des Paratextes zum Text.

2.2.2.2. Initialen

Häufiger als die Positionen der Überschriften wurden diejenigen von Initialen
während der Abschrift verändert. Dass vorgesehene Initialen oder Miniaturen
nicht ausgeführt wurden, ist, entgegen WITTMANN-KLEMMS Beobachtung,[193]
nicht festzustellen: eingeplante, aber nicht ausgeführte Initialen tauchen im gesamten Codex nicht auf. Zum Ende der Karlsruher Handschrift werden jedoch
häufig die sonst üblichen Initialen nach den Überschriften gar nicht erst eingeplant, d. h. es wurde kein Schriftraum für sie ausgespart. In allen Fällen wurde dies
bei der Abschrift in R korrigiert, indem auf die Überschrift nun eine Initiale
folgt.[194]

Die Abschreiber haben zudem darauf geachtet, dass das Schriftbild durch die
neu eingesetzten Initialen nicht unregelmäßig wird und die als Verbesserung ge-
dachte Änderung zu anderen Unstimmigkeiten führt. So wurde z. B. die Initiale
V auf K 288ᵛᵃ, die grün ausgemalt und mit zwei Zierleisten ausgestattet ist, bei der
Abschrift ignoriert, da auf die Initiale nach bereits zwei Zeilen eine Überschrift
folgt, bei der die anschließende Initiale auf R 161ʳᵇ ergänzt (s. u., Abb. 10). Damit
wurden zwei sehr dicht aufeinander folgende Initialen, die die Regelmäßigkeit des

---

[192] Ebenfalls mitten im Satz wurde die Überschrift auf Don. 97 276ʳ eingefügt. In der
römischen Handschrift taucht dieser Fehler nicht auf, da die Passage insgesamt umgedichtet wurde (s. u. Kap. 2.2.3 Kürzende Redaktion, S. 122ff.).

[193] Vgl. WITTMANN-KLEMM 1977, S. 131. Womöglich bezieht sich WITTMANN-
KLEMM auf einige mehrfarbige Initialen und Zierleisten der Karlsruher Handschrift, die in
der römischen Abschrift aus redaktionellen Gründen nicht umgesetzt wurden (s. u.).

[194] Blatt in K→Entsprechung in R: 224ᵛ→110ʳ, 267ᵛ→145ʳ, 268ᵛ→145ᵛ, 271ʳ→148ʳ, 280ʳ→
155ʳ, 282ᵛ→156ᵛ, 283ʳ→157ᵛ, 284ᵛ→158ᵛ, 288ᵛ→161ᵛ, 291ᵛ→164ʳ, 292ᵛ→165ʳ, 293ᵛ→165ᵛ, 297ʳ→
168ʳ, 301ʳ→170ᵛ.

Schriftbilds gestört hätten, verhindert. Ebenso wurden auch die schlichteren Initialen S auf K 292ᵛ und D auf K 297ʳ in der Abschrift nicht ausgeführt, da auch dort jeweils die Überschrift kurz nach der Initiale folgt und um eine darauffolgende Initiale ergänzt wurde (R 165ʳ bzw. R 168ʳ). Interessant ist die Änderung der ersten Initiale auf K 317ᵛ, die in der römischen Handschrift (R 179ᵛ) um zwei Zeilen bzw. Verse nach oben versetzt wurde (*hie solte ereg nu sprechen* [...]). Damit verschiebt sie zwar den Beginn von Wolframs Epilog vor den letzten Dreißiger, doch ist dies nicht unpassend, da der Erzähler mit der Anspielung auf Hartmanns *Erec* ja bereits aus der Handlung heraustritt. Auch dies kann also als Verbesserung gegenüber der Vorlage gelten.[195]

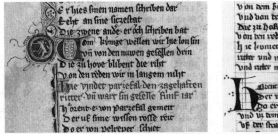 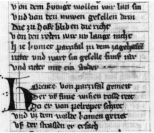

Abb. 10. Korrektur der Initiale von K 288ᵛ (links) zu R 161ʳ (rechts)[196]

Einige Initialen in R weichen in ihrer Größe von ihren Pendants in K ab und verfeinern so das bereits in K etablierte paratextuelle Gliederungssystem. Die Initiale D auf R 143ʳ wurde dreizeilig anstatt zweizeilig (wie in ihrer Vorlage auf K 265ʳ) ausgeführt. Sie folgt auf eine Überschrift, der eine Überleitung des Erzählers vorangeht:

-----[nicht in K]-----	von sagremors lan wirs bliben so
-----[nicht in K]-----	der also siech lac also
des geswigen wir nu wie ez umbe in lit	dez geswigen wir nu wie ez um in lit
bitz daz ez nu wirt zit	bitz daz ez nu wirt zit
ein anders soellen wir an fon	ein anders sullen wir vahen an
von kunig artus oehein hern Gawon	von kunig artus oheim hern gawan
alse ich ez in der ystorien vant	als ich ez in der hystorien vant
anders tuon ich ez üch nüt bekant	anders tun ich ez euch nit bekant

---

[195] Die sich auf der gleichen Seite befindende Initiale D leitet in K Colins Epilog ein und ist zusammen mit der unter die Spalten geschriebenen und mit einer verweisenden Linie versehenen Überschrift. Die Initiale wie auch die Überschrift sind in der römischen Abschrift nicht eingeplant worden.

[196] Karlsruhe, Badische Landesbibliothek, Cod. Donaueschingen 97, fol. 288ᵛ. Ms. 1409. Su concessione del MiBACT Biblioteca Casanatense, Roma.

hie kummet die iuncfrowe zuo hern Ga-
wan die des ritters swester waz der bi
denm gezelt erschossen wart in hern
Gawans geleite
Die mere seit uns von gawan das
(K 265ʳ)

hie kumet die iuncfrouwe zu hern
gawin der bruder erschoszen wart in
sime geleite
Daz mere seit uns von gawin daz
(R 143ʳ)

Der Abschnitt vor der Überschrift leitet den bevorstehenden Protagonistenwechsel ein und wurde in R um ein Verspaar erweitert. Er verweist sowohl auf die ihm
vorhergehende Handlung um Segramors, indem er sie ausdrücklich abschließt als
auch auf die nachfolgende Handlung um Gawan, indem er ihn als Gegenstand
der Erzählung der Quelle ankündigt. Durch die auf den Abschnitt folgende Überschrift, die bereits in K gesetzt wurde, wird die Erzählerüberleitung mit der paratextuellen Gliederung besser synchronisiert. In K unterscheidet sich diese Stelle,
obwohl der Wechsel des Protagonisten ein verhältnismäßig starker Bruch der
Handlung ist, optisch jedoch nicht von anderen Überschriften. In R wird jedoch
differenziert: Die Initiale ist um eine Zeile erhöht und damit hervorgehoben worden. Vorlagen für eine Betonung des Protagonistenwechsels durch eine größere
Initiale bietet K selbst, wie z. B. zu Beginn und Ende der Karados-Handlung (K
126ʳ bzw. 154ʳ) oder die Wechsel zur Gawan-Handlung im Teil nach Wolfram
(K 54ᵛ bzw. 79ᵛ). Die deutlichere paratextuelle Markierung kann also als Verbesserung des bereits in der Vorlage bestehenden Prinzips gesehen werden.

Insgesamt kann von einer planmäßigen oder gar systematisierten Anwendung
allerdings nicht gesprochen werden. Zwar werden auch andere Protagonistenwechsel in R durch höhere Initialen als in K gekennzeichnet (z. B. auf R 73ᵛ/K
185ᵛ oder R 148ᵛ/K 272ʳ), doch sind andere nur zweizeilig gestaltet (z. B. auf R
11ᵛ oder R 67ᵛ) und auch Brüche der Handlung als Protagonistenwechsel sind auf
dieselbe Weise stärker betont worden (z. B. auf R 157ᵛ/K 283ʳ oder R 161ʳ/K
288ᵛ). Die Hervorhebung der Initialen durch eine größere Zeilenhöhe ist möglicherweise von Fall zu Fall und ad hoc, während des Schreibens, entschieden worden. Dennoch zeugen diese Änderungen von der Tendenz, den Text der Vorlage
in einer verbesserten Version zu präsentieren.

Besonderes Augenmerk verdient der Fall der Initiale W, die das Florilegium
und damit die Handschrift einleitet (s u., S. 117). Anders als im Karlsruher Codex
ist diese weder mit Figuren noch mit den dazugehörigen Sentenzen ausgestattet.
Hinsichtlich der Verbindung zum Epilog und der Stilisierung Ulrichs von Rappoltstein kommt der biblischen Szene und den Sentenzen jedoch eine Schlüssel-
funktion zu. Es stellt sich die Frage, ob ihr Fehlen beabsichtigt sein könnte oder
nicht. Dass die Figuren inklusive der Spruchbänder vergessen worden sind, da K
zum Zeitpunkt der Ausführung der Initiale bereits nicht mehr zur Verfügung
stand, ist unwahrscheinlich, denn die Form des verschränkten doppel-V ähnelt

sehr stark der Vorlage (s. u. Abb. 11). Auch ist aus der wörtlichen Übereinstimmung der ersten Überschriften ersichtlich, dass die Vorlage beim Rubrizieren des Beginns noch zu Verfügung stand. Ob die Initialen vor, mit oder nach den Rubrikaten eingetragen wurden, ist nicht mit absoluter Sicherheit zu bestimmen, aber einige Überschriften legen nahe, dass letzteres der Fall ist, da die Rubrikate um die in den Schriftraum ragenden Initialen herum geschrieben sind (z. B. auf 71ʳ, 83ᵛ und 86ᵛ). Dass die Vorlage bei der Ausführung der W-Initiale noch zur Verfügung stand, ist demnach sehr wahrscheinlich. Ebenfalls wahrscheinlich ist, dass die Redaktoren und Schreiber der römischen Handschrift in irgendeiner Weise Kontakt zum Umfeld um den Auftraggeber der Karlsruher Handschrift hatten, da ja zuvor eine Kommunikation über das Fortsetzungs-Projekt, dann ein Ausleihen oder die Reise zur Vorlage und ggf. die Rückgabe stattgefunden haben muss. Bei einer zeitgleichen oder nur kurz aufeinander folgenden Entstehung, die nicht auszuschließen ist,[197] wäre ein Kontakt der Bearbeiter-Teams beider Handschriften oder sogar personelle Überschneidungen denkbar.

Dass die Bearbeiter der römischen Handschrift dann die Bedeutung der Figureninitiale für den Codex nicht erkannt haben, ist kaum vorstellbar. Damit ist nicht von einem Versehen, sondern von einem bewussten Verzicht auf die Figuren und Spruchbänder in der römischen Handschrift auszugehen. Konzeptionell führt das Weglassen der Figuren zu einer schwächeren Verbindung des Florilegiums zum Epilog und einer weniger umfassenden Stilisierung des Auftraggebers Ulrich von Rappoltstein. Die Bezüge zu den Evangelien können zwar trotzdem hergestellt werden, doch verlieren sie ihre gemeinsame Schnittstelle.

Dies scheint unter der Perspektive der These eines Auftraggebers, der nicht aus der Familie Ulrichs von Rappoltstein stammt, recht stimmig, da diesen die Stilisierung vielleicht nicht gestört, aber doch nur geringen Stellenwert für ihn hatte. Dass die Stilisierung Ulrichs mit dem Epilog dennoch übernommen wird, wäre daraus zu erklären, dass damit zugleich das Werk selbst eine starke Aufwertung und Stilisierung erfährt, auf die man hingegen nicht verzichten wollte und als integralen Bestandteil des gesamten Werks begriff, da die Stilisierung der Dichtung damit einhergeht (s. u. Kap. 3.1.1 Der Epilog, S. 147ff.). Die einleitende Initiale ist damit insofern verbessert, als sie ihrem geänderten Kontext angepasst ist.[198]

---

[197] Die Datierung der Handschriften liegt eng beieinander (vgl. Schneider 2009, S. 141), sodass auch Bumke diese Möglichkeit einräumt (s. o., S. 104, bes. Anm. 159).

[198] Aufschluss darüber, ob die Handschrift ursprünglich zwei- oder immer schon einbändig war, gibt diese Abweichung von der Vorlage leider nicht, obwohl gerade aus dem Beginn des Codex so etwas zu erhoffen wäre.

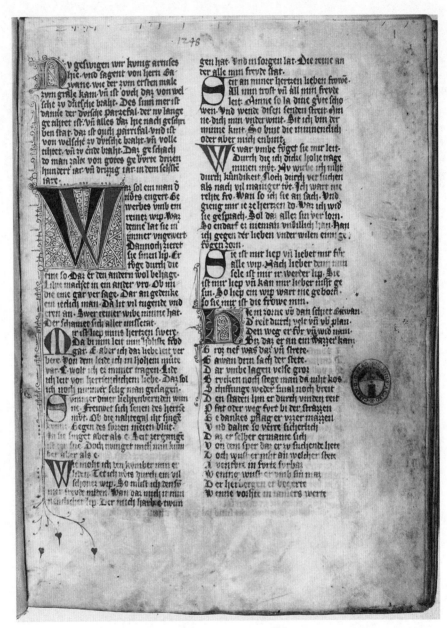

Abb. 11. Codex 1409, 1r[199]

[199] Ms. 1409. Su concessione del MiBACT Biblioteca Casanatense, Roma.

Ein weiteres Indiz stützt diese Art der Präsentation: Der versepische Text beginnt bereits auf derselben Seite wie das Florilegium, an das er, wenn auch durch eine vierzeilige Initiale eingeleitet, lückenlos anschließt. Sicherlich ließe sich der Beginn auf derselben Seite auch dadurch erklären, dass die Prosa-Überleitung und die Blattzählung nicht mit übertragen wurde, dadurch Raum frei wurde und der epische Text schlicht aufgerückt ist, um den Schriftraum optimal auszunutzen, doch haben die zwanzig Verse Schriftraum, die damit gespart werden, vor dem gewaltigen Textumfang und Kosten des restlichen Projekts minimales Gewicht. Die lückenlose Präsentation mit einem fließenden Übergang des Florilegiums in den epischen Text scheint hier leitend gewesen zu sein. Auch sonst deutet das Layout viel weniger auf eine Zäsur hin. Im Unterschied zur Vorlage, bei der das Florilegium auf einer Verso-Seite dem Beginn der *Fortsetzungen* auf der recto-Seite gegenübergestellt ist, stehen das Florilegium und der Beginn des epischen Textes in der römischen Handschrift auf einer Recto-Seite, sodass die Trennung durch das unterschiedliche Seitenlayout nicht sichtbar und durch das Aufrücken des epischen Textes durchbrochen wird. Die Umplatzierung bewirkt auch, dass beim Umblättern kein Bruch entsteht, indem der epische Text weiterverfolgt wird. Viel mehr als seine Vorlage vermittelt der Paratext der Seite den Eindruck eines Anfangs, nicht einer Zäsur.

Auch wenn unumstößliche Beweise letztlich fehlen, deuten Kontext und Paratext der Handschrift auf das Szenario einer von vornherein nur den *nuwen Parzefal* umfassenden Abschrift hin. Unter der Perspektive der Werkeinheit ist dies ein erstaunlicher Befund. Denn die im Karlsruher Codex, nur eine Generation zuvor, so aufwendig hergestellte Einheit des Werks in einem Codex und das Einfügen einzelner Verse aus Chrétiens *Conte du Graal*, der *Elucidation* und der mehrmaligen Überarbeitung des wolframschen Textes hat in der römischen Handschrift keine Priorität. Während der Karlsruher Codex also in vollem Maße der Einheit des Codex verpflichtet ist, ist in der römischen Handschrift eine Auflösung dieser Einheit zu beobachten. Eine Rezeption der *Fortsetzungen* als Fragment, d. h. ohne Kenntnis des *Parzival*, ist zwar möglich, aber aufgrund der Beliebtheit und Verbreitung von Wolframs Dichtung eher unwahrscheinlich. Die Einheit der beiden, materiell getrennten Teile ergibt sich damit auf der Ebene der Narration und dem Bewusstsein, dass sie einmal bereits zusammengefügt waren.

2.2.2.3. Korrekturmethoden

Die Karlsruher Handschrift ist mit einer Vielzahl an Korrekturen versehen, die an vielen Stellen zu einem unregelmäßigen Schriftbild geführt haben und von DORIS OLTROGGE und MARTIN SCHUBERT anhand reflektographischer Untersuchung auf unterschiedliche Korrekturgänge zurückgeführt werden.[200] Die Korrekturmethoden Radieren und Rasieren mit anschließendem Überschreiben führten zu einer Unregelmäßigkeit im Graubild und in den Wortabständen sowie Löchern im Pergament, die ihrerseits mit kleineren und mittelgroßen Pergamentstreifen überklebt wurden. Das Einfügen vergessener oder zusätzlicher Verse führte zu einer stark schwankenden Zeilenzahl, die in vielen Fällen im Vergleich mit der jewieligen Nachbarspalte geradezu ins Auge springt.[201] Die Überschreitung des vorgesehenen Schriftraums ist ebenso wenig eine Seltenheit wie das Fortführen der Überschriften in den Raum des Verstextes.

Die Schreiber von R vermeiden solche Unregelmäßigkeiten, indem sie erstens den benötigten Raum gut kalkulieren und zweitens konsequent Korrekturmethoden wählen, die weder das Pergament noch das Schriftbild entscheidend schädigen. Das Korrigieren von Texteilen durch Rasur kommt so gut wie nie vor.[202] Das standardmäßig angewandte Korrekturmittel der Handschrift für überflüssige Worte ist das saubere Durchstreichen, entweder mit schwarzer[203] oder mit roter[204] Tinte, die vielleicht von Korrekturen unmittelbar während des Schreibens (schwarz) und einem späteren Korrekturgang (rot) zeugen. Wenn ein oder mehrere Worte ersetzt werden sollten, wurde nur selten rasiert und anschließend überschrieben.[205] Die entsprechenden Stellen wurden stattdessen meist sauber durchgestrichen und mit einem Einfügungszeichen versehen.[206] Das korrekte Wort wurde dann hinter den Vers geschrieben und mit demselben Zeichen markiert (s. u. Abb. 12).[207] Ebenso verfährt der Korrektor auch, wenn ein Wort eingefügt werden soll.[208] Ersetzungen kürzerer Wörter werden teils interlinear kenntlich gemacht.[209] In wenigen Ausnahmen wurde der Schriftraum durch ergänzte Wörter

---

[200] Vgl. Oltrogge & Schubert 2002, S. 360.

[201] Vgl. ebd. S. 359.

[202] Das einzige Beispiel, dass ich bei der Autopsie entdecken konnte befindet sich auf Bl. 94ʳ (*er sprech daz ~~abas~~(?) mit nit ensol*).

[203] z. B. auf 31ᵛᵇ, 53ʳᵇ, 63ᵛᵇ, 65ʳᵇ, 65ᵛᵇ, 71ᵛᵃ, 72ᵛᵃ, 72ᵛᵇ, 73ᵛᵇ, 76ᵛᵇ, 78ᵛᵃ, 80ʳᵇ, 95ʳᵃ, 97ʳᵃ, 99ᵛᵇ, 101ʳᵃ, 104ʳᵃ und 106ʳᵇ.

[204] z. B. auf 17ᵛᵇ, 23ᵛᵇ, 52ᵛᵇ, 53ʳᵃ, 61ᵛᵇ, 62ᵛᵇ, 68ʳᵃ, 79ʳᵇ, 79ʳᵇ, 80ᵛᵇ, 81ʳᵃ, 83ᵛᵃ, 84ʳᵃ, 85ʳᵃ, 91ᵛᵃ, 93ᵛᵇ, 111ʳᵇ, 112ʳᵇ und 112ᵛᵃ.

[205] z. B. auf 17ᵛᵇ, 59ᵛᵃ, 68ʳᵇ, 78ᵛᵇ, 79ʳᵇ und 80ᵛᵃ.

[206] Zwei hochgestellte, parallele, kurze Striche.

[207] Wie z. B. 66ʳᵃ *In die kamer als ein ~~wise~~" man "wilde* 67ᵛᵃ *daz man gieng vor der ~~porten~~" abe "louben* 80ʳᵃ *Dez gerow ~~sy~~" seve lider "den ruten* 83ᵛᵃ *einen serpent der eynen ~~holm~~"(?) herte "kampf* 96ʳᵃ *zwei hundert ~~slege~~" sunder won "slahe ich oder* 118ᵛᵇ *Der ~~waz~~" als ein kole was "swartz.*

[208] z. B. 70ʳᵃ *Einen cleinen" schilt fort er "guldinē*

[209] z. B. 94ᵛᵃ *~~daz~~ unz er wider kere gutlich* (*unz* steht dort über dem gestrichenen *daz*).

überschritten.[210] Korrekturen durch Überklebungen kommen gar nicht vor, was sicherlich dem sparsamen Einsatz von Rasuren zu verdanken ist.

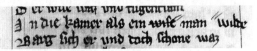

Abb. 12. Korrektur auf R 66[ra211]

Bei dem Großteil der Korrekturen ist zu erkennen, dass es sich um die Verbesserung von kleineren, typischen Schreiberfehlern handelt: Doppelte Wörter in einem Vers, Augensprünge in die vorhergehende oder nachfolgende Zeile, verlesene und ausgelassene Wörter sind die häufigsten Gründe für die Korrekturen. Größere Texteinheiten weisen – anders als in der Vorlage – keine Spuren von Korrektur auf. Die größte zusammenhängende Einheit ist ein kompletter Vers (R 92ᵛ *daz sie sin swester wer dy richte*), der versehentlich doppelt abgeschrieben und dann durchgestrichen wurde. Dies zeugt von einer genauen Planung des Schriftraums der römischen Handschrift, da ihre Schreiber sowohl durch die Unregelmäßigkeiten ihrer Vorlage herausgefordert waren als auch ihre eigenen, nicht unerheblichen Veränderungen (s. u.) mit einplanen mussten.

In der Karlsruher Handschrift wurden umfangreichere Abschnitte ergänzt, indem sie zunächst auf die Seitenränder geschrieben, rot umrandet und mit einer roten Linie ihre jeweilige Position in der Spalte markiert wurden.[212] Später wurden viele dieser Nachträge durch aufwendiges Rasieren in die Spalten übernommen, andere jedoch nicht.[213] Bei der Abschrift wurden alle noch vorhandenen marginalen Ergänzungen von vornherein spurlos in die Spalten integriert, was ebenfalls von einer sorgfältigen Planung der zu beschreibenden Zeilen zeugt.

---

[210] Die beiden einzigen während der Autopsie gefundene Beispiele sind auf 96ᵛᵃ, wo *durch phēnig links vor der Spalte ergänzt wurde, und auf* 118ʳᵃ, wo das Wort *hof* unter der letzten Zeile der Spalte steht um den Vers zu komplettieren (*kunig anfortas hof ich auch suchē wil*).

[211] Ms. 1409. Su concessione del MiBACT Biblioteca Casanatense, Roma.

[212] Vgl. OLTROGGE & SCHUBERT 2002, S. 359.

[213] Dennoch zeigen Sorgfalt und Niveau der Schrift, dass es sich bei diesen marginalen Nachträgen nicht um Korrekturanweisungen, sondern um vollwertige Ergänzungen handelt. Die Übernahme in die Spalten geschah wahrscheinlich in einem späteren Korrekturverfahren (vgl. ebd., S. 360).

2.2.3. Kürzende Redaktion

Insgesamt ist der Text in R, der dem 36.988 Verse umfassenden *nuwen Parzifal* ab K 115^v entspricht, um 5.297 Verse (um ungefähr ein Siebtel) kürzer. Die Kürzungen wurden offensichtlich intentionell und handwerklich geschickt vorgenommen, indem ausgewählte Passagen so umgedichtet wurden, dass die Handlung und die Kohärenz des Textes intakt bleiben. Selbst in Fällen, bei denen Passagen einfach übersprungen wurden, sind Brüche in der Handlung ohne den Vergleich zur Vorlage nicht zu bemerken, da solche Eingriffe nur vorgenommen werden, wenn sie keine Auswirkungen auf andere Episoden haben. Vor und nach den Kürzungen folgt der Text seiner Vorlage Wort für Wort. Der Umfang der gekürzten Textstellen variiert von Kürzungen innerhalb eines Verses,[214] über das Weglassen einzelner Verspaare bis hin zum Umdichten ganzer Passagen von 254 Versen.[215] Es stellt sich die Frage, warum diese Kürzungen vorgenommen worden sind, ob sie womöglich einem bestimmten Programm unterliegen und wie sie in das Gesamtbild der Handschrift R als Abschrift von K passen.

2.2.3.1. *Komprimierung und Auslassung*

Es lassen sich zwei Arten von Küzungen beobachten: Komprimierung und Auslassung. Typisch für eine komprimierende Redaktion ist folgendes Beispiel, in dem 29 Verse der Vorlage auf zehn Verse in R gekürzt werden:

der rede enwart nüt me do bi	der rede enwart nit me do by
------------------------------	-----[Beginn Kürzung]-----
die tische wurdent zehant bereit	sie giengen eszen san zuhant
schoene und weidenlich becleit	mancherhande spise man do vant
iuncherren und knehte erlich	
gobent in wasser harte herlich	
die frowe stuont uf und ir tohter fin	
die schoenre nüt moehte gesin	
und brios ouch darnoch	
sü sosent zuo dem tische hoch	
wan ez was zit und über mitten dac	

---

[214] z. B. K 210r *daz er groesern noch schoenern nie gesach* zu R 97v *daz er schonern ny gesach*. Da die Untersuchung solcher feinen Kürzungen sehr aufwendig ist, muss sie in dieser Arbeit zurückgestellt werden. Um die Kürzungen vollständig zu erfassen, wäre eine neue Edition des *Rappoltsteiner Parzifal* nötig.

[215] Bei einigen Passagen ist nicht eindeutig auszumachen, wo die eine Kürzung aufhört und die andere anfängt, wenn z. B. der Schreiber-Redaktor von R nach einer Kürzung dem Wortlaut von K wieder für einige Verse folgt, danach aber wieder umdichtet.

die iuncfrowe schoene und zühten pflac und tugenthaft und guot was	die iuncfrouwe schone und guet was
mit parzifal sü do as	mit parzifal sie do as
ir spise was wie men sü wünschen sol	waz sol ich do von sagen mer
und win poitau der den geviel wol	sie lebenten noch irs herzen ger
die gerne trinkent starken win	
umbe die trahten wil ich umbe- kümbert sin	
allze nennende sunderlich	
men gap in so vil gewilleklich	
noch alleme irs herzen ger	
sü seitent maniger hande mer	
waz iekliches konde widerstrit	
daz zoch sich unze vespzit	
so lange sosent sü über tisch	dar nach man uf hub die tische
do stuondent sü uf fro und frisch	do stunden sie uf fro und frisch
und giengent uf die brucke zehant	und gingen uf die brucken zu hant
baz gemaht men nie keine vant	baz gemacht man ny keine vant
dez wassers noment sü do war	
und der vische und des waldes fürbas	
der so schoene geloubet was	
------------------------------------	-----[Ende Kürzung]-----
Mit kurzwile vertribent sü die stunde (K 219ʳ)	Mit kurzwile vertribent sü die stunde (R 105ᵛ)

Die Kürzung komprimiert den Abschnitt auf die Handlung und ist dabei so angelegt, dass einzelne Verse und zentrale Begriffe beibehalten oder nur geringfügig geändert werden, um komplette Reimpaarverse zu bilden. Gespart wird an der topisch-höfischen Ausschmückung des Essens. Das kurze Einschalten des Erzählers (*waz sol ich do von wagen mer*), das nicht in der Vorlage vorhanden ist, wirkt unter dieser vergleichenden Perspektive weniger topisch und könnte vielmehr auf die Bearbeitung bezogen gelesen werden. Ganz ähnlich wird auch im folgenden Beispiel verfahren:

und wer in schos die wore mere	und wer in schusze die waren mere
-------------------------------	-----[Beginn Kürzung]-----
Daz wolte er ervarn alles	daz wolt er ervarn vil ebin
sprach her Gawin und keme	
nüt wider uf trüwe sin	
umbe kein ding daz ieman erdehte	
unze er ez allez zuo ende brehte	
suz gedohte er allez zuo im selber gar eben	
solt er joch den lip darumbe geben	solt er darumb sin lebin gebin
wande in sere geluste daz	

Gawan eines tages zu tische saz
in einer kameren bi der küniginne
        here
die in minnete sere
und er sü wider ouch also
zehant begonde er clagen do
den ritter der guot waz von art
der erschossen in irme dienste wart
dovon sin herze betruebet waz
und hette zwivalt leit durch daz
daz er enwüste keren wer
die wile sü do rettent sü und er
von dez erschossenen ritters tot
do ilte eine juncfrowe alsar zenot
uf einem mul gros schöne wüssent daz
die juncfrowe gecleidet waz
mit eime roten semide fin
daz gap gegen sunnen schin
und hette ir houbet gebunden
        fröwelich
mit einem schönen sleiger rich
der wiser denne ein sne waz
ein sambü rilich waz daz
domitte ir sattel waz becleit
alse uns die wore mere seit
nieman gesach so schönes nie
beide sattelbogen die
worent helfinbeinin
gegraben meisterlich were darin
daz fürbuege waz güldin
darin geworht rosen und fögellin
zoum und stegereif worent also reine
daz frowe noch juncfrowe dekeine
gefuorte schönre nie an keinre stette
den zoum sü in einre hant hette
in der anderen hende reine
ein wis stebelin kleine
domitte treip sü irn mul dorthar
und kam mit grosser ile dar
----
ir waz not daz wol an ir schein
(K 265ʳ)

Eines tages er zu tische sas
by der kuniginne waz daz

er begonde ir sin leit zu clagen do
von dem ritter der do wart erschossen
        also
vor dem gezelte dez hat er ungemach
der frouwen ez leit waz ez sie iach

als sie gedachten dez ritters tot

do yelte ein iuncfrouwe aldar zur not
uf eyme mule gros schone waz daz
die iuncfrouwe wol gekleit waz

und hete ir houbt gebunden
        frouwelich
mit eime schonen sleger rich
der wiszer den ein sne waz
waz sol ich sagen furbaz
sie waz geziret alsol

als ein keyserlich iuncfrouwe sol
von rechte sie waz ouch so zart
als kein bilde ie gesehen wart

-----[Ende Kürzung]-----
ir waz not wol daz an ir schein
(R 146ʳ)

44 Verse werden auf 20 reduziert. Die Technik ist dieselbe wie im vorhergehenden Beispiel: Zentrale Elemente (Gawans Klage, Ankunft und Beschreibung der Dame) werden in der Reihenfolge der Vorlage beibehalten und so verbunden, dass

der Text semantisch wie formell kohärent bleibt, aber komprimiert wiedergegeben ist. Gekürzt wurden Details und die Beschreibung der Dame, also am Topos. Wieder findet sich eine scheinbar topische, hier jedoch durchaus auf den Text bzw. den Schreibprozess bezogene Formulierung des Erzählers/Schreibers.

Andere Änderungen der römischen Abschrift sind als Auslassungen zu bezeichnen. Bei dieser Kürzungstechnik werden komplette Passagen nicht übernommen, also auch nicht die darin enthaltene Handlung. Manchmal werden, um die dadurch entstehenden Brüche zu glätten, die Anschlussverse umgedichtet, z. B.:

des morgens do es tagen began	dez morgens do ez tagen began
-----------------------------	-----[Beginn Kürzung]-----
do stunt uf der guote man	do stunt uf der freche man
und gieng in sin capellin	
und ruofte Parzefale zuo im darin	
er sprach frünt komment har	
und hörent dise messe gar	
und lobent got genedeclich	
so varent ir deste sicherlich	
Parzefal entwürtete im des wol	
er sprach gerne ich daz tuon sol	
do giengent sü in die capelle ston	
der einsidel sang die messe schon	
mit andaht und götlich	
Parzefal horte die messe demueteclich	
alse schiere daz ambaht wart getan	
do bihtete er dem heiligen man	
allez daz er geton hette	
der einsidelle vergap imme uf der	
stette	
sine sünde do er sü in ruwen sach	
und gab imme zebuosse daz geschach	
daz er geritte niemer me	
an keime samestage alse e	
nach gunpleten do sprach der stete	
Parzefal das er es gerne tete	
er huote sich davor möht er	
darzuo helfe üch got der gewer	
sprach der einsidel und gebe üch craft	
und vergebe üch uwer sünde	
samenthaft	
Do reit Parzefal dannan zehant	
sinen schilt vassete er daz sper hette	
er in der hant	
-----------------------------	-----[Ende Kürzung]-----
uf sin wis ros wol bereit saz er	uf sin ros wol bereit sas er
(K 297ʳ)	(R 168ʳ)

Der ganztägige Aufenthalt Parzivals bei einem Einsiedler wird übersprungen. Dazu wird lediglich der Anschlussvers umgedichtet. Aus dem *guoten man* macht der Schreiber von R einen *frechen man*, wodurch das Attribut besser zu Parzival passt, auf den sich der Satz nun anstatt des Einsiedlers bezieht. Diese minimale Änderung kann vor dem Hintergrund der Umdichtungen als ein Anzeichen dafür genommen werden, dass die Auslassung intendiert ist.

Eine der Auslassungen verrät noch deutlicher, dass es sich bei ihr keineswegs um ein Versehen des Schreibers handelt. Die 64 Verse von der Initiale A bis zur Überschrift auf K 266^v wurden vom Schreiber der römischen Handschrift übersprungen. Der Kürzung fällt eine Einkehr Gawans in Begleitung einer Dame in einem Zelt zum Opfer. Diese Einkehr enthält keine für die Handlung relevanten Momente, sondern sie bietet vor allem wieder höfische Beschreibungstopoi. Interessant ist, dass der Schreiber der römischen Handschrift die Passage zunächst begonnen hat, wie an einer Korrektur in letzten Zeile auf 144ra und der ersten auf 144rb zu erkennen ist. Dort hatte der Schreiber das erste Verspaar eingetragen (*An dem morgen sie nit enbitten / Balde ir strasse sie ritten*), dieses aber wieder rasiert und dahinter Platz für die Überschrift gelassen. Dass die Passage zunächst begonnen und dann wieder abgebrochen wurde, zeugt von der Intentionalität der Kürzung.

Neben Topoi werden auch Elemente gekürzt, die geringere Relevanz für die Handlung haben. So werden z. B. Passagen, die vorherige Inhalte wiederholen, ebenfalls verknappt. Nachdem eine Botin einem Ritter die Bedingungen ihrer Herrin für einen Gerichtskampf gegen Segramors ausgerichtet hat, antwortet dieser, dass er die Bedingungen akzeptiere. In K wiederholt der Ritter diese Bedingungen, die zuvor bereits durch eine Rede der Botin genannt wurden, ein weiteres Mal. In R wird hingegen auf die vorhergehende Rede der Botin verwiesen:

noch hütte mine sache gewinnen	noch hute myne sache gewinnen
-----------------------------	-----[Beginn Kürzung]-----
so muesse mich got niemer geminnen	so musze ich got nymer gemynnen
unde reget sich uwer keinre iht	gereget sich uwer keiner icht
ich neme kein guot für in niht	
er fürlüret zehandenan	
sin houbet mag ich in eht han	her hat daz houpt verlorn die richt
über winde ich den ritter geloubent	und saget in die sache gar
mir	also sie ime die iungfrouwe seite
so würt mir min liep noch minre gir	furwar
wurde ich aber überwinden	
so var ich wider hein an den stunden	
so sol dise burg min lidig sin	
unde losse mit gemach die iuncfrowe	
fin	
unde han daz gelobet dazuo	
daz ich in niemer leit getuo	

dis dinges han ich mich ane genomen
unde wil vollebringen zefromen
waz mir darumbe würt bekant
do bant er uf sinen helm zehant

----------------------------   -----[Ende Kürzung]-----

uf sin ros er do sas   uf sin ros er do sas
(K 261^v)   (R 141^r)

Häufig fallen diese wiederholenden Rekapitulationen bisheriger Handlungsabschnitte mit Figurenrede zusammen. An solchen Stellen wechseln die Kürzungen in R von der direkten in die indirekte Rede und komprimieren dabei den Text, wie bei einem Bericht eines von Parzival besiegten Ritters am Artushof:

warumbe er sich gevangen hette   warumbe sich er gevangen hette
      geben   geben

----------------------------   -----[Beginn Kürzung]-----

Herre sprach er ich sage üch algereit   Do saget er im die worherit gar
kurzliche die rehte worheit   wie die iungfrowen nam furwar
ich kam geritten über ein velt
eins tages in ein gar schoene gezelt
rot alse ein ros das was
eine schoene maget bi parzefale sas   die bie parzifal in dem gezelt saz
uf eime bette schoene und fin
ich sach die maget schoene sin
und ensach do nieman me über al
und waz ouch ungewefent parzefal   und parzifal ungewappent waz
do wart min herze von minnen enzunt
und begreif die maget zestunt
und satte sü uf min ros für mich
und fuorte sü enweg vor imme freilich
herre was sol ich me sagen die riht
min leit und min schaden min mint   und mich ving und die maget rette
      vergiht   san
parzefal ir rettete sü also blos
von mir daz ich daz boeser teil kos
do muest ich imme geloben mich
uf mine truwe ritterlich
entwürten in uwer gevenisze her
an uwer gnode der ich hie ger
sus sant er mich in uwer gebot
der kunig sprach so helfe mir got   der kunc der sprach man sol in billich
men sol in wol liep han   liep han
und sol üch ouch des strofen nieman
ich prise üch deste minre niht
aber sagent mir ouch die riht   ich priste uch deste minre nicht
rehte wie uwer namme si   aber sagent mir ouch die richt
ich sage es üch gerne herre fri   rechte wie uwer name sy

gaseyen zenamen ennnet men mich	gasyen min name ist herre fry
von galyens geslehte bin ich	
der gar ein fürneme wort truog	
zwore uer namme ist schoene gnuog	
sprach der künig er gevellet wol mir	
er from ritter moegent ouch sin ir	
-----------------------------	-----[Ende Kürzung]-----
er behuob in zuo gesinde ieso	do behub er in zu gesinde yso
(K 288ʳ)	(R 160ᵛ)

Ganz spurlos verläuft hier die Umwandlung der Rede allerdings nicht: Der Erzähler wechselt in der römischen Version bereits im dritten Vers von der dritten in die erste Person, die in der Vorlage verwendet wird. Sicherlich ist diese Textstelle nicht allein aufgrund der längeren Figurenrede gekürzt worden. Sie hat ebenfalls wiederholenden Charakter (der Ritter erzählt, wie er besiegt wurde) und ist Teil eines Topos (Sendung der besiegten Gegner zum Artushof).

Seltener wird auch an solchen Stellen gekürzt, wo Hintergründe der Handlung offenbar werden, allerdings ohne die Handlung selbst in Mitleidenschaft zu ziehen. Als Segramors auf der Burg der Jungfrauen eingekehrt ist, warnt ein Bote die Bewohner der Burg vor dem Angriff des Ritters Talides, der eine der Damen der Burg mit Gewalt zur Frau nehmen will. Dass der Bote aber der Bruder dieser Dame ist, wird in R verschwiegen:

ich muos balde wider keren die riht	ich muz wieder keren die richt
-----------------------------	-----[Beginn Kürzung]-----
daz mich min herre üt sehe hie	
wan ern gewan grossern zorn nie	
imme wenet sin herze brechen	
wüssent daz	
der selbe iuncherre waz	
bruoder der iuncfrowen guot	
der talides truog so holden muot	
aber im wer lieber sprach er	
sü were tot danne sü im worden wer	
alse leidig und froeden bar	
kam er wieder zuo sinen lüten dar	
daz sin nieman gewar wart	
talides mit ille uf der vart	
mit sinen lüten an die porte kam	talides die richte an die porten quam
-----------------------------	-----[Ende Kürzung]-----
alse dez herze ist unfridesam	also dez herze ist unfridesam
(K 260ᵛ–261ʳ)	(R 141ʳ)

Innerhalb der Segramors-Episoden ist das Kürzen dieser Information ohne Folgen, weder auf den Hergang der Handlung noch auf die Wiederholung von ähnlichen Figurenkonstellationen und Situationen. Letzteres spielt allerdings in der Gawan-Handlung immer wieder eine Rolle, insbesondere was die Stellung von Geschwisterpaaren in Konflikten (Gawan und Itonje, Antikonie und Vergulaht, Obie und Obilot) angeht. Die Segramors-Handlung übernimmt auch an anderen Stellen Motive und Konstellationen aus der Gawan-Handlung (siehe Kap. 3.4.4 Segramors, S. 264ff.), womit diese Kürzung als Verlust bzw. Streichung einer kleinen Verbindung zu werten ist, wenngleich die Geschwisterbeziehung der beiden Figuren ansonsten nicht relevant ist.

Ganz gleich, was den jeweiligen Kürzungen zum Opfer fällt: Es scheint immer das Ziel zu sein, die aus der Sicht des Schreiber-Redaktors den Text unnötig verlängernden Elemente zu minimieren. Interessant sind in diesem Zusammenhang die reflexiven Formulierungen, die Erzählung nicht in die Länge zu ziehen, die in manchen der komprimierenden Umdichtungen auftauchen (z. B. *warzuo mahte ich vil rede durch daz / zelange rede ist verdrossenheit* 107ʳ, *ich enlenge die rede nit mer* 117ᵛ, *durch daz ich die rede nit lenge hie* 141ᵛ, *waz sol ich sagen furbaz* 143ʳ, *vil rede laz man legen* 149ʳ, *warumbe lenget ich diz mere / und seite wie vil der slege were* 169ᵛ, *ich magz uch alles nit gesogen* 175ʳ, *do von wil ich nit sagen nu / wan daz wer zu vil / do von ich nu swigen wil* 179ᵛ). Möglicherweise äußert sich in ihnen tatsächlich die Stimme des Schreiber-Redaktors, der dem Publikum die vielen Wiederholungen der umfangreichen Dichtung ersparen wollte.

Die Kürzungen führen in einigen Fällen dazu, dass auch für die Bedeutungszusammenhänge des Romans relevante Elemente gestrichen werden. Besonders bei den umfangreicheren Kürzungen ist dies zu beobachten. So ist Parzivals Treffen mit Trebuchet, dem bei Wolfram wie bei Chrétien genannten Schmied des Gralschwertes, von 103 auf 10 Verse komprimiert worden (R 159ʳ bzw. K 285ʳ). Dabei geht der Name des Schmiedes, dessen umfangreiche Rede zu Parzivals Tugenden und die detaillierte Schilderung der Wiederherstellung des Schwertes verloren. In der Verknappung in R erfährt das Publikum lediglich, dass ein Schmied Parzivals Pferd neu beschlägt und das Schwert wiederherstellt.

Ebenso fallen inhaltliche Bezüge durch die umfangreichste Kürzung von 254 Versen (K 314ʳ–315ᵛ) auf gerade einmal sechs Verse (R 178ʳ) weg. Diese komprimierende Redaktion betrifft Parzivals erste Gralprozession als Gralkönig im Beisein von Feirefiz, Anfortas und (im *Rappoltsteiner Parzifal* auch) Artus. Der Redaktion fällt praktisch die gesamte Passage zum Opfer: Die Prozession, die Unsichtbarkeit des Grals für Feirefiz, sein Verlangen nach Repanse und die Ankündigung der Taufe bleiben unerwähnt. Ähnlich wurde mit der Geschichte um den Schwanenritter Loherangrin verfahren, die von 128 auf 18 Verse gekürzt wurde (R 179ᵛ bzw. K 316ᵛ–317ʳ): Sie ist auf ihren Handlungskern reduziert und enthält weder eine Erwähnung des Gral-Geschlechts noch von Loherangrins Berufung durch den Gral (er wird wie ein konventioneller Ritter dargestellt), noch wird Brabant genannt. Neben diesen durch die umfangreichen Kürzungen bedingten Verlusten gehen aber auch Bezüge und z. T. bedeutungsrelevante Details durch kleinere Kürzungen verloren. Innerhalb des Kampfes Parzivals mit Feirefiz (R 172[r] bzw. K 303[v]) werden mit dem Ornament der Erzählung auch Bezüge zum Gral, Kundwiramurs, Cardeis und Loherangrin gestrichen.

Ob hinter dem Wegfall der Bezüge durch die Kürzungen ein bestimmtes Programm verfolgt wird, ist jedoch fraglich. STOLZ diskutiert die Möglichkeit, dass der Grund für die Kürzungen sein könnte, dass zu R nie ein erster Teil existiert haben könnte und die *Parzival*-Bücher I bis XIV somit dem Redaktor unbekannt wären. Die Rückverweise der späteren Bücher (wie z. B. der Widerruf Trevrizents) hätten somit irritierend gewirkt und wurden daher gekürzt.[216] Dies ist sicherlich nicht auszuschließen, doch könnten die Kürzungen auch darauf zurückzuführen sein, dass der Schreiber-Redaktor die Kenntnis der *Parzival*-Bücher voraussetzte,[217] die Rückverweise ihm redundant erschienen und er sie deshalb kürzte. Sollte Lamprecht von Brunn tatsächlich der Auftraggeber der Handschrift gewesen sein, dann wäre sogar eine Kombination beider Thesen möglich: Da Lamprecht bereits über eine andere *Parzival*-Handschrift (die Handschrift Z, Cpg 364) verfügte,[218] konnte er auf die Abschrift des ersten Teils verzichten.

---

[216] Vgl. STOLZ 2012, S. 338.

[217] Zwar enthält der römische Codex die beiden Blattzählungen der Vorlage (K 115[v] und 320v) und auch die Überschrift zum Epilog (K 317v) nicht, in denen die beiden Teile des Codex als *alt* und *nüw* bzw. *welsch* und *tütsch* bezeichnet werden (vgl. dazu auch STOLZ: Die Abschrift als Schreibszene S. 351f.), doch gibt es auch dort einen paratextuellen Bezug zum ersten Teil, nämlich in der mit abgeschriebenen, die Handschrift einleitenden Datierung auf R 1[r]. Zwar geht aus dieser nicht, wie durch die Blattzählungen der Vorlage, eine inhaltliche Zweiteilung des materiell gleichen Codex hervor, doch wird durch die Betitelung als *parzifal* und dessen Unterscheidung in einen älteren, deutschen Teil (*der diutsche parzefal . der nv lange getihtet ist*) und in einen französischen Teil (*vñ alles daz hie nach geschriben stat . daz ist ouch parzifal . und ist von welsche zv diutsche braht*) ein sprach- und textübergreifende Einheit eines Werks dargestellt, indem die deutsche Dichtung ergänzt wird (*des sinn mer danne der diutsche parzefal*).

[218] Vgl. ebd., S. 350. Im Zusammenhang mit dem *Rappoltsteiner Parzifal* sind auch andere Handschriften der Privatbibliothek Lamprechts von Interesse: »Sehr wahrscheinlich waren darunter drei noch heute in der Palatina befindliche Handschriften des früheren 14. Jahrhunderts in ostfränkischem Dialekt mit Texten Wolframs bzw. der Wolfram-Nachfolge (Cpg 346: *Parzival* und *Lohengrin*; Cpg 383: Albrechts *Jüngerer Titurel*; Cpg 404: Ulrichs von dem Türlin *Arabel*, Wolframs *Willehalm*, Ulrichs von Türheim *Rennewart*).« (ebd.). Der *Rappoltsteiner Parzifal* würde sich in diese Sammlung bestens einfügen, da er sowohl zu den Wolfram-Nachfolgern zählt und als Fortsetzung (und z. T. auch Vorgeschichte) fungiert, wie es auch die übrigen Texte für den *Parzival* bzw. den *Willehalm* tun.

Neben der Tilgung von Redundanzen sind übergreifende Tendenzen, besonders bei den umfangreicheren Kürzungen, nur schwer festzustellen. Es ist allenfalls auszumachen, dass Text, der sich mit Nebenfiguren und Beschreibungen beschäftigt reduziert wird, um den Fokus auf das Vorantreiben der Handlung zu legen. In ähnlicher Weise ließe sich die umfangreichste Kürzung erklären, die eine Wiederholung der vielfach erzählten Gral-Szene ist. Die Verluste auf der Ebene der episodenverbindenden Bezüge bzw. der Rückverweise scheinen für den Schreiber-Redaktor in Kauf zu nehmen zu sein.

2.2.3.2. *Umdichtungen*

Neben den kürzenden Veränderungen gibt es auch zwei Fälle von Redaktionen, bei denen die Anzahl der Verse beibehalten wird. Mit ihren elf bzw. sechs Versen sind sie nicht gerade umfangreich und wirken sich inhaltlich nur schwach aus. Die erste dieser Veränderungen betrifft Parzivals Ankunft an der Burg der Jungfrauen:

daz visiren er war nam	dez visiren er war nam
------------------------------	-----[Beginn Umdichtung]-----
entworfen an der tovelen lustsam	daz schoners uf ertrich nie quam
ez duhte in grose richeit	dez sit sicher daz ist war
daz sprach er uf sine eit	parzifal sach her und dar
do er daz wol besach zehant	und nam in daz wunder gros
	daz er kein mensche do kos
er sas abe sin ros er bant	er sas von sime rosse nyder
an der sülen eine gar schon	und bant ez an die stigen sider
	und beriet sich eyne kurze zit
	waz er an wolte griffen sit
in den sal so wol geton	in den sal ging er eine
gieng er und vant den eine	
donen was ritter frowen iuncfrowen	do enwaz ritter frouwen iuncfrouwen
dekeine	keine
iuncherren noch kein gerzun iht	
do suochte er alumbe die riht	
------------------------------	-----[Ende Umdichtung]-----
Er sach nüt daz im gezeme	er ensach nit daz ime gezeme
(K 207^v)	(R 95^r)

Die beiden Versionen unterscheiden sich nur in Nuancen. In R ist mehr Gewicht darauf gelegt, dass Parzival die Burg scheinbar unbewohnt vorfindet, indem dies bereits die ersten sechs Verse betonen. Zudem ist eine kurze Reflexion Parzivals über diese Situation eingebaut (*und beriet sich eyne kurze zit*). Diese Feinheiten haben keine Auswirkungen auf den Handlungsverlauf bzw. nur sehr geringe für die Figurendarstellung. Gleiches gilt für die zweite Änderung, die zwar eine für die

Gesamthandlung wichtige Szene betrifft, inhaltlich jedoch ebenfalls nur wenig von der Vorlage abweicht. Während Parzivals zweitem Besuch auf der Gralburg schafft er es, das zerbrochene Schwert zusammenzufügen, wenn auch ein einziger, winziger Riss an der Bruchstelle verbleibt. Die Änderung betrifft einen Teil von Anfortas' Reaktion darauf:

der künig sach in an unde wart fro	der kunic sach in an und wart fro
-----------------------------	-----[Beginn Umdichtung]-----
mit armen umbevieng er in do	und lobete got von himel do
alse ein tugenthaft man tuot	daz daz swert waz gantz worden eben
er sprach lieber herre guot	er sprach daz nyeman mochte leben
über dis hus sint gewaltig hie	der parzefal konde gelichen
und über alles daz ich gewan ie	von armen und von richen
one alle widerrede dekeine	er iach ich han uwer sorge keyne
-----------------------------	-----[Ende Umdichtung]-----
und wil üch lieber han eine	und wil uch lieber han eyne
(K 251ᵛ)	(R 134ʳ)

Der Unterschied besteht darin, dass Anfortas Parzival an dieser Stelle nicht die Befehlsgewalt über seinen Hof überträgt und ihn stattdessen allgemein lobt. Unter der Perspektive, dass Parzival später Gralkönig wird, mag man hierin vielleicht eine relevante Änderung sehen, die die Übertragung der Herrschaft auf den vierten und letzten Gralbesuch aufschiebt. Allerdings zeigt die Szene ansonsten keine Tendenzen dazu (Anfortas Erlösung durch die Frage (nach Wolfram) und die Rache an Partinias (nach Manessier) steht noch aus) und dieses Detail ist daher vorsichtig zu gewichten.

Die Erklärung für diese nicht kürzenden Redaktionen könnte auf kodikologischer Ebene zu finden sein. Beide Änderungen nehmen jeweils die letzten Linien der b-Spalten der Seiten ein. In beiden Fällen ist die Tinte der Änderungen etwas heller als der vorhergehende Text. Möglicherweise waren die Passagen – aus welchen Gründen auch immer – verderbt und wurden erst korrigiert, als die Vorlage nicht mehr zur Verfügung stand. Die Verse wären dann, wie die Überschriften (s. o.), nachträglich anhand der Erinnerung und des restlichen Textes rekonstruiert worden. Der Anspruch dieser Varianten kann demnach in der möglichst nahen Wiedergabe der Vorlage, nicht ihrer Abweichung, gesehen werden.

2.2.3.3. *Der Schreiber-Redaktor*

Die kürzende Redaktion zeigt zwar übergreifende Tendenzen, indem vor allem Wiederholungen, Topoi, rhetorisches Ornament und Nebenhandlung gekürzt werden, doch ist ein von der Vorlage abweichendes inhaltliches Programm, auf das diese Änderungen abzielen, nicht klar erkennbar. Ein aufschlussreiches Bild hinsichtlich der Frage nach einem Programm ergibt sich, wenn man die Verteilung der Gesamtzahlen der durch die Kürzungen eingesparten Verse[219] pro Blatt und betrachtet (s. u. Abb. 13). Es wird deutlich, dass die erste Kürzung erst auf Blatt 166 vorgenommen wird. Im ersten Drittel der Handschrift ist R tatsächlich mit K beinahe identisch. Der Gesamtumfang der Kürzungen sowie ihre Frequenz erhöhen sich von einigen Ausnahmen abgesehen zum Ende hin stetig.[220]

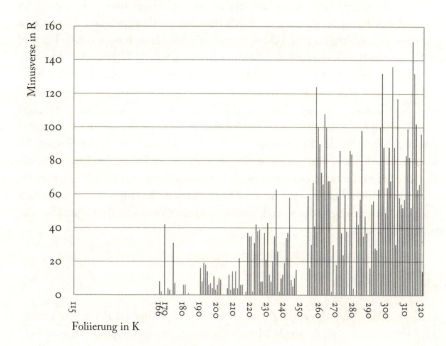

Abb. 13. Gesamtzahl der in R gekürzten Verse pro Blatt in K

Diese Verteilung spricht dafür, dass die Kürzungen nicht programmatisch begründet, sondern auf die zunehmend und spontan eingreifende Arbeit eines einzigen Schreiber-Redaktors zurückzuführen sind. Dieser Schreiber-Redaktor kann einer konkreten Hand zugeordnet werden: Von R 48ᵛ auf 49ʳ erfolgt ein deutlicher Schreiberwechsel.[221] Diese Stelle entspricht in K 162ᵛ. Kurz danach, auf R 50ᵛ (K

---

[219] Die Kürzungen innerhalb einzelner Verse (s. o.) sind hierbei nicht erfasst.

[220] Der vorläufige Höhepunkt mit hoher Frequenz um Blatt 260 betreffen die Segramors-Handlung. Die dort vorgenommenen Kürzungen sind so kleinschrittig und zahlreich, dass der Abschnitt einem Flickenteppich aus kürzenden Redaktionen, Auslassungen und übernommenen Textabschnitten gleicht.

[221] Vgl. MILLER & ZIMMERMANN 2007, S. 69.

164^r) ist die erste Kürzung zu verzeichnen. Anschließend ist die Gesamtzahl der gekürzten Verse meist eher gering, erhöht sich aber fortlaufend. Auf R 139va (entspricht K 257vb) stellt SCHORBACH einen weiteren Handwechsel fest.[222] MILLER und ZIMMERMANN folgen seiner Einteilung, merken jedoch an, dass diese Hand zwar durchaus mit der vorherigen identisch, jedoch lediglich zeitlich jünger sein könnte.[223]

Der Verlauf der Kürzungen lässt auf die zweite Möglichkeit schließen: Erst während des Rezeptionsprozesses, durch die vielen sich ähnelnden Szenen und Episoden des umfangreichen Textes, werden die Wiederholungen deutlicher und der Schreiber-Redaktor reagiert darauf mit immer größerer Übung. Mit dem vermeintlichen zweiten Handwechsel ist ein vorläufiger Höhepunkt der Kürzungen verbunden, der sich möglicherweise mit einer längeren (Rezeptions-)Pause des Schreiber-Redaktors erklären lässt, in der er zunächst die folgenden, umfangreichen Kürzungen geplant hat. Er nimmt damit sowohl die Perspektive des Produzenten als auch die des Rezipienten des Textes ein, da er durch das Kürzen die sich wiederholenden, ihm zur Rezeption überflüssig erscheinenden Elemente minimiert oder entfernt und so das weitere Publikum davor bewahrt. Ziel ist somit, den vorliegenden Text zu verbessern. Damit sind die Kürzungen Teil einer sich bereits in Untersuchung der Korrekturen und paratextuellen Änderungen abzeichnenden Tendenz.

2.3.　Zwischenfazit

Beide Handschriften des *Rappoltsteiner Parzifal* zeigen die Tendenz, ihre Inhalte durch verschiedene paratextuelle Mittel miteinander zu verknüpfen und so sowohl die Unterteilung als auch die übergreifende Einheit als ein Werk zu betonen. Dies lässt sich an den jeweils intensiven Arbeiten an Codex, Paratext und Text nachvollziehen. Diese medialen und paratextuellen Kohärenzstrategien ähneln denen zyklischer Werke, indem sie sowohl eine Werkeinheit schaffen als auch die Grenzen der darin integrierten Teilerzählungen hervorheben.

Aus dem Vergleich des Codex Donaueschingen 97 mit der römischen Handschrift geht in Kombination mit den kodikologischen Überlagerungen an der Schnittstelle hervor, dass der Codex mindestens einmal vor und dann wieder nach der Abschrift neu gebunden wurde. Die Überlagerungen machen zudem wahrscheinlich, dass in dem Codex zwei ursprünglich getrennte Bände zusammenge-

---

[222] Vgl. SCHORBACH 1974, XVII.
[223] Vgl. MILLER & ZIMMERMANN 2007, S. 69.

fügt worden sind. Die Funktion dieses nachträglichen Herstellens der kodikologischen Einheit kann vor allem darin gesehen werden, dass das literarische Projekt des Übersetzens des *nuwen Parzifal* in fast bruchloser Kontinuität zu dessen literarischen Vorgängern dargestellt wird. Demnach wurde ein erheblicher Aufwand betrieben, um das Werk zu vereinen; ein zweibändiges Werk hätte diesen Anspruch weniger gut vermitteln können. Im Widerspruch zu dieser Kontinuität steht die Zäsur, die durch die deutliche, paratextuelle Markierung des Einschnitts zur Mitte hervorgerufen wird. Dass dies von den Bearbeitern in Kauf genommen wurde, ist dadurch zu erklären, dass die Zäsur in Verbindung mit dem Epilog unverzichtbar für die Inszenierung des *Rappoltsteiner Parzifal* ist. Die kompilatorische Arbeit wird damit nur teilweise offengelegt, indem die Bearbeiter verschweigen, dass sie auch in den *alten Parzifal* eingegriffen haben, indem sie Textpassagen des *Conte du Graal* und die *Elucidation* dort eingefügt haben und der *nuwe Parzifal* mit Wolframs Text schließt.

Erst aufgrund dieser Einheit der beiden Werkteile in einem Codex kann die Figureninitiale ihr volles Potential entfalten. Dies besteht nicht allein in der programmatischen Anspielung auf die Evangelien, sondern in ihrer Platzierung in der Zäsur. Diese muss den Bearbeitern noch wichtiger gewesen sein, denn die Trennung der Initiale vom Epilog durch den gesamten Erzähltext der *Fortsetzungen* erschwert es trotz des gemeinsamen Minne-Themas erheblich, diese beiden in Zusammenhang zu bringen. Dabei wäre es doch ein Leichtes gewesen, die Figureninitiale zu Beginn des Epilogs oder auf der ersten Seite des Codex zu platzieren, da die Szene nicht einmal an den Buchstaben gebunden ist. Die zentrale Position schafft eine vor- wie rückwärtsgewandte Klammer, die über die Funktion als Schnittstelle der Evangelien-Texte mit der Verbindung zum Epilog auf das ganze Werk bezogen ist.

Die paratextuellen Gliederungssysteme der übrigen Großinitialen und der Überschriften weisen zwar Parallelen zur Überlieferung auf, die Bearbeiter haben jedoch den Einsatz massiv erweitert, wobei sie sich bei der Positionierung und im Falle der Überschriften auch der Formulierung stark an narrativen Gliederungsmitteln (Protagonistenwechsel, Überleitungen durch den Erzähler, Ortswechsel, Markierungen) orientieren und *ad hoc* gesetzt worden sind.[224] Damit unterstützen sich paratextuelle und narrative Gliederung eher gegenseitig, als dass sie in Konkurrenz zueinander stehen. Dies ist für die Beurteilung der Kohärenz insofern relevant, als die Überschriften keine neuen Zäsuren schaffen, sondern von der narrativen auf die paratextuelle Ebene übertragen. Nicht selten ist der Wortlaut der

---

[224] Eine Ausnahme bildet mit Sicherheit die figurierte Initiale auf 115va, die auf die programmatisch-kodikologische Struktur verweist.

Überschriften dem Erzähltext entlehnt. Dies gilt z. T. auch die einzelne Erzähleinheiten (*aventiure* und *mære*, nicht jedoch für *buoch* und *prologus*).

Eine durch die Paratexte veränderte Rezeptionssteuerung, die nichtlinear verläuft,[225] ist aufgrund des Selektionsprozesses, d. h. bei der Auswahl der durch Paratexte betonten narrativen Gliederungsmarker, dennoch anzunehmen, da nicht alle narrativen Zäsuren im Paratext widergespiegelt werden. Diese Selektion ist wahrscheinlich nicht intentional vorgenommen worden, sondern sie zeigt, was die Bearbeiter während des Kompilationsprozesses als strukturell relevant betrachtet haben. Diese veränderte Rezeptionssteuerung führt aber nicht zwangsläufig dazu, dass der Text primär über den Paratext gegliedert wird, denn die narrativen Gliederungsmittel verschwinden nicht einfach, sondern sie bleiben bestehen, gliedern den Text noch immer und schaffen damit bedeutungsrelevante Strukturen.

Narrative und paratextuelle Gliederung überlagern sich, was besonders an solchen Passagen deutlich wird, an denen die Bearbeiter sowohl Überschriften als auch angrenzende Überleitungen im Text hinzufügen oder verändern. Könnten die Überschriften die Gliederungsmittel im Erzähltext einfach überschreiben oder vollständig ersetzen, dann wäre das nicht als nötig erachtet worden. Davon, dass der Paratext den Text hinsichtlich der Gliederung aufgrund von Redundanz verdrängt, kann im Falle *Rappoltsteiner Parzifal* trotz des umfangreichen Ausbaus des Paratextes nicht gesprochen werden.[226]

Dies zeugt davon, dass es den Bearbeitern des *Rappoltsteiner Parzifal* bei der paratextuellen Gliederung weder um eine neue Ordnung noch um das Kompensieren einer durch ihre Kompilation zerstörten Textstruktur ging. Allem Anschein nach zielten sie vielmehr auf eine optimierte Vermittlung der bereits bestehenden Gliederung ab, da sie diese durch die von ihnen eingefügten Beitexte unterstützten, die das Entrelacement betonen und zugleich das Nachverfolgen unterbrochener Handlungsstränge und das Unterscheiden sich wiederholender Episoden erheblich erleichtern.[227] Dadurch, dass der Paratext sich an den Zäsuren im

---

[225] Vgl. STOLZ & VIEHHAUSER 2006, S. 343.

[226] Eine Hierarchie zugunsten der Paratexte könnte dann festgestellt werden, wenn die paratextuellen Elemente bereits bei der Produktion der Texte eingeplant sind und deswegen auf narrative Gliederungsmittel verzichtet werden, indem z. B. keine Überleitung durch den Erzähler beim Wechsel eines Erzählstrangs stattfindet, da dies durch Überschrift, Beginn einer neuen Seite, etc. gekennzeichnet ist. Die im *Rappoltsteiner Parzifal* verarbeiteten Texte sind, das zeigt die Überlieferung, ohne solche umfangreichen paratextuellen Apparate entstanden.

[227] Dass die Einführung der neuen (paratextuelle) Gliederungsebene die Relevanz der anderen Ebenen während der Rezeption erheblich verminderte, ist, allein aufgrund der deutlichen visuellen Abhebung vom Text, dennoch anzunehmen. Daraus resultiert letztlich, im Zusammenhang mit den Tatsachen, dass erstens die anderen Gliederungsindikatoren

Erzähltext orientiert, kann er als gattungs- und buchtypabhängig gelten.[228] Diese den Vorlagen verpflichtete Arbeitsweise passt zu der im *Rappoltsteiner Parzifal* geleisteten Übersetzungsarbeit (einschließlich der Abschrift des wolframschen Textes und dessen wiederholter Korrektur), da auch diese durch ihre Vers- und Worttreue möglichst nah an den Vorlagen bleibt. Neben der sprachlich-kulturellen Übersetzung im engeren Sinne übersetzen die Bearbeiter das multi-auktorielle Textkonglomerat[229] der Vorlagen in ein anderes mediales System und schöpfen dabei ihre Möglichkeiten der Textbearbeitung als Kompilatoren und Übersetzer aus.

Der kodikologische Vergleich der römischen Handschrift zu ihrer Karlsruher Vorlage fördert ans Licht, dass die vermeintliche Kopie hinsichtlich ihrer Herstellungstechniken und der Präsentation des Textes als eine Einheit einerseits geradezu gegenläufige Tendenzen zur Vorlage aufweist, andererseits bestimmte Aspekte übernimmt und verbessert, indem sie konsequenter durchgeführt sind.

Die größte Abweichung liegt darin, dass der römische Codex nur den *nuwen Parzefal* enthält. Der Verzicht auf die Figuren der Eingangsinitiale und der direkte Anschluss des epischen Textes an das Florilegium legen nahe, dass es sich hierbei viel mehr um den Beginn eines Textes, nicht aber um eine Zäsur handelt. Vor dem Hintergrund, dass der vermutete Auftraggeber bereits einen *Parzifal* und auch Fortsetzungen anderer Großepen besaß, wird das Szenario einer separaten Abschrift des *nuwen Parzefal* immer plausibler. Die übergreifende Einheit wird damit nicht mehr durch den Codex allein geschaffen, sondern ist durch den Stoff verbunden.

Der Vergleich der Überschriften zeigt, dass K die direkte Vorlage von R gewesen sein muss, spätestens aber nach dem Eintragen der vierten, rubrizierten Überschrift nicht mehr zur Verfügung stand. Nur so lassen sich die Verteilung der wortgenau übereinstimmenden und neu formulierten Überschriften sowie die mit K übereinstimmenden Zeilenzahlen der Überschriften im Codex erklären.

Die Abschrift scheint unter dem Leitgedanken der Verbesserung des Textes vorgenommen worden zu sein: Die materialschädigenden Korrekturmethoden der Vorlage wurden vermieden und konsequent durch alternative Methoden ersetzt, die in der Vorlage auffallend häufigen Unregelmäßigkeiten im Schriftbild sind aufgrund sorgfältiger Planung des Textraums nicht vorhanden und die Paratexte (Überschriften und Initialen) sind oft regelmäßiger gesetzt und besser mit dem Text abgestimmt. Dies sind nicht nur ästhetische Verbesserungen, sondern auch

---

nicht immer und zweitens mit z. T. anderen Gewichtungen übernommen wurden, dass die Rezeption des Textes anders gesteuert wurde.

[228] Zur Überlegung solcher spezifischen Paratexte vgl. Kragl 2016, S. 428.

[229] Vgl. Bumke 1997, S. 92; Scholz 1987, S. 97.

Verbesserungen der Gliederung der Teilerzählungen und Episoden, zumindest, was die Positionen angeht. Da die Übergänge im Erzähltext nicht gestrichen werden, kann auch hier nicht von einer »sukzessiven Auslagerung«[230] der Funktion vom Text in den Paratext gesprochen werden, sondern dass ihr nebeneinander optimiert wird.

Der Wortlaut der Überschriften bleibt hinsichtlich Genauigkeit und Detailliertheit hinter der Karlsruher Handschrift zurück. Die römische Handschrift nimmt hinsichtlich der Großinitialen Änderungen vor, die sich vor allem auf das Entrelacement der verschiedenen Protagonisten beziehen, indem durch einen Wechsel der Zeilenhöhe die Protagonistenwechsel in einigen Fällen stärker, in anderen jedoch schwächer betont werden. Obwohl es sich hierbei nicht um planvolle, sondern spontane Entscheidungen zu handeln scheint, zeugen diese Änderungen davon, dass die Bearbeiter dieses Entrelacement als besonders wichtig erachteten und die Wechsel und Wiederaufnahmen der Stränge in der Rezeption unterstützen wollten. Hierin korreliert ihre Strategie mit der Vorlage, die über diese paratextuelle Verdeutlichung der Stränge deren Einheit und Autonomie betont.

Die Redaktion des Textes in Form von komprimierenden Umdichtungen und Auslassungen ausgewählter Passagen ist auf die Schreiberhand 2 (den Schreiber-Redaktor) beschränkt. Der Umfang der Kürzungen erhöht sich nach dem Einsetzen der Hand stetig und hat vor allem literarische Topoi, rekapitulierende Passagen, Figurenrede, rhetorisches Ornament und Details zu den Nebenfiguren zum Ziel. Der Handlungsverlauf bleibt stets intakt. Die z. T. erheblichen Eingriffe des Schreiber-Redaktors zeugen von einem Werkverständnis, das nicht der Form der Vorlage verpflichtet ist, sondern diese in gewissen Aspekten zu verbessern versucht. Dabei nimmt er sowohl die Rolle des Produzenten als auch des Rezipienten des Textes ein, indem er nämlich die Rezipienten des von ihm geschriebenen Textes vor den Längen seiner Vorlage bewahrt.[231] Eine personelle Trennung von Schreiber und Redaktor ist angesichts der Kleinschrittigkeit und hohen Frequenz der Kürzungen mancher Passagen kaum vorstellbar. Durch die umgedichteten Passagen kommt dem Schreiber-Redaktor eine gewisse Teil-Autorenschaft des Textes zu, die durchaus mit derjenigen Wisses und Colins vergleichbar ist.[232]

---

[230] KRAGL 2016, S. 431.

[231] Eine Bearbeitung mit ähnlichen Eingriffen stellt PÉRENNEC bei Fragmenten einer mnl. Übersetzung des *Perceval* fest, dort allerdings im Zuge der *adaptation courtoise* (Vgl. RENÉ PÉRENNEC: Percevalromane, in: Höfischer Roman in Vers und Prosa, hg. v. RENÉ PÉRENNEC, ELISABETH SCHMID, Berlin/New York, NY 2010, S. 169–220, hier: S. 186). Es gehe dem Übersetzer/Bearbeiter darum, die Rezeption zu optimieren (ebd.).

[232] OLTROGGE und SCHUBERT merken im Zusammenhang mit der Gliederung der Karlsruher Handschrift durch die Überschiften an, dass dem Redaktor, der sie laut BUMKE

Techniken, Umfänge und Ziele der Kürzungen des römischen *Rappoltsteiner Parzifal* sind dieselben, wie sie aus Kurzfassungen anderer höfischer Dichtungen bekannt sind und beschrieben[233] und mit der aus der Antike tradierten, rhetorischen Bearbeitungstechnik der *abbreviatio* in Verbindung gebracht wurden,[234] die sich jedoch nur in ihrem größeren Umfang von den redaktionellen Änderungen in den Überlieferungen anderer Texte unterscheiden.[235] So sind z. B. viele Beobachtungen zu den Kürzungen der Münchener *Tristan*-Handschrift Cgm 51, die Gottfrieds von Straßburg *Tristan* zusammen mit Ulrichs von Türheim Fortsetzung in einer um ca. 4000 Verse kürzeren Version enthält,[236] ebenfalls für die römische Handschrift zu verzeichnen: Die Kürzungen verletzen weder Sinn, Reim noch Syntax, steigern sich progressiv ab der Mitte des Codex und sind auf den Hauptschreiber zurückzuführen.[237] Eine »Sparthese« zur Erklärung der Kürzungen, die MARTIN BAISCH für den Cgm 51 zurückweist,[238] ist aus denselben Gründen (sorgfältige und damit kostspielige Anlage der Handschrift und der Kürzungen) nicht plausibel.

Ob die Kürzungen aber eine interpretatorische Dimension haben,[239] ist unwahrscheinlich. Im Unterschied zu anderen kürzenden Bearbeitungen lässt sich jedoch durch die genaue Kenntnis der originären Vorlage ein beide Bearbeitungen

---

eingetragen habe, die gleichen Materialien wie die/der Dichter zur Verfügung gehabt haben müsse und schließen von den eng verflochtenen Tätigkeiten von Redaktor und Dichter darauf, dass eine personelle Trennung kaum möglich sei (vgl. OLTROGGE & SCHUBERT 2002, 348, Anm. 3). STOLZ macht darauf aufmerksam, dass die Karlsruher Handschrift als *Parzival*-Handschrift V zusätzliche Verse enthält, bei denen es sich um redaktionelle Eingriffe, wie z. B. das Glätten von aprupt erzählten Handlungsübergängen, handelt (vgl. STOLZ 2005, S. 39).

[233] Vgl. STOLZ 2012, S. 341; HENKEL 1993; STROHSCHNEIDER 1991; BUMKE 2005.

[234] Vgl. HENKEL 1993, 40ff.

[235] Solche redaktionellen Änderungen zeigt BUMKE an den *Parzival*-Handschriften D und G auf (vgl. JOACHIM BUMKE: Zur Textkritik des *Parzival*. Der Textbestand in den Handschriften D und G, in: Zeitschrift für deutsches Altertum und deutsche Literatur 139, 2010, 4, S. 453–485). Einige der gegenseitigen Abweichungen in Form von Minusversen der beiden Handschriften sind laut BUMKE so gestaltet, dass sie »bruchlos« sind, d. h. dass ihr Fehlen bei der Rezeption keine Inkohärenzen verursacht und z. T. mit Änderungen des unmittelbaren Umfelds verbunden sind. Diese bruchlosen Gestaltungen führt BUMKE überzeugend auf die Arbeit von Redaktoren zurück. Dass, wie BUMKE schließt, sich das Interesse des Redaktors nur selten inhaltlich definieren lasse (ebd., S. 484), trifft auch für die römische Redaktion des *Rappoltsteiner Parzifal* zu.

[236] Wobei allerdings gut die Hälfte dieser Kürzungen Blattverlusten zuzurechnen ist (vgl. BAISCH 2006, S. 109).

[237] Vgl. ebd., S. 109, 120 und 113.

[238] Ebd., S. 121f.

[239] Vgl. ebd., S. 277ff.

übergreifender Prozess in der Literaturproduktion feststellen: Nach der Samm-
lung und Verschmelzung einer Stoffmenge und der »vollständigste[n]‹ *Parzival*-
Handschrift überhaupt«,[240] die also im Vergleich zu anderen Überlieferungsträgern den größten Textbestand aufweist, folgt deren kürzende und korrigierende
Redaktion. Trotz der z. T. umfangreichen Eingriffe kann man also keinesfalls von
einer »absinkenden Rezeption«[241] sprechen, sondern von einer verbessernden
Überarbeitung. Die »Gleichzeitigkeit unterschiedlicher Konzepte«[242] zeigt sich im
Fall des *Rappoltsteiner Parzifal* überdeutlich. Die hier getrennt auftretenden Techniken der *dilatatio materiae* und der *abbreviatio* sind dabei nicht als Gegenbewe-
gungen,[243] sondern als einander ergänzend zu verstehen. Dass diese Kurzversion
bereits in der zweiten Generation, also direkt auf das Original folgend, auftritt,
bestätigt die Annahme der Forschung, dass verschiedene Fassungen mittelalterlicher Werke bereits früh nach oder sogar parallel entstehen können.[244] Was aufgrund unklarer Überlieferungsverhältnisse aber meist spekulativ bleiben muss,[245]
ist in diesem Fall Gewissheit.

Beide Handschriften präsentieren jeweils abgeschlossene Werke, die aus mehreren, unterschiedlichen Erzähleinheiten bestehen. Dies ist eine von vornherein
auf Spannung angelegte Kohärenz, d. h. die Brüche und Kontinuität zwischen den
Einheiten bedingen einander. Hinsichtlich der durch die Paratexte vorgenommenen Unterteilung dieser Werkeinheit ist bemerkenswert, dass die Wahl der Position und auch die Wahl der Gewichtung sehr eng an der narrativen Gliederung
orientiert sind. Dies zeigt sich vor allem in der Setzung der Überschriften und
Initialen der Karlsruher Handschrift, aber auch in der Korrektur und konsequenteren Durchführung im römischen Codex und ist bis in die Wortlaute der Überschriften, die z. B. auseinanderliegende Episoden miteinander verbinden, Wiederholungen aufzeigen, das Entrelacement explizit machen und durch den Erzähler auf den Handlungsverlauf Bezug nehmen, nachvollziehbar. Durch dieses enge
Ineinandergreifen von Paratext und Narration ist es nötig, einen genauen Blick
auf die Erzählungen selbst zu werfen. Denn mehr noch als bei Werken, bei denen

---

[240] Viehhauser-Mery 2009, S. 128.

[241] Vgl. Baisch 2006, S. 297 in Bezug auf Walter Haug: Eros und Fortuna: der höfische Roman als Spiel von Liebe und Zufall, in: Ders.: Brechungen auf dem Weg zur Individualität, Tübingen 1995, S. 214–232, hier: S. 225.

[242] Henkel 1993, S. 58. Ähnlich folgert auch Strohschneider: »Dann hätte die Li-
teraturgeschichte an dieser Stelle ihr epochales chronologisches Sukzessionsschema durch
ein Modell zu ersetzen, das die komplexere Synchronisation ›ungleichzeitiger‹ Erzählweisen
gestattet.« (Strohschneider 1991, S. 435).

[243] Vgl. ebd., S. 437.

[244] Vgl. Bumke 2005, S. 26.

[245] Vgl. Bumke 1996, S. 269.

eine intensive paratextuelle Gliederung von vornherein mit eingeplant ist, wirken die Paratexte der Handschriften des *Rappoltsteiner Parzifal* als den Text unterstützend und sind damit viel eher von ihm abhängig, als dass sie ihn überschreiben würden. Zur Beurteilung, inwiefern die spannungsreich zueinander angelegten Teilerzählungen ein kohärentes Werk bilden, ist es also nötig, die narrativen Strategien näher zu untersuchen.

3. Fortführung des Doppelromans

Eine grundlegende Neuerung des *Conte du Graal* gegenüber Chrétiens vorherigen Romanen ist, dass er aus zwei Handlungssträngen mit je einem anderen Protagonisten besteht. Dieses Konzept des Doppelromans wird von den Fortsetzern übernommen und ausgeweitet, indem die zusätzlichen Teilerzählungen als Fortsetzungen zum unabgeschlossenen *Conte du Graal* bzw. der jeweils vorangehenden Fortsetzung entstehen und dabei einerseits unabgeschlossene Handlungsstränge aufgreifen, andererseits aber auch neue Handlungsstränge schaffen. Die Anschlüsse der jeweiligen *Fortsetzung* gehen mit der Spannung einher, die Trennung der einzelnen Einheiten zu überspielen und gleichzeitig die Zäsuren und damit die dichterische Leistung sichtbar zu machen. Hinton macht mit einem Verweis auf die Forschungsdebatte deutlich, dass es die Spannungen aus kausallogischen Fortführungen, Abgrenzung und variierende Wiederholungen im Zusammenspiel der verschiedenen Handlungsstränge sind, die Kohärenz generieren:

> As a result, an excessive focus has been placed on the search for boundaries between discrete textual units; the ensuing debate over who wrote what has effectively precluded the unified reading demanded by the cycle's aesthetics of coherence. What is missed in this insistence on defining textual limits is the way in which the different parts of the corpus are interrelated through a play of difference and similarity, where filiation between a particular section of the cycle and its predecessors is under constant renegotiation. Indeed, one of the most distinctive features of the *Conte du Graal* cycle is the tension between the corpus's propensity to elide transitions between its constituent parts on the one hand and the tendency for each part to assert its own specific character on the other.[1]

Hinton und Bruckner sehen den Doppelroman als Ausgangspunkt für die Konzeptionen der altfranzösischen *Conte du Graal-Fortsetzungen*, indem sie nicht nur dessen Figuren und Stoff, sondern auch seine Erzähltechniken, Motive und Themen immer weiter verändern, fortführen und dabei den vorangehenden Text programmatisch verändern. Besonders das Nebeneinander mehrerer Protagonisten-Figuren prägt die Texte in der Nachfolge des *Conte du Graal*.[2]

---

[1] Hinton 2012, S. 20.
[2] S. o., S. 51 und vgl. Chen 2015, S. 133.

Chrétien schuf mit der Doppelhandlung um Perceval und Gauvain ein Erzählmuster, das wie ein Verbindungsfaden in nachfolgenden Vers-Fortsetzungen nicht mehr zerreißen wird. Mit der Gestaltungsmethode der ungleichen Gleichung werden Figuren wie Episoden aufeinander verwiesen.[3]

Dieser Verbindungsfaden ist aber, wie CHEN bereits anklingen lässt, nicht allein auf diese beiden Figuren beschränkt, sondern er gilt als Erzählmuster potentiell für alle Protagonisten. Die Verbindungsfäden addieren sich jedoch nicht einfach, sondern sie multiplizieren sich mit jeder zusätzlichen Hauptfigur, indem das sinnstiftende Erzählmuster der Doppelhandlung auf jeden der anderen Protagonisten angewendet werden kann. Es wäre dann von einem Netz sich überschneidender Verbindungsfäden zu sprechen.[4]

Beim *Rappoltsteiner Parzifal* werden diese ohnehin schon spannungsreichen Verhältnisse verschoben, indem die *Fortsetzungen* nicht mit Chrétiens, sondern mit Wolframs Version des Stoffes, die ebenfalls den Doppelroman variiert,[5] kombiniert sind. Dadurch entstehen sowohl Brüche als auch Verbindungen, die in der Kombination mit der französischen Vorlage nicht existieren oder ihr gegenüber abgeändert sind.[6] Dies bedeutet, dass die Ergebnisse zu den französischen *Conte du Graal-Fortsetzungen* und zu Wolframs *Parzival* nicht ohne weiteres auf die deutsche Version übertragbar sind, was weitreichende Konsequenzen für die Interpretation hat, die CHEN absolut folgerichtig anmahnt:

> Im konkreten Interpretationsvorgang muss ständig daran erinnert werden, dass beispielsweise die altfranzösischen Fortsetzungen im mittelhochdeutsch-elsässischen *Par-*

---

[3] Ebd., S. 146.

[4] Diese Erweiterung beginnt bereits bei Chrétien, da sein Doppelroman unabgeschlossen und offen für weitere Hauptfiguren angelegt ist: Beim Wechsel des Erzählfokus von Perceval auf Gawan in der Anklage-Szene verkünden neben Perceval und Gauvain auch Girflet und Kahedin, die von der hässlichen Botin genannten Orte der ritterlichen Bewährung aufzusuchen (vgl. CdG Vv.4685). Ihre Geschichten werden im *Conte du Graal* aber – anders als die von Gauvain – nicht weitererzählt. Diese losen Handlungsstränge und potentiellen weiteren Protagonisten, gepaart mit den fehlenden Schlüssen der Perceval- und Gauvain-Handlungen, evozieren eine Unabgeschlossenheit, die so stark ist, dass der Text geradezu nach einer Fortsetzung zu verlangen scheint.

[5] Zum einen führt Wolfram die Innovation fort, indem er Gahmuret als dritten Protagonisten einführt und zudem mit dem Schluss, in dem dessen Sohn Feirefiz auftaucht, eine mit dem Orient-Thema verbundene Klammer um den Doppelroman setzt (Vgl. JOACHIM BUMKE: Wolfram von Eschenbach. Achte, völlig neu bearbeitete Auflage, Stuttgart/Wiemar 2004, S. 143). Zum anderen wirkt er der Innovation entgegen, indem er eine deutlichere Hierarchie der Protagonisten Parzival und Gawan zugunsten Parzivals etabliert und die Handlung zu einem Abschluss bringt (Vgl. ebd.).

[6] Vgl. zu einigen Verbindungen im Kontext von Wiederholungen CHEN 2015, S. 31.

zifal-Text wegen der Übertragung in eine andere Sprache wie auch in eine fremde kulturelle Umgebung eigentlich weder die ursprüngliche von den Autoren geplante Gestalt behalten haben, noch können sie als das ›Werk‹ im üblichen Sinn der Bearbeiter um Colin und Wisse bezeichnet werden. Genauso wenig lässt sich der *Parzival*-Teil mit dem Wolfram'schen [sic!] Gesamtkonzept ohne weiteres identifizieren, obwohl sich an ihm die Texttreue der Straßburger am deutlichsten zeigt.[7]

Die Frage nach der Kohärenz des *Rappoltsteiner Parzifal* kann also nur aus dem spezifischen Arrangement aller Handlungsstränge der *Fortsetzungen* in der Kombination mit Wolframs *Parzival* beantwortet werden. Auch wenn diese Feststellung eher banal ist, resultiert daraus eine Herausforderung, die aufgrund der Stoffmenge und damit einhergehende Komplexität des Erzählten gewaltig ist. Es ist daher ratsam, sich einerseits an das Konzept der Zyklizität anzulehnen, das unter anderem den Zusammenhalt von umfangreichen, heterogenen Stoffmengen beschreibt, andererseits aber die spezifische Werkgeschichte nicht aus dem Auge zu verlieren, die ihren Ausgangspunkt im Doppelroman hat.

Die in den *Rappoltsteiner Parzifal* eingeflossenen *Fortsetzungen* reagieren auf Chrétiens Modell in jeweils unterschiedlicher Weise. Die *Erste Fortsetzung* führt zum einen die Handlungsstränge aus dem *Conte du Graal* um Gawan weiter und neue um die Figur ein. Zum anderen werden durch die beinahe geschlossenen Handlungen um Karados und Gaheries, welche die Gawan-Handlung unterbrechen, neue Protagonisten etabliert (s. o., S. 12f.). Störmer-Caysa führt dies darauf zurück, dass das fragmentarische Erzählmodell des *Conte du Graal* bereits eine ebensolche wiederholte Mehrfachlösung nahelegt, in der sogar Parzival als Protagonist verworfen wird.

> Chrétiens Text bricht nach der Wunderschloßepisode ab, an einer Stelle des Plots, an der das Schicksal des Grallandes ganz und gar ungewiß ist und die Parzivalhandlung beim eremitischen Onkel endet und nicht wieder neu ausgerichtet wurde. Hätte man nur diesen Text und hielte man ihn zugleich für die zufällig unvollständige Überlieferung einer bereits vollständig erzählten und gedichteten Geschichte, so könnte man leicht – wie offenbar der erste Fortsetzer – annehmen, daß Perceval vor dem Gral versagt habe und deshalb aus der Geschichte ausscheide, die sich weiter um den Gral drehe; weiterhin könnte man zu dem Schluss kommen, daß, über den Gral zu dichten wie Chrétien, bedeute: von immer neuen Anläufen immer neuer Ritter zu erzählen.[8]

Dieses Erzählen von immer neuen Anläufen scheint die *Elucidation* weiter voranzutreiben, indem sie zahlreiche Abenteuer um das Auffinden des Hofs des Fischers und die Erlösung des Landes Logres ankündigt. So lässt sich in der *Ersten Fortsetzung* – gerade weil Parzival als Protagonist ignoriert wird und neben Gawan

---

[7] Ebd., S. 128.
[8] Störmer-Caysa 2015, S. 90.

noch weitere Helden eingeführt werden – eine Fortführung des Modells des *Conte du Graal* beobachten.

Wauchiers Fortsetzung bindet die Handlung zum größten Teil wieder an Parzival. Als neuer Haupthandlungsträger taucht nur der Ritter Bagumades auf, dessen Auftritt allerdings vergleichsweise kurz ist und von der Parzival- zur Gawan-Handlung überleitet.[9] Die Gawan-Stränge dieser Fortsetzung knüpfen nur z. T. an die *Erste Fortsetzung* an, sodass die Enden aller noch offenen Helden-Geschichten verzögert werden.

Manessiers Fortsetzung greift sowohl Handlungsstränge um Parzival als auch um Gawan auf und beinhaltet zwei längere Episoden, in denen die Ritter Segramors und Boors jeweils als Protagonisten fungieren. Manessiers Text bietet einen auf Parzival fokussierten Schluss, wodurch zwar Gewicht auf diese Figur gelegt wird, doch insgesamt die Imitation des *Conte du Graal* als offener Roman mit mehreren Protagonisten erhalten bleibt.

Der erste Teil dieser Arbeit hat unter anderem gezeigt, dass die Paratexte der Handschriften eng an die narrative Gliederung angelehnt sind, indem sie vor allem auf Protagonisten- und Episodenwechsel des Erzähltextes reagieren und so Verbindung und zugleich Unterteilung des Werks unterstützen. Die Kapitel des zweiten Teils dieser Untersuchung schließen daran an, indem sie nach den narrativen Strategien der Kohärenz fragen. Zunächst werden der Epilog und die Prologe als potentiell programmatische Passagen unter diesem Fokus in den Blick genommen (3.1 Programmatik), wobei die daraus abgeleiteten Aussagen leider nur begrenzt Einblick geben. In mehreren weiteren Schritten wird der Erzähltext selbst zur Grundlage genommen. Zunächst wird der Frage nachgegangen, inwieweit die Teilerzählungen durch ihre Ordnung als autonom bzw. voneinander abhängig gestaltet werden (Kap. 3.2 Ordnung und Autonomie). Hier wird deutlich, dass sequentielle und parallele Teilerzählungen jeweils unterschiedlich funktionalisiert sind. Anschließend wird der Blick der Untersuchung auf die zyklischen Signale im *Rappoltsteiner Parzifal* gelegt, welche die Teilerzählungen nicht nur abgrenzen und miteinander verknüpfen, sondern z. T. auch das Modell der mehrfachen Protagonisten aufgreifen (3.3 Zyklische Signale). Ergänzend dazu wird danach gefragt, inwieweit das Erzählmodell des Doppelromans durch die zusätzlichen Protagonisten fortgeführt und erweitert wird (3.4. Alternative Helden), wobei besonders Wiederholungsfiguren als Kohärenzverfahren in den Blick genommen werden. Dabei wird gezeigt, dass das Nebeneinander von alternativen Heldenfiguren

---

[9] Allerdings zeichnet sich *Wauchiers Fortsetzung* dadurch aus, dass viele Binnenerzählungen um Nebenfiguren oder Wunderdinge in die Tugendproben der Parzival-Handlung integriert sind. Für die Dauer dieser Binnenerzählungen tritt Parzival als Protagonist vor den jeweiligen Handlungsträgern zurück (s. u., S. 206ff.).

Teil des gewollt spannungsreichen Programms des *Rappoltsteiner Parzifals* sind. Im letzten Teilschritt (3.5. Konnex) schlage ich eine Gesamtinterpretation des Werks vor, dessen Kohärenz gerade in seiner Heterogenität begründet liegt.

3.1. Programmatik

Der *Rappoltsteiner Parzifal* übernimmt neben dem Erzähltext die programmatischen Passagen seiner Vorlagen. Von diesen sind Wolframs Prolog und seine Erzählerexkurse relativ stark akzentuiert, indem der Erzähler darin die eigene Erzählweise thematisiert. Die *Erste* und *Wauchiers Fortsetzung* weisen zwar keine vergleichbaren Erzählreflexionen auf, doch wird Manessiers Schluss, der eine mythische Entstehungsgeschichte des Buchs beinhaltet, im *Rappoltsteiner Parzifal* angepasst und mit dem auf Philipp Colin zurückgehenden Epilog verbunden. Hinzu kommt, dass mit der *Elucidation* ein zweiter Prolog – passenderweise von den Straßburger Bearbeitern als *Prologus* bezeichnet – in das Werk aufgenommen ist, dessen Erzählreflexion völlig anders als Wolfram, nämlich mythisch anstatt auktorial argumentiert und ebenfalls gesamtprogrammatischen Anspruch hat. Dass sich alle genannten Passagen geradezu durch Rätselhaftigkeit und Uneindeutigkeit auszeichnen, erschwert diese Interpretation zwar, doch liegen sie darin zumindest auf einer Linie, was möglicherweise als Teil des Programms gesehen werden kann, das bereits bei Chrétien enigmatisch angelegt ist und damit der Tradition folgt.

3.1.1. Der Epilog

Wolframs Schluss geht im *Rappoltsteiner Parzifal* in den ca. 500 Verse umfassenden Epilog über, der in einer nachträglich eingefügten Überschrift als *rede* (RP 845,15) bezeichnet wird. In diesem Epilog nennt Colin sich selbst und die Verfasser seiner Vorlagen, stilisiert seinen Mäzen Ulrich von Rappoltstein zum diealen *minner*, beschreibt die Herkunft des *buoches*, nennt die anderen Bearbeiter des *Rappoltsteiner Parzifal* und erklärt schließlich seinen Nutzen für die Rezipienten.

Bisher hat die Forschung aus dem Epilog vor allem Hintergründe der Literaturproduktion abzuleiten versucht und in ihm ein Herrscherlob und eine eher oberflächliche Leseanleitung gesehen. So wurde z. B. anhand der Thematisierung von Geld und Lohn auf eine Strategie der Dichter geschlossen, ihren Mäzen zur Zahlung zu bewegen,[10] ein Passage, in der ein Vergleichswert für die Kosten des

---

[10] Scholz 1987, S. 107; Emmerling 2003, S. 43; Strohschneider 2003, S. 545–547.

Buches auftaucht wurde als Anhaltspunkt für die Produktionskosten mittelalterlicher Handschriften genommen[11] und nicht zuletzt wurden Colin und Wisse
aufgrund der Selbstbezeichnung Colins als Goldschmied als Handwerkerdichter
eingestuft.[12]

Dies ist leicht nachvollziehbar, denn aus Sicht der modernen Philologie ist die
Passage über die an der Herstellung Beteiligten außerordentlich relevant, da solche
detaillierten Informationen eine Seltenheit sind. Dass man diese Aussagen – wie
bei anderen Texten der Gattung Artusroman auch – poetologisch lesen kann,
wurde nur vereinzelt von JOACHIM BUMKE und WOLFGANG ACHNITZ angemerkt
und praktisch nicht weiterverfolgt.[13] Auch die Lesart als »Selbstbeobachtungen«[14]
hinsichtlich »kulturelle[r] Semantiken«[15] hat daran kaum etwas geändert, da sie
den Epilog nicht primär als programmatische Passage in den Blick nimmt. Im
Kontext dieser Untersuchung soll im Folgenden der Epilog konsequent als »poe-
tisch ungemein komplexe Inszenierung eines perspektivenreichen Gefüges unter-
schiedlichster Ligaturen«[16] gelesen werden, d. h. nicht als Wiedergabe oder Inszenierung von historisch-kulturellen Gegebenheiten, sondern als artifizielles Kunstwerk, das über das Kunstwerk *Rappoltsteiner Parzifal* metapoetisch reflektiert.

---

[11] Vgl. WITTMANN-KLEMM 1977, S. 111; SCHOLZ 1987, S. 104–106; BUMKE 1997, S.
107.

[12] Die Vorstellung, dass Colin das Goldschmieden als Handwerk ausübte, geht auf
SCHORBACHS Einleitung zurück, in der er anhand von Straßburger Urkunden versucht, die
Biographien der Bearbeiter nachzuvollziehen (vgl. SCHORBACH 1974, S. XXIVff.). Er
macht zwar plausibel, dass es tatsächlich eine Familie namens Colin in Straßburg zur Zeit
der Entstehung des *Rappoltsteiner Parzifal* gegeben hat, doch leitet er den Beruf des Gold-
schmieds einzig aus dem Epilog ab (vgl. ebd., XXXIX). WITTMANN-KLEMM verallgemei-
nert SCHORBACHS Befunde, wohingegen BUMKE diese Zuordnung zurückweist: »Daß die
beiden Dichter zwei »urkundlich nachweisbaren Straßburger Goldschmiedefamilien« ange-
hörten (D. WITTMANN-KLEMM [Anm. 1], S. 4), ist nicht richtig. Die Colins waren eine
reiche Familie in Straßburg und gehörten bereits Ende des 13. Jahrhunderts zu den ratfä-
higen Geschlechtern (SCHORBACH, S. XXV ff.); Goldschmiede sind in dieser Familie nicht
bezeugt. Die Wisses besaßen bereits im 13. Jahrhundert mehrere Häuser in der Stadt (ebda.,
S. XXIX ff.). »Nach K. Schmidt waren die Wisse eine reiche Straßburger Goldschmiedfa-
milie« (ebda S. XXIX). Belege dafür gibt es nicht (daß es im 16. Jahrhundert in Straßburg
einen Goldschmied namens Hans Weiss gab [SCHORBACH, S. XXIX, Anm. 4], wird man
schwerlich als Beweis werten können. Wahrscheinlich hatte Schmidt seine Kenntnis aus
dem *Rappoltsteiner Parzifal*. Im Epilog wird jedoch nur Colin als Goldschmied bezeichnet
(Sch 846,20. 857,21. 858,12), nicht auch Wisse. Philipp Colin ist vielleicht identisch mit
dem 1307 und 1309 urkundlich belegten Philippes Colin, einem verarmten Mitglied der
Familie (SCHORBACH, S. XXVIII)« (BUMKE 1997, S. 88).

[13] Vgl. ebd. und ACHNITZ 2012, S. 141 zitiert in CHEN 2015, S. 279.

[14] STROHSCHNEIDER 2003.

[15] Ebd., S. 539.

[16] Ebd., S. 542.

Hierzu gilt es, zunächst das Autorenbild der Straßburger Bearbeiter zurecht-zurücken, das viel mehr auf die Forschung als auf den Epilog selbst zurückgeht, indem es nicht von der Erzählerfigur getrennt wird. An dieser Deckungs-gleichheit, die den Blick auf die Stilisierung verstellt und zu realhistorischen Spekulationen führt, hängen die Interpretationen des Epilogs seit SCHORBACH: Da von Colins Beinamen *der goltsmit* auf einen Beruf geschlossen[17] und dieser z. T. sogar auf Wisse übertragen wurde, wurde die im Epilog erwähnte *milte* auf eine Strategie der ökonomischen Forderung gelesen,[18] indem die Bearbeiter zu Handwerkern ernannt[19] und später standesgemäß psychologisiert wurden.[20]

[17] Vgl. WITTMANN-KLEMM 1977, S. 4; SCHOLZ 1987, S. 106; BESCH 1961; EHRIS-MANN 1959; BOOR 1967; GOLTHER 1925.

[18] Wie problematisch solche Lesarten sind, zeigt der Umgang mit einem Detail zu den vermeintlichen Kosten des Projekts. Die in einem Vergleich eher beiläufig genannten Kos-ten des Buches mit den Kosten für ein Turnier wurden als Kostenauskunft gedeutet; und das, obwohl diese Kosten offensichtlich nur vage formuliert sind: *daz mag kosten zwei hun-dert pfunt* (RP 845,39). In dieser Sichtweise liest man den Vergleich dazu noch gegen den Strich, denn seine Funktion ist nicht die Bezifferung der Kosten, sondern zu verbildlichen, dass die Investition in ein Buch über Minne besser dazu geeignet ist, richtige Minne zu erlernen, als sich in einem Turnier (der Minne wegen) zu tummeln. Es geht also darum, dass dem Lesen bzw. Hören von (vergangenen) ritterlichen Taten ein höherer kulturell-ethischer Nutzen zugeschrieben wird als dem (aktuellen) Ausüben ritterlicher Taten. Die Zeitgenossen haben aber auf die genaue Höhe dieser Kosten wenig Wert gelegt, wie ein Blick in den Epilog der römischen Handschrift zeigt (den Wortlaut des Epilogs der römi-schen Handschrift liefert bereits KELLER (KELLER 1844, S. 684), wenn auch nicht immer verlässlich). Dort ist von *drie hundert phunt* (181ra) anstatt zweihundert die Rede. Selbst wenn man davon ausgeht, dass es noch einen ersten Band zum römischen Codex gegeben hat, dann ist der anderthalbmal höhere Betrag nicht nachvollziehbar, da ja nur die Ab-schrift, nicht aber das Übersetzen, Kompilieren und Dichten bezahlt werden musste. Noch weniger Relevanz kommt dem Betrag zu, wenn die römische Handschrift von vornherein nur eine Teilabschrift war und dann nur etwa zwei Drittel des Schreibaufwands erfordert hätte. Sollte es sich tatsächlich um eine kunstvoll eingearbeitete Zahlungsaufforderung han-deln, dann stellt sich die Frage, welchen Nutzen es für den Handwerker Colin hätte, durch eine »Strategie der Persuasion« (SCHOLZ 1987, S. 107) ein »hochgradig prekäres [Verhält-nis]« (STROHSCHNEIDER 2014, S. 313) in dem Werk selbst zu schaffen. Denn obwohl die Karlsruher Handschrift durchaus aufwändig und repräsentativ gestaltet ist, ist doch von vornherein ein nur kleiner Rezipientenkreis um die Rappoltsteiner Adelsfamilie zu erwarten gewesen, der sich kaum als Öffentlichkeit für die Forderung geeignet hätte. Sollte Ulrich tatsächlich zahlungsunwillig gewesen sein, dann läuft eine Forderung im Epilog ins Leere. Wesentlich naheliegender scheint es mir, solche vermeintlich dokumentarischen Aspekte des Epilogs auf ihren poetologischen Charakter zu überprüfen.

[19] Vgl. die Urteile von Vogt und GOLTHER bei HELLER, die den *Rappoltsteiner Parzifal* als »Handwerksarbeit« bzw. »Handwerksware« bezeichnen (HELLER 1930, S. 109).

[20] SCHOLZ ist diesbezüglich eher verhalten, wenn er hinsichtlich des Bittgesuchs von der »Haltung« der Bearbeiter spricht (SCHOLZ 1987, S. 98). EMMERLING psychologisiert

Dass die Bearbeiter im Epilog sehr subtil mit bestimmten Bildern umgehen, ist bereits am Zusammenspiel der Figureninitiale mit der ersten Nennung Ulrichs und der Beschreibung seiner Reaktion auf das Minnebrieflein zu beobachten. Weniger subtil, dafür ähnlich bildhaft, kann auch die Bezeichnung Colins als Goldschmied verstanden werden. Bereits BUMKE merkt an, dass der Goldschmied als Beiname eines Dichters keinesfalls ungewöhnlich ist, sondern in einer solchen Metapher Parallelen zu anderen Dichtern, wie Heinrich von dem Türlin und Gottfried von Straßburg bestehen.[21] Diese Vermutung erscheint umso plausibler, wenn man Textstellen, in denen sich Colin als Goldschmied bezeichnet, in ihren jeweiligen Kontexten im Epilog betrachtet. Die erste Nennung schließt an das Dichterlob Manessiers an, dem wiederum die Nennungen von Wolfram und Chrétien vorangehen.

> Nu ist ez kommen in tüzsche lant
> an eins werden herren hant,
> der grosze kost dran het geleit,
> als unz ein cluoger goltsmit seit,
> von Straßburg Philippez Colin,
> der het diz buoch dem herren sin
> von welsch in tüeczsch gerimet.
> (RP 846,17–23)

Zwei Punkte sind an dieser Passage bemerkenswert. Erstens beschreibt Colin eine Tätigkeit mit denselben Worten, wie die Wolframs (vgl. *gerimet* (RP 845,18) und *in tüschen seit* (RP 845,23f.). Dabei stellt er die Verhältnisse der Dichter zueinander parallelisiert in zwei Paaren dar: So wie Wolfram Chrétiens Erzählung um Parzival übersetzt hat, so übersetzt Colin *Manessiers Fortsetzung*. Zweitens wird die Bezeichnung *tihter*, die an anderer Stelle durchaus für Colin verwendet wird (RP 853,30ff.), hier trotz dieser Parallelisierung nicht mit ihm in Verbindung gebracht, dafür bezeichnet er sich als *cluoger goldsmit*. Die Bezeichnung ersetzt an

---

stärker, wenn sie versucht, aus einer realhistorischen Lesart des Epilogs die Perspektive und das Bewusstsein des Autors Colins zu rekonstruieren, wobei neben der Vorstellung eines auf ökonomische Interessen ausgerichteten Handwerkers Colin auch eine analytische Haltung gegenüber dem Adel als ›anderem‹ Stand zugeschrieben wird: »Als Goldschmied, der nur für einen klar abgrenzbaren Zeitraum in die Rolle des Dichters schlüpft, um seine Handwerkstätigkeit finanziell abzusichern (Sch 858,9–13), entwickelt er eine Art historisches Bewusstsein dafür, dass Minne und höfische Literatur sowohl Luxusgut als auch Prestigeobjekt des Adelsstandes sind.« (EMMERLING 2003, S. 47).

[21] Vgl. BUMKE 1997, S. 88, Anm. 2. Der Kontext dieser Tradition ist nicht unwahrscheinlich, denn auf Gottfrieds Tristan wird im Epilog angespielt (RP 852,7).

dieser Stelle den eigentlichen, durch das vorliegende Werk attestierten Beruf des Dichters, wobei *cluog* hier nicht nur des Metrums wegen gewählt worden sein dürfte,[22] sondern tatsächlich auch die Qualität dieses metaphorischen Goldschmiedes ausweisen soll und zum vorhergehenden Lob von Manessiers Kunstfertigkeit passt.

Auf diese erste Nennung Colins folgt die Stilisierung Ulrichs über das biblische Gleichnis vom guten Baum, was im Sinne der Textstelle bedeutet: Ulrich ist der gute Baum, seine gute Frucht ist die Minne. Ulrich wird über die Figureninitiale und die weitere Anspielung im zweiten Teil des Epilogs als Erfüllung des biblischen Ideals dargestellt,[23] wodurch sich die Frage nach der Gnade nur als literarisches Spiel stellt, durch die hervorragende Herkunft aber praktisch garantiert ist. Dies ist für das Buch als Produkt Ulrichs und die Inszenierung des Dichters als Goldschmied nicht unerheblich. Denn nach dieser ersten Stilisierung folgt die abstrakte Reflexion über das Wesen der Minne, die in einem Vergleich endet, bei dem Gold eine entscheidende Rolle spielt:

> zuht, guete, tugent und ere
> lernet do ein minnere.
> ob er gerne unmilte were,
> minne gestattet ez im niht.
> minne und milte man siht
> zuo aller zit enander bi.
> daz ein minner karg si,
> die mögent bi einander niht geston:
> antweders muos daz andere lon,
> wan ez wider den orden were.
> milte ziert den minnere,
> alse daz golt ein edeln stein tuot.
> minne und milte hant ein muot,
> wie wol einz bi dem anderen stat.
> (RP 847,28–41)

In der Passage wird zunächst auf den Nutzen eingegangen, den ein *minner* von der Minne hat. Durch die Minne lernt er (höfisch-adelige) Tugenden. Sie schließt an die Stilisierung Ulrichs durch das Baum- Gleichnis an, in dem Minne ebenfalls als generelle Zusammenfassung aller christlichen Tugenden erscheint. Passend dazu werden in der folgenden Reflexion die *unminnenclichen gedenke* (RP 846,39)

---

[22] Laut WITTMANN-KLEMM wird *cluog* im Abschnitt Übersetzung der *Ersten Fortsetzung* sehr häufig zur Ergänzung eines Reims verwendet (vgl. WITTMANN-KLEMM 1977, S. 44). Im Kontext der hier besprochenen Textstelle scheint das Adjektiv aber auch semantisch passend.

[23] S. o., S. 96ff.

kontrastiert, wodurch auf den schlechten Baum des Gleichnisses angespielt wird. Erst dann kommt die Milte ins Spiel, jedoch in einer zunächst unverständlichen Konstellation: *ob er [ein minner] gerne unmilte were, / minnne gestattet ez im niht.*

Dass es sich bei der Minne um eine »Instanz des Überflusses« handle und »ihre Negation [...] *unmiltikeit*«[24] heiße, geht aus dem Text jedoch nicht hervor. Vielmehr erscheint die enge Verbindung von Minne und Milte auch in den darauffolgenden Versen willkürlich, woran auch die Begründung *wan ez wider den orden were* nicht wirklich zur Erklärung beiträgt. Aufgelöst wird die rätselhafte Assoziation erst mit dem Vergleich: *milte ziert den minnere, / alse golde ein edeln stein tuot.*

Dieses Bild erfordert jedoch seinerseits eine Interpretation, die die bis dahin vorangegangenen metapoetischen Reflexionen miteinbezieht. Minne wurde auf zweifache Weise als Inbegriff und Zusammenfassung adelig-christlicher Tugenden dargestellt, die jedoch *sundere figure* (RP 847,19), also körperlos sei, *dekeinen munt* (RP 847,8) habe und nur die *minnenden herzen* (RP 847,11) sie verstehen können. Durch diese Subsumierung erscheint der Begriff ›Minne‹ äußerst abstrakt. In dem darauf folgenden Vergleich wird der Träger dieser Minne mit einem Edelstein gleichgesetzt, die Milte hingegen sei, wie das Gold für den Edelstein, die Fassung. Zuvor hatte sich Colin im Kontext des Dichterlobs als Goldschmied vorgestellt, also als derjenige, der das Gold in seine kunstvolle Form bringt, d. h. hier: In die Form des gedichteten Buches. Minne und Milte sind demnach zwei Seiten einer Medaille, oder besser eines Gefäßes, wobei die Minne als innere, abstrakte Universaltugend und die Milte als ihre äußere und konkrete Verkörperung, als ihre Hülle dargestellt wird.[25]

Diese Dichtungsreflexion, die den Stoff mit einem Edelstein und die sprachliche Verarbeitung mit dessen goldener Fassung gleichsetzt, schließt sich noch breiter an die Tradition an, als von Bumke angedeutet.[26] So bedienen sich neben Gottfried und Heinrich auch Wirnts von Gravenberg *Wigalois*, Alanus' von Lille *Anticlaudianus* und Albrechts *Jüngerer Titurel* dieser Metapher, und greifen dabei z. T. das Gleichnis der Perlen-vor-die-Säue aus Matth. 6,7 auf, wobei die Metaphern von Perlen und Edelsteinen für die Dichtung analog verwendet werden. In der rhetorischen Tradition ist das Verhältnis von Material und Form als Edelstein und Fassung bei Matthias von Vendome und in Galfrieds von Vinsauf *Poetria nova* belegt.[27]

---

[24] Strohschneider 2014, S. 314.

[25] Anders Chen 2015, S. 322–324.

[26] S. o. S. 148, Anm. 13. Esther Laufer weist in ihrer Arbeit zu Konrad von Würzburgs *Trojanerkrieg* auf die Verwendung dieser Metapher in volksprachlicher Dichtung hin, die sich sowohl auf biblische als auch auf rhetorische Tradition beziehe (vgl. Esther Laufer: Metapoetics in Konrad von Würzburgs *Trojanerkrieg* 2016, S. 74–77).

[27] Vgl. ebd.

Neben der im Objekt des Apfels der Discordia im *Trojanerkrieg* eingeschriebenen Dichtungsreflexion ist die Goldschmiede-Metapher bei Konrad in der *Goldenen Schmiede* am deutlichsten ausgeprägt, wobei dort bezeichnenderweise dem Herzen als Entstehungsort der Dichtung und dem Sprechen als Dichtungsakt Schlüsselfunktionen zukommen:

> In the prologue of the *Goldene Schmiede* Konrad famously expresses his desire to forge praise for the Virgin from gold, silver and gemstones in the smithy of his heart, with the hammer of his tongue:
>
>> Ei künde ich wol enmitten
>> in mines herzen smitten
>> getihte zu golde smelzen,
>> und liehten sin gevelzen
>> von karfunkel schone drin
>> dir, hohiu himelkeiserin!
>> So wollte ich diner wirde ganz
>> ein lop durchliuhtec unde glanz
>> darzu vil harte smiden.
>> Nu bin ich an der künste liden
>> so meisterliche niht bereit,
>> daz ich nach diner werdekeit
>> der zungen hamer künne slahen,
>> und minen munt also getwahen
>> daz er ez dinem prise tüge. (1–15)[28]

Der biblische Bezug ist im *Rappoltsteiner Parzifal* eng, da über die Figureninitiale und die Baum- und Herz-Metaphorik nicht nur die topische Stelle Matth. 7,6 aufgerufen, sondern mit Matth. 7,1–11 und Luk. 6,41–45 ein breiterer Bezug zu gleich zwei Evangelien aufgemacht wird, der unmissverständlich der Stilisierung Ulrichs von Rappoltstein und dessen Literaturprojekt dient.

Im Kontext der Stofftradition birgt die ohnehin schon stark aufgeladene Metapher vom guten Baum eine weitere Bedeutungsfacette: In Chrétiens *Conte du Graal*-Prolog inszeniert sich der Erzähler als Sämann, der seine Saat ausbringt. Die Metapher ist nicht nur auf den Dichter als Versmacher gemünzt, sondern sie ist auch eine programmatische Legitimation der *Fortsetzungen*, wie HINTON herausstellt.

> The *Conte du Graal* opens with images of fertility and generation, quickly linked to the process of textual dissemination via the authorial figure of Chrétien, who *semme et fait semence / D'uns romans que il encomence* [sows the seeds of a romance that he is beginning] (CdG 7–8). [...] Indeed, the alacrity with which the interrupted text was taken up by subsequent authors can be understood as a response to Chrétien's prologue, which

---

[28] Ebd., S. 76–77.

presents his act of writing explicitly as a beginning (*que il encomence*) of a romance in which he sows the seeds of continuation by those who know how to follow:

> Et qui auques requeillir velt,
> En tel liu sa semence espande
> Que fruit a .c. doubles li rande (CdG 2–4)

[And he who wishes to reap something should cast his seeds in a place which will yield what he sows two hundred times over][29]

Hinzu kommt, dass in den daran anschließenden Versen das Bild des guten Bodens mit Chrétiens Gönner Philipp von Flandern assoziiert wird:

> Car en terre qui riens ne valt,
> Bone semence seche et faut.
> Crestïens semme et fait semence
> Du'un romans que il encpmence,
> Et si le seme en si bon leu
> Qu'il ne puet [estre] sanz grant preu,
> Qu'il le fait por le plus preudome
> Qui soit en l'empire de Rome.
> C'est li quens Phelipes de Flandres, (CdG 5–13)

[[...] denn in unfruchtbarer Erde vertrocknet und verdirbt ein guter Same. Gleich einem Sämann legt Chrétien die Saat seines (hier) beginnenden Romans aus; er sät ihn auf so fruchtbaren Boden, daß er nicht ohne reiche Ernte bleiben wird, schreibt er ihn doch für den trefflichsten Mann im römischen Reich: den Grafen Philipp von Flandern.][30]

Obwohl die Straßburger Bearbeiter Chrétiens Prolog nicht übernommen haben, scheint ihr Epilog wie maßgeschneidert auf diesen zu passen, indem Ulrich als Baum und der *Rappoltsteiner Parzifal* als dessen Frucht, als die aufgehende Saat Chrétiens und Philipps erscheinen. Wenn auch dieser Bezug nur den Kennern beider Versionen vorbehalten bleibt, ist doch zu verzeichnen, dass die Bearbeiter die Metaphern und die Argumentation von den französischen Vorgängern übernehmen. Dies betrifft auch Manessiers Schluss (s. u.). Dass Colin als Goldschmied als Bearbeiter dieses kostbaren Stoffes erscheint, ist als äußerst selbstbewusste Darstellung in seiner Funktion als Dichter zu bewerten.

Das oben beschriebene Verhältnis von Minne und Milte, wie er in der abstrakten Reflexion erscheint, spiegelt sich im zweiten Teil des Epilogs als literarische

[29] HINTON 2012, S. 111.
[30] Übersetzt nach Chrétien de Troyes: *Le roman de Perceval ou le Conte du Graal*. Altfranzösisch/Deutsch = Der Percevalroman oder die Erzählung vom Gral. Hrsg. v. FELICITAS OLEF-KRAFFT, Stuttgart 1991.

Inszenierung wider. Der Modus der Darstellung wechselt zu einer narrativen Darstellung mit allegorischem Figurenpersonal, wobei der Übergang nicht bruchlos geschieht, sondern durch eine Überleitung (*nu hörent war die rede gat* [RP 847,42]) und eine Initiale (RP 847,43) als Beginn der eigentlichen *rede* gekennzeichnet ist. Der zweite Teil setzt narrativ das um, was im ersten als abstraktes Konzept vorangestellt wurde: Minne und Milte erschaffen zusammen Erzählungen von den tugendhaften Tafelrundern (RP 847,43–848,2), diese sollen übersetzt werden (RP 850,34), die körperlose Minne spricht zum Herzen Ulrichs (RP 849,1ff.), der schließlich die Milte zur Minne hinzuholt und den Befehl zur Verwirklichung gibt (RP 853,6–9).

Dass Ulrich als Artus' literarischer und genealogischer Erbe inszeniert wird, dient möglicherweise nicht nur der Stilisierung des Mäzens, sondern auch der Literarisierung des Epilogs, indem die im Artusroman ohnehin schon dünnen Grenzen der Fiktionalität bewusst durchbrochen werden. Dies ist bereits vor dem Epilog vorbereitet. In Wolframs Schluss sind vor und nach der Aufzählung der Gegner Parzivals und Feirefiz zwei Passagen aus *Manessiers Fortsetzung* eingeschoben, in denen berichtet wird, dass Parzival und die anderen Ritter selbst von ihren Taten erzählen. Artus gibt den Befehl, diese Geschichten aufschreiben zu lassen:

> der [künig] hies es alles schriben dar
> an ein buoch von worte ze wort.
> die aventüre wolt er han für ein ort
> und waz ieder ritter aventüre seite
> hies er och schriben algereite,
> der gute künig eren vol,
> und hies es gehalten wol.
> (SCHORBACH 1974, S. LIII)

In *Manessiers Fortsetzung* verweist der Erzähler auf dieses Buch als Beweis der Wahrheit seiner Erzählung und lädt den Rezipienten ein, die Straße nach Salisbury zu Artus' Grab zu nehmen, wo das Buch noch immer zu finden sei.[31] »Of course, this authorization of Manessier's text turns out to be wonderfully circular as anchors is truth in the fiction just read.«[32] Neben der Strategie der Beglaubigung und dem Spiel mit der Fiktionalität dient dieser Kunstgriff dazu, Manessiers Arbeit und seine Mäzenatin Johanna von Flandern in der literarischen Tradition als Genealogie zu inszenieren, indem der Erzähler nicht nur unterstreicht, dass seine Mäzenatin die Großnichte Philipps von Flandern, dem Mäzen seines Vorgängers

---

[31] Vgl. BRUCKNER 2009, S. 54; HINTON 2012, S. 77; TETHER 2012, S. 170. Die Herkunftsgeschichte des Buchs und seine Aufbewahrung in Salisbury sind aus dem *Vulgate-Zyklus* importiert (vgl. SANDKÜHLER 1964, S. 253).

[32] BRUCKNER 2009, S. 56.

Chrétien, sei, sondern seiner Fortsetzung eine Abstammung zuschreibt, die direkt auf Artus zurückgeht. [33]

Diese Passage haben die Straßburger Bearbeiter zwar nicht übernommen, die Argumentationsstrategie jedoch schon, indem sie im Verlauf des Epilogs das von Artus in Auftrag gegebene Buch aufgreifen, ihn als Bücherliebhaber darstellen und Ulrich zu dessen ebenso bibliophilen Erben machen. Artus' Buch ist laut Frau Minne die Vorlage des Karlsruher Codex:

> Wir beide [Minne und Milte] daz vernommen hant,
> daz dir [Ulrich] ein welsch buoch ist gesant,
> das der künig Artus
> hiez schriben von orte unze ende uz
> von ir aller munde
> der von der tofelrunde.
> daz buoch er alle zit gerne laz,
> wan ez wor und bewert waz.
> (RP 850,11–18)

Erstaunlich ist, dass die Bearbeiter trotz der gestrichenen doppelten Gönnernennung die Verbindung zu Chrétiens Prolog aufrechterhalten, nämlich über die Metaphern von Saat und Frucht, obwohl sie den Prolog nicht in den *Rappoltsteiner Parzifal* übernehmen. Darüber, ob darin eine Anspielung auf die französischen Vorlagen liegt, welche die Rezipienten wahrgenommen haben, kann nur spekuliert werden. Es ist zumindest auffällig, dass die Bearbeiter in ihrer Kompilation, die die Vollständigkeit des Stoffs vom Ursprung bis zum Ende für sich beansprucht, gerade den Prolog des Initiators der literarischen Tradition mit dem Epilog des letzten Fortsetzers verbinden und das Lob der beiden Mäzene auf Ulrich umschreiben. Anfang und Ende werden in demselben Bild zusammengeführt. Dies würde aber bedeuten, dass die Bearbeiter zumindest für einen Teil der erwarteten Rezipienten eine intensive Kenntnis ihrer französischen Vorlagen vorausgesetzt haben, was wiederum das gesamte Projekt der Übertragung vom *welschen* ins *tüsche* in ein völlig anderes Licht rückt. Dann ginge es nicht um das Zugänglichmachen des Stoffs in deutscher Sprache, sondern um Übersetzen als literarische Leistung und Verbesserung zum Lob des Mäzens und um ihrer selbst willen.

Im Dienste der Stilisierung Ulrichs sind auch die Änderungen der Bearbeiter in Wolframs Schluss zu sehen, die ebenfalls auf das Programm des Epilogs zielen und es bereits in der Erzählung vorbereiten. Als Teil des Epenschlusses gehören

---

[33] Vgl. Hinton 2012, S. 77.

diese Änderungen zu den »besonders sensible Stellen« der Wiederbearbeitung.[34] Sie führen zu einem in der Parzival-Überlieferung beispiellosen Ende der Dichtung: König Artus und die gesamte Tafelrunde begleiten Parzival und Feirefiz zur Gralburg Munsalvaesche und wohnen dort der letzten Gralprozession samt der erlösenden Frage, Feirefiz' Taufe und Parzivals Krönung mit bei. [35] Die Änderungen dienen der Arthurisierung und »Profanierung der Gralswelt«[36] und sind Teil der Stilisierung des Mäzens. Indem Ulrich als Artus' Erbe und das vorliegende Buch als fortgeführte Augenzeugenschaft der Erzählungen dargestellt werden, nimmt Ulrich (aber auch der Rezipient) über das Buch in einer lückenlosen Kette an den Ereignissen teil.

Daneben haben die Änderungen eine weitere Funktion, nämlich die Relativierung von Parzivals exzeptionellem Status. Nicht sein Status als bester Ritter wird in Frage gestellt, doch der Wert der Erzählungen um die anderen Ritter wird praktisch mit der Erzählung um Parzival gleichbehandelt. Die Vorlage ist in den hier besprochenen Passagen so inszeniert, dass sie nicht nur die Geschichte Parzivals allein enthält, sondern eine Vielzahl von Erzählungen aller Ritter der Tafelrunde, die zudem noch aus den mündlichen Berichten der Ritter selbst stammen und vollständig sind. Die Entstehungsgeschichte des *Rappoltsteiner Parzifal* ist also als eine doppelte stilisiert, wobei nicht nur eine Parallele zwischen Ulrich und Artus als Auftraggeber besteht, sondern auch zwischen Ulrich und den Tafelrundern, indem der Ursprung der Erzählungen ebenfalls auf ihr Sprechen (*von ir aller munde*) zurückgeht. Im Kontext der durch die Figureninitiale eingeleiteten Kette

---

[34] BUMKE 2005, S. 28. Dass der Schluss umgearbeitet wurde, bemerkt bereits SCHORBACH, der die Änderungen für Zusätze der Straßburger Bearbeiter hält (vgl. SCHORBACH 1974, S. LIV). HELLER identifiziert sie als größtenteils aus *Manessiers Fortsetzung* übernommenes Material (vgl. HELLER 1930), während WITTMANN-KLEMM die Änderungen weiter ergänzt (vgl. WITTMANN-KLEMM 1977, S. 81–85). WITTMANN-KLEMM zeigt zudem, dass es sich nicht nur um punktuelle Zusätze handelt, sondern dass der Schluss sorgfältig und konsequent umgeschrieben wurde.

[35] Den bisher verzeichneten Änderungen sind noch einige wenige hinzuzufügen: *Pz.* 805,18: *do hette ir artus und feravis gebiten* (313ᵛ); Pz. 815,2: *artus und anfortas noch do mere* (314ʳ); *Pz.* 816,11: *artus und anfortas die guten* (314ʳ); Pz. 820,18f.: *feravis do naht und tag / amme drisigesten tage schiet er dan* (316ʳ). Hiervon ist allenfalls die Änderung Pz. 820,18f. interessant, da sie verdeutlicht, dass den Bearbeitern bei den Änderungen durchaus an der Vermeidung von Widersprüchen gelegen war. Dass Feirefiz erst am dreißigsten Tag (anstatt am zwölften) von Munsalvaesche aufbricht, deckt sich mit der zuvor eingefügten, von Manessier übernommenen Passage (SCHORBACH 1974, S. LIVff. bzw. ROACH 1949–1985, S. 42478–42526), in der davon die Rede ist, dass Artus und die Tafelrunde einen Monat lang auf der Gralburg bleiben. Ansonsten wäre ein Widerspruch zum weiteren Verlauf nach Wolfram entstanden, in dem Feirefiz nach seiner Abreise Artus bei Joflanze sucht und verpasst (vgl. Pz. 821,29ff.).

[36] WITTMANN-KLEMM 1977, S. 92.

der biblischen Gleichnisse ist diese mündliche Produktion zugleich metonymisch zu verstehen: Die von den Rittern selbst erzählten Geschichten über ihre tugendhaften Taten sind unmittelbare Ableger dieser Tugenden. Insofern spiegeln die Änderungen in Wolframs Schluss sowohl das Programm des Epilogs als auch die durch die Chrétien-Fortsetzer vorgenommenen Erweiterungen des Doppelromans wider.

Im dritten Teil des Epilogs wechselt der Modus ein weiteres Mal. Der zuvor sehr zurückhaltende Erzähler Colin ergreift nun die Regie des Epilogs in der ersten Person.[37] Nach der Nennung der Bearbeiter geht er auf den Nutzen des Buches ein, stellt die Figuren der Erzählungen als Vorbilder heraus und spielt mit der organologischen Metapher *wer volget diseme getihte, / der mag nüt miszetretten. / die wort sind uz erjetten, / sü enirret do kein uncrut* (RP 855,6–9) einerseits ein weiteres Mal auf das Gleichnis vom guten Baum und andererseits auf die Verwirklichungen der abstrakten Universaltugend durch seine Dichtung an.[38]

Darauf beginnt der Schluss des Epilogs, in dem Colin sich zwei weitere Male als Goldschmied bezeichnet. Nachdem er die Tafelrunder und Artus ein weiteres Mal gelobt hat, befiehlt er die Figuren Gott im ewigen Leben und rückt die Erzählung, kontrastierend zur eigenen Zeit, in die Vergangenheit, wodurch die Grenzen zur Fiktion spielerisch verwischt werden. Dabei macht er ausgiebig von einer Kombination aus Unsagbarkeits- und Bescheidenheits-Topos Gebrauch:

> Nu söllen wir die [diese ritter guot] gotte ergeben
> und helfen den lebenden leben.
> [...]
> dez künigez muese got walten
> unde sinre werden geselleschaft
> und maniger frowen tugenthaft,
> der edeln maszenien
> und ir zarten amien,
> die nieman kunde volle loben.
> min lob mueste allen loben oben
> unde solte ich loben ire schöne
> in aller meister döne,
> mir gebreste dannoch lob.
> al min getihte were ze grob
> zuo lobende ire clorheit.
> ir lob wurt niemer volleseit,
> wande alle tihtere

---

[37] Im ersten Teil wird er in der dritten Person genannt, den zweiten Teil dominieren klar die allegorischen Figuren.

[38] Auch hier schwingt wieder der Bezug zu Chrétiens Prolog mit, in dem ebenfalls die negativierte Form des Ideals (in Form des schlechten Bodens) abgewiesen wird.

wurdent tihtender sinne lere
an lobe und an ruome,
wan al der welte bluome
an megeden und an frowen
möhte man do schowen,
als unz ir ystorien tuot bekannt,
die wir vor in geschriben hant.
(RP 855,29–856,16)

Was an dieser Stelle auf den ersten Blick wie Bescheidenheit wirkt, ist tatsächlich ein Lob auf die Leistungsfähigkeit der eigenen Dichtkunst. Zwar beteuert Colin, dass er die Figuren angemessen loben könne, doch relativiert sich dieses scheinbare Unvermögen durch den Verweis auf die Unmöglichkeit dieser Aufgabe.

Ein weiteres Lob der Dichtung liegt in den letzten Versen dieser Passage. Indem sie auf die vorhergehende Dichtung verweisen, als deren Verfasser Colin das Bearbeiter-Team nennt (*die [ir ystorie] wir vor in geschriben hant*), wird der Unsagbarkeitstopos unterlaufen und die Dichtung überhöht. Diese Überhöhung wird noch weitergetrieben, indem die Minne den Figuren aus eben dieser Dichtung vorliest und sie dabei von ihrem Lehrstuhl bzw. aus der Kanzel belehrt. Kein Saitenspiel könne schöner sein:

in der Minnen schuole,
da sü liset zuo stuole
ir [der bildere] legende reine
den minnenden herzen eine
kein seitenspil mag sueszer wesen
(RP 856,29–33)[39]

Das Buch wird zum Unterweisungsinstrument im Jenseits der Figuren der Dichtung und damit zu einem gleichsam sakralen Gegenstand. Dass dieser in der Rezeption zugleich den irdischen Rezipienten tatsächlich greifbar vorliegt, macht die Veredelung über den Codex präsent. Nach dieser Überhöhung der Dichtung nimmt Colin den Unsagbarkeits-Topos wieder auf, da man die *sueszekeit* (RP 856,38) der Minne mit tausend Mündern nicht beschreiben könne. Dies tut er unter Rückgriff auf die zuvor mit dem Buch verknüpfte Musik-Metapher:

dez zimet mir wol ein swigen,
mir went von minre gigen
zwo seiten enzwei brechen.

---

[39] Dieser sakrale Aspekt der Überhöhung scheint im Kontext eines Gralromans alles andere als unpassend und wurde, gerade von der älteren Forschung, im Epilog des *Rappoltsteiner Parzifal* vermisst. Da der Gral im Epilog jedoch mit keiner Silbe erwähnt wird, ist diese Verbindung nicht zwingend zu ziehen.

> ich enkan nüt fürbas sprechen,
> der sin ist worden mir ze crang,
> daz ist der ersten seiten clang.
> mir gebristet sueszer worte,
> der sin der darnoch horte
> der wil mir ouch zersliffen.
> ich enkan nüt wol begriffen,
> daz ich so suesze kose,
> und der minnen glose
> eigenliche bescheide.
> daz sint die seiten beide,
> minre fünf sinne zwene.
> nu bitte ich dich, fene,
> mine suesz meisterin,
> losze ez mit dinen hulden sin
> daz ich nüt fürbas spriche
> und dime lobe abriche
> und die sache besliesze,
> e ieman min bedriesze
> den diz getihtez dunket ze fil.
> (RP 856,39–857,15)

Zunächst führt die Passage zum Ende der Dichtung. Colin beschreibt seine Kunst als Saitenspiel, das Instrument, auf dem er spielt, als Geige, wobei seine fünf Sinne deren Saiten sind. Er fürchtet, dass zwei dieser Saiten, Verstand und Wille, reißen könnten, wenn er noch weiter spreche. Als ob er von alleine nicht aufhören könne zu dichten, ruft er die Minne selbst an (mit ihrem lateinischen Namen *fene*), dass sie ihre Unterstützung beende und er aufhören könne.

Die Dichtung scheint in diesem literarischen Spiel sowohl von Colin als auch von der Minne auszugehen. Dabei unterläuft Colin abermals den Topos, indem das vorhin noch als unsagbar dargestellte Lob der Minne als von ihm vollbrachtes erscheint, was er selbst kaum glauben könne (*ich enkan nüt wol begriffen, / daz ich so suesze kose, / und der minnen glose / eigenliche bescheide*). Zugleich ist er aber auf die Minne angewiesen. Bemerkenswert ist, dass diese direkt durch Philipp Colin wirkt, also keinen Umweg über Ulrich nimmt, sondern mit dem Bild des Fiedlers eine weitere Dichter-Metapher bemüht.[40] Angesichts der vorherigen Überhöhung

---

[40] Sie ist z. B. aus der *Klage* bekannt (Vgl. JAN-DIRK MÜLLER: Spielregeln für den Untergang. Die Welt des *Nibelungenliedes*, Tübingen 1998, S. 62). Auch wenn dort nicht der Dichter-Erzähler, sondern eine Figur der Erzählwelt (Etzels Spielmann Swemmel) im Fokus steht, gibt es doch Parallelen, indem eine beide als bloße Vermittler eines als eigenständig dargestellten Stoffes inszeniert werden. Wo Swemmel als Gewährsmann durch Augenzeugenschaft (vgl. ebd.) in einer fingiert mündlichen Tradition steht, ist Colin als Reproduzent des Arthurischen Buches Teil einer schriftlichen Tradition.

und dem Konzept einer abstrakten Minne, die in der konkreten Dichtung verkörpert wird, inszeniert sich diese Reflexion über das eigene Dichten als sehr selbstbewusst. Die folgende gebetsartige Ansprache an Gott ist keineswegs unvermittelt, da die Minne hier nicht als »eine Hauptkomponente des Weltlichen gedacht wird«,[41] sondern in ihr von Beginn an Erzählung und religiöse, auf das Seelenheil zielende, Tugend, vereint sind, nicht zuletzt durch die Baum-Metapher und deren Aufgreifen ex negativo als Unkraut zu Beginn der Passage und der didaktischen Funktion des Buchs im Jenseits. Hervorragende Dichtung und Herrscherlob bedingen einander, was auch in einer weiteren Nennung Colins als Goldschmied mitschwingt:

> got losze in mit eren leben
> der diz buoch het vollebroht.
> noch het sich mere bedoht
> Pfilippez Colin der goltsmit,
> domitte er unz die lecze git.
> (RP 857,18–22)

Kurz darauf folgt die letzte Nennung Colins als Goldschmied, die älteren Interpretationen Anlass zu der realhistorischen Lesart gab, dass Colin nach der Vollendung des *Rappoltsteiner Parzifal* und der Auszahlung durch Ulrich wieder als Handwerker tätig geworden sei. Nachdem Colin die lieblichen Frauen im Allgemeinen und Ulrichs Herzensdame im Besonderen dazu auffordert, Ulrich zu danken, da er ihnen durch seine Freigiebigkeit zu Lob verholfen hätte (RP 857,23–858,7), wird Colin das letzte Mal als Dichter und Goldschmied inszeniert:

> edelz herze, bedenke ouch mich!
> ich bin din tihter gesin
> und bedarf der helfe din.
> nu teil mir dine milte mit,
> so wurde ich wider ein goltsmit
> und wünsche dir heiles iemer.
> (RP 858,8–13)

Liest man die Bezeichnung *goltsmit* in dieser Textstelle als Bezeichnung für den Dichter, dann handelt es sich hier nicht um eine versteckte ökonomische Forderung, dass Ulrich Colin für seine Arbeit am *Parzifal* entlohnen solle, damit er wieder sein Handwerk ausüben könne, sondern um die Bitte, dass Ulrich Colin auch für weitere literarische Unternehmungen als Dichter berufen möge. In dieser Lesart der Textstelle haftet dem Verhältnis von Dichter und Mäzen nichts Prekäres an. Vielmehr ist sie ein weiteres Moment des Lobes auf Ulrich, da durch weitere

---

[41] CHEN 2015, S. 328.

literarische Unternehmungen Ulrichs *milte* und damit auch seine *minne* noch über den *Rappoltsteiner Parzifal* hinaus in Aussicht gestellt werden.

Verweise über den Text hinaus sind keinesfalls untypisch für die Schlüsse der deutschsprachigen Artusromane, in denen oft ein Fortschreiben der Erzählung, mal explizit (vgl. z. B. *Wigalois* 11626ff.), mal implizit (z. B. durch den offenen Schluss von Wolframs *Parzival*) oder in negierter Form (vgl. *Diu Crône* 29910ff.) gefordert wird. Im Epilog des *Rappoltsteiner Parzifal* ist die Ebene des Anschlusses von der Erzählung auf den Dichter verlagert, was möglicherweise daran liegt, dass der Anspruch der Dichtung bereits in der Vervollständigung der Geschichten der Tafelrunder um Parzival besteht, ein zweifaches Ende (nach Wolfram und Manessier) besitzt und allenfalls durch Wolframs Loherangrin-Schluss zur Fortführung einlädt. Im Prinzip bleibt dieser Verweis aber ein Spiel mit den Konventionen der Gattung. Dass Colin den Ausklang nutzt, um für sich selbst Werbung zu machen, passt zum selbstbewussten Bild, das er von sich im Epilog zeichnet. Dennoch verbleibt er dabei ganz im literarischen Diskurs.

Als Einblick in die mittelalterliche Literaturproduktion kann der Epilog ebenso wenig herhalten wie andere Textstellen, die poetologische Aspekte von Literatur reflektieren. Die Begriffe *minne* und *milte* werden zunächst sehr abstrakt definiert, anschließend gemäß eben dieser Definition literarisch dargestellt und schließlich im gekoppelten Lob von Dichtung, Dichter und Mäzen überhöht. Colin wird nicht als Handwerker, sondern als selbstbewusster Dichter inszeniert. In anderen Aspekten bestätigt diese Lesart jedoch die bisherigen: Der Epilog taugt nur sehr bedingt als Leseanleitung für die gesamte Kompilation, wie bereits EMMERLING beobachtet:

> [...] Als konkrete Rezeptionsanweisung für das vorangegangene Werk bleiben seine Aussagen zu allgemein – wenn man sich nicht bereits mit der Betitelung als *minnebuoch* als Leseanleitung zufrieden gibt. Was bleibt, ist die Stilisierung Ulrichs von Rappoltstein [...].[42]

Der als programmatisch wahrgenommene didaktische Anspruch des Epilogs zielt nicht primär auf die Texterschließung, sondern auf das Lob des Mäzens. Doch könnte der Begriff *minnebuoch* für den *Rappoltsteiner Parzifal* vor dem Hintergrund des Epilogs nicht treffender gewählt sein, denn der Weg zur *minne*, die als abstrakte Universaltugend in Ulrichs Herz definiert wird, führt über Ulrichs *milte*, die als Geschichten bzw. Buch die konkrete Seite dieser Universaltugend sind. Die einzige Leseanleitung, die sich daraus ergibt, weist auf die Erzählungen selbst zurück, indem diese (vor)gelesen werden müssen, um Tugend zu erlernen.

---

[42] EMMERLING 2003, S. 45.

Die Bezüge zu dem Modell des Doppelromans erweisen sich als sehr allgemein, doch wird den Erzählungen ein hoher ethischer Wert beigemessen. Zwar bietet der Epilog keine Leseanleitung, doch durch das dort entfaltete Konzept von *minne* und *milte* wird aufgemacht, wie die Erzählungen des *Rappoltsteiner Parzifal* sich zu ihren jeweiligen Hauptfiguren verhalten. Das Bild von dem in Gold eingefassten Edelstein legt nahe, dass die didaktisch zu erwerbende Tugend des Buches in den Erzählungen enthalten ist. Wie auch die allegorische Darstellung von *minne* und *milte* im Epilog, so sind auch die Geschichten um die Artusritter ausdrücklich kunstvolle, literarische Gebilde, die auf abstrakte, körperlose Begriffe verwiesen, wobei die kunstvolle Form dem Wert des Inhalts angemessen ist. Dies bedeutet, dass die Erzählungen grundsätzlich als interpretationsfähig und interpretationsbedürftig angesehen werden. Denn worin genau die Tugenden der vorbildlichen Figuren bestehen, lässt sich nur aus den Geschichten selbst ableiten. Hinsichtlich der Protagonisten hebt der Epilog einerseits darauf ab, dass es sich um eine Vielzahl von Geschichten handelt, schwingt aber zugleich auch eine Hierarchie zugunsten Parzivals als *primus inter pares* mit:

> Wie Minne und Miltekeit
> so kostberliche hant bereit
> hier manige schöne mere,
> waz aller tovelrundere
> guotez ie begiengent,
> waz sü lobez dovon enphiengent.
> von erst sol men gesten
> den kuensten und den besten,
> den werden ritter Parzefal,
> darnach die anderen überal
> von der tovelrunden,
> waz sü ie begunden
> manheit oder milte
> mit sper und mit schilte.
> (RP 847,43–848,10)

3.1.2. Der Prologus

Deutlicher als im Epilog wird die Diversität der Protagonisten und Handlungsstränge in der *Elucidation* thematisiert, die die Bearbeiter mit wenigen Änderungen als *Prologus* übersetzen und zwischen Wolframs Gahmuret- und Parzival-Handlung, nach der Schilderung von Parzivals Geburt, einfügen. Zentral an seiner Programmatik ist das Wiederholen von Erlösungstaten durch verschiedene Helden, wobei dieser eine Gesellschaft aus einem genealogischen und zugleich spirituellen Missstand befreit. Dabei knüpft die Ankündigung, dass es mehrere Helden geben werde, an Chrétiens Modell des Doppelromans an, indem es auch deren Erzählungen in den Kontext des Grals sowie von Erlösung und höfischer Minne stellt.

Dies ist allerdings nicht unbedingt auf den ersten Blick erkennbar, da die *Elucidation* keine abstrakt formulierte, metapoetologische Passage ist, sondern eine mythische, nachträglich entstandene Vorgeschichte zum *Conte du Graal*, die viele Leerstellen aufweist und selbst dem mit dem Stoff vertrautem Rezipienten Rätsel aufgibt. In ungefähr 500 Versen erzählt sie über die vor dem *Conte du Graal* liegende Zeit, indem sie über das Verschwinden des Hofs des Fischers (bzw. des Gralkönigs) und der Verödung des Reichs Logres (Artus späteres Herrschaftsgebiet) berichtet und zugleich deren Erlösung durch Parzival und andere Ritter der Tafelrunde voraussagt. Oft fehlen kausale Verknüpfungen des Erzählten und die zeitliche Abfolge der erzählten Ereignisse scheint nicht ganz eindeutig. In der Beschreibung des Grals und seiner Vorgeschichte weicht die *Elucidation* vom *Conte du Graal* ab, sodass es zu Widersprüchen kommt.[43]

Die Integration dieses zusätzlichen Prologs in den *Rappoltsteiner Parzifal* ist nur selten diskutiert worden und wird von WITTMANN-KLEMM auf das Streben der Bearbeiter nach der Vollständigkeit des Parzival-Stoffes zurückgeführt.[44] Sie merkt an, dass darin enthaltenen Bezüge zum *Conte du Graal* auch zu Wolframs *Parzival* passen.

> Dieser Effekt ist dem Umstand zu danken, daß sowohl Wolfram als auch Chrétien die Kunst der epischen Verknüpfung gepflegt haben und daß Chrétiens Fortsetzer wie der Autor der *Elucidation* bemüht waren, ihr Werk jeweils eng an das ihrer Vorgänger anzuschließen. Viele der Rückbezüge, die auf Chrétiens Text zugeschnitten sind, passen automatisch auch auf Wolframs Text, jedenfalls solange Wolfram sich im Bereich dessen bewegt, was im *Conte del Graal* vorhanden ist.[45]

Inwiefern dazu noch weitere Verknüpfungen entstehen und ob der *Prologus* als programmatische Passage zum gesamten *Rappoltsteiner Parzifal* fungiert, verfolgt

---

[43] ALBERT WILDER THOMPSON, der Herausgeber der *Elucidation*, bringt es humorvoll auf den Punkt: »It is ironical that the name *Elucidation* has come to be attached to this far from lucid composition.« (ALBERT WILDER THOMPSON: Additions to Chrétiens *Perceval*. Prologues and Continuations, in: Arthurian Literature in the Middle Ages. A Collabrotive History, hg. v. ROGER SHERMAN LOOMIS, Oxford 1959, S. 206–217, hier: S. 207). Dieses Urteil sowie negativere Bewertungen der romanistischen Forschung (vgl. HINTON 2012, S. 106) sind symptomatisch für die Schwierigkeiten, diesen Text mit Chrétiens Roman in Einklang zu bringen. HINTON argumentiert jedoch, dass Widersprüche, wie sie in der *Elucidation* auftauchen, »part of the cycle's general aesthetics« (HINTON 2011, S. 44) seien.

[44] Vgl. WITTMANN-KLEMM 1977, S. 71 und HINTON 2012, S. 222.

[45] Vgl. WITTMANN-KLEMM 1977, S. 73.

WITTMANN-KLEMM jedoch nicht weiter. In einem jüngeren Beitrag zur Diskussion stellt jedoch Uta STÖRMER-CAYSA Überlegungen dazu an, inwieweit die Einbindung der *Elucidation* auch konzeptionelle Auswirkungen hat.[46] Sie sieht in ihr einen »Verständnisschlüssel für die gesamte Kompilation«,[47] indem sie dazu beitrage, die Handlungslogik der z. T. unverständlichen und widersprüchlichen Kompilation zu legitimieren. Die in der *Elucidation* entworfene »zyklische Raumzeit der wiederkehrenden Erlösungen«[48], die durch die Ankündigung mehrerer Gralbesuche und Erlöser-Helden in Verbindung mit der Konstruktion eines vergangenen, goldenen Zeitalters hervorgerufen werde,[49] deute auf die wiederholte, ebenfalls zyklische Raumzeit-Struktur der nachfolgenden Handlung hin, die als wunderbar und unverständlich zugleich zu akzeptieren sei.[50] Sie resümiert:

> Die widerlogische Mehrfacherlösung in der Großkompilation mehrerer Gralerzählungen zu begründen, das Textkorpus trotz seiner brüchigen Zeitachse als Ganzes begreifen zu lehren, weil es nämlich in einer mythischen Vorgeschichte auch so ist und man daher weiß, dass es in einer absoluten Vorzeit auch so war – diese Begründung und Leseanleitung halte ich für die eigentliche narrative und narrationstechnische Leistung dieser eingeschobenen Vorrede.[51]

STÖRMER-CAYSAS Beobachtungen ist zuzustimmen, insbesondere hinsichtlich der Funktion des *Prologus* als Legitimierung von Erzählen, dessen Kohärenz nicht durch die Logik von Handlung und Zeit entsteht, sondern durch Wiederholungen und inhaltliche Widersprüche gekennzeichnet ist. Auch die Zyklizität der Raumzeit des Textes ist nachvollziehbar. Denn tatsächlich lesen sich die zeitlichen Verhältnisse der verschiedenen Abschnitte des *Prologus* als nicht eindeutig zueinander festgelegt: Deutlich ist zwar, dass die Schändung der Jungfrauen zum Zeitpunkt der Erlösung des Hofes durch Parzival mehr als tausend Jahre (vgl. Prologus 410) zurückliegt.[52] Doch wann genau im Laufe dieser tausend Jahre die Artusritter Krieg gegen die Vergewaltiger führen und gegen deren Nachkommen kämpfen, macht der Text nicht deutlich.[53] Noch weniger eindeutig erscheint das Verhältnis der Zeitebenen der Gralbesuche. Gawans Besuch wird als erfolgreich beschrieben

---

[46] STÖRMER-CAYSA 2011.
[47] Ebd., S. 424.
[48] Ebd., S. 425.
[49] Vgl. ebd., S. 413.
[50] Vgl. ebd., S. 425.
[51] Ebd.
[52] Diese präzise Zeitangabe taucht nicht in den französischen Versionen auf und spielt mit chiliastischen Implikationen (vgl. ebd., S. 422). Ob dies schon in der Vorlage angelegt ist oder aus der Feder der Straßburger Bearbeiter stammt, ist – leider wie so oft – nicht auszumachen.
[53] Vgl. ebd. S. 420, bes. Anm. 17.

(vgl. Prologus 255ff.). Zuvor (*aber doch emols* Prologus 261) hätte aber Parzival den Hof gefunden und erfahren, weshalb der Gral diente, aber er hätte nicht nach der blutenden Lanze und dem zerbrochenen Schwert gefragt (vgl. Prologus 279ff.). Zweimal hätte er den Hof gefunden (vgl. Prologus 389f.). Ob diese Gralbesuche aber zur erzählten Vergangenheit, Gegenwart oder Zukunft des *Prologus* gehören, wird nicht klar. Erst nach den Berichten kündigt der Erzähler an, was in der Folge erzählt wird:

> e sol es nieman rehte erbören,
> in dirre geschrift ir mügent hören
> von vil aventüre sagen,
> der men mit nüte sol vertagen.
> men sol si ane underbint
> künden also si ergangen sint.
> si ruerent alle sicherlich
> von dem werden grale rich,
> davon daz lant allez zuo nam:
> an fröden, an lüten es wider kam
> noch der zerstörunge so hart.
> (Prologus 391–406)

Diese Passage ist zum einen bemerkenswert, da sie neben den Eingangsversen die einzige ist, welche die Machart der Handlung reflektiert. Mit dieser Passage weicht der *Rappoltsteiner Parzifal* von der älteren französischen Version ab, in der die Dichtung mit sieben Weisen bzw. Wächtern und sieben Strängen assoziiert wird.[54]

Tatsächlich ist das Vergleichsmaterial zur Beurteilung dieser Übersetzung einschließlich der Änderungen auf je eine Handschrift und einen Druck beschränkt: Die *Elucidation* ist außer in der Karlsruher Handschrift nur in der *Conte du Graal*-Handschrift P und einer gedruckten Prosa-Bearbeitung von 1530 enthalten. Aufgrund dieser spärlichen Überlieferung der *Elucidation* ist es schwierig auszumachen, ob die Abweichungen von P tatsächlich auf die Straßburger Bearbeiter zurückgehen oder bereits in ihrer Vorlage vorhanden waren. WITTMANN-KLEMM legt sich aufgrund dieser Unsicherheit nicht fest, sieht aber zumindest die Übergänge zu Beginn und Ende des *Prologus* als Änderung der Straßburger Bearbeiter.[55] HINTON geht von einer Streichung der Passage durch die Straßburger Bearbeiter aus und sieht den Grund darin, dass sie deren zentrifugale Dynamik bändigen wollten:

---

[54] Vgl. WITTMANN-KLEMM 1977, S. 75 und STÖRMER-CAYSA 2011, S. 423.
[55] Vgl. WITTMANN-KLEMM 1977, S. 75–77.

However, both the authors of the German translation and the 1530 prosifier felt the need to excise the passage about the seven guards, as if denaturing its centrifugal aesthetic was the only way to preserve the text as part of the cycle.[56]

Dies scheint mir aber wenig plausibel, denn hätten die Bearbeiter die Widersprüche und Ausuferungen der *Elucidation* vermeiden wollen, hätten sie sie gänzlich ignorieren können. Eine Ursprungsgeschichte des Grals lieferte ihnen der wolframsche Text, wodurch der Stoff durchaus vollständig gewesen wäre. Auch CHEN geht davon aus, dass die Straßburger Bearbeiter diese Passage der *Elucidation* selbstständig geändert haben, indem sie die siebenfache Verkleidung der Geschichte des Grals streichen stattdessen die Notwendigkeit des Erzählten betonen und die Exklusivität des Grals aufheben.[57]

STÖRMER-CAYSA ist etwas vorsichtiger, indem sie annimmt, dass die Vorlage der Straßburger Bearbeiter P sehr ähnlich gewesen sein muss.[58] Dieser Ansicht sind bereits KURT HELLER und ALBERT WILDER THOMPSON, wobei THOMPSON allerdings im Vorwort seiner Edition der *Elucidation* darauf hinweist, dass sowohl der Prosa-Druck als auch der *Rappoltsteiner Parzifal* Abweichungen von P gemein haben, indem in beiden die programmatische Passage der sieben Weisen fehle und die Platzierung der Initialen im *Rappoltsteiner Parzifal* Parallelen mit der Gliederung und des Wortlauts des Druckes, die nicht mit P übereinstimmen, aufweise.[59] Ein Streichen der Passage könne nach THOMPSON unabhängig voneinander vorgenommen worden sein, wohingegen die Parallelen der Gliederung kaum unabhängig voneinander geschehen sein könne.[60]

Es ist demnach nicht zu klären, wie nah an P die Vorlage der Straßburger Bearbeiter wirklich war, doch THOMPSONS Hinweise legen nahe, dass die Abweichungen von P bereits in der Vorlage des *Rappoltsteiner Parzifal* existiert haben. Ein Vergleich der beiden, in dem der Rappoltsteiner *Prologus* als sekundäre Bearbeitung der Version in P angesehen wird, ist daher nur unter Vorbehalt zu ziehen.

Trotz der unklaren Herkunft hat die Passage programmatische Relevanz. Dass darin *vil aventüren* angekündigt werden, passt zu der *maniger slaht* der *aventüre*,[61] die in den Eingangsversen, die im *Rappoltsteiner Parzifal* ebenfalls von P abweichen, angekündigt wird und die »Frage nach der Sagbarkeit des Grals« ersetzt.[62]

---

[56] HINTON 2011, S. 53.

[57] Vgl. CHEN 2015, S. 293.

[58] STÖRMER-CAYSA 2011, S. 418.

[59] Vgl. HELLER 1930, S. 118; ALBERT WILDER THOMPSON: The *Elucidation*. A Prologue to the *Conte del Graal*. Hrsg. von Albert Wilder Thompson, Genf/Paris 1982, hier: S. 16.

[60] THOMPSON 1982, S. 16.

[61] SCHORBACH 1974, S. LVII.

[62] DIETL 2013, S. 37.

Diese vielen und unterschiedlichen Geschichten drehen sich alle um den Gral (*ruerent alle* [...] *von dem werden grale*) und seien für die Erlösung verantwortlich. Zwar wird in den folgenden Versen das Auffinden des Grals besonders hervorgehoben,[63] doch daneben bleibt die Gesamtmenge der Erzählungen als ebenfalls relevant bestehen. Tatsächlich ist es fraglich, ob der Gral überhaupt als Zentrum der Erzählungen herhalten kann oder nicht vielmehr als Aufhänger für das Wietererzählen dient. Denn ein Gralgeschehen im Sinne einer fluchtpunktartig fokussierten Erzählung von dem Gegenstand ist weder im *Prologus* noch sonst zu finden. Vielmehr geht es um die Beseitigung von Missständen in der höfischen Gesellschaft durch die Helden, was im Großen an der Verödung des Landes aufgrund einer Vergewaltigung als ultimativ unzivilisierten Akt im *Prologus* abzulesen ist.

> Amangon's rape itself acts as a foundation tale, devised to explain *Coment et por coi fu destruis / De Logres li rices païs* (lines 26–7) (›how and why the rich land of Logres was lain waste‹). The lost virginity of the violated maiden is but the most immediate of a series of disasters to befall the previously fertile realm: the cornucopian service provided by the damsels is abandoned, and knights are no longer able to find their way to the wells where they live; by an obscure kind of metonymy, the Fisher King's court also becomes impossible to find.[64]

Dass sich die Wiederherstellung des fruchtbaren, unschuldigen Zustandes vor der Gewalttat nicht nur auf den Gral richtet, macht der *Prologus* mit seiner Vorschau auf weitere Handlungsstränge deutlich: Auf den Bericht (oder die Ankündigung?) der Erlösung des Landes folgt die Schilderung von dessen Aufbau durch die Nachkommen der vergewaltigten Jungfrauen und deren Konflikt mit Artus. Auch hier sind die Zeitverhältnisse nicht klar zu erkennen, vor allem in Verbindung mit dem restlichen *Conte du Graal*: Wenn die Nachkommen erst nach der Erlösung durch Parzival das Kastel Orgelus und die Burg der Jungfrauen erbauen, wie können sie dann vorher (bei Parzivals Verfluchung durch die Gralbotin und in allen drei *Fortsetzungen*) existieren und Teil der Geschichten sein, die zu der vorausgesetzten Erlösung beitragen? In einem linearen Zeitkonzept erscheint dieses Verhältnis zur Erlösung paradox.

STÖRMER-CAYSAS Erklärung, dass in der *Elucidation* (und dem *Prologus*) ein zyklisches Verständnis der »Raumzeitstrukturen der Wiederholung, wie sie durch sukzessives Lesen und Hören verschiedener Gralerlösungserzählungen im ›Rappoltsteiner Parzifal‹ [...] entstehen«,[65] zugrunde liegt, liefert tatsächlich ein Modell, mit dem dies überhaupt erst verständlich wird. Diese nichtlineare Struktur

---

[63] Vgl. STÖRMER-CAYSA 2011, S. 422.

[64] HINTON 2011, S. 47.

[65] STÖRMER-CAYSA 2011, S. 425. Ähnlich begreift auch CHEN die Queste des Prologus als kollektive Aufgabe (vgl. CHEN 2015, S. 303).

sei als etwas wunderbar Begründetes hinzunehmen.[66] Teil dieses mythischen Erzählens sei auch, dass vieles in der *Elucidation* ohne Begründung bleibe, wie z. B. die Verbindung der vergewaltigten Jungfrauen zu dem Hof des reichen Fischers, indem unerklärt bleibt, warum das Verschwinden der Jungfrauen und das Veröden des Landes auch das Entrücken des Hofs verursacht und warum das Finden des Hofes und des Grals das verödete Land wieder fruchtbar macht.[67]

Für den *Prologus* allein bietet STÖRMER-CAYSAS Ansatz demnach eine zufriedenstellende Erklärung. Dass dieses Programm auch tatsächlich eingelöst wird, zeigt sich, wenn man die Aspekte des Prologus über den Rest des *Rappoltsteiner Parzifal* hinweg verfolgt, da diese an die Teilerzählungen anknüpfen. Ein immer wiederkehrender Aspekt ist die Substitution von handlungsmotivierenden Objekten[68] materieller und immaterieller Art. Die Ursprungsgeschichte um König Amangon und die Jungfrau betrifft zwar u. a. den Gral, doch wird seine Entrückung als Folge des Gewaltakts beschrieben und mit mehreren Objekten gleichgesetzt, die ebenfalls entrückt sind (die goldenen Schalen der Jungfrauen, die Unschuld der Ritter sowie der Jungfrauen, das unaussprechlich Göttliche).[69]

Eine solche Austauschbarkeit von Objekten zeigt sich auch in den späteren *Fortsetzungen*. So jagt Parzival in *Wauchiers Fortsetzung* bald dem Gral, bald dem Bracken, bald dem Hirschkopf, bald Cundwiramurs, bald seiner Kindheit, bald dem *leidigen berg* hinterher. Zunächst erscheinen diese Objekte wie verschiedene Ziele, erweisen sich schließlich aber als gegenseitig bedingende Stationen auf dem Weg zum besten Ritter. Gawan befindet sich in dem mit dem Gral assoziierten Handlungsstrang um den erschossenen Ritter in einem Dilemma, indem er seine Unschuld zu bewahren und zugleich die von ihm geschworene Rache an Keye vermeiden muss. In der *Schwanen-Aventiure* ist das Prinzip ironisch gebrochen, indem der Held Gaheries keinem Objekt nachjagt, sondern von diesem regelrecht verfolgt wird, indem die magische Lanzenspitze ihm wider Willen sein Schicksal auferlegt, das letztlich einen Gewaltakt gegen eine entführte Jungfrau rächt. KONRAD SANDKÜHLER sieht, obwohl er nicht den *Rappoltsteiner Parzifal*, sondern das französische Corpus im Blick hat, eine Parallele der *Elucidation* zu Wolframs Ausgestaltung der Geschichte des Fischerkönigs, indem beide den misslichen Zustand des Landes mit einer Minne-Verfehlung in Verbindung bringen:

---

[66] Vgl. STÖRMER-CAYSA 2011. Auch SANDKÜHLER liest die *Elucidation* als mythischen Tabubruch (vgl. KONRAD SANDKÜHLER: Gauwain sucht den Gral. Erste Fortsetzung des *Perceval* von Chrestien de Troyes, Stuttgart 1959, hier: S. 209).

[67] Vgl. ebd., S. 414.

[68] Vgl. HINTON 2011, S. 51.

[69] Vgl. ebd., S. 49.

Wolfram von Eschenbach erklärt doch auch die Krankheit des Fischerkönigs Amfortas durch eine Verfehlung der Liebe, und so sind wir berechtigt, auf diese Weise den Zusammenhang zwischen Amangons Geschichte und der Gralsgeschichte herzustellen. Der Dichter der Elucidation hat wohl solche Erwägungen nicht gehabt, doch muß seine Ahnung weiser gewesen sein als seine Gestaltungskraft. Es passt auch alles, was er ausführt, vor allem auf Gauwains Rolle als Hauptgegner aller Amangone, und ihrer sind viele, mögen sie Greoreas, Guiromelant oder Macarot heißen. Ebenso passen die Gegebenheiten der Elucidation vorzugsweise auf Gauwains Erlebnisse in der ersten Fortsetzung, besonders auf die Abenteuer vor Schloß Orgelus und im Gralsschloß.[70]

Gewalt gegen Frauen, oft im Kontext verhinderter Vergewaltigungsversuche, Entführungen oder ungewollter, gewalttätiger Werber, zieht sich durch beinahe alle Handlungsstränge, so abseitig sie zunächst erscheinen mögen. Die Wiederherstellung des Zustandes vor einer unzivilisierten Gewalttat ist somit weit konsistenter in den Teilerzählungen des *Rappoltsteiner Parzifal* vertreten als das Gralthema, das als eine spezifische Ausführung des ersten gelten kann.

Dieses Programm wird durch Bezüge der gemeinsamen Erzählwelt des *Prologus* unterstützt, wofür sich die Straßburger Bearbeiter ausgesprochen sensibel zeigen. Es ist auffällig, dass sie die Erzählwelt ihrer Kompilation an einigen Stellen trotz der Orientierung an Wolfram (z. B. in den Figurennamen und der Gestaltung des Schlusses) entgegen dem *Parzival* an den *Conte du Graal* und die *Elucidation* anpassen.

Neben den Figuren spielen die erwähnten Orte eine besondere Rolle.[71] Das Land Logres und der Hof des Fischers erscheinen im *Prologus* als wunderbare, erlösungsbedürftige Orte, da Logres verwüstet liegt und der Hof unerreichbar scheint. Ihre Erlösung durch die Helden wird prophezeit. Kastel Orgelus, die Burg der Jungfrauen und die gefährliche Brücke erscheinen als Orte eines politischen Konflikts, dessen weiterer Verlauf offengelassen wird. Auffällig ist, dass diese Handlungsorte auch an anderer Stelle als erlösungsbedürftig dargestellt werden, indem die Bearbeiter in den Parzival-Teil nach Wolfram eingreifen, nämlich in der Anklage-Szene am Plimizöl. Bei Chrétien erwähnt die hässliche Gralbotin den Hof des Fischerkönigs, Chastel Orgueilleus und die belagerte Dame von Montesclaire als Orte der Bewährung, zu denen Perceval, Girflet und Gauvain aufbrechen wollen (vgl. CdG 4645ff.).[72] Wolfram reduziert und ersetzt die Orte, da seine Gralbotin Cundrie nur noch Munsalvaesche und Schastel Marveile nennt (vgl. Pz. 315,16ff.); wobei Schastel Marveile bei Chrétien La Roche de Chanpguin

---

[70] SANDKÜHLER 1959, S. 209.

[71] Vgl. CHEN 2015, S. 288.

[72] Zusätzlich dazu erklärt der Ritter Kahedin, dass er zum *Mont Dolerous* aufbrechen werde (vgl. CdG 4725f.). Dieser Berg, der als *leidiger berg* auch eine Rolle im *Rappoltsteiner Parzifal* spielt, wird allerdings nicht von der Gralbotin genannt.

heißt[73] und an dieser Stelle des *Conte du Graal* nicht erwähnt wird. Beiden Versionen ist gemein, dass sie die erwähnten Burgen durch ihre gemeinsame Nennung miteinander gleichsetzen. Während jedoch Chrétien dadurch offen gelassene Erzählstränge schafft, von denen alle in den *Fortsetzungen* aufgegriffen werden, bereitet Wolfram durch die vorgezogene Nennung von Schastel Marveile bereits hier die Parallelisierung der Erlösungstaten seiner beiden Helden vor und sorgt für einen stärker geschlossenen Text, indem er die später nicht zu Ende geführten Erzählstränge gar nicht erst erwähnt.

Die Bearbeiter des *Rappoltsteiner Parzifal* nehmen Wolframs Version zur Grundlage, fügen ihr jedoch Kastel Orgelus als weiteren erlösungsbedürftigen Ort hinzu, indem sie die erste Parallelisierung von Munsalvaesche und Schastel Marveil bei Wolfram mit Hilfe von Material aus Chrétiens *Conte du Graal* erweitern. Durch diese Anpassung entsteht eine Verbindung zum *Prologus*,[74] der den Bau von Kastel Orgelus und der Burg der Jungfrauen in Logres als Teil eines politisch-kriegerischen Konfliktes der Nachkommen der Jungfrauen mit Artus beschreibt, wobei die Austragung dieses Konfliktes im *Prologus* nur angedeutet wird (vgl. Prologus 458ff.). Dass die Bearbeiter die Szene ganz bewusst auf diese Verbindung hin erweitert haben, wird deutlich, da – abweichend vom *Conte du Graal* – dieselbe Zahl an Rittern des Kastel Orgelus genannt wird wie im *Prologus*: In der entsprechenden Szene des *Conte du Graal* sind es 566 Ritter mit ihren Freundinnen (vgl. CdG 4688ff.), wohingegen es im *Rappoltsteiner Parzifal* 366 Ritter mit Freundin sind, denen jeweils zwanzig Ritter dienen.[75] Diese Zahl entspricht den 7.686 Rittern, die laut *Prologus* auf Kastel Orgelus wohnen (vgl. Prologus 438ff.).[76]

---

[73] Vgl. BUMKE 2004, S. 101.

[74] Vgl. WITTMANN-KLEMM 1977, S. 74.

[75] Vgl. den Zusatz nach SCHORBACH 1974, S. L und WITTMANN-KLEMM 1977, S. 27.

[76] Zunächst ist im *Prologus* von nur 360 Rittern mit je zwanzig untergebenen Rittern die Rede, doch dann rechnet der Erzähler als Gesamtzahl 7.686 aus, was aber 21 x 366 Rittern entsprechen würde. Möglicherweise haben die Bearbeiter beim Übertragen die Zahlen kurzerhand abgerundet (366 auf 360 und 21 auf 20). Vielleicht war dieser Rechenfehler auch bereits in der Vorlage vorhanden, wie z. B. in der Hs. P, die mit 366 x 20 = 7.686 Rittern ebenfalls fehlerhaft rechnet (vgl. *Elucidation* 419ff.). Ausschlaggebend dafür, dass die Zahl in der Anklage-Szene des *Rappoltsteiner Parzifal* dem *Prologus* angeglichen ist, ist jedenfalls die Gesamtzahl von 7.686 Rittern, die bei Chrétien nicht zu finden ist. Es ist zwar möglich, dass die Zahl bereits in der Vorlage an die *Elucidation* angepasst war, doch da die Bearbeiter sich nur am Inhalt, nicht aber am Wortlaut des *Conte du Graal* orientieren, sondern die Passage offensichtlich frei formulieren, ist anzunehmen, dass auch die Wahl der Zahl in ihre Verantwortung fällt. WITTMANN-KLEMM geht hingegen davon aus, dass die Zahlen bereits in der Vorlage angepasst waren und versucht darüber, die Vorlage der Bearbeiter näher zu bestimmen (vgl. ebd., S. 27). CHEN argumentiert gegen eine Übernahme und macht plausibel, dass die Zahl an dieser Stelle von den Straßburger Bearbeitern aus

Bei den Anpassungen handelt sich nicht um »einzelne[n] Kombinationsversu-
che«[77], sondern eine gezielt gesetzte Verbindung. Des Weiteren wird durch diese
Bearbeitung die Anklage-Szene, wie auch im *Conte du Graal,* mit der *Ersten Fortsetzung* und *Wauchiers Fortsetzung* verbunden, da in diesen das Kastel Orgelus als
Ort der Gawan- und Parzival-Handlung dient.[78] Zusammen mit Kastel Orgelus
wird im *Prologus* auch die Burg der Jungfrauen genannt, die zwar nicht in der Anklage-Szene erwähnt, jedoch ebenfalls in den *Fortsetzungen* als Handlungsort mit
deutlichen Bezügen zur Gralburg und zu Schastel Marveil stilisiert wird.[79]

Insgesamt bewirkt die Kombination aus der Änderung der Anklage-Szene und
dem Einfügen des *Prologus* durch die Bearbeiter, dass die dort genannten Handlungsorte als miteinander gleichgesetzt und verbunden erscheinen. Dabei impli-
zieren die Nennungen drei Stufen der zu den Orten zugehörigen Handlungsstränge als Erlösungstaten.[80] Die erste Stufe im *Prologus*: Ankündigungen z. T.
wunderbar bedingter Missstände, die ungelöst bleiben (Entrückung des Hofes des
Fischers, Verödung von Logres, der Bau von Kastel Orgelus und der Burg der
Jungfrauen als Teil von Artus' Konflikt mit den Nachkommen). Die zweite Stufe
in der Anklage-Szene: Formulierung der Ziele der Erlösung als Aufgaben der Protagonisten (Munsalvaesche, Schastel Marveil, Kastel Orgelus). Die dritte Stufe
findet in Wolframs *Parzival* und den *Fortsetzungen* statt, indem die Erlösungen
der angekündigten Orte durch die Protagonisten vollzogen werden (mehrfach
Munsalvaesche, Schastel Marveil, Kastel Orgelus und die Burg der Jungfrauen).
Die Erwartungen an die Handlung, die durch die Verbindung von *Prologus* und
Anklage-Szene evoziert werden, erstrecken sich somit auf die erlösungsbedürftigen Orte der später folgenden Teilerzählungen.

---

der *Elucidation/*dem *Prologus* übernommen sein könnte, da die Bearbeiter den Rechenfehler
bzw. Rundung des *Prologus* ebenso für die spätere Passage übernehmen, wie z. B. die Figurennamen nach Wolfram für die *Fortsetzungen* (vgl. CHEN 2015, S. 123).

[77] WITTMANN-KLEMM 1977, S. 80.

[78] In der *Ersten Fortsetzung* befreit Gawan Gyflet, der vom Reichen Söldner auf Kastel
Orgelus gefangen gehalten wird. In *Wauchiers Fortsetzung* kämpft Parzival inkognito auf
einem Turnier gegen die Artusritter.

[79] S. u., S. 264ff.

[80] Einen etwas anderen Dreischritt liest CHEN aus dem Prologus, wobei sie den den
Hof des Fischers ins Zentrum setzt: »Die Engführung dreier Bereiche wird mit einer quasi
›Trippelweg‹-Struktur gekoppelt: Die Tafelrunder brauchen drei Anläufe für den endgülti-
gen Abschluss der Queste um die Quellenmädchen. Die drei Etappen gliedern sich nämlich
in das erstmalige Vernehmen des Schicksals der Quellenmädchen und Racheakte, die genaue Unterrichtung durch Blihos Bliheris sowie die Suche nach dem Hof des Fischerkönigs
und schließlich den Feldzug Artus' gegen Chastel Orguelleus. Die zentrale Stelle der Mitte
nimmt bemerkenswerterweise die Suche nach dem Hof des Fischerkönigs ein« (CHEN 2015,
S. 290).

3.1.3. Wolframs Prolog

Auch Wolframs *Parzival*-Prolog entwirft ein Programm, das womöglich für den gesamten *Rappoltsteiner Parzifal* relevant ist. Allein die einleitende Stellung ist dieser Überlegung wert. Die intensive Diskussion der Forschung zum Prolog soll hier nicht neu aufgerollt werden, sondern lediglich darauf überprüft werden, inwieweit er kompatibel zu den anderen hier besprochenen programmatischen Passagen ist.

Meiner Ansicht nach bestehen zu diesen kaum Widersprüche, sondern sie erscheinen eher als sich ergänzend angelegt. Die rätselhaften und deutungsbedürftigen Bilder des Prologs unterscheiden sich in ihrem Stil zwar gänzlich von der Minnerede des Epilogs und der mythischen Erzählung des *Prologus*, doch sind die dort aufgemachten Rahmen sehr ähnlich. Das Elsterngleichnis, mit dem der Prolog einsetzt, ist eine verrätselte Figurenanthropologie im Kontext christlichen Seelenheils *en miniature*. Der schwarz und weiß gefärbte Mensch könne ebenso wie der gänzlich gute bzw. weiße das Seelenheil erlangen. Auch wenn dies sicher nicht die einzige Lesart ist, so ist es doch naheliegend, dies auf die Figuren der folgenden Dichtung zu beziehen. Das christliche Seelenheil bildet nicht nur den Ausgang des Epilogs, sondern wird auch dort mit den Figuren der Erzählung in Bezug gesetzt, nämlich als Ausweis ihrer Vorbildlichkeit in Hinblick auf die Minne als Kardinaltugend, der durch das Lesen bzw. Hören der Erzählungen nachgeeifert werden kann.

In beiden Fällen dienen also die Figuren als Beispiele (mehr oder minder) tugendhafter Menschen, die das Seelenheil erlangen, woraus sich eine programmatische, metapoetische Klammer ergibt. Auch die in der *Elucidation* angekündigten und später wieder aufgenommenen Handlungsstränge können durch Wolframs Prolog legitimiert werden, da dort ja bereits auf eine schwer zu fassende Geschichte vorbereitet wird, die Wolfram umsetzt, indem er – wie im Bogengleichnis[81] geschildert – dem Rezipienten Details und Erklärungen bestimmter Dinge über weite Strecken der Erzählung vorenthält. Diese Erzählweise wird durch das Einfügen der *Elucidation* unterstützt, indem der Wechsel der Protagonisten aus dem Beginn heraus erklärt wird und sie ist auch den immer wieder abbrechenden Handlungssträngen der *Fortsetzungen* nicht unähnlich.

---

[81] Anklänge zur Erweise, wie sie im Bogengleichnis beschrieben wird, sieht DIETL in dem Kapellabenteuer Gawans der *Ersten Fortsetzung* (vgl. DIETL 2013, S. 43). Zudem sieht sie in der mutmaßlich von den Straßburger Bearbeitern geänderten Passage zu Beginn des *Prologus* Wolframs Prolog indirekt zitiert (vgl. ebd., S. 37).

3.2.　Ordnung und Autonomie

Dass die Teilerzählungen des *Rappoltsteiner Prazifal* als weitgehend eigenständige Einheiten wahrgenommen werden und dennoch in einer übergeordneten Einheit aufgehen, lässt sich als zyklisches Kohärenzverfahren beschreiben. Hinsichtlich der (partiellen) Autonomie der Teilerzählungen spielt die Ordnung eine besondere Rolle, da durch sie Strukturen geschaffen werden, welche Autonomie oder Abhängigkeiten kennzeichnen können. Die folgenden Kapitel untersuchen die einzelnen Teilerzählungen, wobei der Fokus darauf liegt, welche Funktion ihrer Stellung im Handlungsaufbau zukommt. Die Fragen nach der Geschlossenheit bzw. Offenheit und Autonomie steht im Vordergrund, da sie Aufschluss darüber geben können, inwieweit sie als Teilstränge einer Gesamterzählung oder als Reihung mehrerer, selbstständiger Erzählungen gesehen werden können. Dabei wird gezeigt, dass diese Autonomie in verschiedenen Graden realisiert wird, indem die Teilerzählungen durch ihr spezifisches Entrelacement mal als ›Roman in einem Roman‹ (wie bei Karados' Buch), mal als episodische Fortsetzungsbiographie (der Handlungsstrang um Gingelens), mal als Analepsen in eine mythische Vergangenheit (die Binnenerzählungen in *Wauchiers Fortsetzung*) und in weiteren Spielarten erscheinen. Zunächst werde ich auf die sequentiell eingebundenen Erzählungen um Karados, Gaheries und Segramors eingehen, danach auf die parallel zu anderen angelegten Handlungsstränge um Gingelens sowie um Gawan und den erschossenen Ritter und schließlich auf die Binnen-Erzählungen um das magische Schachbrett, die Halbe Brücke und die Wundersäule als hybride Formen.

Ein grober Überblick über die Verhältnisse der Handlungsstränge verdeutlicht, dass der *Rappoltsteiner Parzifal* nicht auf eine einzelne Figur hin arrangiert ist.[82] Einzeln betrachtet nehmen die Teilerzählungen der zusätzlichen Protagonisten, ausgenommen Parzival und Gawan, einen relativ geringen Umfang ein.[83] Die Parzival-Handlung mit ungefähr 24.400 bis 27.500 Versen[84] hat deutlich den meisten Raum, doch auch die Gawan-Handlung ist mit um die 21.750 Versen von ähnlich

---

[82] Sicherlich geben die hier angeführten Zahlen noch wenig Aufschluss darüber, welchen Stellenwert die einzelnen Teilerzählungen haben oder in welchen semantischen Verhältnissen sie zu den anderen Teilerzählungen stehen.

[83] Die Angaben erscheinen hier gerundet und sind anhand der in dieser Arbeit verwendeten Editionen nachgerechnet. Dass in SCHORBACHS Edition des *Rappoltsteiner Parzifal* die Überschriften als Verse, obwohl sie in Prosa verfasst sind, mitgezählt und Verse z. T. umgebrochen werden, habe ich nicht mit einberechnet.

[84] Je nachdem, ob man den Schluss des wolframschen *Parzival* als Teil der Parzival-Handlung oder als Teil einer Orient-Klammer um Gahmuret und Feirefiz begreift. Möglicherweise kann der Schluss auch allen Figuren gleichermaßen angerechnet werden.

großem Umfang.[85] Zu wesentlich geringerer, aber immer noch beträchtlicher Größe gelangen die Erzählungen um Karados (ca. 5.500 Verse) und Gahmuret (ca. 3.300 bis 6.000 Verse)[86], wohingegen die Handlungen um Gaheries (ca. 1.200 Verse) und Segramors (ca. 1.500 Verse) als vergleichsweise kurz erscheinen. Noch weniger umfangreich sind die Stränge um Boors (ca. 840 Verse) und Bagumades (ca. 860 Verse). Wolframs Schluss mit dem Schwanen-Ritter Loherangrin ist in seinem Umfang (ca. 140 Verse) marginal, schafft aber bekanntlich einen offenen Schluss, der den Fokus auf Parzival verlässt. Insgesamt ergibt sich damit aber eine Relation, in der die Parzival-Handlung keinesfalls klar dominiert, da sie, selbst wenn man ihr den Schluss um Feirefiz gänzlich zurechnet, nicht einmal die Hälfte der Verse des *Rappoltsteiner Parzifal* einnimmt. Auch die Gawan-Handlung kommt nur knapp über ein Drittel, womit sie zwar ebenfalls mehr als den Umfang der anderen Protagonisten (ausgenommen Parzival) einnimmt, aber dennoch durch das gesamte Ensemble relativiert wird. Der Anteil, der nicht auf Parzival oder Gawan entfällt, beläuft sich auf ca. 25% des gesamten Erzählumfangs. Verglichen mit dem Doppelroman nach Wolfram behalten die beiden Figuren ihre hervorgehobene Stellung, doch kann man diese geänderten Verhältnisse nicht ignorieren, da sie erheblich zur Abweichung vom Doppelroman führen. Dass im *Rappoltsteiner Parzifal* noch weitere Protagonisten integriert sind, kann als Erweiterung und Änderung des Modells begriffen werden.

Auch hinsichtlich der Abfolge der Handlungsabschnitte weichen die neuen Protagonisten von den beiden altbekannten Protagonisten des *Conte du Graal* ab. Der *alte Parzefal* folgt Wolframs *Parzival* bis Buch XIV und übernimmt damit auch die Abfolge der Protagonisten (Gahmuret – Parzival – Gawan – Parzival – Gawan), wobei jedoch durch die Interpolation der *Elucidation* bzw. des *Prologus* eine Lücke entsteht, der keine einzelne Hauptfigur zugeordnet werden kann. Nach der Zäsur durch das Florilegium führt der *nuwe Parzefal* gemäß den *Fortsetzungen* zunächst die Gawan-Handlung weiter und wechselt im weiteren Verlauf die Handlungen der Protagonisten miteinander ab (Gawan – Karados – Gawan – Gaheries – Parzival – Bagumades – Gawan – Parzival – Segramors – Gawan – Parzival – Boors – Parzival). Die letzten Episoden nach Wolfram mit den Zusätzen aus *Manessiers Fortsetzung* können entweder Parzival oder Feirefiz zugeordnet oder aber, wenn man den Änderungen und Zusätze der Bearbeiter großes Gewicht

---

[85] Ein ähnliches Verhältnis bemerkt KONRAD SANDKÜHLER hinsichtlich der französischen Fortsetzungen. »Die Waage der Verszahlen schlägt nur leicht zugunsten Percevals aus. Der Gesamtplan enthält von Anfang an die Parallele Gauwain: Perceval, und wenn man, ohne Berücksichtigung der 17000 Verse von Gerbert von Montreuil, die sonstigen Episoden anderer «Führer der Abenteuer» abzieht, ergibt sich ein im Aufbau gut ausgewogenes und ziemlich abgeschlossenes Werk erträglicher Länge« (SANDKÜHLER 1964, S. 234).

[86] S. o., Anm. 84.

beimisst, als Abschnitte ohne eine einzige zentrale Figur begriffen werden. Der Schluss der Erzählung gehört wie bei Wolfram zu Loherangrin. Insgesamt fällt auf, dass Parzival und Gawan die einzigen Helden sind, deren Handlungen über das gesamte Werk verteilt auftauchen, während die Geschichten um die übrigen Figuren jeweils an einem Stück erzählt werden. Dies geht zwar zum größten Teil auf die *Fortsetzungen* zurück, durch den Gahmuret-Beginn und den Loherangrin-Schluss trägt aber auch Wolframs *Parzival* zu dieser bemerkenswerten Handlungsführung bei. Auch wenn sich die Geschichten der beiden prominenteren Figuren in einzelne Episoden unterteilen lassen, werden die darin erzählten Stränge immer wieder offengelassen und an anderer Stelle wieder aufgenommen. Damit sind sie grundsätzlich parallel zu den übrigen Erzählungen eingebunden. Die Handlungen der übrigen Protagonisten sind hingegen sequentiell interpoliert.[87]

3.2.1. Sequentielle Teilerzählungen

3.2.1.1. *Karados' Buch*

Hinsichtlich der Teilerzählung um Karados scheinen die Bearbeiter ihre Geschlossenheit erkannt zu haben, indem sie ihre Grenzen auf paratextueller Ebene und durch eine Änderung des Textes selbst kennzeichnen.[88] Zudem haben sie den zentralen Wendepunkt der Erzählung mit zwei Großinitialen ausgestattet und zeigen sich so sensibel für die innere Struktur.[89]

Unterzieht man den Handlungsverlauf von *Karados' Buch* einer Analyse, wird schnell deutlich, warum dies kaum verwunderlich ist. Die Handlung um Karados ist in zweifacher Hinsicht geschlossen: Zum einen ist sie in sich geschlossen, da sie fortlaufend, ohne Unterbrechungen, begonnen, entwickelt und beendet wird. Zum anderen ist sie beinahe hermetisch, da sie praktisch keine Bezüge zur übrigen Handlung des *Rappoltsteiner Parzifal* aufweist. Lediglich die zeitlichen und lokalen Einordnungen am Beginn und Ende sowie die gemeinsamen Figuren können als direkte Verbindungen gelten.

Es wäre jedoch vorschnell, diese zweifache Geschlossenheit der Handlung auf alle Ebenen der Erzählung zu übertragen. Liest man *Karados' Buch* vergleichend zu den übrigen Handlungssträngen des *Rappoltsteiner Parzifal*, so lässt sich feststellen, dass durch paradigmatische Bezüge auf den Ebenen von Figuren, Motiven

---

[87] Eine Ausnahme bildet die Geschichte über Gawans Sohn Gingelens, die immer wieder in einzelnen Episoden erzählt wird, die meist zur Gawan- aber z. T. auch zur Parzival-Handlung gehören (s. u. Kap. 3.2.2.1 Bran de Lis und Gingelens, S. 194ff.). Aus Gründen der Anschaulichkeit habe ich diese Figur in der Übersicht übergangen.

[88] S. o., S. 81.

[89] S. o., S. 91ff.

und Themen durch dem im Protagonisten Parzival vertretenen Heldenentwurf ein alternatives Modell entgegengesetzt wird. Die Themen Genealogie, Erziehung, Tugend, Sünde, Minne und Magie, die in der Erzählung an den Figuren problematisiert und verhandelt werden, spielen nicht nur im *Conte du Graal* und seinen *Fortsetzungen* wichtige Rollen, sondern sie sind auch in Wolframs *Parzival* Teil der diskursiv gestalteten Heldenfiguren Gahmuret, Parzival und Gawan. Durch die im *Rappoltsteiner Parzifal* vorgenommene Kombination wird *Karados' Buch* in ihren Kontext gestellt (s. u. Kap. 3.3.2 Epische Schnittstellen, S. 217ff. und 3.4 Alternative Helden, S. 230ff.). Dennoch ist es derart eigenständig, dass es auch gut ohne diesen Kontext rezipiert werden könnte.

Der Handlungsaufbau von *Karados' Buch*, wie er in der gemischten Redaktion der *Ersten Fortsetzung* arrangiert ist,[90] weist eine starke Nähe zum *Erec* bzw. zu *Erec et Enide* auf und variiert auch deren Themen und Motive.[91] Ganz gleich, ob man darin nun ein Aufgreifen des ›klassischen‹[92] Artusromans sehen will oder

---

[90] ROACH teilt *Karados' Buch* in 16 Episoden ein (vgl. WILLIAM ROACH, ELEANOR ROACH: The continuations of the Old French *Perceval* of Chretien de Troyes. corr. ed. by Eleanor ROACH, Philadelphia 2008, S. LI–LIV). Diese Einteilung basiert z. T. auf der Varianz der Überlieferung hinsichtlich der einzelnen Episoden (vgl. ebd., S. XLVI), z. T. aber offensichtlich auch auf inhaltlichen Einschnitten der Erzählung. Die Einteilung aufgrund der inhaltlichen Einschnitte ist zwar meist sinnvoll gewählt, aber dennoch diskutabel und wird im Folgenden daher nicht als gesetzt betrachtet, insbesondere was den ersten Handlungsblock angeht. Die Einteilung aufgrund der Überlieferung, die mit Ausnahme der Hs. P mit den verschiedenen Redaktionen einhergeht, ist jedoch unbedingt zu beachten. Die Erzählung ist nicht nur in der *Ersten Fortsetzung* in unterschiedlichen Versionen überliefert, sondern auch in separaten Erzählungen (vgl. CARRIE A. HARPER: Carados and the Serpent, in: Modern Language Notes XIII, 1898, 7, S. 417–432, hier: S. 417). Allerdings ist diese separate Überlieferung wesentlich jünger (vgl. ebd.). Ob es eine gemeinsame Quelle gab oder die modernen, separaten Versionen auf die *Conte du Graal*-Fortsetzung zurückgehen, ist nicht auszumachen.

[91] Über das Ehebruchthema und die Figurenkonstellation ist auch eine Nähe zur Tristan-Tradition nicht zu übersehen. In welchem Verhältnis die Karados-Erzählung zu dieser steht (nachher, parallel oder vorher entstanden?), ist allerdings unklar.

[92] Mit dem Terminus ›klassischer Artusroman‹ bezeichne ich das »literaturwissenschaftliche[s] Konstrukt« (CHRISTOPH CORMEAU: *Wigalois* und *Diu Crône*. Zwei Kapitel zur Gattungsgeschichte des nachklassischen Aventiureromans, München 1977, S. 20), mit dem bestimmte »Typkonstanten« (ebd.) der meisten frühen Romane beschrieben werden, die unter dem Einfluss von Chretiéns Romanen, die »als Prototypen der Gattung angesehen werden müssen« (ACHNITZ 2012, S. 330), entstanden sind. (Zu Grundlegendem vgl. HUGO KUHN: *Erec*, in: Hartmann von Aue, hg. v. HUGO KUHN, Darmstadt 1973, S. 17–48; WALTER HAUG: Die Symbolstruktur des höfischen Epos und ihre Auflösung bei Wolfram von Eschenbach, in: Deutsche Vierteljahrsschrift für Literaturwissenschaft und Geistesgeschichte 45, 1971, S. 668–705; MERTENS 2005, S. 25). Auch wenn dieses Konstrukt von der Forschung intensiv diskutiert, dabei oft variiert und in Frage gestellt wurde (vgl. z. B.

nicht, ist es in jedem Fall bemerkenswert, dass über diese Bezüge Chrétiens ältere, vor dem *Conte du Graal* entstandenen Romanmodelle mittels der Fortsetzungen in den Doppelroman integriert werden.

Die Erzählung ist auf oberster Ebene zweigeteilt (s. u. Abb. 14): Der erste Teil besteht aus Herkunft, Aufstieg, Bewährung und Auszeichnung des Heldenpaares, der zweite aus Krise, deren Lösung und der nochmaligen Auszeichnung. Die beiden Teile sind ihrerseits in weitere, kleinere Handlungsblöcke unterteilt. Auffällig ist, dass bestimmte Themen, Motive und Probleme, die im ersten Teil getrennt voneinander eingeführt werden, im zweiten Teil zusammengeführt werden.

Der erste Teil ist in drei Abschnitte unterteilt. Der erste dieser Abschnitte (A) handelt von der illegitimen Liebesbeziehung der Eltern, Karados' fürsorglicher Erziehung bei den Königen Karade und Artus bis zu dessen Ritterschlag, dem Enthauptungswettbewerb als Test ritterlicher Tugend, der Enthüllung von Karados' wahrer Herkunft und dem erfolglosen Versuch von Karados und Karade, den Betrug zu unterbinden. Der zweite Abschnitt (B) handelt von Gyngeniers Entführung durch Alardin, dessen Kampf mit ihrem Bruder Kador, der Rettung durch Karados und dem Freundschaftsschwur der drei jungen Ritter in Alardins Wunderzelt, das anderweltlicher Ort und Tugendprobe zugleich ist. Diese ersten beiden Blöcke sind kausal unabhängig voneinander motiviert und bleiben offen: Im ersten Abschnitt wird weder das sündhafte Verhältnis von Yseve und Elyafres beendet, noch wird das genealogische Problem von Karados' unehelicher Herkunft gelöst. Der zweite Abschnitt bleibt die (von Gyngeniers bereits versprochene) Ehe von Karados und Gyngeniers schuldig. Der dritte Abschnitt (C) des ersten Teils berichtet ausgiebig von einem Turnier am Artushof, bei dem sich Karados durch ritterliche Leistung besonders auszeichnet und an dessen Ende seine Gefährten Kador und Alardin jeweils eine Nichte Gawans heiraten. Der Abschnitt bleibt nicht offen, da die Spannungen zwischen Ris, Kadoalans und Gyngenor durch die ritterliche Bewährung der Gefährten beim Turnier ihre Bedeutung verlieren. Die Überwindung der Opposition von unfreiwilliger, politisch motivierter Ehe und sündhaftem Ehebruch durch tugendhafte, freiwillige und gegenseitige Liebe, die

---

ELISABETH SCHMID: Weg mit dem Doppelweg. Wider einer Selbstverständlichkeit der germanistischen Artusforschung, in: Erzählstrukturen der Artusliteratur. Forschungsgeschichte und neue Ansätze, hg. v. FRIEDRICH WOLFZETTEL, Tübingen 1999, S. 69–85; BRIGITTE BURRICHTER: *Ici fenist li premiers vers (Erec et Enide)*. Noch einmal zur Zweiteilung des Chrétienschen Artusromans, in: Erzählstrukturen der Artusliteratur. Forschungsgeschichte und neue Ansätze, hg. v. FRIEDRICH WOLFZETTEL, Tübingen 1999, S. 87–98; LUDGER LIEB: Ein neuer doppelter Kursus in Hartmanns *Erec* und seine Kontrafaktur in Gottfrieds *Tristan*, in: Deutsche Vierteljahrsschrift für Literaturwissenschaft und Geistesgeschichte 83, 2009, S. 193–217), bietet es für die Analyse von *Karados' Buch* einen geeigneten Bezugspunkt.

das Ende von *Karados' Buch* beschließt, wird hier bereits vorweggenommen. Das Gewicht der Turnier-Episode ist nicht zu unterschätzen, da sie – obwohl ihre grobe Handlung schnell nacherzählt ist – ein Drittel des Umfangs von *Karados' Buch* ausmacht und zu den Partien gehört, die erst mit der gemischten bzw. langen Redaktion (MR/LR) der *Ersten Fortsetzung* Eingang gefunden haben, nicht aber in der kurzen Redaktion (SR) und damit als kompositorische Ergänzungen zu verstehen sind.

Abschnitt	Episode	Karados' Alter	nicht in SR
	Teil I		
A	Hochzeit Karade u. Yseve; Betrug mit Elyafres	0	
	Karados Geburt, Taufe und Erziehung	5	
	Ritterschlag und Enthauptungswettstreit	14	
	Enthüllung der Vaterschaft	15	
	Verhinderungsversuch des Ehebruchs I		
B	Einführung Gyngeniers, Kador und Alardin	16	x
	Karados rettet Gyngeniers vor Alardin		x
	Einkehr in Alardins Zelt		x
C	Ankunft und Hintergrund des Turniers		x
	Alardin und Gyngenor, Kador und Ydene		x
	Karados Bewährung (u. a. Karados vs. Gawan)		
	Doppelheirat		
	Teil II		
D	Verhinderungsversuch des Ehebruchs II	18	
	Racheplan und Verfluchung		
	Aufbruch Artus, Kador und Gyngeniers Klage I		X
	Karados Flucht und Einkehr		
	Besuch Artus, Kadors und Gyngeniers Klage II		X
E	Kadors Suche	20	
	Yseves Reue und Elyafres Rat	21	
	Ritual der Erlösung		
	Vergebung Yseves		
	Hochzeit mit Gyngeniers		
	König Karades Tod	?	
F	Goldene Brustwarze (Alardins Burg)	?	
	Becherprobe (Artushof)	?	

Abb. 14. Aufbau der Handlung von *Karados' Buch* (gemischte Redaktion im RP)

Die Themen und Figuren der beiden ersten Handlungsabschnitte des ersten Teils (A und B) sind trotz fehlender kausaler Verbindungen in Bezug zueinander angelegt: Erstens ist Karados in beiden der Protagonist, zweitens behandeln beide die Themen Minne, schwarze Magie, höfische Tugenden, Genealogie und Politik,

und zwar durch kontrastierende Darstellung, indem sich der Erzählfokus innerhalb der Blöcke immer wieder zwischen den Positiv- auf die Negativbeispiele
wechselt. Während im ersten Abschnitt durch Yseve und Elyafres eine auf *untriu-
we* basierende und auf Sexualität beschränkte Minne dargestellt wird, zeichnet sich
die Minne von Karados und Gyngeniers vor allem durch die höfische Tugenden
triuwe und *schame* aus und ist durch die Abwesenheit von sexueller Erfüllung gekennzeichnet, die durch den ritterlichen *dienst* ersetzt wird. Karados und Gyngeniers werden durch andere Figuren (inklusive des Erzählers) und Handlungsinfe-
renzen als vorbildlich tugendhafte Figuren dargestellt.

Besonders bemerkenswert ist in diesem Zusammenhang die Beschreibung
Gyngeniers, da diese starke Parallelen zur Beschreibung Enites aufweist und so
eine intertextuelle Verbindung der beiden Figuren geschaffen wird. Die Parallelen
bestehen sowohl zur Beschreibung in Chrétiens *Erec et Enide*,[93] in der der Erzähler
die allegorische Natur und Gott für Enides Schönheit verantwortlich macht als
auch zur Beschreibung in Hartmanns *Erec*,[94] wo Enites Schönheit Gott allein zugeschrieben wird. In der Beschreibung Gyngeniers werden ebenfalls beide Instanzen herangezogen, wobei die bei Chrétien verantwortliche Natur als durch Gott
als alleinigen Schöpfer überboten und damit zugleich die Behauptung des chrétienschen Erzählers, dass diese Figur nicht nachahmbar sei, unterlaufen wird.
Gyngeniers werden ausgerechnet Enites Kardinaltugenden *triuwe* und *stæte* zugeschrieben:

[93] Vgl. Chrétien de Troyes: *Erec et Enide*. Afranzösisch/ Deutsch, hg. u. übers. v. AL-
BERT GIER, Stuttgart 2007, hier V. 411–436 (die Passage ist etwas umfangreicher): *Molt
estoit la pucele gente, / car tote i ot mise s'antante / Nature qui fete l'avoit; / ele meïsmes s'an estoit
/ plus de .vc. foiz merveilliee / comant une sole foiee / tant bele chose fere pot; / qu'ele poïst son
essanplaire / an nule guise contrefaire. / De ceste tesmoingne Nature / c'onques si bele creature /
ne fu veüe an tot le monde. [...] / Plus ot que n'est la flors de lis / cler et blanc le front et le vis; /
sor la color, par grant mervoille, / d'une fresche color vermoille, / que Nature li ot done, / estoit so
face anluminee. Si oel si grant claret randoient / que deus estoiles ressanbloient; / onques Dex ne
sot fere mialz / le nes, la boche ne les ialz.* [Die Jungfrau war sehr liebenswert; die Natur hatte
ja auch all ihre Kunst darauf verwendet, ihren Körper zu bilden. Sie selbst hatte sich mehr
als fünfhundertmal darüber gewundert, wie sie ein einziges Mal etwas derart Vollkommenes
zustande bringen konnte; nachher konnte sie sich plagen, wie sie wollte, es gelang ihr nicht,
dieses Muster auf irgendeine Art nachzuahmen. Die Natur selbst bezeugt, daß ein sie schönes Geschöpf niemals sonst auf der ganzen Welt gesehen wurde. [...] Darüber hinaus waren
ihre Stirn und ihr ganzes Gesicht klarer und weißer als die Lilienblüte; über dieser Weiße
leuchtete ihr Antlitz wunderbar in einer frischen roten Farbe, die die Natur ihr verliehen
hatte. Aus ihren Augen strahlte eine so starke Heiligkeit, daß sie zwei Sterne schienen;
niemals hatte Gott Nase, Mund und Augen besser zu formen gewusst.] (Übersetzung nach
ebd.).
[94] Vgl. Hartmann von Aue: *Erec*. Mittelhochdeutsch/Neuhochdeutsch. Hrsg. von VOL-
KER MERTENS, Stuttgart 2008, hier: S. 325.

> kam mit siner [Kadors] swester zart,
> die waz juncfrou Gyngeniers genant:
> schönre in der welte men niht vant.
> sü pflag keinre anderen schonheit,
> danne also got hatte an sü geleit,
> wande sü waz ein schöne creature:
> unde wer siben jor nature
> bliben zuo bilden iren schin,
> sü möhte schönre niht gesin.
> und do bi daz sü schöne waz,
> hatte sü vil trüwen, wissent daz,
> wan ez ist sicherliche die,
> die irme libebe gewenkete nie.
> (RP 59,1–13)

Dafür, dass Gyngeniers spätestens seit der gemischten Redaktion in der französischen Überlieferung in Bezug zu Enite gesetzt wurde, liefert die *Conte du Graal*-Handschrift Q (LR) einen Beleg. Dort hat der Schreiber nach der Heirat Karados und Gyngeniers beinahe wörtlich vier Verse interpoliert, die aus dem Prolog zu Chrétiens *Erec et Enide* stammen und Chrétiens Autornennung beinhalten.[95] In dieser Handschrift kündigt sie nicht den Beginn der gesamten Geschichte, sondern die Tugendproben am Ende an. Dass das deutschsprachige Publikum des *Rappoltsteiner Parzifal* eine ähnliche Verbindung zu Hartmanns Enite ziehen konnte, ist demnach nicht unwahrscheinlich. Diese vorbildlichen Darstellungen des Protagonistenpaares werden mit jeweils einer bestandenen Tugendprobe, die mit schwarzer Magie verbunden ist (der Enthauptungswettstreit und Alardins Wunderzelt), am Ende der ersten beiden Blöcke abgerundet.

Nahezu alle Probleme, die im ersten Teil von *Karados' Buch* entfaltet werden, bleiben ungelöst. Der sündhaften Minne wird zwar eine tugendhafte entgegengesetzt, doch bleibt das implizit formulierte Grundproblem bestehen: (persönlich motivierte) Liebesbeziehung und (politisch motiviertes) Eheverhältnis sind nicht miteinander vereinbar und bergen daher Gefahren für die dauerhafte Herrschaft,[96] die sich genealogisch vererbt. Dies spielt auch eine Rolle im Diskurs um höfische Tugenden, indem durch die kontrastierte Figurendarstellung die Frage gestellt

---

[95] Vgl. HINTON 2012, S. 75. Es sind die Vv. 23–26. *Des or comancerai l'estoire / qui toz jorz mes iert an mimoire / tant con durra crestïantez; / de ce s'est Crestïens vantez.* [Sogleich will ich die Geschichte beginnen, die alle Tage in der Erinnerung der Leute bleiben soll, solange die Christenheit besteht; dessen hat Chrétien sich gerühmt.] (Text und Übersetzung nach GIER 2007).

[96] Im Unterschied zum *Erec* ist die sexualisierte Liebesbeziehung jedoch ausgelagert und die Problematik so ein wenig verschoben, bzw. wird eine neue Perspektive auf sie eröffnet.

wird, ob Tugend- und Sündhaftigkeit erblich oder von höfischer Erziehung abhängig sind, indem Karados Abstammung von Elyafres und seine Erziehung durch Karade in Opposition zueinander gesetzt werden. Ein weiteres, ungelöstes Problem ist die ambivalente Darstellung der schwarzen Magie im Text: Einerseits verhilft sie zur Sünde, andererseits kann sie höfische Tugendhaftigkeit bestätigen.

Die Zäsur zur kompositorischen Mitte der Erzählung kann als Krise gelten, die allerdings so variiert ist, dass sie nicht den Protagonisten allein betrifft, sondern generationsübergreifend-genealogisch ausgeweitet ist. Nach einem Turnier, das den Höhepunkt Karados' ritterlicher Karriere darstellt, wechselt der Fokus der Handlung wieder auf die Elterngeschichte, in deren weiterem Verlauf Karados von seinen Eltern mit einem tödlichen Fluch belegt wird, den er selbst nicht bewältigen kann und von dem ihn Gyngeniers schließlich erlöst. Auf den Aufstieg des Helden folgen also – in ›klassischen‹ Termini formuliert – dessen Krise und deren Bewältigung. Die Relevanz der Frauenfiguren wird vom Erzähler an dieser Gelenkstelle der Erzählung thematisiert, indem er rechtfertigt, dass er weiterhin von einer schlechten Frau erzählt, obwohl man von Frauen nur Gutes sagen solle (RP 109,38–110,4) und proleptisch auf den Ausgang seiner Erzählung verweist:

> wolte got, möht ich dez verheln,
> so daz ich niht sölte veln
> an der materje min:
> daz wolte ich wol und liez ez sin.
> ist ein wening der anevang
> schemelich, doch ist der usgang
> guot noch aller eren zier.
> daz kam von der schönen Gingenier
> als ir harnoch bevindent wol,
> so ich es fürbringen sol.
> (RP 110,5–14)

Neben der Trennung von *anevang* und *usgang* der Erzählung nimmt der Erzähler durch die Prolepse die Verbindung der beiden Erzählstränge vorweg und kontrastiert die Figuren Yseve und Gyngeniers, wobei der letzteren den positiven Ausgang zuschreibt und so den hohen Stellenwert der Figur für die Erzählung verdeutlicht. Bruckner argumentiert in diesem Zusammenhang, dass der Erzähler das Typus/Antitypus-Schema der zentralen Frauenfiguren der Bibel, Eva und Maria, zuweise, indem er die Tilgung der Sünde der einen Frau durch eine Jungfrau aus einer anderen Generation ankündige.[97] Das Protagonistenpaar sei am Ende der Erzählung von seinen Sünden gereinigt:

---

[97] Vgl. Bruckner 2009, S. 140 und Norris J. Lacy: Jealousy, fidelity and form in the *livre de Caradoc*, in: Philologies old and new. Essays in honor of Peter Florian Dembowski,

Gyngenier's breast has undergone a kind of circumcision that purifies and redeems her female sexuality, just as Caradoc's shortened arm bears the imprint of his sin and redemption.[98]

Die Beobachtung, dass das Typus/Antitypus-Schema übertragen wird, ist überzeugend. Weniger überzeugend ist jedoch, dass dies eine Reinigung der Protagonisten von ihren Sünden mit sich bringt, da die Vorbildlichkeit Gyngeniers zu keinem Zeitpunkt des Textes in Frage gestellt wird und Karados' Verhalten ausschließlich von anderen Figuren (seiner geschädigten Mutter und sich selbst) als sündhaft bewertet wird.

Karados' Fluch ist zwar als Krise einzuordnen, die jedoch das ›klassische‹ Schema variiert, indem sie den Sünden-Diskurs durch einen kombinierten Diskurs um Minne und Genealogie ersetzt. Äußerlich ist seine Krise regelrecht sichtbar, da er durch den *serpant* an seinem Arm, der ihn über drei Jahre mit seinem Gift langsam und qualvoll töten soll, als Held nicht funktionstüchtig ist und in Passivität verfällt, indem er, isoliert von der höfischen Gesellschaft, sein Leben zunächst im (Kranken-)Bett und später in der Klause des im Wald lebenden Einsiedlers fristet. Hierin liegt eine Parallele zu den Strukturen und Heldenfiguren des ›klassischen‹ Artusromans, indem die Passivität des Helden als Krise fungiert.

Irritierend ist jedoch, dass in diesem Fall keine Verfehlung des Protagonisten als Auslöser dieser Krise zu erkennen ist. Man könnte zwar die Begründung Yseves zur Rache an ihrem Sohn, er habe durch die Strafe an Elyafres Sünde an seinen Eltern begangen, als Hinweis auf diese Verfehlung nehmen, jedoch ist diese Begründung durch die Figurenperspektive Yseves gebrochen, im Zusammenhang ihrer *trugenheit* dargestellt (RP 117,1–19) und wird weder von Elyafres noch vom Erzähler, die an keiner Stelle Karados' Verhalten als Sünde bewerten, geteilt. Bruckner bemerkt, dass Karados selbst den Vorwurf Yseves aufgreife und daher zum Einsiedler fliehe, um für die Vergehen an seinen Eltern zu büßen.[99] Dies ist sicherlich richtig, doch ist auch hier der Vorwurf weiterhin durch die Figurenperspektive gebrochen und wird letztlich durch die Aufhebung des Fluchs entkräftet, da nicht Karados' beinahe dreijährige Buße der vermeintlichen Sünde zur Heilung führt, sondern die Erlösung durch Gyngeniers in einem schwarzmagischen Ritual. Sünde allein scheint somit keine schlüssige Motivation der Krise zu sein.[100]

---

hg. v. Peter F. Dembowski, Joan Tasker Grimbert, Carol J. Chase, Princeton 2001, hier: S. 282.

[98] Bruckner 2009, S. 145.

[99] Vgl. ebd., S. 141.

[100] Anders Bruckner, die in Karados' Entschuldigung bei Yseve einen Beleg für seine Verfehlung sieht und diese mit Percevals Sünde gegen dessen Mutter in Verbindung bringt (vgl. ebd., S. 142).

Über das bloße Schema hinaus motiviert ist die Krise der Karados-Erzählung nur, wenn man den darin geführten Diskurs um höfische Minne als Bezugspunkt sieht. Dieser Diskurs ist offensichtlich von der Sünden-Thematik durchdrungen, doch dient diese vielmehr der Stilisierung der Karados-Gyngeniers-Minne als sündenfreie Liebe. Dass in dem Ritual zur Beseitigung des *serpants* Gyngeniers für Karados ihr Leben riskiert, suggeriert zunächst eine Probe der Minne-Beziehung von Karados und Gyngeniers in Hinblick auf Gyngeniers *triuwe*. Doch gerade diese steht für diese Figur nie in Frage. Die Irritationen der Logik von Krise und deren Lösung lösen sich auf, wenn man die Krise nicht auf Karados allein, sondern diese figuren- und generationenübergreifend auf die zentralen Minne-Konstellationen der Erzählung bezieht. Die Krise liegt in der ehebrecherischen, sündhaften Minne der Eltern-Generation und wird durch die tugendhafte Kinder-Generation gelöst. Die Variation des ›klassischen‹ Modells liegt darin, dass die Problematisierung höfischer Minne-Ideale, in diesem Fall die Vereinbarkeit von privater Liebes-Minne und politischer Adels-Ehe, nicht im Spannungsfeld des Protagonisten oder Paares zur Gesellschaft dargestellt wird, sondern dass diese Problematisierung auf adelige Genealogie bezogen wird. Ein weiterer Aspekt der Variation ist, dass das Vereinbarkeitsproblem nicht in einem Figurenpaar, sondern in eine Dreier-Konstellation[101] (König Karade – Yseve – Elyafres) verlagert ist. Überwunden wird die Krise letztlich durch vorbildliche *triuwe*, die in der Figur Gyngeniers polarisiert wird.

Der zweite Teil von *Karados' Buch* erzählt von der Aufdeckung des ehebrecherischen Verhältnisses von Karados' Eltern, seiner Verfluchung durch Yseve und Elyafres, seiner Flucht vom Hof (Abschnitt D), seiner Erlösung durch Gyngeniers und schließlich der Versöhnung, Krönung (Abschnitt E) und zwei finalen Tugendbestätigungen (Abschnitt F). Dabei werden die vorher voneinander unabhängig begonnenen Handlungsstränge (Elterngeschichte und Gyngeniers/Minne-Handlung) miteinander verbunden, indem sich Gyngeniers als Schlüsselfigur zur Lösung des Konflikts Karados' mit der Elterngeneration erweist. Die zuvor entwickelten Diskurse werden dabei miteinander verbunden und münden schließlich in einem durch die Protagonisten verkörperten Lösungsentwurf.

In diese Struktur fügen sich auch die letzten beiden Episoden der Teilerzählung, in denen, obwohl die Krise bereits überwunden ist, die vorbildliche Tugendhaftigkeit Gyngeniers hinsichtlich der zu Beginn der Erzählung entfalteten Probleme von Minne und adeliger Genealogie zweifach bestätigt wird. Erstens kann

---

[101] Die Dreier-Konstellation in Verbindung mit der Ehebruchs-Thematik weist zudem eine Nähe zur *Tristan/Isolde*-Tradition auf, wobei in *Karados' Buch* jedoch kein magischer Trank das Liebespaar entschuldigt und die Liebes-Minne dadurch gebrochen wird, sondern beide Konzepte offen miteinander konfrontiert werden.

die goldene Brustwarze, die Gyngeniers anstelle ihrer beim Ritual verlorenen erhält, im Kontext ihrer Tugendprüfung als Bestätigung ihrer beständigen *triuwe* gesehen werden. Hierin ist die Figur abermals mit Enite vergleichbar, deren *triuwe* ebenfalls nie wirklich in Frage steht und nach Überwindung der Krise ebenfalls eine Veredelung erfährt, indem sie mit Gold in der Esse verglichen wird.[102] Diese Veredelung ist jedoch nicht als Reinigung von Sünden der Figur zu sehen, sondern als Möglichkeit die Tugenden unter Beweis zu stellen.[103]

In dem Kontext dieses Beweisens lässt sich auch Karados irritierendes Gebot verstehen: Nach der Veredelung verbietet er Gyngeniers, niemanden außer ihm selbst ihre goldene Brustwarze zu zeigen, da er sie sonst bestrafen würde; was Gyngeniers ihm freudig dankt (RP 163,34ff.). Das Gebot thematisiert zwar Gyngeniers sexuelle Treue, doch es stellt sie nicht in Frage, sondern deutet an, dass Gyngeniers sich auch weiterhin, nämlich über die erzählte Handlung hinaus, beweisen kann und wird. Der religiöse Diskurs um Sünde wird in den höfischen Liebesdiskurs übertragen. Auch dies hat der Text mit Hartmanns *Erec* gemein. »Hier ist nicht Gott die prüfende Instanz, sondern Erec, und nicht das ewige Seelenheil ist das Ziel dieser Prüfung, sondern die Versöhnung des Paares.«[104]

Die zweite Bestätigung des Paares liefert die Hornprobe, die im engeren Sinn den Abschluss der Erzählung bildet und nicht nur als Beweis für die Tugendhaftigkeit des Paares Karados und Gyngeniers gelten kann, sondern diesen Beweis auf einer weiteren Ebene deutlich macht. Der Unterschied ist, dass die Hornprobe in der größtmöglichen Öffentlichkeit, am Artushof, vollzogen wird, während die Episode um die goldene Brustwarze der größten Privatheit, der Zweisamkeit von Karados und Gyngeniers, zugeordnet ist. Sie spiegeln hierin die Proben des ersten Teils der Erzählung, von denen der Enthauptungswettstreit in der Öffentlichkeit des Artushofs und die Einkehr in das Wunderzelt im privaten Kreis stattfinden.

Diese Trennung der Ebenen in den vier Tugendproben bezieht sich auf die basale Problematik des im Text verhandelten Minne-Diskurses: Der (Un-)Vereinbarkeit von politischer Ehe und privater Liebesminne. Unvereinbar sind diese beiden bei Yseve, Elyafres und Karade, bei denen beide Ebenen auf verschiedene Figuren aufgeteilt sind. Die beiden Proben des ersten Teils stehen trotz der Tugendhaftigkeit der Protagonisten noch unter dem Zeichen der Unvereinbarkeit (Karados als unehelicher Sohn; Gyngeniers als unfreiwillige Braut), wohingegen die beiden Proben zum Ende verdeutlichen, dass Karados und Gyngeniers diese

---

[102] Zur Relevanz der Sentenz für die viel diskutierte Schuldfrage Enites vgl. SILVIA REUVEKAMP: Sprichwort und Sentenz im narrativen Kontext. Ein Beitrag zur Poetik des höfischen Romans, Berlin/New York, NY 2007, hier: S. 93.

[103] Vgl. ebd.

[104] Ebd., S. 95.

Vereinbarkeit geleistet haben. Deutlicher könnte der Schlusspunkt dieser Erzählung, in der zuvor alle entwickelten Fäden sorgfältig wieder aufgenommen werden, kaum sein. Die Mantelprobe des *Erec* im *Ambraser Heldenbuch* ist der Hornprobe sehr ähnlich, auch wenn mit der Platzierung als Beginn der Schlusspunkt des Romans vorweggenommen wird.[105]

3.2.1.2. *Schwanen-Aventiure*

Eine ähnlich deutliche Geschlossenheit weist die *Schwanen-Aventiure* auf. Auch sie ist von den Bearbeitern mit Überschriften ausgestattet, die Beginn und Ende der Teilerzählung benennen.[106] Zudem ist sie durch zwei weitere Überschriften untergliedert, die zentrale Wendepunkte der Handlung ankündigen.[107] Auch diese Erzählung ist hochgradig planvoll angelegt. Die Handlung lässt sich in fünf Episoden einteilen, die eine symmetrische und zweigeteilte ergeben (s. u. Abb. 15), deren Handlungsorten einander abwechseln. Über dieser episodischen Fünfteilung ist die *Schwanen-Aventiure* insgesamt zweigeteilt, wobei die dritte Episode den Wendepunkt der Handlung bildet: Gaheries hat das Rätsel und die Aufgabe um den toten Ritter, die durch ihre Vagheit unlösbar scheinen, angenommen und seine Schande um die Ereignisse im Garten ist bis an den Artushof gedrungen. Am Ende der Episode macht er sich auf, die beiden Aufgaben zu erfüllen.

1 (Artushof)	Ankunft des toten Ritters im Schwanenboot
2 (Garten der Wunderburg)	Niederlage gegen den kleinen Ritter
3 (Artushof)	Herausziehen der Lanzenspitze und Bekanntwerden der Niederlage
4 (Garten der Wunderburg)	Sieg über den kleinen Ritter und Rache für den toten Ritter
5 (Feen-Insel; Artushof)	Ehren an den Höfen und Abreise des Schwanenboots

Abb. 15. Handlungsaufbau der *Schwanen-Aventiure*

---

[105] Daher sicher auch die Zuschreibung des Mantels an Heinrich von dem Türlin, der in seiner *Crône* u. a. eine ausgezeichnete Kenntnis der Ersten Fortsetzung erkennen lässt, indem er deren Motive verarbeitet. Einen leider nicht weiterverfolgten Ansatz bietet STEFAN HOFER: Bemerkungen zur Beurteilung des Horn- und des Mantellai, in: Romanische Forschungen. Vierteljahrsschrift für romanische Sprachen und Literaturen 65, 1953, 1/2, S. 38–48.

[106] S. o., S. 81ff.

[107] Ebd.

In dieser dritten Episode treffen die in den ersten beiden Episoden weitgehend getrennt eingeführten Handlungsstränge (toter Ritter im Schwanenboot und Schande im Garten) aufeinander und fallen mit den gemeinsamen Jahresfristen der mit den Handlungssträngen verbundenen Aufgaben (Rache für den Toten und Tilgung der Schande) eng zusammen. Die Stränge bleiben in den Episoden vier und fünf weiterhin verbunden, indem die von Gaheries zu bestehenden Kämpfe (gegen den Zwergenritter und seinen Herren) sowie die abschließende Bestätigung bei Hofe (Feen-Insel und Artushof) ebenfalls zusammengeführt werden. Die Lösungen der beiden Aufgaben, die im ersten Teil voneinander getrennt eingeführt wurden, erscheinen demnach in der Retrospektive des zweiten Teils als einander bedingend.[108]

In Hinblick auf die Motivation ist also zu beobachten, dass die beiden kausal eingeführten Handlungsstränge zugleich in einer gemeinsamen Teleologie angelegt sind.[109] Als Beispiele für Teleologie und Kausalität nennt Störmer-Caysa mitunter (göttliche) Vorsehung und Rache-Mechanismen:

> Zum Beispiel fordern Erzählkerne, in denen der Zufall eine tragende Rolle spielt, die teleologische Interpretation heraus, und mittelalterliche Leser und Hörer dachten einen teleologischen Sinnhorizont immer schon mit, wenn sie unterstellten, daß es in einer von christlichen Rittern bewohnten fiktionalen Welt auch einen allwissenden Gott geben müsse. Umgekehrt können Rachefabeln kaum anders als kausal aufgefasst werden, und der Siegeszug der modernen Naturwissenschaft hat die Allgegenwart kausaler Erklärungsmuster – zumindest auf der Oberfläche – befördert.[110]

Sie macht zudem an Wolframs *Parzival* und anderen Artusromanen deutlich, dass beide Motivationen durchaus gemeinsam auftreten, ohne sich auszuschließen.[111] Die *Schwanen-Aventiure* weist nicht nur beide Motivationsarten mustergültig auf, sondern stellt diese offensichtlich aus, indem sie sie überlagert und in Spannung zueinander setzt. Der Zusammenhang von Motivation und Zeit der Erzählung werden damit narrativ reflektiert.[112]

Die beiden Aufgaben sind die handlungsmotivierenden Momente und zugleich der zentrale Gegenstand der Erzählung. Meiner Ansicht nach wird durch

---

[108] Das Prinzip ist bereits in *Karados' Buch* zu beobachten und wird hier variiert.

[109] Zum Zusammenhang von Zeit und Kausalität siehe grundlegend Uta Störmer-Caysa: Grundstrukturen mittelalterlicher Erzählungen. Raum und Zeit im höfischen Roman, Berlin, New York 2007, S. 76.

[110] Ebd., S. 98.

[111] Vgl. ebd., S. 96. Siehe im Kontext der Tiefenstruktur auch Chen 2015, S. 42.

[112] Dies ist besonders hinsichtlich des doppelten Schlusses des *Rappoltsteiner Parzifal* relevant, in dem durch Manessiers Version ebenfalls eine kausale Rachefabel mit einer teleologischen Vorsehung verknüpft ist (s. u., Kap. 3.5.2 Kausalität und Finalität: Rachefabeln, S. 287ff.).

das Zusammenspiel der beiden Handlungsstränge die Funktionsweise der ritterlichen Queste als von einer wunderbaren Instanz schicksalhaft vorherbestimmte, an
eine bestimmte Figur gebundene Aufgabe dargestellt. Der Handlungsstrang um
den toten Ritter aus dem Schwanenboot zeigt deutliche Merkmale dieses Queste-
Schemas: Durch einen bereits toten Ritter, der wunderbare Merkmale trägt (das
Boot wird von einem Schwan gezogen, der Leichnam verwest nicht, etc.), wird
eine Aufgabe gestellt. Diese erscheint konkret und diffus zugleich: Er soll innerhalb eines Jahres gerächt werden; wer aber das Ziel dieser Rache ist oder wer der
tote Ritter ist, wird nicht deutlich. Die Aufgabe scheint somit unlösbar, was der
Text durch die Reaktionen der Artusritter explizit macht, indem er dies zunächst
Gawan anmerken lässt:

> 'inenweis' sprach her Gawan, 'niht,
> aber ich höre wol die riht:
> men sol stechen ginen, dast sin sin,
> ane veln dar, do er stoch in,
> rehte als er gestochen ist
> mit dem ysin an der frist.
> daz würt fürendet keinen man,
> den gelouben wil ich genzlich han.
> er lit lange hie, e daz geschiht,
> daz men im daz drunsel uz ziehe iht.
> der ritter ders uz züge, zwore
> der mohte wol sin ein tore.'
> (RP 293,30–41)

Keiner der Artusritter wagt es, den Splitter auch nur anzufassen, was vom Erzähler
an späterer Stelle als weise eingeschätzt wird (RP 304,30–43), wodurch der Text
abermals die Unlösbarkeit der Aufgabe aus Sicht der Ritter deutlich macht. Ein
weiterer Aspekt der Aufgabe ist, dass sie schicksalhaft an eine bestimmte Figur
gebunden ist. Diese Vorherbestimmung wird im Text erstens durch den Brief des
toten Ritters deutlich, in dem einzig Gaheries genannt wird, der dieselbe Schande
wie der tote Ritter in dem Garten erfahren habe:

> ein anders an dem brieve stot,
> do die swerste bürde uf got.
> er giht, daz ginre geschant si
> unde gelesetert do bi,
> alse Gaheries in dem garten wart,
> (RP 293,12–16)

Der Brief formuliert Gaheries erste Begegnung in dem Garten als bereits geschehen. Im Text werden zwar keine Angaben dazu gamacht, ob die Ankunft des
Schwanenbootes parallel zu, vor oder nach Gaheries' Niederlage erfolgt, doch da

diese in der linearen Textchronologie erst nach dem Verlesen des Briefes erzählt wird, entsteht der Eindruck, dass der Brief die Geschehnisse prophetisch vorhersagt.

Zweitens wird die Aufgabe als figurengebundene Vorherbestimmung dargestellt, indem Gaheries sie nicht freiwillig annimmt, sondern sie ihm auf wundersame Weise auferlegt wird. Dies wird in der Szene deutlich, in der er den Splitter aus dem toten Ritter zieht:

> Gaheries unfrüntschaft pflag
> zuo dem toten, der do lag,
> wan er mant in der schanden gar
> mit dem brieve, den er brohte dar.
> er sprach: 'helt, daz trunsellin
> mag wol lange in üch sin.
> ez enzühet üch uz nieman,
> so blibent ir ungerochen dan.'
> er ruorte ein wening daz trunsel,
> do haftet ez an sime vinger snel.
> ein spenlin volget ime noch,
> daz daz trunsel uz zoch:
> vor al den rittern daz geschach.
> (RP 305,12–24)

Dass gerade Gaheries die Aufgabe des toten Ritters, der ihm aufgrund des Inhalts des Briefes verhasst ist, unfreiwillig annimmt, ist nicht ohne eine gewisse Ironie. Diese wird durch die Reaktionen Gawans und Iweins noch gesteigert, indem Gawan das Herausziehen des Splitters als intentional wahrnimmt und es zugleich als Dummheit bewertet (RP 305,25–32) und Iwein anschließend betont, dass Gaheries diese Bürde nun tragen müsse (RP 305,34–37), obwohl das Herausziehen weder Gaheries Absicht war und er nicht besonders erfreut darüber scheint. Dass sich Gaheries dennoch in sein Schicksal fügt, ist ein weiterer Ausdruck der Vorherbestimmtheit der ungewissen Queste:

> Gaheries sprach also zehant:
> 'obe got wil, ez würt vollant,
> wie ez umbe die endunge si
> und waz geschehen mir mag do bi.
> ich tuon mine maht so wol,
> daz mich nieman strofen sol'.
> (RP 306,2–7)

Bis zur strukturellen Mitte der Erzählung wird die ritterliche Queste demnach als von einer wunderbaren Instanz motiviert, konkret-diffus, unlösbar und an eine bestimmte Figur gebunden präsentiert. In der Szene um das Herausziehen des

Splitters kulminieren all diese Aspekte und werden zugleich ironisch-komisch gebrochen. Diese komische Brechung erzeugt Distanz des Rezipienten zur finalen Motivation und lässt sie dadurch umso deutlicher hervortreten.

Der Handlungsstrang um Gaheries' Niederlage im Garten arbeitet mit ähnlichen Mitteln wie derjenige um den toten Schwanenboot-Ritter, wobei der Schwerpunkt der Darstellung eher auf der schicksalhaften Vorherbestimmung als auf der Reservierung für einen speziellen Helden liegt. Diese Teleologie wird vor allem durch Anachronien erzeugt, die die lineare Zeit der Erzählung durchbrechen und kausal nicht zu erklären sind. Magische Gegenstände und Anderwelten werden hier als gängige Motive bzw. Mittel der Verletzung der linearen Zeit eingesetzt.[113]

Scheinbar zufällig gelangt Gaheries zu einer Burg, die topische Merkmale des Wunderbaren trägt (Barriere durch einen dichten Wald, verirren darin, *locus amoenus* vor der Burg, kostbare Ausstattung und das Fehlen von Bewohnern [RP 294,14ff.]). Der vermeintliche Zufall erscheint dem Rezipienten jedoch spätestens dann als vorherbestimmt, als Gaheries den bereits im Brief des toten Ritters erwähnten Garten der Burg erblickt (RP 296,10ff.). Er muss bereits ahnen, dass der weitere Hergang auf die Erfüllung des prophetischen Briefes hinausläuft, nur das Wie bleibt noch offen. Dementsprechend erscheint auch der weitere Hergang der Ereignisse als von ihrem Ergebnis her motiviert.

Dass dies ein vom Text kalkulierter Effekt ist, wird in der Diskrepanz von Gaheries' Verhalten und den unangemessenen Reaktionen der Figuren des Gartens deutlich. Gaheries verhält sich durchgehend vorbildlich höfisch, handelt in besten Absichten und versucht, den sich anbahnenden Konflikt zu vermeiden: Er betritt den Garten, da er auf der Suche nach den Bewohnern der Burg ist (RP 296,26ff.). Dabei ist er unbewaffnet (RP 296,34ff.). Als er das Zelt des verwundeten Ritters betritt, grüßt er ihn höflich (RP 297,22ff.). Obwohl dieser in einen Zornesausbruch gerät, der seine Wunden aufplatzen lässt, versucht Gaheries die Situation zu entschärfen (*'lieber herre, hant gemach. / mir ist leit uf die trüwe min, / daz man üch siht so zornig sin'* [RP 297,35–37]). Die Aussage des verwundeten Ritters, dass die Anwesenheit Gaheries' seinen Tod bedeute, erscheint ebenso absurd[114] wie der Vorwurf, dass Gaheries sich des Hochmuts schuldig gemacht habe (RP 297,39 und 298,34). Die Rezipienten des *Rappoltsteiner Parzifal* können, wenn sie das Motiv kennen,[115] hier bereits wissen, dass das Aufbrechen der Wunden auf den Tod des Ritters durch Gaheries' Hand hindeutet. Anders als üblich

---

[113] Vgl. STÖRMER-CAYSA 2007, S. 196

[114] Zu den unbegründeten Reaktionen der Figuren vgl. OTTE 2015, S. 98.

[115] Z. B. durch Hartmanns *Iwein*, in dem ein Erzählerkommentar zu Askalons Wunden das Phänomen erläutert (vgl. Iw 1355ff.). Askalon ist jedoch bereits tot.

ist der Gegner jedoch nicht tot, sondern (noch) lebendig, d. h. sein Zustand ist an der ›falschen‹ Stelle im kausalen Ablauf platziert und damit anachronistisch.

Auch die Aussage des zwergenhaften Ritters ist nicht aus dem Hergang der Handlung heraus motiviert, sondern von ihrem Ergebnis her und erscheint daher paradox: Er fordert Gaheries aufgrund seines Hochmuts zum Kampf. Die einzige Stelle, an der Gaheries' Verhalten als *superbia* zu deuten ist, ist seine Reaktion auf eben diese Herausforderung, indem er den Ritter aufgrund seiner geringen Größe als schwach verhöhnt:

> Gaheries sprach an der frist:
> 'ir sint ein schönre ritter reht,
> men sol üch wol förhten eht.
> ir sint starc und gros, sprich ich,
> mit rede tötent ir schiere mich'.
> (RP 299,10–14)

Kurz nachdem Gaheries den kleinen Ritter verhöhnt, wird er von ihm besiegt. Die Anschuldigung der Hochfahrt ergibt also erst aus der Retrospektive der Episode Sinn und erscheint aus dem Hergang der Handlung zirkelschlussartig, indem kausale Wirkung und Ursache vertauscht sind. Ebenso steht es um die Aussage des verwundeten Ritters, dass er von Gaheries den Tod erleiden würde. Dies geschieht tatsächlich gegen Ende der Erzählung als Erfüllung der Rache für den toten Ritter im Schwanenboot. Da Gaheries von dem Inhalt des Briefes, der einen Bezug zu seiner Niederlage im Garten herstellt, nach eben dieser Niederlage erfährt, wirkt die Aussage des verwundeten Ritters ebenso anachronistisch wie die des Zwerges.

Aus dem kausalen Handlungshergang wirken die Reaktionen der Figuren des Gartens unerklärlich. In der Retrospektive bewahrheiten sie sich jedoch teleologisch und lassen damit den Hergang als schicksalhaft vorherbestimmt erscheinen, wobei dies zum einen für die Retrospektive der Garten-Episode (hinsichtlich der Aussage des Zwergs) und zum anderen hinsichtlich der gesamten Erzählung (Aussage des verwundeten Ritters) angelegt ist. Dass Gaheries' Verhalten sich linear aus dem Handlungsverlauf motiviert, erzeugt einen Kontrast zu diesem schicksalhaften Modell, der seinerseits komische Effekte hervorruft.

Durch die engere Zusammenführung der beiden Handlungsstränge werden erstens die unterschiedliche Qualität der Aufgaben und zweitens abermals der schicksalhafte Hergang verdeutlicht. Diese Zusammenführung beginnt in der dritten Episode der Erzählung und endet mit Gaheries' Sieg über den verwundeten Ritter bzw. den Erläuterungen durch die Geliebte des Schwanenboot-Ritters. Zwar besteht bereits seit dem Verlesen des Briefes, in dem Gaheries' Schande im Garten der Wunderburg erwähnt wird, eine Verbindung, doch erscheint diese bis dorthin ohne jeden kausalen Zusammenhang. Mit dem doppelten Ultimatum der beiden Aufgaben berühren sich die beiden Handlungsstränge zum ersten Mal, indem nämlich scheinbar ein Terminkonflikt des Protagonisten verursacht wird, da beide Jahresfristen fast zeitgleich enden.

Besonderes Augenmerk verdient Gaheries' Verhalten nach dem Herausziehen des Splitters. Trotz des nun entstandenen Terminkonflikts unternimmt er nichts, um die Aufgabe des toten Ritters zu erfüllen und verleugnet zudem seine Niederlage im Garten. In dieser selbst gewählten Passivität kann der Tiefpunkt der Handlung und des Helden gesehen werden. Erst durch Keyes geschickte Provokation, für die er Artus instrumentalisiert, wird Gaheries gezwungen, seine Niederlage im Garten zuzugeben und dem Artushof zu berichten, was ihn wiederum zum Handeln und damit zur Aufgabe der Passivität zwingt. In der Motivation zu diesem Handeln wird zudem ein wesentlicher Unterschied der beiden Aufgaben deutlich, da Gaheries erst aktiv wird, nachdem seine Schande am Artushof öffentlich geworden ist, um seine *êre* wiederherzustellen (RP 307,16–31). Zwar erwähnt der Text, dass er die inzwischen an einen Schaft befestigte Lanzenspitze des toten Ritters mit sich nimmt (RP 207,37f.), doch erscheint die Rache für den toten Ritter nicht als Motivation des Aufbruchs. Gaheries' Aufbruch ist somit eigennützig und nicht etwa in der Wiederherstellung der Ordnung (Rache für den toten Ritter) oder die Erlösung anderer (Befreiung der hundert Gefangenen des Gartens) begründet. Die im Garten auferlegte Aufgabe ist somit allein auf Gaheries *êre* bezogen, während die Aufgabe des toten Ritters auf die Erlösung anderer abzielt.

Dass die Lösungen beider Aufgaben miteinander zusammenfallen, wird sowohl dem Rezipienten als auch Gaheries selbst erst nach dem Bestehen der damit verbunden ritterlichen Tat deutlich. Die Kämpfe gegen den zwergenhaften Ritter und den Herrn des Gartens schließen unmittelbar aneinander an und sind miteinander verbunden: Da Gaheries den Zwerg getötet hat, will dessen Herr Rache nehmen und fällt selbst (RP 308,9–46). Dass Gaheries damit die Rache-Aufgabe des Schwanenboot-Ritters erfüllt hat, erfährt er erst im Nachhinein von der Dame, die sich als trauernde Geliebte des Schwanenboot-Ritters zu erkennen gibt und Gaheries die Funktionsweise der (magischen?) Lanzenspitze erklärt: Man könne keine Rache für den Getöteten nehmen, solange die Lanzenspitze noch in dessen Körper stecke (RP 309,1–30).

Die Verbindung von den Aufgaben um die Rache für den Schwanenboot-Ritter und der Tilgung der eigenen Schande kulminiert in Gaheries Kommentar hinsichtlich der Lanzenspitze: '*got schende in, der ez uz ziehe iht.*' (RP 309,30). Der Zusammenhang der Schande des Gartens und der tödlichen Lanzenspitze werden erst in dem Tod ihres Verursachers offenbar. Sowohl Gaheries' Schande als auch der Tod des Schwanenboot-Ritters erweisen sich als ungerechtfertigt und Gaheries' Sieg erscheint somit als Wiederherstellung der höfischen Ordnung und die angedeutete Auferstehung Brangemors im Feenreich scheint der Gewaltakt sogar gänzlich rückgängig gemacht. Mit diesem werden in der Erzählung kaum Aspekte offen gelassen. Wieder aufgegriffen wird die *Schwanen-Aventiure* im weiteren Verlauf nicht.

3.2.1.3. Segramors

Der Handlungsstrang um Segramors ist offener gestaltet als die beinahe gänzlich geschlossenen Erzählungen um Karados und Gaheries. Dies hängt sicherlich damit zusammen, dass er Teil der *Fortsetzung Manessiers* ist, deren Erzählstil an den *Vulgat-Zyklus* angenähert ist und Chrétien in anderer Weise folgt, als es die vorhergehenden *Fortsetzungen* tun.[116] Dennoch kann man hier von einer sequentiell eingebundenen Teilerzählung sprechen, da auch dieser Handlungsstrang deutliche Signale einer Abgeschlossenheit aufweist. Die Struktur der Teilerzählung ist jedoch, anders als bei den beiden zuvor behandelten Beispielen, selbst sequentiell, indem sie aus aneinandergereihten Episoden besteht. Dabei wirkt der Beginn dieser Episodenreihe, in denen Segramors die Rolle des Protagonisten übernimmt, weniger wie der Beginn einer selbstständigen Erzählung, sondern vielmehr wie ein Seitenstrang der Haupthandlung um Parzival. Dennoch liegt auch hier dasselbe Erzählprinzip zugrunde, indem der Fokuswechsel auf den neuen Protagonisten zwar verzögert und weicher gestaltet, aber letztlich doch eindeutig markiert wird.

Bereits in dem Übergang von der Parzival- zur Segramors-Handlung wird deutlich, dass Manessier seine zusätzlichen Protagonisten anders einbindet als seine Vorgänger. Dieser Übergang ist organisch gestaltet, indem der Wechsel der Protagonistenrolle sich linear aus der vorherigen Handlung heraus ergibt. Der Segramors-Handlung geht Parzivals zweiter Gralburg-Besuch voraus, in dem sich der Übergang von *Wauchiers* zu *Manessiers Fortsetzung* befindet. Nachdem Manessier diesen Besuch mit dem Zusammenfügen des Schwertes und dem Auftrag, Rache dem Mörder des Bruders des Gralkönigs zu nehmen, enden lässt, verbleibt der Handlungsfokus während der gesamten ersten Episode der Segramors-Handlung noch auf Parzival, was besonders an der an ihn gebundenen Erzählperspektive deutlich wird. Segramors selbst ist hier noch eine Nebenfigur, die mit der Verfolgung des flüchtigen Ritters zunächst wieder aus der Handlung verschwindet. Der Fokus begleitet Parzival so lange, bis dieser nach dem Vorbild der Gawan-Handlung der *Ersten Fortsetzung* verletzungsbedingt aussetzt.

Indem der Fokus anschließend auf Segramors wechselt, wird erstens ein noch offenes Schema weiterverfolgt, da der Abschluss des Pferdediebstahl-Motivs noch

---

[116] Vgl. TETHER 2012, S. 170. TETHER berücksichtigt dort allerdings nicht, dass Manessier auch neue Stränge wie z. B. um Segramors beginnt und damit das Ende der Erzählung zurückhält und sie breit entfaltet.

aussteht. Zum zweiten wird dieser Wechsel aber auch kausal untermauert, da der Rezipient mutmaßen muss, dass Parzival aufgrund seiner Genesungspause wohl kaum etwas Erzählenswertes erleben wird, wodurch der Protagonistenwechsel handlungslogisch motiviert ist. Die Funktion der Parzival-Episode besteht, obwohl noch auf Parzival als Protagonist fokalisiert wird, hauptsächlich in diesem Übergang. Die anschließende erste Episode mit dem neuen Protagonisten führt die Handlung um den Pferdediebstahl zu einem Ende und ist daher eng mit der Übergangs-Episode verbunden.

Die beiden weiteren Episoden sind nicht derart kausallogisch hergeleitet, teilen aber Themen und Motive (z. B. Gewalt gegen Frauen, Verwundung des Protagonisten) mit bestimmten Episoden Gawans und Parzivals,[117] was Kohärenz stiftet. Die Abgeschlossenheit der Handlung um Segramors wird hauptsächlich durch denselben Kunstgriff signalisiert, der sie eingeleitet hat, nämlich, dass die Ablösung des Protagonisten handlungslogisch durch dessen Genesungspause begründet erscheint und so eine Spiegelung und Rahmung auf der Ebene der Erzähltechniken verleiht, indem dasselbe Motiv (Verletzung und Genesung) mit derselben Funktion (Protagonistenwechsel) verknüpft wird.

Verglichen mit den anderen beiden bis hierhin besprochenen Teilerzählungen erscheint die Segramors-Handlung damit weniger geschlossen, da sie deutlicher an den vorhergehenden und nachfolgenden Handlungsstrang angebunden ist. Zudem wird über den Handlungsort der *Burg der Jungfrauen* ein Ort aufgegriffen, der sowohl im *Prologus* als auch in der Parzival-Handlung (im Teil von *Wauchiers Fortsetzung*) bereits auftaucht. Dennoch ist ihr Verhältnis zu den anderen Teilerzählungen grundsätzlich sequentiell, da sie als Block zwischen zwei anderen eingeschoben ist und ihre Handlung in sich zu einem Abschluss kommt.

3.2.2. Parallele Teilerzählungen

3.2.2.1. *Bran de Lis und Gingelens*

Zur Gawan-Handlung gehören gleich mehrere Stränge, die parallel zu den Handlungen um die anderen Protagonisten, aber auch zueinander angelegt sind, indem sie zwar in einer Episode beginnen, jedoch nicht in der darauffolgenden beendet werden oder aber vermeintlich abgeschlossen sind und dann – meist als Strategie der nachfolgenden *Fortsetzungen* – wieder neu geöffnet werden. Einer dieser Handlungsstränge dreht sich um den Ritter Bran de Lis und Gingelens, der nach je nach Episode unterschiedlich als Gawans Sohn bzw. der Schöne Unbekannte

---

[117] S. u., Kap. 3.4 Alternative Helden, bes. Kap. 3.4.4 Segramors, S. 264ff.

benannt wird.[118] Durch die Aufteilung des Strangs wird die Figurenbiographie über weite Strecken des Textes verteilt.

So erscheint die erste Gawan-Episode nach Wolfram, in der Gawan vor der Stadt Bearosche gegen Melianz von Lis kämpft und so den aufgrund von Minne geführten Belagerungskrieg beendet, im weiteren Verlauf als der Beginn eines Erzählstrangs, indem ca. 11.500 Verse später von einem weiteren Aufeinandertreffen Gawans mit der Familie de Lis erzählt wird (s. u. Abb. 16). Einer der ersten Episoden des *nuwen Parzefal* handelt von Gawans Schäferstündchen mit der jungen Dame Gylorette[119] und den anschließenden Kämpfen mit ihrem Vater Ydier[120] und darauf ihrem Bruder Bran.[121] Ydier will an Gawan zweifach Rache nehmen, da er seinen Bruder umgebracht und zudem seine Tochter vergewaltigt habe (RP 38,21–26). Dass es sich bei diesem Bruder um Melianz von Lis handelt, muss der Rezipient aus dem Beinamen de Lis schließen, da der Name nicht fällt. Gawan hingegen erfährt diesen Namen nicht und ist daher in völliger Unkenntnis der Verbindungen. Er tötet Ydier versehentlich und ist selbst so stark verwundet, dass im anschließenden Kampf mit Bran dieser einer Vertagung des Kampfes zustimmt, ihm jedoch droht, ihn dann zu töten.

Nach dieser Episode pausiert der Handlungsstrang und wird erst ca. 6.400 Verse später, deren größten Teil *Karados' Buch* ausmacht, wieder aufgegriffen, indem er mit der Handlung um Kastel Orgelus verflochten wird. Artus kehrt auf dem Weg zu Kastel Orgelus mit Gawan und den anderen Artusrittern zufällig in der Burg Bran de Lis ein und es kommt zum angekündigten Zweikampf, der jedoch vorzeitig beendet wird, als Gylorette mit ihrem gemeinsamen, kürzlich geborenen Sohn zwischen die Kämpfenden tritt. Auffällig ist, dass zu Beginn dieser zweiten Episode die erste Episode (*version flirt*) von Gawan selbst in einer zweiten Version (*version viol*) wiedererzählt wird, allerdings mit unübersehbaren Abweichungen:[122] Zu den wichtigsten Abweichungen gehört, dass Gawan angibt, das

---

[118] Der Name des Sohnes variiert bzw. ändert sich im Laufe der Kompilation (s. u. Kap. 3.4.2 Gingelens, S. 242). Überhaupt werden die Namensnennungen in diesem Handlungsstrang hinausgezögert und einige Figuren tragen mehrere Namen.

[119] Die Figur wird im Laufe der *Ersten Fortsetzung* zweimal benannt, zunächst als Aclervis (43,30) und später als Gylorette (255,12).

[120] Der Name dieser Figur fällt erst später (205,27).

[121] Laut WITTMANN-KLEMM lösen die Bearbeiter einige französische Eigennamen auf, wenn sich in den Bestandteilen konkrete Bedeutungen erkennen lassen, wie z. B. bei Brandelis, der zu Bran de Lis werde (vgl. WITTMANN-KLEMM 1977, S. 64). In diesem Fall hat die Auflösung aber zur Folge, dass die Verwandtschaft zu Wolframs Melians von Lis leichter allein aufgrund des Namens erkannt werden kann.

[122] Vgl. JESSICA QUINLAN: One of Us Is Lying. The Narrator, Gauvain and the Pucelle de Lis, in: Aktuelle Tendenzen der Artusforschung, hg. v. BRIGITTE BURRICHTER, MATTHIAS DÄUMER, CORA DIETL, Berlin [u.a.] 2013, S. 39–54, hier: S. 46–49. Die beiden

Mädchen vergewaltigt zu haben, anstatt dass die beiden einvernehmlich miteinander geschlafen hätten. Diese Vergewaltigung schildert Gawan relativ detailliert. Zudem tauchen in der Wiederholung der Episode zwei Brüder der Dame auf: Bran und Melianz; letzterer war in der ersten Episode noch als Bruder Ydiers zu vermuten. Gawan gibt an, nach der Vergewaltigung zuerst Melianz und dann Ydiers erschlagen zu haben. Darauf schildert er den Kampf mit Bran.

Nach der Beilegung des Streits in der zweiten Bran de Lis-Episode wird der Strang abermals unterbrochen, diesmal durch die ca. 1.300 Verse umfassende Handlung um die Belagerung von Kastel Orgelus und anschließend wieder aufgegriffen, indem in einer kurzen Episode von der Entführung von Gawans Sohn und der beginnenden Suche der Artusritter berichtet wird.

Die nächste Episode folgt erst nach der ersten Handlungssequenz um Gawans Gralburg-Besuch und den erschossenen Ritter, indem von der zufälligen Begegnung Gawans mit seinem inzwischen erwachsenen oder zumindest älteren Sohn erzählt wird. Ungefähr 3.500 Verse und viele Episoden später trifft auch Parzival auf Gawans Sohn und schließlich, nach ca. 9.000 Versen weiterer Handlung, abermals Gawan.

Insgesamt umfasst der Handlungsstrang um die Familie de Lis und Gawans Sohn 5.531 Verse, die auf sieben Episoden unterschiedlichen Umfangs (ca. 230 bis 1.800 Verse) verteilt sind. Die Textmengen, durch die die Episoden getrennt sind, fassen jeweils ca. 960 bis 11.530 Verse. Anhand der Übersicht wird deutlich, dass sich aus den Episoden des Handlungsstrangs kein Strukturgerüst ergibt, das

---

unterschiedlichen Versionen der Geschichte, einmal durch den heterodiegetischen Erzähler und ein anderes Mal durch den homodiegetischen Gawan wiedergegeben, gehen darauf zurück, dass die zweite Version mit der gemischten/langen Redaktion der *Ersten Fortsetzung* hinzugefügt wurde (vgl. ebd.). Den Redaktoren scheint es aber wohl eher um das metapoetische Spiel durch den Ausbau unterschiedlicher Versionen und weiterer Erzähler (vgl. ebd.) als um eine Änderung der Handlung oder negative Darstellung Gawans gegangen zu sein. Dies liegt vor allem daran, dass Gawans Geschichte wenig glaubwürdig wirkt. Bereits SANDKÜHLER äußert sich kritisch: »Man könnte meinen, der Dichter habe nachträglich dem ganzen Werk mehr ›Würze‹ geben wollen und deshalb Gauwain zu einem argen Sünder gemacht, aber vergessen, die erste Fassung zu korrigieren. Das vermutete Bruce [...], aber die Häufung von Effekten in diesen Pikanterien verrät keinen hohen Kunstgeschmack. Auch paßt die Haltung der Schwester Bran de Lis in dem darauf folgenden Kampf in keiner Weise zu einem so unwürdigen Beginn ihrer Liebe zu Gauwain. Dieser Kampf bekommt duch das Eingreifen des Fräuleins und des fünfjährigen Sohnes von Gauwain epische Größe und einmalige Bedeutung« (SANDKÜHLER 1959, S. 221). Dazu kommt, dass auch in einer späteren Episode um Gawans Sohn das Verhältnis von Gylorette zu Gawan als positiv dargestellt wird (ihr wird von Bran verboten, Gawans Namen zu nennen [RP 282,18–33]) und schließlich die Unterbrechung des Gerichtskampfes eine klare Sprache spricht, indem klar wird, dass der Kampf keine Grundlage hat.

denen der oben besprochenen, an einem Stück präsentierten Teilerzählungen ähnlich wäre, da weder Verschachtelung noch Steigerung innerhalb des Handlungsstrangs festzustellen ist. Vielmehr wird an der Biographie der Figur entlangerzählt, wobei zunächst die Elterngeneration (Gawan, Gylorette, Melianz und Bran) im Fokus steht und dann die Enfance von Gingelens.

Episode	Inhalt	Verse
Melianz von Lis	Gawan kämpft vor Bearosche gegen Melianz	Pz. 338,1–397,30
Bran de Lis I	Liebesabenteuer Gawans mit Gylorette/Aclervis, abgebrochener Zweikampf mit Bran de Lis	RP 33,38–44,21
Bran de Lis II	Fortgesetzter Zweikampf mit Bran de Lis und Familienvereinigung mit Gylorette/Aclervis und dem (noch namenlosen) Sohn	RP 187,1–222,38
Gingelens I	Entführung von Gawans Sohn	RP 251,7–255,12
Gingelens II	torenhafte Kindheit von Gawans Sohn, abgebrochener Kampf mit Gawan, Ankunft am Artushof	RP 275,23–287,4
Gingelens III	Parzival kämpft gegen Gawans Sohn	RP 364,32–371,43
Gingelens IV	Gawan trifft seinen Sohn	RP 572,36–582,12

Abb. 16. Abfolge der Bran de Lis- und Gingelens-Episoden

Betrachtet man den Handlungsverlauf über die Episoden hinweg hinsichtlich seiner Autonomie, dann ist zu verzeichnen, dass mehrmals vermeintlich geschlossene Handlungsstränge später neu geöffnet werden. Textgeschichtlich erklärt sich dies aus den Reaktionen der *Fortsetzungen* auf Chrétiens *Conte du Graal* und auf ihre jeweiligen Vorgänger.[123] Im *Rappoltsteiner Parzifal* beginnt dies mit Wolframs Gawan-Episode um Obie und Melianz von Lis, in der mit der Versöhnung des Liebespaares und der Beendigung des Krieges der Handlungsstrang zunächst abgeschlossen scheint. Die *Erste Fortsetzung* muss folglich diesen Handlungsstrang neu öffnen. Ihr Anschluss in der ersten Episode um Bran de Lis an die Episode um Bearosche ist nicht eindeutig markiert, da weder Melianz' Name noch nähere Umstände genannt werden und die Verbindung einzig über den Beinamen Brans hergestellt werden kann. Die Anschuldigung, Gawan hätte Brans *vetter* getötet (vgl. z. B. RP 40,1ff.), wirkt wie eine Variation der Anschuldigungen durch Kingrimursel und Gramoflanz aus dem wolframschen Teil, die ebenfalls weitere Hintergründe vermissen lassen. Die Episode endet mit Brans Schwur, Gawan zum Kampf zu stellen, und ruft die Erwartung der Fortsetzung des Kampfes hervor.

---

[123] Vgl. dazu die bei JESSICA QUINLAN zusammengefasste Forschung (QUINLAN 2013, S. 41).

Erst wenn diese nach der Unterbrechung durch *Karados' Buch* eingelöst werden, wird die Verbindung zu Melianz vereindeutigt (RP 205,29), wodurch der
zuvor abgeschlossene Handlungsstrang aus Wolframs *Parzival* neu geöffnet wird.
Diese Öffnung ist in der Kombination mit dem *Parzival* spannungsreicher als in
der Kombination mit dem *Conte du Graal*, da Melianz bei Wolfram trotz seiner
Verwundungen noch lebendig erscheint und das versöhnliche Ende stärkere Geschlossenheit evoziert als in der Version nach Chrétien, in der Meliants letzter
Auftritt darin besteht, dass er nach der Tjost gegen Gauvain reglos am Boden
liegen bleibt, ohne dass sich ein mit Wolfram vergleichbares *happy ending* abzei-
chnet. Nach der dem abgebrochenen Zweikampf folgenden Familienvereinigung
scheint die Handlung zu einem Ende gekommen, da der antreibende Konflikt
zwischen Bran und Gawan beigelegt ist. Doch in der nächsten Episode wird die
Handlung abermals in beide Richtungen geöffnet, diesmal durch die Entführung
Gingelens. Diese Öffnung wird in der darauffolgenden Episode des Strangs geschlossen, in der Gawan mit seinem Sohn kämpft und diesen zum Artushof führt.
    Die letzten beiden Episoden gehören zur *Zweiten Fortsetzung*, die ebenfalls
den vermeintlich abgeschlossenen Strang wieder öffnet, dabei jedoch andere Mittel anwendet, indem sie die Episode des Kampfes Gingelens gegen Gawan zweimal variiert erzählt und zur Synchronisation der Parzival- und Gawan-Handlung
nutzt (siehe Kap. 3.3.2 Epische Schnittstellen, S. 220ff.). Immer wieder öffnen
also spätere Episoden den vorher vermeintlich abgeschlossenen Handlungsstrang
neu, wobei z. T. erhebliche Spannungen zum Vorhergehenden entstehen, wie
z. B. zwischen den beiden Bran de Lis-Episoden durch die abweichende Darstellung der Liebes- bzw. Vergewaltigungs-Szene, was den Rezipienten zum Vergleichen und Infragestellen der Wiederholungen auffordert.

> Finally, the extradiegetic listener or reader is confronted, in turn, with the discrepancy
> in content between the *version flirt* and the *version viol* and cannot help but stumble
> over this pointedly non-mimetic reiteration which defies linear reading.[124]

Ein Element, das Kohärenz in diesem Wechselspiel von Öffnen und Abschließen
der Handlung bildet, ist die Genealogie der mit Gawan (in einem Fall Parzival)
interagierenden Figuren. Die Verwandtschaft der Figuren ergibt eine Kette, die
drei Generationen umspannt und in der Bran de Lis das Bindeglied bildet, indem
er einerseits Melianz' Neffe und zugleich Gingelens Onkel ist.[125] Die Bearbeiter
des *Rappoltsteiner Parzifal* haben diese den Handlungsstrang zusammenhaltende

---

[124] Ebd., S. 46.
[125] Betrachtet man die Genealogie der Figuren als reine Abstammungskette, ist selbstverständlich Brans Schwester Aclervis/Gylorette dieses Bindeglied. Da sie aber stark über
Bran definiert wird, dieser als Ritter mit herausragenden Qualitäten dargestellt wird und
im Fokus der Episoden steht, wird das Gewicht viel mehr auf ihn als auf sie gelegt.

Konstante betont, indem sie Brans Namen fortlaufend nennen und die Verwandtschaft von Bran, Gingelens und Gawan in ihren Überschriften immer wieder formulieren:

Hie kumet Gawan ze bearotsche zuo dem turnei und turnierte do (K 56va)

Hie kumet her Gawan zuo Brandalins swester und würt mit Brandalin vehtende (RP
33,38–40)

Hie kam künig Artus zuo Lis von ungeschiht, hern Brandalins burg (RP 191,8–10)

Hie veht mit einander her Gawan unde her Bran von Lis (RP 211,9–10)

Hie seit er von hern Gawans sun und wie in sin vatter vant, her Gawan (RP 276,4f.)

Hie würt Parzifal vehtende mit hern Gawans sun, den er hette von hern Brandalins
swester: der hies der schöne Unerkante (RP 364,32–35)

Hie vindet Gawan sinen sun Gingelens, den er hette von hern Brandelins swester (RP
572,36–38)

Nur in den Überschriften zur Episode in Bearosche sowie im ersten Aufeinandertreffen Gawans mit seinem Sohn wird nicht explizit auf Bran Bezug genommen.
Im ersten Fall ist das keinesfalls verwunderlich, da die Figur noch nicht im Text
aufgetaucht ist.[126] Der zweite Fall zeugt entweder davon, dass die Bearbeiter hier
nicht aufmerksam sind und *Gawans sun* daher nicht deutlicher zuordnen oder aber
– was ich für plausibler halte, dass sie diese Verdeutlichung nicht als nötig angesehen haben, da die Episode zu derselben Gawan-Partie gehört, in der Gawan
und Bran den Kampf fortsetzen und Gawans Sohn entführt wird.

Dass sie über die Figurennamen um eine Kohärenz des über weite Strecken
auseinanderliegenden Handlungsstrangs bemüht sind, zeigen besonders die letzten beiden Überschriften, die textgeschichtlich dem Material aus *Wauchiers Fortsetzung* zuzuordnen sind und die Handlung der *Ersten Fortsetzung* wieder öffnen
müssen. Dort dient der wörtlich wiederholte Nebensatz *den er hette von hern Brandelins swester* nicht nur der Anbindung an Bran, sondern er beugt auch der Gefahr

---

[126] Besonders interessant, wenn auch nicht für diesen Abschnitt relevant, ist hier, dass
die Überschrift offensichtlich auf Chrétiens Version der Erzählung bezogen ist. Dort findet
vor Bearosche tatsächlich ein Turnier statt, wohingegen bei Wolfram, also auch im *Rappoltsteiner Parzifal*, von einem Belagerungskrieg erzählt wird. Wie genau diese Verwechslung zustande gekommen ist, kann man nur mutmaßen, doch zeigt sie zumindest, dass die
Bearbeiter auch in anderen Teilen als ausschließlich der Kindheit und Jugend Parzivals, in
der sie Änderungen am Text vornehmen, den *Parzival* im engen Vergleich mit dem *Conte
du Graal* rezipiert haben müssen; nämlich so eng, dass sie die beiden Versionen beim Eintragen der Überschriften vermischt haben.

einer Verwechslung bzw. Fehlidentifizierung der Figur vor,[127] da deren Name
mehrfach wechselt: Zunächst ist Gawans Sohn, wie Parzival, namenlos. Erst in
der Episode um seine Jugend und den Kampf mit Gawan verrät der Erzähler in
Verbindung mit einer Anekdote, dass er Dodinas genannt werde, *daz giht in tüsch
törlin* (RP 281,7f.);[128] in der nächsten Episode wird er der Schöne Unerkannte
genannt; bei seinem letzten Auftreten trägt er den Namen Gingelens.

Unterstützt wird die erneute Öffnung des Handlungsstrangs durch ein zusätz-
liches Verspaar, das die Bearbeiter am Ende der letzten Gawan-Episode der *Ersten
Fortsetzung* einfügen:[129] *hie het daz mer ein ende gar / von hern Gawans sun bitz har*
(RP 287,3f.). Entscheidend ist hier erstens, dass durch das *bitz har* deutlich gemacht wird, dass die Geschichte fortgesetzt wird und zweitens, dass dies wie in
den Überschriften durch die explizite Bezugnahme auf die Figur erfolgt. Mit diesen redaktionellen Eingriffen präsentieren die Bearbeiter die Episoden als einen
zusammenhängenden Handlungsstrang.

Die parallele Einbindung des Handlungsstrangs, das Schließen und Öffnen
und die daraus entstehenden Unterbrechungen sind Teil der Erzählstrategie, die
ohne die Verflechtung mit anderen Handlungssträngen nicht möglich wäre. Sie
ist dem Erzählprogramm, das Wolfram in seinem Bogengleichnis entfaltet, nicht
unähnlich und ähnlich funktionalisiert wie die parallele Anordnung der Parzival-
und Gawan-Handlungsstränge im Doppelroman. Die Unterbrechungen werden
dazu genutzt, die erzählte Zeit über die Erzählzeit zu definieren, nämlich durch
die offensichtlich großen Zeitsprünge zwischen den einzelnen Episoden.

---

[127] Zu den Eigennamen, die z. T. übersetzt, kommentiert und an Wolframs Version
angepasst sind, siehe Wittmann-Klemm 1977, S. 61–63.

[128] Name und Anekdote verbinden einerseits den Namen Dodinas aus Chrétiens *Erec
et Enide* mit der Darstellung von Percevals Kindheit. Dies ist auch für das deutschsprachige
Publikum nachvollziehbar, da auch Hartmann ihn als *wilde*[n] *Dodines* im *Erec* (Er. 1637)
auflistet und nicht zuletzt die Parallelen zu Parzivals Kindheit auch für Wolframs Version
gelten. Laut Wittmann-Klemm geht die Erklärung auf die Straßburger Bearbeiter zurück
(vgl. ebd.).

[129] Die französischen Handschriften der gemischten Redaktion TV weisen keine entsprechenden Verse auf. Interessant ist, dass in der langen Redaktion aber am Ende dieser
Episode eine Überleitung von zwölf Versen existiert, in der auf einen Abbruch des Handlungsstrangs Bezug genommen wird (vgl. Hinton 2012, S. 32). Allerdings ist dort weder
der Ausblick auf eine Wiederaufnahme noch der explizite Bezug zur Figur Gawans Sohn
vorhanden, sondern der Fokus liegt auf der Reflektion des Erzählers über die richtige, an-
gemessene Reihenfolge des Erzählten (vgl. ebd.). Wie so oft ist selbstverständlich auch
möglich, dass die beiden Plusverse bereits in der Vorlage des *Rappoltsteiner Parzifal* vorhanden waren, doch sprechen der mit den Überschriften übereinstimmende Figurenname
und die damit verbundene Verknüpfungsfunktion dafür, dass sie tatsächlich auf das Konto
der Bearbeiter gehen.

Dies ist aber nicht primär ein Mittel, um die Handlung realistisch darzustellen oder mit anderen Handlungssträngen zu synchronisieren, sondern es lässt den Handlungsstrang als eine Geschichte einzelner Stationen erscheinen, die in der vollständigen Bestätigung von Gingelens als Artusritter mündet und die Figur überdies mit einem beinahe mythisch anmutenden Ursprung ausstattet. Dieser Ursprung wird gleich mehrfach evoziert, und zwar in den Bran-Episoden: Die erste beiden Episoden warten mit einer dreifachen Gewalttat auf, indem Gawan erstens unwissentlich Melianz tötet, zweitens versehentlich dessen Bruder Ydier umbringt und drittens mit dessen Tochter schläft und einen Sohn zeugt, was in der *version flirt* zunächst als Vergewaltigung missverstanden, später in der *version viol* aber auch von Gawan selbst so dargestellt wird.[130] Die Widersprüche und die Unterbrechung zwischen diesen beiden Episoden dienen als narrative Mittel, um Wiedererzählen und lineare Rezeption zu problematisieren und bilden, wie JESSICA QUINLAN pointiert feststellt, bereits eine Gawan-Erzählung im Kleinformat, die das Fortsetzen als poetische Praxis reflektiert.

> The development of conflicting points of view within the romance which demonstrate the perception of the hero's activities both as naughty love affair and deeply sinful violation is not confined to the juxtaposition of conflicting intradiegetic perspectives. It also penetrates the level of narration, where it provides the context for extradiegetic reflection on the narrative challenge entailed by the contradictory tendencies emerging within a character at the core of the Arthurian tradition. Encapsulated in the effort to tell and retell the encounter with the Pucelle the [sic!] Lis as a miniature romance of Gauvain, the *Première Continuation* thus preserves a self-reflective moment of literary history.[131]

Gawan dient in diesem Zusammenhang als Ahnherr der Figur und auch Bran kann durch seine positive Darstellung in dieser Funktion gesehen werden.[132] Die Entführung Gingelens als Kleinkind, seine elternlose Kindheit fern der höfischen Welt, die Unkenntnis seines Namens in der Jugend und schließlich die Etablierung als Ritter der Tafelrunde sind allesamt Stationen, wie sie typisch für höfische Enfances sind und kontrakarieren in mehreren Aspekten den Kindheits- und Jugenderzählung Parzivals. Dabei weist die Figurenbiographie jedoch große Lücken

---

[130] Zu den Diskrepanzen in den französischen Versionen siehe QUINLAN 2013.

[131] Ebd., S. 53.

[132] Bran wird, trotz der falschen Anschuldigung gegen Gawan und seiner Rolle als Kontrahent, sehr positiv dargestellt. Sein Zorn auf Gawan wird mehrfach motiviert und nachvollziehbar gestaltet. Sein höfisches Verhalten ist in jeder Hinsicht vorbildlich und besonders der lang erzählte Zweikampf, in dem Gawan nur durch seine Wunderkräfte ein Unentschieden erreichen kann, trägt dazu bei, eine leichte Überlegenheit Brans zu kreieren. In der auf den Kampf folgenden Episode um Kastel Orgelus tritt er als Artus persönlicher Ratgeber auf, ohne den die Bewältigung der Befreiungsaktion nicht möglich wäre.

bzw. Sprünge auf, deren Füllung nur teilweise vom Erzähler vorgenommen und zum anderen Teil an den Rezipienten übergeben wird.[133] Diese narrative Strategie ergibt sich erst durch die parallele Struktur, da die Aufteilung des Handlungsstrangs und seine Unterbrechungen wirksam werden kann: Dass Gawan Melianz umgebracht hat, kommt für ihn ebenso überraschend wie für den Rezipienten, da beide, 11.500 Verse später und ohne offen gebliebene Erwartungen, diese Geschichte bereits als beendet glauben mussten. Dass die genauen Informationen dazu erst noch hinausgezögert werden, indem die ersten beiden Bran-Episoden durch die umfangreiche Karados-Erzählung getrennt sind, zeigt, dass in der *Ersten Fortsetzung* die aus der Trennung entstehende Spannung und Unklarheit bewusst einkalkuliert sind ebenso wie die Unsicherheit über den weiteren Verlauf des Strangs nach der Entführung, die wiederum bis zur nächsten Episode anhält. Gleiches gilt für die weiteren Stationen Gingelens, in denen ebenfalls die nachfolgenden Episoden jeweils Leerstellen zur vorangegangen schließen und zugleich neu perspektiveren.

3.2.2.2. Gawan und der erschossene Ritter

Der Strang um den in Gawans Geleit erschossenen Ritter beginnt in der *Ersten Fortsetzung* mit einer Reihe von Episoden, die allerdings alle zentralen Aspekte der Handlung offen lassen und wird erst in *Manessiers Fortsetzung* zu einem Ende geführt.[134] Auch hier kann die parallele Einbindung des Handlungsstrangs als Mittel einer Erzählweise gelesen werden, deren Strategie darin besteht, die Zusammenhänge der rätselhaften Erzählwelt und deren Bedeutungen, sowohl für die Figuren als auch für die Rezipienten, erst im Nachhinein zu enthüllen. Anders als bei dem Handlungsstrang um Bran de Lis und Gingelens ist die Erzählung jedoch in zwei jeweils größere, zusammenhängende Blöcke aufgeteilt (siehe Abb. 17), deren Anordnung der Episoden eine Struktur ergibt, die mit den Strukturen der sequentiell eingebundenen Teilerzählungen vergleichbar ist.

Der erste Block ist linear angeordnet. Die drei Episoden sind kausal miteinander verknüpft, indem Gawan vom Pferd des erschossenen Ritters, das er nach dessen letzten anweisenden Worten zügellos gehen lässt, zur Gralburg getragen wird. Auffällig ist dabei, dass zentrale Aspekte der Episoden offen gelassen werden und rätselhaft bleiben:[135] Weder werden der Mörder des erschossenen Ritters eindeutig identifiziert, geschweige denn zur Rechenschaft gezogen, noch die Vorgänge

---

[133] S. u., Kap. 3.4.2 Gingelens, S. 242ff. und Kap. 3.5.1 Heldenentwürfe und mythische Ursprünge, S. 280ff.

[134] Vgl. Tether 2012, S. 172.

[135] Vgl. Störmer-Caysa 2015, S. 97.

auf dem Weg zur Gralburg (speziell die wunderbaren Ereignisse in und um die Kapelle) erklärt.[136] Auch die Vorgänge auf der Gralburg werfen mehr Fragen auf als sie beantworten. Vor allem die Frage, ob Gawan die von ihm gesetzten Ziele, die Hintergründe zu erfahren und der beste Ritter zu werden, erfüllen wird, bleibt offen. Somit ist der erste Block auf Unvollständigkeit hin angelegt.

	Episode	Verse
Erste	Tod des Ritters	RP 255,13–261,26
Fortsetzung	Weg zur Gralburg	RP 261,27–264,44
	Gawan auf der Gralburg	RP 264,45–275,22
Manessiers	die Schwester des erschossenen Ritters am Artushof	RP 672,4–680,14
Fortsetzung	Rettung einer Dame vor dem Scheiterhaufen	RP 680,15–688,43
	Gerichtskampf gegen Marguns	RP 688,44–703,26
	Kampf gegen den Truchsess	RP 703,27–709,38
	Gerichtskampf gegen Keye	RP 709,39–716,45

Abb. 17. Abfolge der Episoden um den erschossenen Ritter

Der zweite Block knüpft an die offen gelassenen Aspekte des ersten Blocks an, baut diese aus und führt sie zu Ende. Narrativ geschickt werden Aspekte miteinander verbunden, die im ersten Block noch getrennt erschienen: Die Rache für den erschossenen Ritter einerseits und das Erfahren der Hintergründe um den Gral andererseits. Dies wird in zwei Gerichtskämpfen aufgegriffen, die darin bestehen, Solimags Auftrag zu Ende zu führen (Gral-Thema) und seinen Mörder zur Rechenschaft zu ziehen (Rache-Thema).

Das Rache-Thema klingt bereits in Solimags Auftrag an; wie auch im Parzival-Handlungsstrang,[137] in dem Parzival den Gralkönig durch die Rache am Mör-

---

[136] Bereits hier steht die variierte Wiederholung der Motive der Parzival-Handlung im Fokus, die wie immer komplementär angelegt sind: Während Parzival, von Keye angestachelt, Ither mit einem *gabilôt* tötet, versucht Gawan Keye, der den Ritter mit einem *gabilôt* tötet, zur Rechenschaft zu ziehen. Beide Helden legen die Rüstung des Toten an, etc. Zudem bereiten sie die Verbindungen der *Schwanen-Aventiure* zur Parzival-Handlung vor (vgl. Kap. 3.4.3 Gaheries S. 247ff.).

[137] Partinias hatte den Bruder des Gralkönigs erschlagen und damit den Missstand der Gralgesellschaft ausgelöst. Parzival besiegt und enthauptet ihn mit dem wieder zusammengefügten Gralschwert, um den Gralkönig zu erlösen. Diese Version greift Motive aus der *Ersten Fortsetzung* auf und besteht im *Rappoltsteiner Parzival* parallel zu Wolframs erlösender Mitleidsfrage. Bezeichnend für die Vorwegnahme in der Gawan-Handlung ist, dass an Gawan (wie so oft) ein alternativer Weg aufgezeigt wird (daher ist sie nur beinahe typologisch): Anstatt die von seiner Auftraggeberin geforderte Enthauptung zu erfüllen verschont er, unter Tränen stehend, Keye. Dass es gerade Artus ist, der eine gütliche Lösung mit der Schwester des erschossenen Ritters erwirkt, wirft ein positives Licht auf den Artushof und

der von dessen Bruder erlösen soll. Die beiden anderen Kämpfe sind keine Gerichtskämpfe, sondern Weg- oder Zufallskämpfe, spiegeln aber das Rache-Thema
wider, indem einerseits eine unrechtmäßige Rache verhindert wird (Scheiterhau-
fen) und andererseits der tödliche Ausgang eines Kampfes durch Gnade verhindert wird (Truchsesskampf). Die letzte Episode schließt mit der Rache an Keye,
der durch das Gottesurteil als Mörder entlarvt wird, das als erstes begonnene
Handlungsmoment um den Tod des erschossenen Ritters ab, das den Handlungsstrang mit der Ankunft der Dame am Artushof initiiert hatte. Störmer-Caysa
macht darauf aufmerksam, dass die Weiterführung in *Manessiers Fortsetzung* die
Rätsel der ersten Episodenreihe nicht völlig auflöst.

> Da die Erzählung sich sonst für Motive von Handlungen interessiert, entsteht damit
> ein Auseinanderfall der antizipierten Schlüsse des Handlungsbogens, der aus der ersten
> in die dritte Fortsetzung hinüberreicht. Denn indem die Gauvain-Fortsetzung schon
> psychologische Motive angelegt hat – Rachebegehren nach einer Niederlage gegen
> einen Gegner, dem Keyge in offenem Zweikampf auch künftig eher nicht hätte bei-
> kommen können –, interessiert sie den Hörer und Leser für den tatsächlichen Hergang,
> die objektive Wahrheit und ihre subjektive Bewandtnis – ganz so, wie ein moderner
> Kriminalroman es täte. [...] Dieser Spannungsbogen läuft ins Leere, denn die Manes-
> sier-Fortsetzung nimmt zwar in dem Motiv der Sterne die objektiven Seiten der Tat-
> beurteilung wieder auf, aber in Figurensicht und Figurenrede; erstaunlicherweise er-
> scheint das am stärksten Intersubjektive, das man in dieser erzählten Welt denken kann,
> nämlich die Sternenkonstellation zu einer bestimmten Zeit, als Einsicht fast Eigentum
> einer Figur, also ganz und gar subjektiviert und fast privatisiert.[138]

Dass daraus eine Spannung zwischen den beiden Teilen des Handlungsstrangs
entsteht, führt sie auf Manessiers Technik und Ästhetik der Fortsetzung zurück,
welche das Vorangegangene nicht nur aufgreift, sondern auch nachträglich in neue
Perspektiven stellt.

> An poetischer Substanz kommt nichts dazu, wohl aber an moralischer Perspektivierung
> und theoretischer Diskursivität – auf der Ebene der Figuren, die ihre eigenen Normen
> überprüfen sollen (z. B. das Zweikampfprinzip ritterlichen Kräftemessens im Lichte des
> Tötungsverbots), und auf der Ebene der Hörer und Leser, die ergänzende Geschichten
> mitverfolgen, die den Sinn früherer in Frage stellen.[139]

Ob diese Teilerzählung linear, im Laufe einer ganzheitlichen Rezeption des *Rappoltsteiner Parzifal*, oder selektiv, durch ein gezieltes Heraussuchen der beiden zusammengehörigen Episoden, rezipiert wurde, ist natürlich schwer zu sagen.[140] Die

---

seine beiden ersten Vertreter (siehe auch Kap. 3.5.2 Kausalität und Finalität: Rachefabeln,
S. 287ff.).
[138] Ebd., S. 106.
[139] Ebd., S. 93.
[140] Vgl. ebd., S. 87.

Textmenge, welche die beiden Blöcke des Handlungsstrangs trennt, ist enorm: ca. 18.400 Verse, in denen vor allem Parzival, aber auch Gaheries, Segramors, Bagumades und Gawan (in anderen Handlungssträngen)[141] als Protagonisten agieren, liegen zwischen ihnen. Die ungelösten Rätsel der *Ersten Fortsetzung* und Manessiers eindeutiger Anschluss, inklusive der Rekapitulation von Gawan zu Beginn, können dieses Hindernis allerdings überwinden. Eine lineare Rezeption wäre durchaus möglich. Für ein selektives Lesen sind die Überschriften zumindest hilfreich. Beides ist denkbar, auch in Kombination, etwa durch ein Zurückblättern und Nachschlagen bei der Rezeption von *Manessiers Fortsetzung*, um den Hergang nachzuschlagen oder da Widersprüche zwischen den Episoden bemerkt wurden.[142]

Ganz gleich aber, welche Art der Rezeption man sich vorstellt, gilt für das Entrelacement, dass die Aufteilung der Episoden und Trennung durch die Textmengen zwischen ihnen dazu genutzt werden, um bestimmte narrative Effekte zu erzielen. Dass diese u. a. an dem Gawan-Handlungsstrang durchgespielt werden, der auf den Gral und Parzivals finalen Kampf gegen Partinias abzielt, ist sicherlich kein Zufall. Dadurch, dass der mit dem Gral verbundene Gawan-Erzählstrang auf zwei weit auseinanderliegende Blöcke aufgeteilt ist, von denen der erste plakativ unabgeschlossen bleibt, spiegelt er nicht nur motivisch und präfigurativ den Gral-Handlungsstrang der Parzival Handlung wider, sondern er entspricht ihm auch strukturell, indem er einen sehr weiten Bogen schlägt. Dieser Anschluss der Erzähltechnik ist Teil der Strategie, das durch Gawan verkörperte Szenario als Alternative neben Parzivals Weg einzusetzen (s. u. Kap. 3.5.2 Kausalität und Finalität: Rachefabeln, S. 275).

---

[141] Die meisten der betreffenden Gawan-Episoden bilden jeweils einen eigenen Handlungsstrang. Eine einzige nimmt den Gingelens-Strang auf. Textgenetisch ist dies dadurch zu erklären, dass die Episoden zu *Wauchiers Fortsetzung* gehören, die generell als Gegenimpuls zur *Ersten Fortsetzung* gelesen wird, da sie Parzival wieder als Protagonisten etabliert und die Gawan-Partie verhältnismäßig kurzhält und Wauchier daher möglicherweise kein Interesse daran hatte, Gawan durch die Fortführung dieses Handlungsstrangs wieder näher an den Gral zu rücken (vgl. HINTON 2012, S. 68 und TETHER 2012, S. 142). Erst Manessier greift, wie alle losen Enden, den Handlungsstrang wieder auf. Wie auch immer: Für das im *Rappoltsteiner Parzifal* vorliegende Ergebnis ist, da die Bearbeiter die *Fortsetzungen* ja als Ganzes rezipieren, vor allem relevant, dass durch die so entstandene Lücke im Handlungsstrang ein Text entsteht, der nicht nur das Ende, sondern überhaupt die Aufklärung der Handlung im ersten Block über eine weite Textstrecke hinauszögert.

[142] Eine ähnliche Rezeption begünstigt auch der Bran de Lis-Handlungsstrang, wenn Gawan in der späteren Episode erzählt, dass er Gylorette vergewaltigt habe, obwohl die Zusammenkunft der beiden in der vorangehenden Episode, zwischen denen u. a. durch *Karados' Buch* liegt, sehr einvernehmlich dargestellt ist.

3.2.3. Binnenerzählungen

Im *Rappoltsteiner Parzifal* sind Binnenerzählungen, d. h. Erzählungen, die von Figuren innerhalb der Handlung erzählt werden, relativ stark geschlossen, sodass sie
als sequentielle Einschübe gelten können. Gleichzeitig sind sie aber parallel zu
ihrer jeweiligen Rahmenhandlung erzählt, indem sie diese unterbrechen. In den
meisten Fällen dienen die Binnenerzählungen dazu, bestimmte Ereignisse, Umstände oder Tatsachen der Rahmenhandlung zu erklären.[143] Da sie einerseits mehr
oder weniger selbstständige Teilerzählungen bilden, andererseits aber in engem
Bezug zu ihrer jeweiligen Rahmenhandlung gelesen werden müssen, sind Binnenerzählungen besonders relevant hinsichtlich der Frage nach zyklischen Erzählstrukturen. Es stellt sich die Frage, inwieweit Binnen- und Rahmenerzählung sich
einander gegenseitig perspektivieren und erst in ihrem Zusammenspiel spezifische
Bedeutung ergeben. Die Binnenerzählungen des *Rappoltsteiner Parzifal* fungieren
oft als mythische Ursprungsgeschichten der Rahmenhandlung und sind jedoch
zugleich kurze, diegetisch unabhängige Narrationen.

Drei Binnenerzählungen des *Rappoltsteiner Parzival*, alle aus dem Material
von *Wauchiers Fortsetzung*, stehen im Kontext von Tugendproben Parzivals, die
jeweils mit einem wunderbaren Gegenstand verbunden sind: Die Hohe Brücke,
das selbstziehende Schachbrett und die Wundersäule auf dem *leidigen berg*. Die
jeweilige Suche nach den Gegenständen bilden für die gesamte Parzival-Handlung in *Wauchiers Fortsetzung* den Handlungsrahmen und sind ineinander verschachtelt: Zu Beginn wird die Säule auf dem *leidigen berg* eingeführt, danach das
selbstziehende Schachbrett und dann die Hohe Brücke, wobei Parzival in umge-
kehrter Reihenfolge die Proben besteht. Jedes Mal ist jedoch nicht die jeweilige
Probe Parzivals Ziel, sondern wieder nach Munsalvaesche zu gelangen. Dass Parzival sich mit jeder Probe als bester Ritter der Welt beweist, ist Voraussetzung für
das Wiederfinden der Gralburg und Vorbereitung für das Zusammenfügen des
Gralschwertes, was z. T. Schwellenfiguren, die Parzival den Weg weisen, explizit
in den Mund gelegt ist. So antwortet der Ritter Brios, als Parzival ihn nach dem
Weg zur Gralburg fragt, dass Parzival sich in ritterlichen Kämpfen hervortun
muss, bevor er den Hof des Gralkönigs finden könne:

> ,herre' sprach er, ,ein ding sol
> ich üch von erst sagen, daz geschiht.
> wellent ir zuo deme künige varn die riht,
> so muezent ir von ritterschaft
> den pris erworben han mit craft:

---

[143] Dass durch eine Binnenerzählung bereits erzählte Handlung in abweichender Version wiedergegeben wird, wie in Gawans Version seiner Begegnung mit Bran de Lis Schwester in der *Ersten Fortsetzung* (s. o., S. 93, bes. Anm. 130), ist die Ausnahme.

anders mögent ir dar kommen niht
noch vollenden, e daz geschiht,
das ir do wellent suochen.
wellent ir aber mines rotes geruochen,
so mögent ir üch fürbeingen sere
und gewünnen gros ere
me, denne ich gesagen könne iht.'
(RP 458,2–458,14)

Darauf berichtet Brios Parzival von einem Turnier bei der Burg Kastel Orgelus, bei dem der höchste Ruhm zu erwerben sei. Dieses sei aber nur über die Hohe Brücke zu erreichen, die niemand überqueren könne (RP 458,15ff.). Weniger deutlich, aber dennoch nach demselben Muster, verläuft die Begegnung mit dem wunderbaren Kind, das in einem Baum sitzt und Parzival den Weg zum *leidigen berg* zeigt. Als Parzival nach dem Weg zum Gralkönig fragt, schickt ihn das Kind zu der Wundersäule:

Daz kint sprach: ‚ich ensage üch die riht
Weder lüge noch warheit niht
Umbe alles, daz ir froget mich.
aber ein ding daz weis ich,
daz ir wol morne mögent kummen fürwar
zuo der sul uf dem leidigen berge dar.
do werdent ir mere hörende, wene ich,
die üch wol gevallent, versihe ich mich.'
(RP 583,34–45)

Die *mere*, auf die das Kind anspielt, sind einerseits die Geschichte um die Wundersäule, die Parzival von dem Fräulein vom *leidigen berg* erfährt. Zudem spielt es darauf an, dass das Fräulein Parzival den Weg zur Gralburg zeigen wird und Parzival diese daraufhin erreicht. Während seines Besuchs auf der Burg gelingt es Parzival dann schließlich, das Gralschwert wieder zusammenzufügen; wobei ein winzig kleiner Haarriss bleibt, den der Gralkönig mit der noch ausstehenden Rache an Partinias in Verbindung bringt (RP 609,20ff.).[144] Bei dem früheren Gralbesuch Gawans zum Ende der *Ersten Fortsetzung* wurde deutlich, dass das Zusammenfügen des Schwertes nur dem besten Ritter möglich ist (RP 270,26ff.). Beide Proben können also als Vorbereitungen oder Qualifikationen für Parzivals Eignungsprobe vor dem Gral gesehen werden.

Auffällig ist, dass die Tugendproben mit Binnenerzählungen verbunden sind. Diese statten die Proben mit Hintergrundgeschichten aus, die Parzivals Weg zum besten Ritter mythisch begründen und zugleich eine Autonomie aufweisen. Die

---

[144] Die Stelle betrifft den Übergang von *Wauchiers* zu *Manessiers Fortsetzung* (letztere im *Rappoltsteiner Parzival* ab 610,28).

erste dieser Binnenerzählungen in der Chronologie des Textes handelt von der Entstehung der Hohen Brücke. Als Parzival nach der Überquerung der Gläsernen Brücke bei dem Ritter Brios einkehrt, erfährt er von einem großen Turnier, an dem der gesamte Artushof teilnehmen soll und das am nächsten Tag bei Kastel Orgelus stattfindet. Da Brios' Reich aber durch einen reißenden Fluss von der Burg getrennt ist, könne Parzival nur über die Hohe Brücke, die niemand überqueren kann, dorthin gelangen. Als Brios Parzival zu der Brücke gebracht hat, wird klar, warum: Die Brücke ragt nur bis zur Hälfte des breiten Flusses, wo sie auf einer prächtigen Säule endet. Bevor Parzival auf die Brücke reitet, erzählt ihm Brios von deren Entstehung, um die sich eine Liebesgeschichte mit tödlichem Ausgang rankt (RP 465,24–471,20).

Diese Geschichte bildet den Hintergrund für einen mit Hilfe von *nigramanzie* (RP 470,33) hergestellten Gegenstand, der Parzivals Status als besten Ritter der Welt bestätigt, wobei auf Motive der Lais (Schweinejagd, Gestaltenwandel, höfisierte Fee, die wiederkehrende Zahl drei) zurückgegriffen wird.[145] Es kommt aber nicht zu einem Tabubruch, sondern die Minne-Beziehung wird durch äußerliche Gewalteinwirkung, einen namenlosen Ritter, zerstört, doch kann die Erzählung als vollständiger Lai begriffen werden.

Die Binnenerzählung ist lose mit der Artuswelt verbunden. Zwar fällt Artus' Name nicht, doch ist über die Burg Kastel Orgelus eine Verbindung aufgemacht, die über die *Erste Fortsetzung* und der Anklage am Plimizöl bis hin zum *Prologus* reicht, wo die Bewohner von Kastel Orgelus – wie auch in der Binnenerzählung – durch ihren Hochmut und kriegerische Auseinandersetzungen mit Artus charakterisiert sind. Dass Parzival die Hohe Brücke nutzt, um sich bei einem Turnier hervorzutun, in dem er inkognito die gesamte Tafelrunde besiegt, kann als Erweiterung der Tugendprobe verstanden werden, da er damit die Auszeichnung durch einen wunderbaren Gegenstand auch praktisch unter Beweis stellt. Maßstab für diesen Beweis ist weiterhin der Artushof. Bedenkt man, dass die Tugendproben auf den Test durch das Gralschwert vorbereiten, dann ist nicht zu übersehen, dass die Eignung dafür über die Artuswelt erlangt werden muss. Dieses Turnier ist zwischen dem zweimaligen Überqueren der Brücke (Hin- und Rückweg) platziert. Erst danach werden auch die anderen Suchen abgeschlossen, Parzival besteht auch die anderen Tugendproben und die Handlung wird entschachtelt. Insofern ist es kein Zufall, dass die sich drehende Brücke den Wendepunkt von Parzivals Weg markiert.

Die Erzählung um das selbstziehende Schachspiel erfolgt weit nach der Einführung des wunderbaren Gegenstands in die Handlung. Die Episoden um die Dame mit dem Schachbrett, von der sich Parzival Liebeslohn verspricht, bilden

---

[145] Sehr ähnliche Motive werden in der *Schwanen-Aventiure* verwendet (s. o., S. 186ff.).

den Rahmen für einen großen Teil der Parzival-Handlung in *Wauchiers Fortsetzung*, einschließlich der Probe um die Hohe Brücke. »Die von der Werbung umrahmten Episoden nehmen mehr als die Hälfte des Textumfangs ein und schließen [...] mit der einmaligen Liebesvereinigung der Dame mit Parzival ab.«[146] Dass es sich bei dem selbstziehenden Schachspiel um mehr als nur einen Aufhänger für ein amouröses Abenteuer Parzivals handelt, wird jedoch erst durch die mit dem Wundergegenstand verbundene Binnenerzählung deutlich, die erst zum Ende der langen Reihe aus verzögernden Aventiuren offenbart wird.

WALTER HAUG sieht in dem selbstziehenden Schachspiel keine erzähllogische Funktion.[147] Er gelangt in einem Vergleich mit Verwendungen des Motivs in irischen und mittelenglischen Erzählungen[148] sowie im deutschsprachigen *Prosa-Lancelot* zu der Beobachtung, dass die Verwendung des Motivs auf nichtlineares, paradigmatisches Erzählen abziele:

> Man könnte also sagen, die Spiele seien Schwellensymbole, und darin – nicht in dem, was sie an linearer Motivation bieten – liege ihre eigentliche Bedeutung. [...] [S]ie [einzelne Momente] überspringen die Linearität und Zeitlichkeit, sie greifen voraus, nehmen vorweg, orten Positionen im Gesamtkonzept.[149]

Dabei erkennt er im Spiel-Motiv ein ursprünglich »mythische[s] Konzept«, das jedoch graduell literarisiert sei.[150] Die Umsetzung in *Wauchiers Fortsetzung* stuft er als vergleichsweise simpel ein, da das Motiv unproblematisiert bleibe, lediglich eine Kette von Aventiure auslöse und schließlich in der Liebesvereinigung Percevals mit der Dame ende.[151]

Bezieht man jedoch die Binnenerzählung in die Interpretation des Motivs mit ein, so wird durch die wunderbare Herkunft des Schachspiels, über die Figur der

---

[146] CHEN 2015, S. 205.

[147] WALTER HAUG: Der Artusritter gegen das Magische Schachbrett oder das Spiel, bei dem man immer verliert. (1980/1981), in: Ders.: Strukturen als Schlüssel zur Welt. Kleine Schriften zur Erzählliteratur des Mittelalters, Tübingen 1990, S. 672–686, hier: S. 673. Leider bezieht HAUG mit keinem Wort die Binnenerzählung in seine Überlegungen ein. Er nimmt POTVINS Edition als Grundlage, die zwar allein auf Hss. P basiert (POTVIN 1866–1871), welche aber ebenfalls die Binnenerzählung enthält (vgl. ROACH 1949–1985, S. 337).

[148] In den irischen Erzählungen von Midir und Etain sowie der Unterweltfahrt des Sohnes des Königs Conn sind jeweils dem Schach ähnliche Fidchell-Partien zentrale Handlungsmomente. Aus der mittelenglischen Erzählung *Sir Gawain and the Green Knight* nimmt HAUG den Enthauptungswettstreit als Spiel-Motiv auf. Auch wenn das letzte Beispiel beeindruckend analysiert ist, wäre im Kontext von *Wauchiers Fortsetzung* doch die Version aus der *Ersten Fortsetzung*, d. h. aus *Karados' Buch*, wesentlich passender gewesen.

[149] HAUG 1990, S. 675.

[150] Ebd., S. 677.

[151] Vgl. ebd., S. 684.

Fee Morgane und ihre *nigromantie*, die genealogischen Verbindungen zur Artuswelt und seine Eigenschaft als Tugendtest eine komplexere Verwendung erkennbar, die deutlich als mythisches Element funktionalisiert ist, indem nämlich Parzivals Status als bester Ritter der Welt – nicht unähnlich wie im *Prosa-Lancelot*[152]
– mythisch bestätigt wird und in Bezug zu den anderen Tugendproben, einschließlich des Zusammenfügen des Gralschwertes, steht.

Dies geschieht aber nicht mit der Einführung des wunderbaren Schachspiels,
sondern nichtlinear am Ende der Aventiurenkette, im Rückgriff auf eine Vorgeschichte des wunderbaren Gegenstands, die noch weiter zurückliegt. Damit steht
Parzival aber keineswegs genau dort, wo er vor der Aventiure-Sequenz um die
Schachbrett-Dame stand,[153] die gesamte Sequenz ist keine »Abweichung«[154] von
seinem Weg zum Gral, sondern führt ihn wie auch die anderen Tugendproben
direkt darauf zu. Die »Gralerlangung«[155] ist in dieser Folge von Tugendtests kein
Selbstzweck, sondern dient als letzter Tugendbeweis, der den Helden der Erzählung auszeichnen und zu einer vorbildlichen Figur stilisieren soll.

Die Wundersäule auf dem *leidigen berg* wird bereits in der ersten Episode von
Wauchiers Fortsetzung, die den Beginn der Parzival-Handlung im *nuwen Parzefal*
überhaupt bildet, eingeführt (320,19–41); erzählt wird.[156] Die Suche nach der
Säule bildet damit einen Rahmen, der die gesamte Fortsetzung einfasst. Ausgenommen ist nur der Gralburgbesuch am Ende der Fortsetzung, der mitten im
Zusammenfügen des Gralschwertes abbricht und an den *Manessiers Fortsetzung*
nahtlos anschließt. Die Binnenerzählung zum Ursprung der Säule verknüpft Parzivals Probe mit der Geburt von Artus. Als Parzival den *leidigen berg* erreicht hat,
bindet er dort sein Pferd an der Wundersäule fest. Die Tugendprobe gilt somit als
bestanden, da nur der beste Ritter, der je gelebt hat, sein Pferd an die Säule binden
kann. Andernfalls muss er seinen Verstand verlieren. Darauf erscheint eine junge
Dame, die sich als das Fräulein vom *leidigen berg* vorstellt. Sie versorgt Parzivals
Pferd, lädt ihn in ihr Zelt ein und klärt ihn mit einer Erzählung über die Hintergründe der Wundersäule auf (RP 591,8–594,12): Vor Artus' Geburt wird prophezeit, dass der beste Ritter, den es je gegeben hat, in Artus' Dienst stehen wird.
Merlin erhält von Utependragun den Befehl, herauszufinden, wer die besten Ritter sind und erschafft die Säule auf dem Berg. Zudem zwingt er eine damals noch

---

[152] Vgl. ebd., S. 685. Dass der *Vulgate-Zyklus* das Motiv von Wauchier übernommen
hat oder umgekehrt, ist gut denkbar.

[153] Vgl. Chen 2015, S. 231.

[154] Ebd., S. 232.

[155] Ebd., S. 231.

[156] Zudem spielt die Säule eine wichtige Rolle in der Episode um den Ritter Bagumades
(vgl. Liebermann 2014).

junge Dame, dort als seine Geliebte zu bleiben und zeugt mit ihr das Fräulein vom *leidigen berg*.

Die Binnenerzählung dient einerseits dazu, Parzivals Status als bester Ritter aller Zeiten stärker zu profilieren, indem Artus' Ritter, die bereits als die Elite der Ritterschaft definiert sind, von ihm überflügelt werden. Andererseits wird damit aber die Tafelrunde als Idealzustand der Ritterschaft nicht in Frage gestellt, da Parzival die Prophezeiung als Artusritter erfüllt und damit integraler Bestandteil der Artuswelt bleibt. Die Erläuterungen um die Wundersäule dienen somit mindestens ebenso dazu, die Figur Artus als Herrscher zu überhöhen.

Im Zusammenhang mit dieser Überhöhung verdienen die mythischen Elemente der Binnenerzählung besondere Beachtung, da auch sie Parzival und Artus miteinander verbinden. Zum einen ist da die dreifache, abgestufte Prophezeiung, die der Entstehungsgeschichte des Artusreichs eine wunderbare und schicksalhafte Note verleiht. Diese wird mit der wunderbaren Schaffung der Wundersäule durch *nigramanzien* (RP 593,26) verknüpft. Typisch für das mythische Erzählen ist auch, dass der Kausalzusammenhang dieser Verknüpfung nicht deutlich wird[157] und die Schaffung der Säule mit einem Akt sexueller Gewalt verbunden ist, der Festsetzung (und Vergewaltigung?) der Mutter des Fräuleins vom *leidigen berg* durch Merlin, die aufgrund des fast noch kindlichen Alters besonders prekär erscheint:

> min muoter waz do in ir kintheit,
> fierzehen jor alt und me niht.
> sü kam aldar von ungeschiht.
> do sü zuo im kam, daran tet sü torheit,
> wande sü enmohte von im nüt, so man seit,
> und wart sin liep noch sinem willen gar.
> (RP 593,27–33)

Dieser sexuelle Gewaltakt, der mit dem ultimativen Tugendtest des Artusreichs assoziiert wird, ähnelt dem mythischen Charakter des *Prologus*, in dem ebenfalls die Prophezeiung der idealen Artusherrschaft mit Gewalt gegen Frauen verbunden ist, wobei das Thema sich auch durch zahlreiche andere Episoden zieht.

Dass Merlin mithilfe der *negromantie* die Säule erschafft, deutet nicht nur auf den arthurischen Bereich als Gegenwelt zur Gralwelt hin,[158] sondern entwirft einen mythischen Ursprung. Besonders ist hier allerdings die Fokussierung auf die Artus-Figur, die mit einer besonderen Geburtsgeschichte ausgestattet wird. Die Bearbeiter der Karlsruher Handschrift scheinen die Binnenerzählung eher im

---

[157] Der Zusammenhang der Prophezeiung zu dem Wunsch Utependraguns, den besten Ritter ausfindig zu machen, wird an keiner Stelle erläutert.

[158] Vgl. CHEN 2015, S. 243.

Kontext der Artus- als der Parzival-Figur gelesen zu haben, wenn sie die Episode mit der Überschrift *Hie hörent von künig Artus gebürte sagen* (RP 591,24f.) betiteln. Bedenkt man die stark positive Zeichnung von Artus gegen Ende der Kompilation und besonders seine Rolle als möglicher Urahn Ulrichs von Rappoltstein im Epilog, dann ist diese Lesart wenig überraschend. Die im Schluss und Epilog aufgemachte Entstehungsgeschichte der Karlsruher Handschrift und ihrer Vorlage wird auf Artus selbst hin verlängert und ein weiteres Mal mythisch begründet.

Die erzählerische Verzögerung um die Hintergründe der Wundersäule ist noch extremer als bei dem selbstziehenden Schachspiel, da sie praktisch die gesamte *Fortsetzung* umfasst. Sie passen hinsichtlich ihrer Erzähltechnik hervorragend zum Erzählstil von Wolframs *Parzival*. Die markantesten Vergleichspassagen sind die Erklärungen zu den Vorgängen auf Munsalvaesche und Schastel Marveil, die den Figuren Trevrezent und Arnive in den Mund gelegt sind. In beiden Fällen erklären die Binnenerzählungen die Hintergründe der Wunderburgen mit Minneverfehlungen und fungieren als Ursprungsmythen. Auch das Lit Marveil auf Schastel Marveil und das Zusammenfügen des Gralschwertes auf Munsalvaesche sind Tugendproben. Dass die Bearbeiter die Nennungen des *leidigen berg* und des Kastel Orgelus bei der Anklage am Plimizöl neben diesen beiden Wunderburgen auftauchen lassen, ist somit nicht nur die Ergänzung einer Handlungslücke, sondern es gestaltet die gesamte Kompilation kohärenter. Denn alle dort genannten Aufgaben, die aus *Wauchiers Fortsetzung* stammen, sind mit je einer mythischen Vorgeschichte ausgestattet, die untereinander paradigmatische Überschneidungspunkte aufweisen. Alle diese Vorgeschichten beinhalten Motive der gescheiterten oder sündhaften Minne und der Nekromantie, in denen so etwas wie ein gemeinsamer Ursprung für die Missverhältnisse der Erzählwelt, die später durch die Erlösungstaten der Protagonisten behoben werden, gesehen werden kann.

Nachdem Parzival in dem auf die Probe bei der Wundersäule folgenden Gralbesuch das Gralschwert zusammenfügt, wird in *Manessiers Fortsetzung* die Verwundung des Fischerkönigs/Anfortas im Zusammenhang mit dem Schwert ebenfalls durch eine Binnenerzählung erklärt, die durch das Erschlagen von Anfortas Bruder durch Partinias und der aus der Verwundung resultierenden Verödung der Landes und dem Leid der Gesellschaft ebenfalls eine nachträgliche, mythische Motivation ist und dadurch relativ harmonisch an Wauchiers Erzählweise anschließt. Durch die Binnenerzählungen werden Ursprünge nachträglich erzählt, indem sie an Figuren der Erzählwelt delegiert werden.

Die Binnenerzählungen im *Rappoltsteiner Parzifal* schaffen durch das Zusammenspiel mehrerer Narrationen ein gemeinsames Ganzes. Die Rahmenerzählungen mit einer mythischen Vorgeschichte auszustatten, kann als ihre primäre Funktion gesehen werden. Insofern sind sie dem Rahmen hierarchisch untergeordnet.

Trotz dieser hierarchischen Funktionalisierung führen die Binnenerzählungen aber auch ein gewisses Eigenleben, indem sie beinahe geschlossene, autonome Erzählungen sind, die zwar die wunderbaren Gegenstände mit mythischem Potential aufladen, handlungslogisch aber nicht fortgeführt werden. So haben weder der Streit der Dame mit der Fee Morgane um das Schachbrett noch die gescheiterte Liebe der magisch begabten Brücken-Erschafferin oder die Handlung um Merlins Tochter weitere Auswirkungen auf die Erzählwelt, sondern reihen sich paradigmatisch neben die anderen Erzählungen ein. In diesem Nebeneinander erfolgt dann auch die gegenseitige Perspektivierung. Die Themen und Motive, die die Hintergrundgeschichte als mythische Erzählungen charakterisieren, wiederholen sich variierend und markieren durch diese Wiederholungen nicht nur den Weg Parzivals, sondern auch die Verflechtung untereinander.

3.3. Zyklische Signale

Zyklische Signale verbinden verschiedene Teilerzählungen untereinander. Diese Verbindungen können die Form von narrativen Übergängen (zwischen zwei Teilerzählungen) und Querverweisen (innerhalb einer Teilerzählung zu einer anderen) annehmen. Sie stellen dabei eine übergeordnete Einheit her unterteilen diese zugleich und beseitigen manchmal auch inhaltliche Widersprüche.[159]

Letzteres scheint nicht die primäre Funktion der Verbindungen in den *Fortsetzungen* zu sein. KONRAD SANDKÜHLER merkt in seiner Übersetzung der *Ersten Fortsetzung* an, dass es darin von chronologischen Ungereimtheiten regelrecht wimmelt:

> Ganz abgesehen von der Caradocgeschichte, in der der gleich nach dem Feldzug gegen Branlant geborene junge Caradoc heranwächst, Ritter wird und heiratet, während Gauwains um die gleiche Zeit geborener Sohn in dem nun folgenden Feldzug gegen Schloß Orgelus erst etwa fünf Jahre alt ist, sind zeitliche Ungenauigkeiten, ja Unmöglichkeiten recht häufig. Zum Beispiel kann Gauwains nach Orgelus folgender Gralbesuch kaum länger als einige Tage gedauert haben, aber es folgen darauf einige Sätze des Übergangs – und schon sind wir in einer anderen Zeit und Gauwains Sohn tritt uns als junger Ritter entgegen.[160]

So habe es auch kaum einen Einfluss auf die zeitlichen Verhältnisse, wenn er die Caradocerzählung nicht mit in seine Übersetzung aufnähme.[161] Auch wenn *Wauchiers* und *Manessiers Fortsetzungen* ihre Handlungsstränge stärker synchronisieren

---

[159] S. o., S.33.
[160] SANDKÜHLER 1959, S. 220.
[161] Vgl. ebd., S. 11.

(s. u.), sind die Längen der Zeiträume selten von Bedeutung oder werden möglicherweise bewusst durchbrochen. Ein eindrückliches Beispiel ist die Figur Partinias (bzw. frz. Partinial).

> Partinial ist noch sehr jung an Jahren; denn er hat erst vor fünfeinhalb Jahren seine Ritterwaffen erhalten. [...] Rechnen wir zurück, so ergibt sich, daß Partinial später als Perceval die Waffen erhalten hat; jedoch darf dies nicht allzu genau genommen werden, da die verschiedenen Fortsetzer die von Chrestien de Troyes angelegte Zeitenfolge gesprengt und unberücksichtigt gelassen haben.[162]

Das geringe Alter der Figur ist so verwunderlich, da er den Bruder des Gralkönigs enthauptet haben soll, worauf dann der erlösungsbedürftige Zustand des Gralkönigs zurückgeführt wird, der aber schon sehr viel länger andauert; mindestens seit Percevals/Parzivals erstem Besuch auf der Gralburg. Ähnlich problematisch ist das Nachrechnen auch innerhalb von Wolframs *Parzival*, dessen Handlung zwar ein Zeitgerüst aufweist, das die Figuren Trevrezent und Ginover dem Rezipienten vorrechnen, in einigen Fällen aber ganz gezielt die Chronologie durchbricht (Orgeluse, die Damen auf Schastel Marveil, die Gralburg). CHEN hat für den *Rappoltsteiner Parzifal* gezeigt, dass dessen Bearbeiter Widersprüche nicht immer beseitigen, sondern oftmals als kompositorische Mittel einsetzen,[163] was möglicherweise auch für diese Durchbrechungen der Chronologie gilt.

Dies schließt jedoch nicht aus, dass zyklische Signale an anderen Stellen dazu eingesetzt werden, aus den Teilerzählungen eine Einheit zu formen. Das folgende Teilkapitel beschäftigt sich damit, inwieweit zyklische Signale und epische Schnittstellen der Teilerzählungen des *Rappoltsteiner Parzifal* verbindende Funktionen haben und wie diese Konjunktionen erzähltechnisch gestaltet sind.

3.3.1. Übergänge

In dieser Arbeit wurden bereits Übergänge zwischen Teilerzählungen untersucht, wenn auch unter etwas anderen Gesichtspunkten. Daher werden sie hier recht knapp behandelt und in den meisten Fällen nur in ihrer Funktion als zyklische Signale perspektiviert. So wurden einige Anpassungen des Haupttextes durch die Bearbeiter im Kontext der Entstehung der Überschriften besprochen (Kap. 2.1.3.1 Überschriften, S. 70ff.), wie z. B. der von den Straßburger Bearbeitern geänderte Beginn von *Wauchiers Fortsetzung*, in dem Parzival nach langer Textstrecke wieder als Protagonisten eingeführt wird (siehe S. 75f.), sowie die zusätzlichen Verspaare am Ende der Gingelens-Episode (siehe S. 84) und von *Karados' Buch* (siehe S. 78),

---

[162] SANDKÜHLER 1964, S. 250.
[163] S. o., S. 19f.

die darauf abzielen, die jeweiligen Handlungsstränge deutlicher zu beenden und abzugrenzen.

Es sind aber nicht nur diese auf die Straßburger Bearbeiter zurückgehenden Anpassungen, die als zyklische Signale gelten können, sondern auch die bereits von Wolfram und den *Conte du Graal*-Fortsetzern eingebrachten Übergänge, wie Wolframs Übergang zur Gawan-Handlung am Beginn des zehnten *Parzival*-Buches oder Manessiers Wechsel von Parzival auf Segramors und von diesem auf Gawan (siehe S. 86). Sie markieren ebenfalls Übergänge der Handlungsstränge und thematisieren z. T. explizit, dass sie zuvor verlassene Stränge wieder aufnehmen, wie z. B. Wolframs Rückkehr zur Parzival-Handlung zum jeweiligen Beginn der Bücher Neun (Pz. 433,1ff.) und Fünfzehn (Pz. 734,1ff.). Da der *Rappoltsteiner Parzifal* – anders als in einem einzigen Schritt kompilierte zyklische Zusammenstellungen – ein Ergebnis aus mehreren, sukzessive vorgenommenen Fortsetzungen bzw. Bearbeitungen ist, ist dies kaum verwunderlich, doch hinsichtlich der Funktion der »epischen Verknüpfung«[164] kaum zu unterschätzen.

Zu diesen Signalen des Textes gesellt sich mit den Überschriften ein paratextueller Apparat, der sich an den Übergängen der Teilerzählungen orientiert.[165] Denn die Überschriften der Bearbeiter stehen beinahe immer im Kontext von narrativen Überleitungen von einer Episode zu einer anderen und betonen Zäsuren wie auch Kontinuitäten. Es sind vor allem Erzählerüberleitungen, Passagen, Ortswechsel der Figuren, Protagonistenwechsel und Markierungen, auf die die Bearbeiter mit Überschriften reagieren. Beginn und Ende des *Prologus* sind gänzlich

---

[164] WITTMANN-KLEMM 1977, S. 73.

[165] Im Fall der römischen Handschrift besteht zwar ein Unterschied in der Entstehung der zyklischen Signale, doch größtenteils sind diese identisch mit den Entsprechungen ihrer Vorlage. Der Unterschied ist, dass die Signale nicht erst mit der Entstehung der Handschrift verstärkt oder geschaffen wurden, sondern bereits vorhanden waren und mit abgeschrieben sind. Das macht sie als narrative Mittel aber nicht weniger relevant. Eine Sensibilität für die Übergänge lässt sich dort greifen, wo die Macher der römischen Handschrift optimierend in den Paratext eingreifen (s. o. Kap. 2.2.2 Verbesserung des Paratextes, S. 112ff.). Allerdings hat es auf einige Signale gravierende Auswirkungen, dass die Handschrift keinen ersten Teil besitzt. So existiert die Unterteilung in *alt* und *nuw* nicht, wodurch das zyklische Signal erheblich abgeschwächt wird. Allein die Verbindung durch das Florilegium, das noch immer einen Bezug zum Epilog aufmacht, zu dessen Beginn auf die Geschichten von Parzivals Jugend nach Chrétien und Wolfram verwiesen wird, erhält das Signal aufrecht. Des Weiteren laufen die von den Bearbeitern der Karlsruher Handschrift implementierten Verbindungen zu diesen Teilerzählungen ins Leere, wie z. B. die veränderte Wiederaufnahme der Parzival-Handlung zu Beginn der *Zweiten Fortsetzung* und die Bezüge, die durch Wolframs Schluss entstehen. Insofern zählt die römische Handschrift zu den Fällen, die ich im ersten Kapitel als post-codicale Zyklizität bezeichnet habe, d. h. die zyklischen Konjunktionen bestehen zwar, doch sind sie nicht mehr in einer einzigen Handschrift vereint.

neu geschaffene Signale, wobei auch diese auf eine Zäsur zurückgreifen, die durch Formulierungen im wolframschen Text bereits besteht. Ähnlich ist die Unterteilung in *nuwen* und *alten Parzefal* zu werten, die ebenfalls bereits unter anderen Gesichtspunkten behandelt wurde. [166] Die relationale Unterteilung desselben Werks in einen alten und einen neuen Teil geht zwar auf die Produktion zurück, doch als Gliederung der Narration fungiert sie als zyklisches Signal, das auf das gesamte Werk verweist, indem die Unterteilung sichtbar gemacht wird und daher einerseits ein Bezug zu allem vorher und andererseits zu allem nachher Erzählten hergestellt wird.

3.3.2. Epische Schnittstellen

Die meisten epischen Schnittstellen im *nuwen Parzefal* sind bereits in den Vorlagen enthalten. In wenigen Fällen zum Schluss der Kompilation sind sie auf die Bearbeiter des *Rappoltsteiner Parzifal* zurückzuführen, die eine Passage aus *Manessiers Fortsetzung* und eine noch längere, eigene Passage einfügen, in denen sie die Figuren auf die vergangenen Handlungsstränge bezugnehmen lassen. WITTMANN-KLEMM betont ihre verknüpfende Funktion:

> Als bei der letzten Zusammenkunft aller Ritter am Artushof von den bestandenen Abenteuern geplaudert wird (17), sind durch die Verwendung einiger Manessier-Verse (18) auch Boors und Lyonel dabei. Durch ihren Bericht über den Zweikampf und über den Tod des Kalogrenant ergibt sich ein zusätzlicher Bezug zu dem vorher in aller Ausführlichkeit erzählten Abenteuer dieser Ritter (16). Ebenso wird mit der Erweiterung von Parzivals Erlebnisbericht (19) um die Erwähnung der Kämpfe mit dem Teufel, mit Hector, mit dem zaghaften Ritter, mit Partinias und mit dem Ritter mit den fünf Söhnen – alle (20) – der Anschluss an die Abenteuerketten der dritten Fortsetzung (16) hergestellt. Der Einschub schließlich, in dem Artus seiner Freude über die Erwählung Parzivals zum Gralskönig Ausdruck verleiht und in dem er bittet, ihn begleiten zu dürfen (22), weist voraus auf Manessiers Krönungsszene (31), die ihrerseits in Wolframs Darstellung der Festlichkeiten auf der Gralsburg (29) eingebaut worden ist.[167]

Die Bearbeiter ergänzen eine weitere epische Schnittstelle, nämlich die von Wolfram z. T. gekürzte doppelte Anklage der Protagonisten, mithilfe von Chrétiens *Conte du Graal*. Diese Ergänzung wurde bereits im Kontext des Erzählprogramms des *Prologus* und der Erlösungsaufgaben um Munsalvaesche, Schastel Marveil und Kastel Orgelus besprochen (siehe S. 163ff.). Die Anklage-Szene lässt sich als epi-

---

[166] S. o., S. 43ff.
[167] Ebd., S. 81. Die Verweise beziehen sich auf WITTMANN-KLEMMS Durchnummerierung der Passagen der Karlsruher Handschrift nach ihren Quellen (vgl. ebd., S. 10–13).

sche Schnittstelle beschreiben, da sich mehrere Handlungsstränge punktuell überschneiden, um anschließend wieder getrennt voneinander erzählt zu werden: Nachdem die Gralbotin die Aufgaben inklusive der dazugehörigen Orte der Bewährung genannt hat, verkündet neben Parzival und Gawan auch Girflet seinen Aufbruch. Anschließend geht der Handlungsfokus bekanntlich auf Gawan über, wohingegen die beiden anderen Erzählstränge pausieren bzw. nicht auserzählt werden. Die epische Schnittstelle betrifft auch den *Prologus*, indem die Bearbeiter die Anpassung der Anzahl der Ritter des Kastel Orgelus vornehmen. An diesen Stellen, wo sie selbst eingreifen, wird das Bemühen um die Verknüpfung der Handlungsstränge deutlich sichtbar. Auch wenn diese Eingriffe punktuell sind, so zeigen sie doch, dass die Bearbeiter das Phänomen der epischen Schnittstellen erkannt und genutzt haben. Dass sie dies nicht vermehrt tun, liegt sicherlich daran, dass es nicht nötig war, da die *Fortsetzungen* bereits mit einem regelrechten Netz dieser Schnittstellen ausgestattet sind und regelmäßig wiederholt werden.

3.3.2.1. Expositionen

Die häufigsten epischen Schnittstellen im *Rappoltsteiner Parzifal* sind dessen Figuren. WITTMANN-KLEMM hat aufgezeigt, dass die Bearbeiter der Karlsruher Handschrift die französischen Figurennamen der Fortsetzungen beim Übersetzen an die von Wolfram veränderten Namen anpassen. So wird z. B. Parzivals Frau auch im *nuwen Parzefal* konsequent Cundwiramurs und nicht der Blanscheflur genannt und der in den *Fortsetzungen* namenlose Gralkönig wird auch im übersetzten Teil zu Anfortas.[168] Diese Konsequenz bei der Benennung der Figuren verbindet nicht nur die ihren Ursprüngen nach unterschiedlichen Teile, sondern auch die Teilerzählungen innerhalb der *Fortsetzungen*, wie z. B. an der Bemühung um die eindeutige Identifizierung von Gawans Sohn, dessen Name immer wieder wechselt, gesehen werden kann. Die Namen der Figuren stiften Kohärenz.

Wie wirkungsvoll Figuren als epische Schnittstellen in den *Fortsetzungen* eingesetzt werden, zeigt die Turnier-Episode in *Karados' Buch*. Die in dieser Episode eingesetzte Erzähltechnik ähnelt stark der Exposition, die durch das Turnier der Gahmuret-Handlung vorgenommen wird. Wolfram nutzt das Turnier in Kanvoleiz unter anderem dazu, viele Figuren, deren Relevanz erst wesentlich später deutlich wird, auftauchen zu lassen[169] und spielt damit auf spätere Episoden und Figuren, vor allem aus der Gawan-Handlung, an. Die Verwandtschaft der Figuren spielt bei der Zuordnung der Handlungsstränge eine entscheidende Rolle. Dass er

---

[168] Vgl. ebd., S. 61–63.
[169] Hierzu zählen u. a. Lähelin, Lot, Gawan, Artus, Gurnemanz.

die Figuren mit von ihm kreierten, unverwechselbaren Eigennamen ausstattet, ge-
währleistet erstens, dass die Rezipienten die Figuren im späteren Verlauf der Erzählung eindeutig zuordnen können und ihnen bei einer wiederholten Rezeption
des Textes eine kohärente Erzählwelt präsentiert wird. Diese Erzähltechnik ist
Teil von Wolframs Strategie der Retextualisierung von Chrétiens Erzählung, indem er dadurch, dass er viele der wichtigen Figuren des Romans in der Vorgeschichte auftauchen lässt, Kohärenz zur nachfolgenden Erzählung stiftet und diese
zugleich unter einer veränderten Perspektive wahrgenommen wird.

Eben diese Technik mit ähnlicher Funktion findet auch in dem Turnier in
Karados' Buch Anwendung: In diesem Turnier tauchen ebenfalls zahlreiche na-
menhafte Figuren auf. Dabei handelt es sich jedoch nicht nur um ein »who's who
of Arthurian romance«[170] durch die Teilnahme des kanonischen Figurenpersonals
des Artushofs,[171] sondern in viel größerem Maße um die Vorwegnahme vieler Fi-
guren, die erst in späteren Episoden der *Ersten* und *Wauchiers Fortsetzung* für die
Handlung relevante Rollen einnehmen, indem sie entweder wichtige Gegner oder
Verbündete von Parzival und Gawan oder sogar selbst Protagonisten sind. Der
Ungeschaffene Kühne, Bran von Lis, der Schöne Gute, (RP 81,26ff.) der Reiche
Söldner (RP 83,36), Girflet, Gaheries (RP 90,2f.), Sagremor (RP 81,23) und der
Schöne Feigling (RP 81,24f.) sind Figuren des Turniers, die über alle *Fortsetzun-
gen* verteilt solche Rollen einnehmen. Die Figurennamen des Turniers werden
auch im weiteren Verlauf des *nuwen Parzefal* konsequent beibehalten.[172]

Daneben wird *Karados' Buch* über das Figurenpersonal genealogisch mit dem
Conte du Graal bzw. Wolframs *Parzival* verbunden, indem Karados' Gefährten
Kador und Alardin im Laufe des Turniers jeweils die Liebe der Damen Gyngenor
und Yden gewinnen, die beide Gawans Nichten sind (RP 77,34ff. und 85,25ff.)
und in Gyngenors Fall Figuren des *alten Parzefals* die Eltern bilden: *min vatter
heisset Gramaflan / unde min muoter Ytonie* (RP 77,40f.). Bemerkenswert ist, dass
auch an dieser Stelle der Name von Gawans Schwester an den *Parzival* angepasst

---

[170] Bruckner 2009, S. 137.

[171] Hierzu zählen Gawan, Iwein, Keye, Lucas, Beduwiers, Tor, Sagremor, Iders und
andere (RP 81,7ff.).

[172] Folgende Überschriften greifen auf die Figurennamen des Turniers zurück: *Hie hat
Karados buoch ein ende und wil sagen von künig Artus, wie er hern Gyflet erlösen wil, der gevangen lange uf kastel Orgelus lag* (RP 169,42–46); *Hie veht mit einander her Gawan unde her
Bran von Lis* (RP 211,9f.); *Hie richet Gaheries sin laster.* (RP 308,8); *Hie würt vehtende Parzifal mit eime rittere, der hies der schöne Böse* (RP 386,1f.); *Hie jaget Sagremors eime ritter noch,
der im sin ros hette genomen, unde würt mit im vehtende in sinre eiginen bürge* (RP 639,26–
29); *Hie vindet Parzefal den zagehaften ritter und wart sin gesele fünf jar* (RP 779,24f.); *Hie
würt Parzifal vehtende mit hern Gawans sun, den er hette von hern Brandalins swester: der hies
der schöne Unerkante.* (RP 364,34f.); *Hie würt vehtende Parzifal mit eime rittere, der hies der
schöne Böse* (RP 386,2). Der reiche Söldner wird nur im Verstext genannt (ab RP 238,38).

ist, indem diese als Ytonie, nicht wie im *Conte du Graal* als Clarissant bezeichnet wird. Aus diesem genealogischen Verweis ergibt sich, dass das Turnier wie eine Wiederholung des Turniers aus dem *Parzival* wirkt. Wolframs Turnier wird durch die Väter-Generation der Helden Parzival und Gawan bestritten, wohingegen im Turnier in *Karados' Buch* die nächst jüngere Generation nach Parzival und Gawan teilnimmt: Karados selbst ist Artus' Großneffe, während Kador und Alardin jeweils um die Minne von Nichten Gawans bzw. Artus' Großnichten buhlen.

Dass diese epische Schnittstelle mit der Absicht geschaffen wurde, die *Fortsetzungen* untereinander zu vernetzen, wird deutlich, wenn man sich die wahrscheinlichste Entstehungsabfolge der Redaktionen der *Ersten Fortsetzung* hinsichtlich der Karados-Erzählung vor Augen führt: Die früheste Redaktion ist die sog. kurze Redaktion.[173] In ihr sind das Turnier und einige kürzere (aber wichtige) Zusätze und Änderungen nicht enthalten.[174] Es wird erst in der langen bzw. gemischten Redaktion, die gemeinsam mit *Wauchiers Fortsetzung* entstanden ist, in die Erzählung interpoliert, wodurch nicht nur das ansonsten eher geschlossene *Karados' Buch* in der gemeinsamen Erzählwelt der Kompilation verankert wird, sondern auch alle den Figuren zugehörigen, späteren Erzählstränge eine Schnittstelle erhalten.[175]

Ob die Bearbeiter mit der ähnlichen Betitelung von *Gahmoretes buoch* (17^v) und *Karados buoch* (126^r) Geschlossenheit und Umfang der beiden Teilerzählungen Rechnung tragen wollten, ist nicht mit Sicherheit zu sagen, aber nicht unwahrscheinlich. Fest steht, dass sie in ihrer jeweils umfangreichen Turnier-Episode dieselbe Erzähltechnik aufweisen, die über die Figuren mehrere spätere Handlungsstränge verbindet. Beide stehen zu Beginn eines Teils des *Rappoltsteiner Parzifal* und können damit als Expositionen mittels der Figuren gelesen werden.

> Expositionsartig setzen sie [Kampfschilderungen als auserzählte Namenslisten] Bezugspunkte, fädeln neue Handlungslinien ein oder nehmen bestehende auf. [...] Besonders der Turnierkampf vor Kanvoleiz – handlungsintern in mehrfacher Hinsicht ein Rätsel – ist durch das dichte Netz an Beziehungen, das seine Teilnehmer mit der Gesamtwelt des Romans verbindet, wiederholt aufgefallen«.[176]

---

[173] Vgl. HINTON 2012, S. 31.

[174] S. o. Abb. 14, S. 179.

[175] Die meisten der wieder auftauchenden Figuren stammen aus der *Ersten* und *Wauchiers Fortsetzung*. Nur Segramors und der Schöne Feigling erscheinen erst in *Manessiers Fortsetzung* wieder. Es ist also möglich, das Manessier die Technik erkannt und seine Episoden über die Figuren bewusst an das Turnier angebunden hat. In der französischen Handschrift, die den Bearbeitern des *Rappoltsteiner Parzifal* wahrscheinlich vorlag, war dieser Unterschied sicherlich nicht mehr nachzuvollziehen.

[176] PUTZO 2012, S. 305

Was PUTZO für das Turnier von Kanvoleiz beschreibt, gilt auch für das Turnier in
Karados' Buch, umso mehr, da die Expositions-Technik im Turnier wie eine Wiederholung erscheint, die erst in der Kombination von Wolframs *Parzival* mit der
Ersten Fortsetzung entsteht.[177] Diese Liste ist kein bloßes ›name dropping‹ von Figuren, sondern sie reflektiert narrativ, dass die Gesamterzählung aus mehreren
Teilerzählungen besteht, indem diese über die Figuren in der Turnier-Episode
vereint sind.

3.3.2.2. Synchronisationspunkte

Dieses punktuelle Synchronisieren von Handlungssträngen wiederholt sich mehrmals in den *Fortsetzungen*, wenn auch nicht in derselben Ausführlichkeit wie in
Karados' Buch. Die dabei verwendeten narrativen Mittel variieren und betreffen
meist die Figuren oder die Chronologie der Ereignisse in der Erzählwelt, aber
auch explizit die in den Strängen erzählten Handlungsverläufe.

Teilweise geschieht die Verknüpfung allein über die Nennung der Figurennamen, wie etwa zum Ende der Bagumades-Handlung in *Wauchiers Fortsetzung*. Der
Ritter Bagumades, der zuvor von Parzival befreit wurde, da er an einem Baum
hing, fordert Keye am Artushof zum Zweikampf heraus. Nachdem Bagumades
Keye im Zweikampf besiegt und sich so für seine Erniedrigung gerächt hat, berichtet er dem Artushof, dass er Parzival getroffen habe und dieser auf dem Weg
zum *leidigen berc* sei. Sofort erklärt sich eine Vielzahl von Rittern euphorisch bereit, nach Parzival und dem *leidigen berc* zu suchen (RP 525,9–526,23).[178] Nicht
weniger als dreißig Ritter werden dort namentlich aufgeführt, die teils zum festen
Personal des Artushofs gehören (z. B. Keye, Iwein[179] oder Lucas), teils aber auch

---

[177] Die beiden Turniere sind bezüglich dieser Verknüpfungstechnik Ausnahmen. So
fokussieren die Turniere in Wauchiers und Manessiers Fortsetzung (vgl. RP 472,17ff. und
814,9ff.) eher darauf, dass Parzival die anderen Artusritter an Kampfkraft überragt und
setzen die Figuren der Kompilation und damit auch deren Genealogie nicht in diesem Maße
ein, sondern beschränken sich größtenteils auf die Nennung des Stammpersonals des Artushofs. Auch in der Kombination der *Ersten Fortsetzung* mit dem *Bliocardran*-Prolog ist
diese Wiederholung nicht zu finden. In der Vorgeschichte zu Percevals Vater spielen zwar
Turniere eine entscheidende Rolle, doch die meisten Figuren bleiben namenlos und die
Exposition bleibt damit genealogisch und thematisch beschränkt, bezieht aber nicht die
Diversität der folgenden Handlungsstränge mit ein.

[178] Das Motiv der Suche nach Parzival wird in *Wauchiers Fortsetzung* bereits nach der
ersten Episode aufgegriffen (RP 322,15–23), allerdings ist es dort nur knapp angedeutet
und mit Artus' Vorwurf an die Tafelrunder, sie seien Verräter, verbunden.

[179] Iwein wird gleich dreimal genannt, als *Ywan* (525,17), *der andere Ywan* (526,16) und
der dritte Ywon mit den henden wis (526,18). Darin scheint ironisches Spiel des Erzählers

intertextuelle Bezüge vermuten lassen, die z. T. jedoch nicht eingelöst werden.[180] Andere hingegen sind Altbekannte: Gawan, Gaheries, Briebres Karados (= Karados Kleinarm) und Dodinas[181] haben bis zu dieser Stelle bereits als Protagonisten fungiert, wenn auch in unterschiedlichem Umfang. Bran von Lis, der Schöne Böse, Garsalas und Brun von Meliant sind Gegner von Parzival bzw. Gawan, die je einer bereits erzählten Episode zugeordnet werden können. Agrafens und der Ungeschaffene Kühne treten in späteren Episoden in ähnlichen Rollen auf (RP 716,46ff.).[182] Segramors gehört zwar einerseits zum normalen Personal des Artushofs, doch er erhält später als Protagonist seinen eigenen Handlungsstrang, an dessen Beginn er Parzival trifft und so den in der Bagumades-Episode geleisteten Schwur erfüllt, was sonst nur Gingelens gelingt.[183]

Zu den bloßen Namen der Figuren ergibt sich die Funktion der epischen Schnittstelle der Szene aus ihrer Funktion als Dreh- und Angelpunkt der Handlung sowie als deren Motivator. Hierin besteht eine Parallele zur Anklage-Szene, die zwar im Vergleich zu Chrétiens Version im *Conte du Graal* deutlicher akzentuiert ist,[184] aber auch zu der hybriden Version im *Rappoltsteiner Parzifal* besteht. In beiden Szenen gelangen Figuren zum Artushof, die ein Mitglied der Tafelrunde anklagen (Cundrie und Kingrimursel klagen Parzival und Gawan an, Bagumades klagt Keye an) und lösen mit ihren Neuigkeiten den Auszug der Artusritter aus (am Plimizöl Parzival, Gawan und Giflet, bei Bagumades dreißig Ritter). In beiden Fällen geht die Handlung nach dem Schwur auf Gawan über, der jedoch zunächst in Minne-Abenteuer verstrickt wird, die ihn von seinem Ziel ablenken.[185]

---

mit dem extensiven Auflisten zu liegen, indem er zugleich auf die *Tristan*-Tradition der Isolde mit den weißen Händen anspielt.

[180] Z. B. *der mit dem ungeschnittenen rocke* RP 525,40.

[181] Mit Dodinas ist wohl Gawans Sohn Gingelens gemeint, der bei seiner letztmaligen Erwähnung in der *Ersten Fortsetzung* diesen Namen erhält. Zumindest lässt die Zuschreibung *der wilde was und kec* (RP 526,4) darauf schließen. Karados Beiname *Briebres* ist hier vorangestellt und nimmt so eindeutig Bezug zur entsprechenden Handlung, die in diesem Beinamen kulminiert.

[182] Agrafens trifft zwar Gawan und kämpft mit ihm gegen mehrere Ritter, wie Segramors und Parzival, doch wird er nicht zum Protagonisten. Die Figurenwechsel werden variiert und mit Publikumserwartungen gespielt.

[183] Zu Segramors s. o., S. 193 und zu Gingelens RP 762,8ff.

[184] Im *Conte du Graal* wird erzählt, dass nach dem Bericht der Gralbotin etwa 50 Ritter schwören, auf Aventiure auszuziehen (vgl. CdG 4740ff.). Die *Zweite Fortsetzung* imitiert und variiert diesen Massenaufbruch, indem sie ihn wiederholt und dies auserzählt, indem die Ritter namentlich genannt werden und kleinere Redebeiträge erhalten.

[185] Gawan findet nicht Parzival, sondern ein Abenteuer mit der Dame Tanreie. Am Ende der Handlungssequenz findet er einen Verwandten wieder, seinen Sohn Gingelens.

Eine weitere variierte Wiederholung der Szene findet sich in *Manessiers Fortsetzung*, indem die Artusritter abermals schwören Parzival zu suchen, nachdem dieser nicht wie von ihm angekündigt zu Pfingsten am Artushof erscheint (RP 793,25–924,7). Erst in einem Jahr, abermals zu Pfingsten, wollen sie wieder am Artushof einkehren. Es sind wieder dreißig Ritter, wobei jedoch nur Gawan, Boors, Iwein, Segramors und Dodinas namentlich genannt werden. Auslöser dieses nochmaligen Massenaufbruchs ist, dass Segramors und Dodinas davon berichten, dass sie Parzival getroffen haben. Dadurch werden explizit Verbindungen zu den entsprechenden Episoden hergestellt. Auch diese Szene dient als Handlungsmotivator und Wendepunkt, indem sofort nach dem geschilderten Aufbruch Boors die Rolle des Protagonisten übernimmt. Dadurch, dass diese Wiederholung gerade zu Pfingsten stattfindet, wird nicht nur ein Topos der Artuserzählungen bedient, sondern die Handlungen werden damit auch zeitlich synchronisiert.

Ähnliche Funktion als epische Schnittstellen kommen Szenen zu, in denen die Hauptfiguren einander begegnen und über gegenseitige Berichte deren Handlungsstränge synchronisiert werden. Anders als die Gruppentreffen am Artushof zu Pfingsten haben diese zwischenzeitlichen Zweier-Begegnungen keine Vorlage im *Conte du Graal* oder in Wolframs *Parzival*, in denen es nur am Artushof zu nennenswerten Treffen der Protagonisten kommt. Auch sie können zu Wendepunkten der Handlung ausgebaut sein, sind es aber nicht immer.

Beispielhaft ist die Begegnung Parzivals mit Gingelens, die zur ersten Parzival-Partie der *Fortsetzungen* zählt. Parzival trifft in einem Wald auf einen ihm unbekannten Ritter mit seiner Dame und kämpft gegen ihn. Als trotz des harten Kampfes keiner der Ritter die Oberhand gewinnt, fragt der Unbekannte nach Parzivals Namen, den dieser bereitwillig verrät. Darauf gibt sich der Unbekannte als Gawans Sohn zu erkennen:

> der ritter sprach: ‚herre, ich bin
> der schöne Unbekante heis ich:
> sus nennent die Brittun mich.
> her Gawan ist der vatter min,
> der het üch liep alse den bruoder sin
> Gaheries, den er minnet sere.‘
> [...]
> Parzifal frogen began
> von künig Artuse dem herren sin.
> der ritter sprach: ‚uf die trüwe min,
> ich lies in egistrint zestunt
> zuo Karadigan wol gesunt‘.
> er sprach: ‚was tuot her Gawin?‘
> ‚er tuot wol‘ sprach er, ‚herre min,
> aber inen sach sin zehove niht.
> nu do ich dannan schiet die riht,

do waz er dan' sprach er zehant,
,herre, oventür suochen in die lant.
ez sint fünf tage, daz er zuo mir sprach
(in disem walde er mich sach)
und frogete noch üch sere die riht
und gebot mir, daz ich liesse niht,
inen gruost üch von im vlisseklich,
wo ir kement uf mich,
und enbütet üch daz zil
daz er winnahten will
zehove sin, daz geloubent mir,
und keme nüt, da werent ir.
er trüwet üch vinden do gereit:
also het er mir geseit'.
(RP 368,14–369,8)

Bereits SANDKÜHLER stellt eine verknüpfende Funktion fest, wenn er ihr auch nur geringe Bedeutung für die Handlungsführung beimisst, indem er die Episode auf ein Intermezzo reduziert.

> Auch die Begegnung mit dem schönen Unbekannten, Gauwains Sohn, [...] hat ein helles Wesen. Sie ist wie ein schönes Zwischenspiel, das auch durch den Kampf zwischen Perceval und dem Unbekannten nicht beeinträchtigt wird. [...] Der ganze Sinn dieses Abenteuers liegt darin, zu zeigen, daß der Artushof bei all diesem Geschehen stets der Mittelpunkt des Ritterlebens ist und daß von Zeit zu Zeit Nachrichten über die Freunde des Königs hin- und hergehen müssen und daß immer wieder eine Rückkehr an den Hof erwünscht ist. Wir werden zugleich daran erinnert, daß Gauwains Fahrt auf der Suche nach Perceval in die gleiche Zeit zu setzen ist, wenn auch die beiden Freunde sich in unserem Roman nie mehr begegnen.[186]

Durch den Bericht Gingelens wird die Parzival-Handlung nicht nur mit dem Gingelens-Handlungsstrang verknüpft, sondern darüber auch mit den Bran de Lis-Episoden der Gawan-Handlung, die deren Vorgeschichte bilden. Hinzu kommt, dass die Begegnung eine Variation des Aufeinandertreffens von Gingelens mit Gawan in der *Ersten Fortsetzung* ist, wodurch die Verknüpfung noch dichter wird. Als weiterer Handlungsstrang wird, allein über den Figurennamen Gaheries, die *Schwanen-Aventiure* in die epische Überschneidung aufgenommen, die der laufenden Parzival-Partie vorangeht. Zusätzlich werden die Handlungen zeitlich sehr präzise synchronisiert:[187] Fünf Tage sei es her, dass Gingelens im selben Wald Gawan getroffen habe. Die Botschaft Gawans an Parzival mit Verabredung zu

---

[186] KONRAD SANDKÜHLER: Irrfahrt und Prüfung des Ritters Perceval. Zweite Fortsetzung von Chrestien de Troyes' *Perceval*. Übersetzt von Konrad Sandkühler, Stuttgart 1960, hier: S. 181.
[187] Vgl. CHEN 2015, S. 268.

Weihnachten stellt eine weitere zeitliche Synchronisierung in Aussicht und spiegelt die Verabredungen Parzivals zu Pfingsten wider. Davon ist in der Episode der *Ersten Fortsetzung* zwar nicht die Rede (RP 275,15ff.), doch wird dort auch nichts erwähnt, was dem handlungslogisch widersprechen würde.

Ein drittes Mal wird die Begegnung in der Gawan-Partie in *Wauchiers Fortsetzung* variiert, indem nun wieder Gawan auf Gingelens trifft. Auch dort dient das Treffen u. a. der Synchronisierung von nicht weniger als vier Handlungssträngen (RP 573,44–578,44): Gawan berichtet im laufenden Strang um Tanreie (erster Strang) ausgiebig von dem erschossenen Ritter und seinem Besuch beim Gral (zweiter Strang), worauf Gingelens (dritter Strang) ihm von seinem Treffen mit Parzival (vierter Strang) berichtet. Zeitlich wird der Gawan-Strang eingeordnet, indem Gingelens das Treffen mit Parzival datiert: es sei *nüt ein jor* (RP 578,22) her und Parzival wolle zu Weihnachten am Artushof erscheinen (RP 578,35), wonach die Begegnung des laufenden Gawan-Strangs vor Weihnachten stattfinden muss.

In *Manessiers Fortsetzung* werden diese Treffen der Artusritter weiter variiert. Bei dem Treffen Parzivals mit Segramors berichtet letzterer von dem Massenschwur und –aufbruch der Artusritter an vergangenem Pfingsten, worauf Parzival verspricht, an nächstem Pfingsten am Artushof zu erscheinen (RP 627,12–628,16). Eine tagesgenaue zeitliche Synchronisierung fehlt zwar, doch kann geschlossen werden, dass die beiden Ritter sich zwischen den beiden Pfingstfesten begegnen. Im weiteren Verlauf der Episode kämpfen die beiden zusammen gegen mehrere Gegner, was schließlich in den Wechsel der Protagonistenrolle auf Segramors mündet.[188] Damit wird erstens das Motiv des Treffens variiert, zweitens werden dadurch sowohl die Handlung Parzivals als auch die Segramors auf die Pfingsttreffen bezogen und gegenseitig überschnitten.

An späterer Stelle in *Manessiers Fortsetzung* wird dieses Muster abermals variiert, indem Gawan auf seinen Bruder Agrafens trifft und ihm dieser von den jüngst vergangenen Ereignissen am Artushof berichtet (RP 717,3–45), bei denen Gawan allerdings selbst inkognito zugegen war. Anschließend kämpfen die beiden gegen mehrere Ritter, wobei der Ablauf des Kampfes dem der Segramors/Parzival-Episode stark ähnelt: Die Gegner unterbrechen das Gespräch der Artusritter (vgl. *Do sü also rettent die wile* RP 629,7 und *Die wile sü rettent also* RP 717,46),[189] sind altbekannte Widersacher von Agrafens bzw. Segramors (RP 629,16ff. und 718,5–9) und in beiden Fällen bittet einer der Artusritter, zunächst allein gegen sie zu kämpfen, bevor der andere eingreift (RP 630,31ff. und 718,19ff.). Dass Agrafens

---

[188] Vgl. S. 263ff.

[189] Die sich stark ähnelnden Formulierungen sind beide mit einer zweizeiligen Initiale versehen.

wie Segramors nach dem Kampf in die Protagonistenrolle rutscht, bleibt jedoch aus. Daran ist zu sehen, dass alle *Fortsetzungen* immer wieder über die Treffen der Artusritter damit spielen, die Publikumserwartungen hinsichtlich der Überschneidung und des Wechsels von Handlungssträngen zu bedienen, zu enttäuschen oder neu zu generieren.[190] In allen Fällen führt dies jedoch zugleich zu epischen Schnittstellen.

Allen epischen Schnittstellen, die verschiedene Handlungsstränge chronologisch miteinander synchronisieren,[191] ist gemein, dass sie die prinzipiell autonom angelegten Teilerzählungen aus anderen Teilerzählungen heraus motiviert erscheinen lassen. Dies geschieht, indem die Protagonisten entweder zur gegenseitigen Suche ausziehen und so Handlung initiieren, sich gemeinsam zur Einkehr am Artushof verabreden und damit Handlung beendend bzw. deren Ende aufschieben oder den Fokus an der Schnittstelle weitergeben, indem der Fokus auf den anderen Ritter wechselt.[192]

Von einer kausalen Motivation kann man allerdings nicht sprechen, da die Vorhaben der Figuren in den meisten Fällen nicht eingelöst werden oder die Handlung des überschneidenden Strangs fortsetzen, stattdessen die Figuren meist

---

[190] Ein weiteres Beispiel ist das Treffen mit Dodineas, der Parzifal davon berichtet, dass er Segramors getroffen habe, der verletzt bei der *megede burg* liege und ihm von Parzival berichtet habe. Auch hier kündigt Parzival an, zu Pfingsten am Artushof zu sein (RP 762,8ff).

[191] Zu dem bereits genannten Beispiel werden chronologische Bezüge zwischen den Handlungssträngen auch an anderen Stellen hergestellt. Vielfach geschieht dies durch das aus dem *Conte du Graal* und *Parzival* bekannte Motiv der Sendung der Besiegten zum Artushof. Meist lässt Parzival durch seine besiegten Gegner ausrichten, dass er zu Pfingsten (vgl. z. B. RP 754,36; 844,27; 775,18; 776,38 und 779,4) am Hof eintreffen werde. Seltener sind relative Zeitangaben (vgl. *in einem monade* RP 760,4f.) oder Angaben über den Zeitpunkt der Kämpfe (vgl. *an eistage fruege* RP 349,25). Die Besiegten machen nur in wenigen Ausnahmen keine Angaben zur Chronologie (soweit ich sehe nur der Schöne Böse (RP 391,4ff.) und der Ritter mit dem Horn [RP 321,11ff.]). An anderen Stellen, besonders bei dem Verlassen oder der Wiederaufnahme von Handlungssträngen, werden diese durch den Erzähler zeitlich verortet, z. B. indem der Erzähler bei der Wiederaufnahme der Parzival-Handlung in Wauchiers Fortsetzung berichtet, dass diesem vierzehn Tage, ohne Unterbrechung, nachdem er Bagumades gefunden habe, das nächste nennenswerte Ereignis widerfahre (RP 582,22–30). Der Erzählfokus hatte Parzival nach der vom Erzähler genannten Episode um Bagumades verlassen und war auf Gawan übergegangen. Er nimmt den Strang also genau dort auf, wo er ihn verlassen hatte und summiert die vergangene Zeit (vgl. auch RP 722,9ff.; 789,12ff.; 794,11ff.; 799,9–13 und 812,38ff.). Weniger konkret, aber dennoch zeitlich eingeordnet sind *Karados' Buch* (RP 45,36; 169,39) und die *Schwanen-Aventiure* (RP 294,14).

[192] Das Motiv der Suche wird sehr häufig in dieser Funktion verwendet: Parzival sucht Gahmuret, Gaheries sucht Gawan, Boors sucht Lionel, Segramors und Gingelens suchen Parzival, usw.

durch zufällige Ereignisse oder Begegnungen auf andere Wege gelenkt werden. So befindet sich Gaheries zu Beginn der *Schwanen-Aventiure* auf der Suche nach dem als verschollen geltenden Gawan (siehe S. 186ff.). Diese Suche knüpft zwar an die vorangehende Gawan-Handlung an, ist aber bis auf den Umstand, dass der Gaheries sich außerhalb des Artushofs befindet und so zufällig in das Wunderschloss gelangt, für den Rest der Erzählung irrelevant.

Damit sind diese epischen Schnittstellen nicht nur epische Verknüpfungen, sondern sie reflektieren die Erzählweise des Entrelacements der *Fortsetzungen*, indem sie demonstrieren, dass eine Erzählung um einen Artusritter das Erzählen von anderen Rittern hervorrufen kann, ohne dass diese Erzählungen voneinander abhängig sind. Eine an einer absoluten Chronologie ausgerichtete Gesamthandlung wird damit aber nicht generiert und scheint auch nicht das Ziel gewesen zu sein.

3.4.   Alternative Helden

Die beiden letzten Kapitel haben gezeigt, dass die Teilerzählungen um die unterschiedlichen Protagonisten trotz und z. T. auch wegen ihrer zyklischen Signale relativ stark geschlossen sind. Dass sie dennoch nicht nur als Sammlung, sondern als ein kohärentes, aufeinander verweisendes Ensemble von Erzählungen wahrgenommen werden, liegt an den zahlreichen Wiederholungen auf verschiedenen Ebenen des Erzählens. CHEN sieht die Funktionen der Wiederholungen darin, Kohärenz, Kontraste und Widersprüche zu generieren:

> Suspendierte Erzählstränge und Motive aller Art werden aufgegriffen, die Effekte der Wiederholungen sind in ihren Einzelheiten ebenso vielfältig, sie tragen in ihrer Summe zugleich dazu bei, ein Gefühl der Zusammengehörigkeit der disparaten Texteinheit zu erwecken. Doch nicht selten sind die Wiederaufnahmen auf der Makroebene oder auch auf der motivischen Mikroebene mit stofflich-konzeptuellen Verfremdungen gekoppelt. Allen diesen Wiederholungen ist ein bestimmtes Prinzip der Doppelung gemeinsam: Konstellationen zwischen Figuren […], bisweilen auch zwischen vor-konnotierten Gegenständen […] werden aus dem ursprünglichen Kontext abstrahiert und zum Erfinden weiterer Stoffe als Gerüst verwendet. Dabei wird eine gewisse Gegenläufigkeit zwischen den Figuren und den Texteinheiten stets präsent gehalten.[193]

Dass Wiederholungen im höfischen Roman (und auch andere mittelalterliche Gattungen) als sinnstiftende Mittel eingesetzt werden, ist keinesfalls eine neue Erkenntnis. Entscheidend an CHENS Beobachtung ist, dass die Wiederholungen Kohärenz über die einzelnen Texteinheiten hinweg stiften, da die variierenden

---

[193] Ebd., S. 31. Ähnlich auch ebd., S. 87.

Wiederholungen nicht nur innerhalb einzelner Handlungsstränge zu finden sind, sondern als offenbar bewusst spannungsreich angelegte »Verfremdungen«[194] strang- und figurenübergreifend angelegt sind.

Der *Rappoltsteiner Parzifal* bedient sich damit der konventionellen Erzählweise der ›klassischen‹ und ›nach-klassischen‹ Artusromane, die als Protagonistenromane an einem biographischen Schema entlangerzählen, aber auch des höfischen Romans überhaupt.[195] In der Gattung bildet die (Teil-)Biographie des Protagonisten den zeitlichen Rahmen, sowohl für die gesamte Erzählung als auch für die darin enthaltenen Wiederholungen. Sie schafft dadurch den Eindruck einer linear-kausalen Folge der Ereignisse sowie eine zyklische-teleologische Klammer:

> Innerhalb der fiktiven Welt erscheint eine lineare und progressive Zeit vornehmlich als die subjektive Zeit des handelnden Helden. Dieser Zusammenschluss von zwei Bestimmungen, die sich für neuzeitliches Zeitbewusstsein tendenziell zu widersprechen scheinen (gerichtete lineare Zeit, die aber subjektiv sein soll), entsteht auf folgende Weise: Als subjektiv (im mittelalterlichen, metaphysischen Sinne des Zugrundeliegens), also als Zeit des Helden, wird diese wahrgenommen, insofern er in der erzählten Geschichte handelt und die Erzählung die Raumzeit an ihm festmacht. Handlung erzeugt aber den Anschein der Folgerichtigkeit: Die subjektive, figurengebundene Tatenzeit gewinnt dadurch eine lineare und gerichtete Dimension.
>
> [...]
>
> Vom Standpunkt eines idealen Beobachters innerhalb der fiktiven Welt, der eine Figur sein kann oder der Rezipient, wenn er sich auf das Was und nicht auf das Wie konzentriert, stellt der Held durch sein fortwährendes Handeln einen verlorenen, besseren früheren Zustand der fiktiven Welt wieder her. Dadurch entsteht der Eindruck eines Umlaufes, ähnlich einer Planetenbahn, und diese Wiederherstellung eines identischen, gleichsam systemischen, Zustandes scheint den Zeitpfeil für die gesamte fiktive Welt zurückzulenken, es entsteht ein Bild zyklischer Zeit.[196]

Da die Zeitvorgaben an die Protagonistenfigur gebunden sind, ändern sich die narrativen Verfahren zu Herstellung von Kausalität und Finalität, wenn die Erzählung sich nicht mehr an der Biographie einer Figur allein orientiert. Dass das biographische Schema erweitert wird, ist kein Novum: Bereits in Hartmanns *Gregorius*, Gottfrieds *Tristan* und auch in Wolframs *Parzival* ist die Biographie des

---

[194] Ebd.

[195] Vgl. Uta Störmer-Caysa: Kausalität, Wiederkehr und Wiederholung. Über die zyklische Raumzeitstruktur vormoderner Erzählungen mit biographischem Schema, in: Historische Narratologie. Mediävistische Perspektiven, hg. v. Harald Haferland, Matthias Meyer, Carmen Stange, Berlin [u.a.] 2010, S. 361–383.

[196] Ebd., S. 370.

Protagonisten um eine Elternvorgeschichte überschritten,[197] wobei die transfigu-
ralen Wiederholungen bestimmte Rezeptionshaltungen vorbereiten:

> Wenn dann in die Welt der Erzählung diejenige Figur eintritt, die der Prolog ange-
> kündigt hatte, bemerkt das Publikum, eingeführt in Gegenstände, Themen und Ver-
> fahren der Erzählung und in den Umgang mit ihnen eingeübt, Nuancen nun genauer.[198]

Zugleich führt dies aber dazu, dass der Fokus auf die Figurenbiographie teilweise
aufgelöst wird, indem bereits in Wolframs *Parzival*, in dem »die Lebenslinie des
Helden und seiner Familie in einigen Strichen über das Ende hinaus verlängert
sind [sic!]«[199] und mit Gawan – Stichwort Doppelroman – eine zweite Biographie
ins Spiel kommt, die der Rezipient von der Kindheit bis zum *happy ending* der
Hochzeit begleitet. Unter biographischen Aspekten betrachtet ist auch die Geschichte um Gahmuret nicht nur eine Vorgeschichte zu Parzival, sondern selbst
eine Biographie, die ihrerseits in der Elterngeneration Gahmurets ansetzt, bis zum
Tod des Protagonisten und sogar noch darüber hinaus reicht, indem durch die
zahlreichen Nennungen des Helden durch Figuren und den Erzähler in den
Handlungssträngen um Parzival und Gawan dieser regelrecht lebendig gehalten
wird.

Im *Rappoltsteiner Parzifal* ist dieses Nebeneinander der Biographien weiter vorangetrieben, indem es programmatisch verankert (vgl. Kap. 3.1 Programmatik
147ff.) und die Zahl der Protagonisten noch weiter erhöht wird. Was den zyklischen Bogen der Gesamterzählung angeht, spielen der *Prologus* zu Beginn und der
Zug der Tafelrunde zum Gral am Ende Schlüsselrollen, indem die Wiederherstellung des »früheren besseren Zustand[es]«[200] als kollektive Aufgabe und Leistung
erscheint. Dass das im *Prologus* angekündigte Ziel der Artusritter (die Jungfrauen
der Quellen wieder zum Auftauchen zu bringen) nicht wieder aufgegriffen wird,
ist nur auf den ersten Blick eine erzählerische Inkohärenz, da dies ja im *Prologus*
kontiguitär an das Wiederfinden des Hofes des Reichen Fischers geknüpft wurde
und mit dessen Rettung als erfüllt gilt. In diesen Rahmen der Kollektivleistung
können sich die einzelnen Teilerzählungen zu einer scheinbar kausalen Kette auf-
reihen, obwohl sie in vielen Fällen nichts mit dem Gral und Parzivals Queste zu
tun haben, sehr wohl jedoch immer mit der Wiederherstellung besserer Zustände
der höfischen Welt durch die Protagonisten. Dies lässt sich mit dem kontiguären

---

[197] Vgl. SUSANNE FLECKEN-BÜTTNER: Wiederholung und Variation als poetisches
Prinzip. Exemplarität, Identität und Exzeptionalität in Gottfrieds *Tristan*, Berlin [u.a.]
2011, hier: S. 4.

[198] CHEN 2015, S. 31.

[199] STÖRMER-CAYSA 2010, S. 367.

[200] Ebd., S. 370.

Verknüpfungsverfahren, das CHEN bereits zu anderen Aspekten herausgearbeitet hat,[201] beschreiben.

Mehr als alle anderen Werke der Gattung bisher – den *Prosa-Lancelot* ausgenommen – orientiert sich der *Rappoltsteiner Parzifal* nicht an dem (partiellen) Lebensweg eines einzelnen Ritters, sondern an mehreren Biographien. Die gattungsbestimmende Aussage, dass »[i]m Artusroman [...] die grundsätzliche Wiederholbarkeit und Jederzeitigkeit von Aventiure an ein Sinnpotential gebunden [ist], nämlich an die Habitualisierung von ritterlicher Tugend«[202], ist im Falle des *Rappoltsteiner Parzifal* dahingehend zu spezifizieren, dass diese Wiederholbarkeit und Habitualisierung dort transfigural, d. h. nicht durch nur einen einzigen Protagonisten vollzogen werden. Genau dies wird im Epilog formuliert und kulminiert in dem Terminus *minnebuoch* (vgl. S. 146ff.).

Dies hat Auswirkungen auf den Stellenwert und die Interpretation der Wiederholungen, die Teil der Spannung von Autonomie und Gesamtheit sind. Sie sind weniger zentriert oder auf ein bestimmtes Ende des einen Protagonisten hin ausgerichtet, sondern sie perspektivieren sich gegenseitig und sind paradigmatisch immer präsent. In diesem Sinne können sie als »Prolongationen«[203] gelten und sind, mit BJÖRN-MICHAEL HARMS gesprochen, somit zusätzlich »von unten«[204] motiviert. Dabei teilen die Erzählungen jedoch gerade nicht dieselbe »Grundfabel«,[205] sondern greifen auf allgemeinere Gattungsmuster zurück, um sich als gegenseitige Varianten zu kennzeichnen. Durch die planvoll angelegte »Gegenläufigkeit«[206] der Figuren und ihrer Erzählungen werden verschiedene, zueinander alternative Heldenentwürfe aufgemacht, die alle in den Diskursen der höfischen Romane verankert sind und diese vorantreiben, dabei jedoch einen jeweils eigenen Fokus haben. Dass die daraus entstehenden Spannungen zueinander unaufgelöst, nebeneinander bestehen bleiben, bezieht sich nicht nur auf komplementäre Widersprüche, wie sie CHEN beschreibt,[207] sondern auf praktisch alle Aspekte, bei denen durch Gleichheit zu- und Abweichung voneinander der jeweils spezifische

---

[201] CHEN 2015, S. 51.

[202] STÖRMER-CAYSA 2010, S. 365 in Anlehnung an HANS JÜRGEN SCHEUER: Gegenwart und Intensität. Narrative Zeitform und implizites Realitätskonzept im *Iwein* Hartmanns von Aue, in: Zukunft der Literatur – Literatur der Zukunft. Gegenwartsliteratur und Literaturwissenschaft, hg. v. RETO SORG, ADRIAN MATTAUER, WOLFGANG PROSS, München 2003, S. 123–138, hier: S. 133.

[203] BJÖRN MICHAEL HARMS: Narrative ›Motivation von unten‹. Zur Versionenkonstitution von *Virginal* und *Laurin*, Berlin [u.a.] 2013, S. 49.

[204] Vgl. ebd., S. 39.

[205] Ebd.

[206] CHEN 2015, S. 31.

[207] Ebd., S. 59.

Sinn akzentuiert wird. Dass die einzelnen Erzählungen ohne diese vergleichende Lesart z. T. nur oberflächlich zu begreifen sind, hat bereits die Analyse der Binnenerzählungen aus *Wauchiers Fortsetzung* gezeigt, deren Muster als mythische Geschichten erst im Abgleich miteinander deutlich zutage tritt.

Um dieses zyklische Erzählverfahren genauer zu erfassen, behandelt das folgende Kapitel exemplarisch einige der Teilerzählungen des *Rappoltsteiner Parzifal* in Hinblick auf ihre paradigmatischen Verweise zu anderen Teilerzählungen. Die Leitfrage dieses Kapitel lautet: Welche Sinnzusammenhänge entfalten die einzelnen Teilerzählungen in der vergleichenden Lesart zu anderen Teilerzählungen des zyklischen Ensembles? Anders als im vorangehenden Kapitel stehen nun die Bezüge innerhalb der Kompilation im Vordergrund. Dies soll auf die Beantwortung der Frage nach dem Konnex im darauffolgenden Kapitel vorbereiten, indem dieses die Überschneidungen aller Teilerzählungen und damit das gesamte Ensemble in den Blick nimmt.

Die ersten beiden Teilkapitel behandeln die Teilerzählungen um Karados und Gingelens, die im Kontext des Ensembles als alternative, höfische *enfances* und damit als Biographien gelten können. Anschließend sind mit der *Schwanen-Aventiure* und der Segramors-Handlung zwei Erzählungen ausgewählt, welche die Ausübung ritterlicher Gewalt durch die Protagonisten als Mittel zur Wiederherstellung höfischer Idealzustände narrativ diskutieren und dabei auf Themen und Motive der Parzival- und Gawan-Handlung zurückgreifen bzw. auf diese vorausdeuten. Die letzte der ausgewählten Erzählungen nimmt die relativ kurze Episode um den Schönen Taugenichts in den Blick, in welcher das Thema um das Wahrnehmen der höfischen Welt, das ebenfalls in der Parzival- und Gawan-Handlung prominent ist, in einem Exkurs von den restlichen Handlungssträngen aufgegriffen wird.

3.4.1. Karados

Trotz der großen Autonomie der Erzählung um Karados sind Parallelen zu den Handlungen um Parzival und Gawan kaum zu übersehen. Durch die Kombination entsteht der Eindruck, dass Motive, Diskurse und Figurenentwürfe an diesem Protagonisten neu varriert werden:

> Im sog. *Livre de Caradoc* [...] fungiert die Treue als Leitmotiv. Die ehebrecherische Beziehung zwischen Caradocs Mutter und seinem leiblichen Vater Eliavres, einem mächtigen Zauberer, erinnert eigentümlicherweise an die bei Wolfram beiläufig erwähnte Vorgeschichte Clinschors mit Iblis von Sizilien. Das Motiv der Kastration, welches Clinschor mit Anfortas/Fischerkönig verbindet, findet sich in der übertragenen Form als Verkürzung eines Arms bei Caradoc wieder. Ein gewichtiger Anteil der Vita des Haupthelden dieser Geschichte dreht sich wie diejenige Parzivals um die quasi-

dilemmatische Verschuldung an der Mutter sowie um die Konsequenzen aus dieser Konstellation. Ferner wird wie bei Parzival das Heil des Protagonisten mit der Minne verschränkt.[208]

Neben diesen Parallelen bestehen jedoch erhebliche Abweichungen im Vergleich zu den Geschichten der anderen Helden, sodass sich die Figuren umso deutlicher voneinander abheben. Bei genauerer Betrachtung erscheinen die Motive und Themen auf einen bestimmten Komplex der Parzival- und Gawan-Handlung fokussiert, nämlich den Diskurs um adelige Genealogie, der sich vor allem in der Kindheitsgeschichte des Helden niederschlägt und offenbar gegenläufig zu derjenigen Parzivals angelegt ist.

HINTON argumentiert im Zusammenhang der Zyklizität des *Conte du Graal*-Korpus, dass die Figur Caradoc als »a positive counterexample to Chrétien's character [Perceval]«[209] präsentiert werde, indem ihre makelhafte genealogische Herkunft durch die erzieherische Herkunft überwunden werde.[210] Diese Beobachtung ist zwar für die Kombination von *Karados' Buch* mit der wolframschen Version im *Rappoltsteiner Parzifal* etwas abzuändern, ist aber insofern gültig, als neben Parzival und Gawan ein weiterer Heldenentwurf aufgezeigt wird. Dies schlägt sich nicht nur in den Parallelen und Abweichungen der einzelnen Motive nieder, sondern wird auch in der biographisch-›klassischen‹ Strukturierung der Erzählung deutlich gemacht. Im vergleichenden Blick mit den Lebenswegen der anderen Protagonisten ergibt sich für Karados das Bild eines Helden, der einerseits den generationenübergreifenden Zustand korrumpierter Minne aufhebt, andererseits dabei aber auf seine opferbereite, tugendhafte Frau Gyngeniers angewiesen ist. Damit wird den finalen Erlösungs-Abenteuern Parzivals und Gawans eine Alternative an die Seite gestellt, die wie gemacht für den Rahmen des *Rappoltsteiner Parzifal* scheint, der im *Prologus* und im Epilog aufgemacht wird.

Die von CHEN erwähnte Parallele zur Clinschor-Geschichte betrifft nicht allein das Motiv der spiegelnden Strafe für ein Minnevergehen, sondern auch die Konstellation der Figuren und die Kombination der Themen sündhafte Minne, schwarze Magie und Probleme der Thronfolge. Wolfram motiviert über die nachträgliche Binnenerzählung der alten Arnive Clinschors Massenentführung dadurch, dass dieser als Strafe des Ehebruchs mit seiner Königin entmannt wurde und durch Minnnehass getrieben die schwarze Kunst erlernt und die Damen entführt habe. Auch wenn Ausgang und Verlauf der Ehebruch-Geschichte von Yseve und Elyafres sich unterscheiden, laden die Parallelen zum Vergleich ein.

---

[208] Ebd., S. 32.
[209] HINTON 2012.
[210] Vgl. ebd., S. 155.

Das Motiv der schwarzen Magie zielt auch in *Karados' Buch* auf genealogische Missstände ab. Zugleich wird es in der Erzählung dennoch ambivalent konnotiert (s. o. Kap. 3.2.1.1 Karados' Buch, S. 176ff.), indem es einerseits dazu genutzt wird, die sündhafte Minnebeziehung zwischen Yseve und Elyafres möglich zu machen und wird zudem von Yseve als Instrument zum versuchten Mord an ihrem Sohn genutzt, andererseits dient es in den insgesamt vier Tugendproben (Enthauptungswettstreit, Wunderzelt, goldene Brustwarze und Hornprobe) dazu, die Tugendhaftigkeit des Protagonistenpaares auszuzeichnen.

Ein ähnlich ambivalentes Bild wird in Wolframs *Parzival* gezeichnet. Dort verhindert Clinschors Zauber über Schastel Marveil und die 400 Damen einerseits die Minne-Beziehungen einer ganzen Gesellschaft und den Kontakt Gawans zu dessen mütterlicher Verwandtschaft, andererseits wird die Wundersäule auf eben dieser verfluchten Burg als nützlicher Wundergegenstand präsentiert, der durch seine Darstellung mit nichts weniger als dem Gral auf Munsalvaesche gleichgesetzt wird.[211] Diese ambivalente Darstellung schwarzer Magie fungiert in beiden Erzählungen unter anderem als besonders schwerwiegendes Hindernis für die Protagonisten (Gawan muss das *Lit Marveile*, Karados den Enthauptungswettstreit bestehen), die sich durch dessen Überwindung besonders auszeichnen und zu ihrer Verwandtschaft finden. Die daraus resultierenden Verhältnisse zueinander unterscheiden sich jedoch stark: Während Gawan die genealogische Lücke in einer freudigen Wiedervereinigung mit Schwester, Mutter und Großmutter schließen kann, wird Karados seine makelhafte Herkunft erst offenbart.

Anhand des familiären Missstandes von Karados wird auf der Ebene adeliger Diskurse ein Problem in *Karados' Buch* behandelt, das schon bei Chrétien zentral ist, bei Wolfram jedoch noch weiter ausgebaut wird, nämlich die Frage nach den Einflüssen von adeliger Abstammung und höfischer Erziehung auf die Entwicklung des Helden. Dies wird bei Wolfram vor allem an seinem Titelhelden Parzival durchgespielt, indem er ihn nicht nur – wie auch Chrétien – vaterlos und isoliert aufwachsen lässt, sondern die ausführliche Geschichte von dessen Vater Gahmuret vor der Parzival-Handlung erzählt und ebenso durch die Identifikation Parzivals mit Gahmuret, indem dessen ritterliche Anlagen auf seinen Vater zurückgeführt werden.[212]

---

[211] Vgl. z. B. BUMKE 2004, S. 102.

[212] Dies wird u. a. in der Clinschor-Geschichte im Kleinen aufgegriffen, indem Wolfram Clinschor eine Verwandtschaft zu Vergil andichtet, der dem mittelalterlichen Publikum als Magier bekannt war. Zwar muss Clinschor trotz seiner »genealogische[n] Vorprägung« die schwarze Magie erst noch erlernen, doch erscheint er letztlich durch seine Anlagen determiniert. Vgl. SANDRA WITTE: *Zouber*. Magiepraxis und die geschlechtsspezifische Darstellung magiekundiger Figuren in der höfischen Epik des 12. und 13. Jahrhunderts, Hamburg 2007, S. 94–103.

In *Karados' Buch* wird das Thema Vaterschaft und Prägung ebenfalls verhandelt, jedoch unter anderen Voraussetzungen und mit einem völlig anderen Ergebnis. Auch Karados wächst ohne seinen leiblichen Vater auf und weiß nichts von dessen Existenz, jedoch begleitet ihn König Karade als unwissender Ziehvater. Anders als bei Parzival scheinen die väterlichen Anlagen auf Karados keinerlei Einfluss zu haben, da er, wie besonders der zweite und dritte Handlungsblock des ersten Teils beweisen, völlig tugendhaft ist. Doch die Erzählung geht noch weiter: Leibliche Vaterschaft und Ziehvaterschaft werden in eine gleichwertige Konkurrenz zueinander gestellt. Dies wird unter anderem dadurch erreicht, dass Karades Verhältnis zu Karados als besonders fürsorglich dargestellt wird:

> unde do der künig inne wart,
> daz swanger was sin vrowe zart,
> sin herze fröide vil gewan,
> daz nieman groser möhte han.
> vil riliche hies er die guote
> halten in hoher eren huote,
> untz uf daz zil, wissent daz,
> daz si eins schönen kindes genas.
> Do von der künig vil vröiden enpfant:
> der sun Karadot wart genant.
> do er des tages getöfet wart,
> geil wart der künig von hoher art
> umbe Karadot, dast ungelogen.
> vil zertlichen wart er erzogen,
> unze daz er fünf jor wart alt:
> do waz er schöne an rede balt.
> zuo schuolen durch leren sat in
> der künig, und do er latin
> wol konde reden und verston,
> do hies er in bereiten schon.
> dem künig Artuse sant er in do,
> sinem öheime, des wart er fro.
> er enphieng in wol erliche
> mit fröiden und wunnenkliche.
> (RP 47,20–44)

Der Text fokussiert auf das Verhältnis Karades zu Karados. Er beschreibt einzig die (Vor-)Freude König Karades, wohingegen Reaktionen Yseves oder gar Elyafres auf die Geburt nicht erzählt werden. Auch in der Beschreibung der Erziehung wird einzig Karade als aktiv dargestellt, indem er nicht nur Karados schulische Ausbildung veranlasst, sondern auch für die sehr sorgsame (*vil zertlich*) Art der Erziehung verantwortlich ist. Mit der Sendung Karados' zum Artushof rundet Karade die vorbildliche Erziehung ab. Durch diese Darstellung wird erstens ein

scharfer Kontrast zwischen Karados' negativ konnotierter, genealogischer Abstammung (Ehebruch und schwarze Magie) und seiner Erziehung (fürsorglich
und höfisch) aufgemacht.

Zweitens werden leibliche und erzieherische Vaterschaft in Konkurrenz zueinander dargestellt, indem sich dem Rezipienten unweigerlich die Frage aufdrängt,
ob Anlage oder Erziehung den Helden bestimmen wird. Durch die vorangehenden Erzählstränge um Gahmuret und Parzival ist diese Lesart im *Rappoltsteiner
Parzifal* bereits eingeübt und damit noch naheliegender als in der Kombination
mit Chrétien.

Die Konkurrenz der Vaterschaftskonzepte wird im weiteren Verlauf der Erzählung durch die ambivalente Verwendung der Bezeichnung *vatter* unterstützt.
Wiederholt bezeichnet der Erzähler sowohl Karade (RP 53,24; 53,38 und 57,1)
als auch Elyafres (RP 113,33; 113,46 *und* 114,38) als Karados *vatter*,[213] obwohl er
wie auch die Rezipienten von Beginn an über Karados tatsächliche Abstammung
informiert sind. Ebenso ambivalent wird Karados sowohl als Karades (RP 111,39)
als auch als Elyafres' (RP 145,31) *sun* bezeichnet.[214] Bemerkenswert ist, dass der
Text damit nicht klar Position für ein Modell der Vaterschaft bezieht, sondern
implizit beide Modelle für gültig erklärt. Die leibliche Vaterschaft Elyafres' wird
vor allem durch die Figurenkonstellation der Krise bestätigt, da deren Logik auf
der genealogischen Verbindung der beiden Figuren basiert. Daneben wird Elyafres – trotz seiner schwarzmagischen Fähigkeiten – positiv dargestellt, insbesondere in Bezug auf Karados. Dies wird vor allem in seinem Widerstand gegen Yseves Racheplan (er willigt erst ein, als ihm Yseve mit dem Ende ihrer Liebe droht
[RP 114,5ff.]) und seiner Bereitwilligkeit, das magische Rezept zur Heilung Karados preiszugeben (RP 145,21ff.), deutlich. Die Motivation für den Mord am
eigenen Sohn wird damit weitgehend auf Yseve als Sündenbock verschoben, Elyafres wird entlastet. Somit muss sich Karados auch nicht bei ihm entschuldigen,
wie er es bei seiner Mutter tut. Gleichzeitig ist die Ziehvaterschaft Karades ebenfalls positiv gezeichnet (s. o.) und gipfelt darin, dass Karade auf dem Sterbebett
Karados zu seinem Erben bestimmt, obwohl dieser explizit darauf hinweist, dass
sie nicht verwandt sind (RP 157,2ff.).

Dass der Text großen Wert auf den Zusammenhang von Karados' Entwicklung und Erziehung legt, zeigt sich an der Zuordnung der Episoden und Blöcke
der Handlung zu bestimmten Altersstufen. In der Regel dient die Lebensalter-

---

[213] Die ambivalente Bezeichnung der Figuren ist mit hoher Wahrscheinlichkeit bereits
in der Quelle der Bearbeiter vorhanden gewesen, da die lange Redaktion der französischen
Überlieferung ebenfalls in dieser Bezeichnung nicht eindeutig ist (vgl. HINTON 2012, S.
156).

[214] Auch dies ist bereits in der französischen Version angelegt (vgl. ebd.).

Einteilung in Enfance-Erzählungen der höfischen Epik zur Darstellung der herausragenden Fähigkeiten des Helden.[215] Auch bei der Karados-Erzählung ist es auffällig, dass der Erzähler genaue Angaben zu Karados Alter und der jeweiligen Dauer seiner Aufenthalte an den verschiedenen Stationen macht, sodass der Rezipient diese bis zu Karados einundzwanzigstem Lebensjahr genau zuordnen kann (siehe Abb. 14, S. 179). Die gesamte Erzählung ist parallel zur episodischen Einteilung streng biographisch strukturiert, wobei sich die Abschnitte regelrecht vorbildlich zeitgenössischen Entwicklungsstufen zuordnen lassen: Die Vorgeschichte der Eltern und Geburt des Helden werden innerhalb der Handlung datiert, indem die Heirat Yseves und Karades sowie die Geburt Karados' in dem ersten Jahr der Belagerung der Stadt Mielant stattfinden. Erzählt wurde diese Belagerung in der vorangehenden Gawan-Sequenz der *Ersten Fortsetzung*. In seinen ersten fünf Lebensjahren wird Karados an Karades Hof erzogen und anschließend zu Artus geschickt (RP 47,34–36). Diese Altersstufe entspricht der *infantia*, der ersten Stufe zeitgenössischer Lebensalter,[216] wobei der schnelle Abschluss der Stufe und die vorbildlichen sprachlichen Fähigkeiten Karados'[217] als *puer-senex*-Topos eines Enfances[218] gesehen werden kann.

---

[215] Vgl. Julie Baker: The Childhood of the Epic Hero. Representation of the Child Protagonist in the Old French Enfances Texts, in: Child in French and Francophone Literature, hg. v. Buford Norman, Amsterdam 2004, S. 91–107.

[216] Die Einteilungen der spätantiken Autoritäten Augustinus und Isidor von Sevilla sind richtungsweisend (vgl. Klaus Arnold: Kindheit im europäischen Mittelalter, in: Zur Sozialgeschichte der Kindheit, hg. v. Jochen Martin, August Nitschke, München 1986, S. 443–467, hier: S. 446). Ihnen folgen die hochmittelalterlichen Naturwissenschaftler und Philosophen Arnoldus Saxo und Albertus Magnus sowie die Enzyklopädisten Vinzenz von Beauvais, Bartholomäus Anglicus, Thomas von Cantimpré und Philippe de Nacarre (vgl. Carola Föller: Das Kind in der Ordnung der Welt. *Infantia* und *pueritia* in den Enzyklopädien des 13. Jahrhunderts, in: Aufblühen und Verwelken. Mediävistische Forschungen zu Kindheit und Alter, hg. v. Ines Heiser, Andreas Meyer, Leipzig 2009, S. 55–74, hier: S. 56 und Baker 2004, S. 94), die zwar die Grenzen der Lebensphasen jeweils unterschiedlich setzen und z. T. christlich auslegen, im Wesentlichen jedoch die Benennung und Einteilung übernehmen.

[217] Der Abschluss wird von den Enzyklopädisten entweder nach dem siebten Lebensjahr oder nach dem Erlangen der Sprachfähigkeit angesetzt (vgl. Arnold 1986, S. 446 und Föller 2009, S. 59).

[218] Zum *puer-senex*-Topos als Bestandteil der Kindheitsgeschichten höfischer Epik vgl. Anja Russ: Kindheit und Adoleszenz in den deutschen Parzival- und Lancelot-Romanen. Hohes und spätes Mittelalter, Stuttgart 2000, S. 314 und Baker 2004, S. 101–107. Grundlegend zu *Enfances* vgl. Friedrich Wolfzettel: Zur Stellung und Bedeutung der *Enfances* in der altfranzösischen Epik I, in: Zeitschrift für französische Sprache und Literatur 83, 1973, S. 317–348 und Friedrich Wolfzettel: Zur Stellung und Bedeutung der *Enfances* in der Altfranzösischen Epik II, in: Zeitschrift für französische Sprache und Literatur 84, 1974, S. 1–32.

Dass Karados am Artushof mit vierzehn Jahren seinen Ritterschlag erhält, kann der Rezipient selbst errechnen: Der Text verrät, dass der Ritterschlag sieben Jahre nach dem Ende der Belagerung zu Pfingsten stattfindet (RP 47,45). In der Gawan-Handlung wird erwähnt, dass die Belagerung sieben Jahre andauert (RP 25,12). Dass die Aufnahme in die Tafelrunde mit dem vierzehnten Lebensjahr erfolgt, lässt sie mit dem Abschluss der zweiten Altersstufe, der *pueritia*,[219] zusammenfallen.

Darauf folgt die *adolescentia*.[220] Am Tag des Ritterschlags wird Karados von Elyafres im Rahmen des Enthauptungswettstreits eine Frist von einem Jahr, genau bis zum nächsten Pfingsttag, gewährt (RP 53,9–36), sodass er von seiner wahren Abstammung folglich mit fünfzehn erfährt. Mit sechzehn, nach einem weiteren Jahr abermals zu Pfingsten (RP 58,34), rettet Karados Gyngeniers und bestreitet das Turnier am Artushof als Sieger. Anschließend bleibt er mit seinen Gefährten zwei Jahre am Artushof (RP 109,31–34). Der Fluch Elyafres' dauert genau drei Jahre (RP 115,26–33), wobei diese weiter untergliedert werden. Vierzig Tage nach der Verfluchung flieht Karados (RP 119,17f.), nach zwei Jahren brechen die Artusritter die Suche nach ihm ab (RP 137,20–22). Nur Kador sucht beinahe ein weiteres Jahr weiter, bis er schließlich von Yseve das Mittel zur Heilung zwei Monate vor Ablauf des dritten Jahres des Fluches erfährt (RP 145,41–46). Nach seiner Erlösung benötigt Karados einen Monat Genesung (RP 153,24f.).

Erst nach der Heirat mit Gyngeniers werden die chronologisch-biographischen Angaben ungenau: Karados verbringt zunächst unbestimmte Zeit mit unbestimmten Aventiuren (RP 156,36–157,1). Die Episode um König Karades Tod und Karados' Krönung ist chronologisch nicht näher bestimmt.[221] Auch die abschließenden Episoden um die goldene Brustwarze und die Hornprobe sind nicht genauer eingeordnet (RP 158,37 und 164,31).

Diese chronologisch-biographische Strukturierung der Erzählung hat Konsequenzen für die Darstellung Karados im Vergleich zu anderen Protagonisten, insbesondere Parzival, den Stellenwert der einzelnen Episoden innerhalb der Teilerzählung und den darüber verhandelten Diskurs um Genealogie und höfischer Erziehung. Nach Klaus Arnold sei aus Sicht mittelalterlicher Gelehrten die Erziehung in der Kindheit, insbesondere vom siebten bis zum vierzehnten, prägend.[222]

---

[219] Vgl. ARNOLD 1986, S. 446 und FÖLLER 2009, S. 59.

[220] Das Ende der *adolescentia* ist meist weniger deutlich definiert und schwankt zwischen dem einundzwanzigsten und fünfunddreißigsten Lebensjahr (vgl. ARNOLD 1986, S. 447 und FÖLLER 2009, S. 59 und BAKER 2004, S. 94).

[221] Dass Karade ausgerechnet an einer Fastnacht stirbt und Karados und Gyngeniers am folgenden Ostern gekrönt werden (RP 157,25–32), untermauert zwar die Legitimität von Karados' Erbe (s. u.), lässt aber keine weitere Berechnung des Alters der Figuren zu.

[222] Vgl. ARNOLD 1986, S. 449.

Die Vorstellung, dass die Erziehung der ersten beiden Altersstufen grundsätzlich und permanent Einfluss nimmt, verleiht der durch Karade veranlassten Erziehung und der Ausbildung Karados' am Artushof eine große Relevanz hinsichtlich der als konkurrierend dargestellten Vaterschaftskonzepte. Die Erziehung durch den Vater bzw. den väterlichen Großonkel Artus entspricht ebenfalls Idealen mittelalterlicher Erziehungslehren, die den Vätern laut Arnold einen großen Einfluss auf ihre Kinder zuschreibe und z. T. die »Kinder als das Ebenbild ihrer Väter« begreife.[223] Dieses Ideal wird im französischen Text durch die Namensgleichheit von König Caradoc und seinem Sohn zum Ausdruck gebracht. Die deutschen Bearbeiter entscheiden sich bei der Übersetzung zwar für eine Änderung der Namen (König Caradoc wird meist als *Karade* bzw. *Karode*, sein Sohn meist als *Karados/Karadot* übersetzt), doch ist die Unterscheidung der beiden minimal. Die Namensgleichheit oder Ähnlichkeit, die normalerweise genealogisch-dynastische Sukzession demonstriert,[224] wird zu einer Sukzession höfischer Tugend durch Erziehung umgedeutet.[225]

Der Text stellt diese erzieherische Vaterschaft in Konkurrenz zur leiblichen, indem Karados nach dem Abschluss dieser Erziehung in seinem fünfzehnten Lebensjahr in Form des Enthauptungswettstreits mit seiner leiblichen väterlichen Herkunft konfrontiert wird.[226] Diese Herkunft und die besonderen Umstände der Zeugung auf Karados dürften insbesondere aus klerikaler Sicht als problematisch begriffen worden sein:

> Vom Vorgang der Zeugung können Theologen sich nur das Schlimmste vorstellen: Lothar von Segni, der spätere Papst Innozenz III., spricht davon, daß das Kind doch wohl unter Wollust und fleischlicher Begierde empfangen und so mit der Sünde befleckt werde. Vor allem Mißgeburten, aber auch Zwillinge waren vielfach dem Verdacht ausgesetzt, sittenwidrigen Umständen ihre Existenz zu verdanken.[227]

[223] Ebd., S. 453.

[224] Vgl. ebd., S. 464.

[225] Dass Gyngeniers Bruder Kador, der als ausgesprochen tugendhaft beschrieben wird, ein ebenfalls ähnlich klingender Namen zugeschrieben wird, trägt auch dazu bei. Eine auf Dynastik abzielende Lesart ergibt im Falle Kadors keinen Sinn: Zwar wird er durch die Heirat Karados' und Gyngeniers zu Karados' Verwandtem, doch stammt er nicht von ihm ab. Die starken Namensähnlichkeiten der Damen Alardins und Kadors im Turnier mit den zentralen Frauenfiguren der Erzählung (Gyngenor – Gyngeniers, Ydene – Yseve) kann als literarisches Spiel mit den Namensähnlichkeiten der männlichen Figuren der Erzählung und als Verweis auf den Gegenentwurf der Ehen der jüngeren Generation gesehen werden.

[226] Die Episode ist allerdings ambivalent, da Karados durch diese Konfrontation zugleich die Möglichkeit erhält, seine anerzogenen Tugenden und Maturität vor dem Artushof zu beweisen, diese Möglichkeit jedoch erst durch seinen leiblichen Vater geschaffen wird.

[227] Ebd., S. 460.

Vor diesem Hintergrund kann Karados' Zeugung (Ehebruch, schwarze Magie und Karades unwissentlicher Verkehr mit Tieren) als besonders sittenwidrig gelten. Die Einflüsse der sündhaften Herkunft wie auch der vorbildlichen, erzieherischen Prägung sind demnach gleichermaßen im zeitgenössischen Diskurs begründet.

Die chronologisch eingeteilten Stationen von Karados' Biographie enden nicht mit dem Abschluss der *pueritia*, sondern sie gehen, wie oben skizziert, weitere sieben Jahre darüber hinaus. Dies impliziert, dass sich die Figur auch nach Abschluss der Erziehung entwickelt.[228] Diese weitere Entwicklung betrifft die Episoden um Minne, ritterliche Bewährung und das Ausbaden des durch die Eltern hervorgerufenen Konflikts. Es stellt sich die Frage, wie das konfliktträchtige Szenario aus Herkunft und Erziehung in diesen Episoden weitergeführt wird. Hier wirken sich die Änderungen von der kurzen zur gemischten Redaktion signifikant aus: Mit der Ablösung des Themas der Sünde durch das Minne-Thema wird zugleich die Frage nach der Sünde Karados' marginalisiert (s. o. Kap. 3.2.1.1 Karados' Buch, S. 176ff.). Die sündhafte Minne der Eltern löst bei Karados nicht eine weitere Sünde aus, sondern sie dient als Kontrastfolie der Darstellung der vorbildlichen Tugendhaftigkeit des Paares Karados und Gyngeniers. Da die Tugendhaftigkeit in der Erziehung begründet liegt, wird dieser Erziehung die größere Relevanz im Diskurs zugeschrieben.

HINTON stellt fest, dass die kurze und die lange Redaktion der *Ersten Fortsetzung* die Konkurrenz der beiden Konzepte in der Episode um Karades Tod und Karados' Krönung jeweils unterschiedlich behandeln. Während der Erzähler der kurzen Redaktion die Rechtmäßigkeit von Karados' Erbe betone, indem Karados als Karades Sohn bezeichnet werde und die (leibliche) Vaterschaft Elyafres' weitgehend negiere, lege der Erzähler der langen Redaktion mehr Gewicht auf diese Vaterschaft, indem er Elyafres' Widerstand gegen den Racheplan in die Erzählung einbaue und so betone, dass Blutsverwandtschaft ethische Verantwortlichkeit mit sich bringe.[229] Zudem werde Karados bei der Übergabe des Erbes nicht als Karades Sohn bezeichnet, sondern es wird lediglich von ihm gesagt, dass er regiere, ›als ob‹ er Karades Erbe sei.[230] Der Wortlaut der langen Redaktion findet sich auch in den französischen Handschriften der gemischten Redaktion wieder,[231] doch nicht in

---

[228] Dass der Gegenstand der *Enfances*, das Erzählen von den ersten großen Taten des Helden, in die *adolescentia* hineinreicht, ist nicht ungewöhnlich (vgl. BAKER 2004, S. 94). In Karados' Fall ist dies jedoch besonders bemerkenswert, da dies erst durch die Retextualisierung der langen und gemischten Redaktion geschieht und dabei erst die Minne-Thematik als elementarer Bestandteil in die Erzählung implementiert wird.

[229] Vgl. HINTON 2012, S. 156–158.

[230] Vgl. ebd., S. 159.

[231] *Tant que rois Karados de Venge / Ses sires, morut en son regne, / Si li laissa come son oir* (ROACH & ROACH 2008, Bd. 1, Vv. 8145-8147).

der mhd. Übersetzung des *Rappoltsteiner Parzifal*. Dort ist ein Mittelweg der Versionen zu verzeichnen, da der Text einerseits, wie die kurze Redaktion, die Rechtmäßigkeit betont (*sin riche, als er billiche solte / Karadosse er benante* RP 157,3f.), andererseits aber sowohl das Wort *sun* (SR) als auch den als-ob-Vergleich (LR) vermeidet.[232] Wenngleich die mhd. Version demnach das Erbe Karados' ambivalenter als die altfranzösischen Redaktionen darstellt, so stellt sie doch dessen Rechtmäßigkeit nicht in Frage. Die zeitliche Gliederung der Episode kennzeichnet die Legitimität des Erbes: Dass König Karade ausgerechnet an einer Fastnacht stirbt und Karados und Gyngeniers ausgerechnet am darauffolgenden Ostertag gekrönt werden (RP 157,25–30), drückt aus, dass die zeitliche Begrenzung der Herrschaft durch den Tod durch die Erbfolge überwunden werden kann und Karades Herrschaft in Karados weiterlebt. Karados ersetzt damit Karade erfolgreich. Demnach ist festzuhalten, dass der mhd. Text Ziehvaterschaft als relevanter für die Nachfolge einstuft als leibliche Vaterschaft, aber dennoch beide Modelle als gültig darstellt.

Es ist auffällig, dass einige der »herkömmlichen Konstanten«[233] der zeitgenössischen Enfance-Tradition in *Karados' Buch* regelrecht umgekehrt werden. Selbst wenn man die Kindheitsgeschichten höfischer Helden nach zwei verschiedenen Typen ausdifferenziert, wie es Anja Russ unter anderem anhand der Parzival- und Lancelot-Romane tut,[234] so zeigt *Karados' Buch* deutliche Abweichungen von den üblichen Schemata, zu dem auch Parzivals Entwicklung zählt. Karados wächst gerade nicht in einer unhöfischen Umgebung auf, sondern im höfischen Zentrum der epischen Welt, dem Artushof. Er besitzt zwar adelige Anlagen, doch liegt über seiner Herkunft der Schatten der Sünde, sodass sich gerade nicht die vorbildlichen Anlagen trotz unhöfischer Umgebung und Erziehung durchsetzen,[235] sondern diese hinter der höfischen Erziehung zurücktreten. Das Ende der Jugend Karados' wird zwar durch Schwertleite, das Bestehen des Enthauptungswettstreits und der »Enthüllung [seiner] Erbanlagen« deutlich markiert,[236] doch werden durch die peniblen Jahreszählungen und die ritterliche Bewährung die Entwicklung der Figur

---

[232] Ob dies auf die Vorlage oder die Bearbeiter des *Rappoltsteiner Parzifal* zurückgeht, ist nicht festzustellen.

[233] Wolfzettel 1974, S. 9 Zu den Konstanten vgl. den gesamten Artikel. Ähnliche »Kongruenzen im Handlungsgerüst der Kindheitsgeschichten der Protagonisten« beobachtet auch Russ (Russ 2000, S. 303).

[234] Vgl. ebd., S. 321. Ebenfalls an der Parzival- Lancelot-Tradition skizziert auch Walter Haug zwei ähnliche Typen (Walter Haug: Kindheit und Spiel im Mittelalter. Vom Artusroman zum *Erdbeerlied* des Wilden Alexander, in: Positivierung von Negativität. Letzte kleine Schriften, hg. v. Ulrich Barton, Tübingen 2008, S. 465–478, hier: S. 466).

[235] Vgl. Wolfzettel 1974, S. 30 sowie Russ 2000, S. 313.

[236] Haug 2008, S. 466.

ebenfalls weitergeführt. Die Konstante der Rehabilitierung der Ehre und Herrschaft des Vaters ist zwar vorhanden, doch so abgewandelt, dass sie nicht den leiblichen Vater, sondern den Ziehvater des Helden betrifft. Das Ergebnis der Biographie von Karados ist jedoch mit der herkömmlichen Tradition insofern gleich, als
dass die höfische Lebensform des Adels sich letztlich gegen äußere und innere
Bedrohungen durchsetzt und dadurch ein »Legitimitäts- und Sinnanspruch ge-
sellschaftlicher Art, der [...] das Thema des Werdens des adeligen Menschen be-
nützt«[237] gestaltet wird.

Vergleicht man die in *Karados' Buch* verhandelte Thematik von Genealogie
und Erziehung mit ihrer Durchführung in der Parzival- (und Gahmuret-) Handlung, dann ist festzustellen, dass das Nebeneinander beider Modelle mit der wolframschen Verhandlung des Diskurses harmoniert. Grundsätzlich funktioniert die
Kombination der Karados-Erzählung mit Wolframs *Parzival* ähnlich wie mit dem
Conte du Graal, in der laut HINTON Karados als Gegenentwurf zu Perceval dient,
indem er seine makelhafte genealogische Herkunft durch seine erzieherische Herkunft überwinde.[238] Doch ist die Kombination mit Wolframs Text sogar weniger
spannungsreich als in der Kombination mit Chrétien, da an beiden Protagonisten
der Diskurs in ähnlicher Weise verhandelt wird. Wolfram diskutiert die Konkurrenz von adeliger Abstammung und (fehlender) höfischer Erziehung des Helden
in der Parzival-Figur, indem er sie in ein komplexes Geflecht von erzieherischen
Ratschlägen und genealogischen Verbindungen stellt; auch er betont damit eher
das Zusammenspiel beider Konzepte, als eines gänzlich dem anderen vorzuziehen,
wobei allerdings den adeligen Anlagen Parzivals ein etwas größeres Gewicht zugeschrieben wird, da sich diese letztliche – wie in den meisten Enfances – gegen
die »lähmende Erziehung«[239] durchsetzen. Dabei geht es bei Parzivals Anlagen
nicht allein darum, dass sie allgemein adelig sind, sondern um sehr konkrete Eigenschaften, die subtil aber stetig auf Gahmuret und Herzeloyde zurückgeführt
werden.[240]

Im *Rappoltsteiner Parzifal* wäre Karados demnach nicht als ein Gegenentwurf
zu Parzival zu sehen, sondern als eine Figur, an der eine Variation dieses Diskurses
um die Vorherbestimmtheit durch elterliche Anlagen im Zusammenspiel mit höfischer Erziehung durchgespielt wird. Diese Variation setzt dabei zwar den
Schwerpunkt anders (Erziehung statt Abstammung), hält den Diskurs aber durch

---

[237] WOLFZETTEL 1974, S. 32.

[238] Vgl. ebd., S. 155.

[239] RUSS 2000, S. 313. Vgl. grundlegend WOLFZETTEL 1973; WOLFZETTEL 1974.

[240] Vgl. SIEGFRIED CHRISTOPH: Gahmuret, Herzeloyde and Parzival's *erbe*, in: Colloquia Germanica: Internationale Zeitschrift für Germanische Sprach- und Literaturwissenschaft 17, 1984, S. 200–219.

Ambivalenzen letztlich offen. Ähnliches gilt für das Verhältnis zur Clinschor-Ge-schichte, da in *Karados' Buch* eine Alternative geboten wird, in der sich die höfische Erziehung gegen die schwarzmagischen Anlagen des Helden durchsetzt. Im Ge-gensatz zu der Kombination von *Karados' Buch* mit dem *Conte du Graal* betont die Kombination mit Wolframs *Parzival* demnach nicht die Unabhängigkeit der lite-rarischen Fortsetzung vom »Muttertext«[241], sondern deren Kontinuität.

Die Karados-Erzählung lässt sich nicht nur hinsichtlich des Diskurses Erzie-hung und Abstammung als Variation zu Wolframs *Parzival* lesen, sondern auch hinsichtlich der finalen Aventiuren der Protagonisten, die erstaunlicherweise bei Wolfram eine größere Nähe zu *Karados' Buch* aufweisen als bei Chrétien. Sowohl bei Parzival und Gawan als auch bei Karados handelt es sich um Erlösungstaten (Munsalvaesche, Schastel Marveil, Schlangenfluch), die einen durch ein Minne-vergehen verursachten Fluch bzw. eine göttliche Strafe[242] aufheben und dadurch den Fortbestand der Herrschaft sichern: Durch die Erlösung des Anfortas kann Parzival Gralkönig werden und durch die Befreiung von Schastel Marveil kann Gawan Orgeluse heiraten, womit auch hier über den Schwestersohn[243] der Fort-bestand der Herrschaft in Aussicht gestellt wird.

Das *happy ending* von *Karados' Buch* reiht sich in diese Konstellation ein. Dabei ist es bezeichnend, dass in allen drei Fällen die Generation der Kinder ihre jewei-lige väterliche bzw. mütterliche Verwandtschaft erlöst. Diese Parallele besteht in dieser Deutlichkeit allerdings nur in der Kombination mit Wolframs Version, da dort durch die Clinschor-Geschichte, anders als bei Chrétien, die Damen auf Schastel Marveil ausdrücklich entführt wurden und gefangen gehalten wer-den.[244] Auch die Verbindung zu Parzivals Erlösungstat ist in Verbindung mit Wolframs Text kohärenter, da die Rückführung von Anfortas Leiden erst dort auf ein Minnevergehen zurückgeführt wird. In allen drei Fällen wird das Vergehen nicht von den Protagonisten selbst begangen, wohl aber behoben. Bei Parzival wie auch bei Karados ist die Generation ihrer Eltern verantwortlich; Gawans Ver-wandtschaft ist zwar betroffen, aber schuldlos am auslösenden Minnevergehen.

---

[241] Vgl. in diesem Kontext »mother-text« HINTON 2012, S. 154.

[242] Anfortas' Wunde resultiert aus dem nicht durch den Gral autorisierten Dienst für Orgeluse, Clinschors Zauber auf Schastel Marveile und der Schlangenfluch resultieren je-weils aus der Strafe für den Ehebruch.

[243] Vgl. ELISABETH SCHMID: Familiengeschichten und Heilsmythologie. Die Ver-wandtschaftsstrukturen in den französischen und deutschen Gralromanen des 12. und 13. Jahrhunderts, Tübingen 1986, S. 187.

[244] Hinzu kommt die genealogische Verbindung der Karados-Handlung über die Figu-ren Itonie und Gramoflanz, die in *Karados' Buch* die Eltern der jungen Dame Gyngenor sind, die Gyngeniers Bruder Kador nach dem Turnier heiratet (s. o., S. 176ff.), eine gene-alogische Verbindung zu Gawans Erlösungs-Aventiure aufgemacht wird.

Vor dem Hintergrund der Erlösungstaten tritt ein Aspekt besonders hervor, in dem sich Karados von den anderen beiden Protagonisten unterscheidet: Der Held erlöst nicht seine Familie und dazu eine ganze Gesellschaft, sondern er ist selbst erlösungsbedürftig und auf seine Frau Gyngeniers angewiesen.

Diese an Minne gebundene Erlösung eines durch (falsche) Minne korrumpierten Zustandes der höfischen Ordnung fügt sich in den im *Prologus* eröffneten Rahmen, der den Missstand in der Vergewaltigung der Jungfrauen durch den König Amangon verortet und Behebung durch die Artusritter angekündigt hatte (siehe S. 163ff.). Dieser Rahmen stellt die Ehe Yseves mit Karade in ein anderes Licht, indem sie über die Unfreiwilligkeit dieser Minne in die Nähe der Vergewaltigung gerückt und damit negativ bewertet wird. Denn der einerseits sündhafte Betrug Yseves verhindert zugleich, dass sie gegen ihren Willen mit Karade schlafen muss. Damit ist nicht nur Liebe zwischen Elyafres und ihr sündhaft, sondern auch die von den beiden Königen arrangierte Eheschließung wird als Minne unter Gewalt entlarvt. Der Gegenentwurf wird in *Karados' Buch* durch die Turnier-Episode gezeichnet, in der die beiden jungen Damen Gyngenor und Ydene davor bewahrt werden, als Turnier-Preise für die Könige Ris und Kadoalanz zu enden, stattdessen aber mit den Rittern Alardin und Kador, die nicht nur die erste Wahl der Damen sind, sondern diese durch Dienst umwerben, zusammenkommen. Dass Karados zuvor Gyngeniers vor der Vergewaltigung durch den ungewollten Werber Alardin rettet, zielt auch auf das Thema der gewaltsamen Minne ab. Alle Konflikte in *Karados' Buch* lassen sich darauf zurückführen, dass Damen zur Ehe gezwungen oder vergewaltigt werden sollen. Dadurch, dass die Helden, einschließlich Gyngeniers und der Nebenfiguren Alardin und Kador, das verhindern, ist die Teilerzählung über diese Erlösungstat(en) programmatisch im *Prologus* verankert.

3.4.2. Gingelens

Die Geschichte um Gawans Sohn Gingelens ist ebenfalls als Alternative zu den Lebenswegen der anderen Protagonisten zu sehen, wobei abermals der Diskurs um höfische Erziehung und adelige Genealogie aufgegriffen wird. Besonders die Episode, die von dem ersten Aufeinandertreffen von Gawan und seinem Sohn erzählt (siehe Gingelens II, Abb. 16, S. 197), ist als variierte Wiederholung von Parzivals naivem Verhalten zu begreifen, indem Kindheit und Jugend Gingelens in enger Anlehnung an Motive des Beginns der Parzival-Handlung gestaltet sind. »As we follow his initial exploits in the following episode, the text shows all the signs of making him a new Perceval around which to build a narrative [...].«[245]

---

[245] Thomas Hinton: The Aesthetics of Communication. Sterility and Fertility in the *Conte del Graal* Cycle, in: Arthurian Literature 26, 2009, S. 98–109, S. 102.

Laut HINTON werde dieses narrative Potential aber durch Gauvain, dessen Abenteuer die seines Sohnes in den Schatten stellten, im Keim erstickt.[246] Diese auf Perceval/Parzival allein zentrierte Sichtweise unterschätzt meiner Ansicht nach die Episoden um Gawans Sohn, dessen Geschichte zwar nur in episodenhaften Ausschnitten, aber eben doch als Lebensweg erzählt wird. Ebenso wichtig wie die Parallelen zu Parzival sind die Abweichungen, die einen geradezu plakativen Alternativentwurf bilden. Wie an den Figuren Karados und Parzival wird die Spannung zwischen Abstammung und Erziehung problematisiert. Zugleich wird dabei eine Lösung präsentiert, die den Weg nach dem Vorbild der Parzival-Figur konterkariert und in ihrer Einfachheit so banal erscheint, dass man sie als Satire auf die Parzival-Figur werten kann.

Die letzte, kurze Szene um Gingelens liegt zwischen der Heimreise der Tafelrunder von Kastel Orgelus und Gawans Begegnung mit dem erschossenen Ritter. Dort erfahren Gawan und der Rezipient, dass sein Sohn entführt wurde, worauf die Tafelrunder eine erfolglose Suchaktion starten. Die Episodenreihe um den erschossenen Ritter mündet in Gawans Besuch der Gralburg. Nach einer kurzen Überleitung, in der der Erzähler das Weitererzählen von Gawan, Artus oder Bran de Lis zunächst ausschließt (RP 275,23–33), wechselt der Fokus auf Gingelens, der hier noch nicht bei seinem richtigen Namen genannt wird, sondern bei seinem Spitznamen Dodinas. Seine Geschichte wird in einem rapiden Erzähltempo dargeboten:

> ich ker minen sin anderswar
> ze vollenden die materje gar.
> inen will nüt sagen über al,
> wer daz kint zoch und wer ez stal
> und wer in ritter mahte schon,
> waz er in hies tuon unde lon,
> für alle ding liep han reht
> sin ros und sin gewefene eht,
> und von der megede wunnesam,
> die in zuo gesinde nam,
> do sü in eine uf der strose vant.
> daz enbescheide ich nüt nu zehant
> noch von sinre rede in torheite
> und die mere guot, die er seite.
> doch sage ich ein wenig also,
> wie er wart funden unde wo.
> (RP 275,34–276,3)

---

[246] Vgl. ebd., S. 102.

Der Erzähler verweigert zwar die Details, doch gibt er die groben Umstände der Jugendgeschichte wieder.[247] Auffällig ist die *rede in torheite*, die eine offensichtliche Parallele zu Parzival ist und im weiteren Verlauf der Episode demonstriert und als z. T. gefährliche Naivität konkretisiert wird. Aus der Entführungsgeschichte lässt sich schließen, dass er nicht nur vaterlos, sondern auch mutterlos aufwächst. Zugleich spielt das Motiv auf die Tristan-Geschichte an und stellt so die adeligen Anlagen von Dodinas heraus, da es auf Tristans vorbildliche Entwicklung in nicht-adeliger Umgebung verweist. Anders als Parzival und Tristan scheint er jedoch nicht fern der höfischen Gesellschaft aufgewachsen zu sein, da er zum Ritter gemacht worden ist und darin unterwiesen wurde, sein Wappen und Pferd über alles zu stellen. Die Parameter, an denen die Kindheit des Helden bereits bei Parzival und Karados aufgemacht wird, werden bei Gingelens ein weiteres Mal durchgespielt (adelige/nicht-adelige Abstammung und un-/höfische Sozialisation), doch wird ihr Verhältnis im Ausgangsszenario neu variiert.

Variationen finden sich auch im weiteren Verlauf. Dodinas begleitet eine schöne Jungfrau, die ihn bittet, den Namen eines schnell an ihnen vorbeireitenden Ritters zu erfragen. Als Dodinas fragt, wie er sich verhalten solle, wenn der Ritter sich wehren sollte, erklärt die Jungfrau ihm den Umgang mit Lanze und Schild (RP 276,6–35). Der Bezug zur Gawan-Partie um den erschossenen Ritter, die erst wenige Verse vorher beendet wurde, ist kaum zu übersehen: Auch dort reitet ein Ritter grußlos an einer Dame (Ginover) vorbei und ein Ritter (Gawan) soll seinen Namen erfragen.[248] Zugleich wird die Unterweisung Parzivals durch Gornemont/ Gurnemanz variiert wiederholt, wobei der Held in diesem Fall nicht von einem erfahrenen Veteranen, sondern von einer jungen Dame instruiert wird. Wie fatal diese Umbesetzung des Erziehers ist, demonstriert die Episode im weiteren Verlauf:

> er lie daz ros mit ile gon
> von ir twerhes über den plon,
> bitz er kam zuo dem ritter dar.
> waz sol ich lange sagen gar:
> ginre nante sich nüt, daz geschach.
> der ritter junc mit zorne stach,

---

[247] Dieses Spiel mit der Erzählung wird in der kurzen Episode erstaunlich oft wiederholt. Immer wieder gibt der Erzähler vor, von bestimmten Dingen nicht zu erzählen und macht es dann umgehend doch, wenn auch in eher knapper Form. Ob dies ein ironisches Spiel mit dem Rezipienten ist oder darin begründet liegt, dass hier intertextuell auf eine Version des *Bel Inconnu* angespielt wird, ist schwer zu sagen. Zweites wäre durchaus möglich, da einige Aspekte sich nicht aus den Fortsetzungen klären und daher völlig nebulös bleiben (z. B. wird nicht deutlich, was denn *die mere guot, die er seite* (RP 276,1) beinhaltet).

[248] S. o., S. 202ff. Intertextuell liegt der Bezug zur Eingangsaventiure des *Erec* nahe.

> daz er in valte uf den cle
> tot one alles reden me.
> [...]
> der junge ritter snelliklich
> sprach zuo gimme vil kuenlich
> ,nu wirt mir üwer nam geseit,
> ez si üch liep oder leit.'
> der tote sweig stille gar.
> (RP 276,38–277,8)

Der übermäßig harte, bis zum Tod des Gegners führende Einsatz von Gawans Sohn überschreitet den ritterlichen Kodex des Artusromans, der einen tödlichen Ausgang in der Regel ausschließt. Dass der Name des Gegners erst nach dem Kampf erfragt wird, ist nicht sehr ungewöhnlich, doch wird diese Konvention als absurd dargestellt, indem die Dysfunktionalität des Kampfes anhand der komischen Naivität des Helden vorgeführt wird: Ein toter Ritter kann seinen Namen nicht mehr nennen; das sprachliche Handeln sollte dem Kampf vorangehen, nicht umgekehrt. Die Darstellung der Naivität der Figur als unzureichende Wahrnehmung und verfehltes sprachliches Handeln wird im Weiteren noch gesteigert, indem er den toten Gegner für schlafend hält und mehrmals zum Aufwachen bzw. Mitkommen auffordert (RP 277,9–39).[249] Wie auch bei Parzival ist die Komik, die durch das naive Auftreten der Figur hervorgerufen wird, durch die übermäßige Aggressivität gebrochen. Das Lachen bleibt dem Rezipienten im Halse stecken.

Im Unterschied zu der Jugenderzählung in Wolframs *Parzival* ist dieses höfisch makelhafte Verhalten jedoch nicht vor, sondern nach der Unterweisung platziert. Dass nicht der Held, sondern die Unterweisung durch die Jungfrau für diesen Fehltritt verantwortlich ist, zeigt der anschließende Kampf gegen einen wieteren Ritter, der für den Gegner ebenfalls tödlich endet. Im Unterschied zum ersten Kampf wird aber auch Gawans Sohn schwer verletzt, da er seinen kostbaren Schild, der im ersten Kampf beschädigt wurde, nicht benutzt, aus Sorge, er könne gänzlich zerstört werden (RP 278,39–280,13). Damit handelt er aber gegen die vorherige Anweisung der Jungfrau, die ihm riet, den Schild fest zu fassen (RP 276,30) und entspricht der aus der Kindheit stammenden Weisung, er solle *für alle ding liep han reht / sin ros und sin gewefene eht* (RP 275,40f.).

> ob got will, ich genise wol
> minre wunden die ich dol.
> min schilt genese nüt so gereit,
> so wer noch me der torheit'.

---

[249] Hier besteht eine Motiv-Verbindung zur *Schwanen-Aventiure*, zu deren Eingang und Ende ebenfalls mit der Verwechslung von Schlaf und Tod gespielt wird (s. o., S. 186ff).

> die juncfrouwe muoste im geben reht.
> (RP 280,6–10)

Dies nutzt der Erzähler, um *die oventür vomme schilte rich* (RP 280,15) scheinbar zu verweigern und dann doch zu erzählen. Gawans Sohn habe ihn bei der Hochzeit des König Tamberfal erhalten, nachdem er seine Kampfkraft gegen alle anwesenden Ritter bewiesen habe (RP 280,15–281,8). Erst als ihm die Rüstung abgenommen wird, erhält er einen Namen:

> an der stegen, do er entwefent was,
> daz es die welt für wunder jach,
> und der künig der es do sach,
> der wise waz und tugentsam,
> in die kamere als ein wilde man
> barg er sich, doch er schöne waz.
> do wart er geheissen Dodinas,
> daz giht in tüsch törlin.
> (RP 281,1–8)

Der Bezug zu Parzivals Kindheit wird weiter gestärkt, indem durch den Vergleich mit dem *wilden man* im Bruch mit der Eingangsbeschreibung ein unhöfischer Hintergrund hervorgerufen und sogleich mit dem schönen, adeligen Körper des Helden in Kontrast gesetzt wird. Der Name, der ihm verliehen wird, ist analog zu Parzivals Kosenamen angelegt, da er die Sicht der anderen Figuren widerspiegelt und sein Taufname dadurch ersetzt wird. Dem König Tamberfal erscheint Gawans Sohn als kleiner bzw. junger Dümmling. Die variierende Spiegelung des Parzivals-Entwurfs wird in diesem Kosenamen gebündelt. Der kostbare Schild, der zusammen mit dem Namen errungen wurde, verkörpert diesen Entwurf und damit die ritterliche Identität Dodinas/Gingelens. Insofern verdeutlicht die Geschichte um den Schild, warum dieser nicht zerstört werden darf und es klüger ist, entgegen der scheinbar pragmatisch richtigen Anweisung der Jungfrau zu handeln: Eine Zerstörung des Schilds käme einer Zerstörung der in seinem Kosenamen gefassten ritterlichen Identität Dodinas gleich. Bei all diesen Parallelen zu Parzival tritt ein Unterschied deutlich hervor, nämlich die Lernfähigkeit bzw. der Umgang mit Ratschlägen. Anders als Parzival wägt Dodinas die verschiedenen Anweisungen gegeneinander ab anstatt der letztbesten zu folgen. Dies suggeriert ein eigenständiges Überwinden der *tumpheit* der Figur.

Die Spannung zwischen adeliger Abstammung und fehlerhafter höfischer Sozialisation wird zum Ende zwar tatsächlich behoben, indem die Sozialisation durch die Integration in die Familie korrigiert wird, doch geschieht dies unter weiterer Anleitung der Figur. Die potentielle Gefahr, die im Kampfverhalten Dodinas zu beobachten war, wird in dem Kampf gegen Gawan konkret, da nun zu befürchten ist, dass er seinen eigenen Vater erschlägt. Eine für den *Rappoltstei-ner Parzifal* spezifische Variation ist, dass der unwissentliche Verwandtenmord Parzivals an Ither als Möglichkeit aufgerufen wird, dann aber ausgespart bleibt. Dass es dazu nicht kommt, liegt aber an Gawan, der das sprachliche Handeln dem Kampf vorzieht und die Frage nach dem Namen stellt. Statt dieses Namens erhält er zwar nur vage Informationen zur Kindheit, doch reichen diese aus, um die genealogische Herkunft zu rekonstruieren und ihn als seinen Sohn zu identifizieren. Diese Eingliederung in den Familienverband ist der erste Schritt zur Überwindung der aus höfischer Sicht mangelhaften Kindheit. Der zweite Schritt ist die Benennung eines angemessenen Lehrmeisters, nämlich des erfahrenen Artusritter Iwein anstatt der jungen Dame.

In der Gingelens-Geschichte wiederholen sich Motive, Themen und Figuren-konstellationen und bilden insgesamt die Wiederholung einer weiteren höfischen Enfance, die durch die Variationen dieser Wiederholungen ihr spezifisches Profil erhält. Die wiederholten Erzählelemente sind zwar aus der Parzival-Handlung bekannt, doch eben nicht nur dort: Das zwischen die Gingelens-Episoden interpolierte *Karados' Buch* mit seiner intensiven Auseinandersetzung des Abstammungs-/Erziehungs-Diskurses und die vorangegangene Gawan-Handlung bilden ebenfalls Kontrastfolien, vor deren Hintergrund sich die Geschichte profiliert. Speziell für den *Rappoltsteiner Parzifal* ergibt sich die besondere Konstellation, dass das Verhältnis von Gahmuret zu Parzival durch das Verhältnis von Gawan zu Ginge-lens konterkariert wird, indem Gawans Geschichte im Gegensatz zu Gahmurets noch anhält, parallel zu der seines Sohnes verläuft und sie punktuell berührt. Als Enfance ist die Erzählung um Gingelens eine Erfolgsgeschichte, wobei (anders als bei Karados) die Anlagen des Helden hervorragend sind und (anders als bei Parzival) die späteren Korrekturen der fehlerhaften Erziehung und die Integration in die höfische Gesellschaft erfolgreich verlaufen. Insofern ist hier der Doppelroman um einen weiteren Protagonisten erweitert, ohne dass jedoch eine Anbindung an den Gral oder an die programmatischen Passagen bestünde. Die Erweiterung kommt durch die Wiederholungen zustande.

3.4.3. Gaheries

Die *Schwanen-Aventiure* ist wohl eine der am stärksten geschlossenen Teilerzäh-lungen. Dennoch weist auch sie Themen und Motive auf, die sich auch in der Parzival-Handlung finden, wie CHEN beobachtet:

> Für die Konstituierung der Gaheries-Geschichte sind Versagen, Schande und Wieder-erlangung der *êre* ausschlaggebend. Als Parzivals Lebensweg besonders affin erweist sich die Art des gesamten Handlungsverlaufs der Episode: Das Versagen und die

Schande werden zu einem fast ›persönlichen‹ Anliegen Gaheris'; es gibt, wie bei Parzivals heimlichen Verlassen des Artushofes vor Joflanze, keine öffentliche Vergegenwärtigung am Hof, und der betroffene Ritter zieht ohne Wissen anderer Mitglieder der Tafelrunde erneut aus, um sich seinem Schicksal zu stellen. Ähnlich wie bei Parzivals und Gawans Ritterfahrten wird Gaheris' Aventiure auf eine nicht weiter spezifizierte Weise mit höheren Angelegenheiten verschränkt. Es wird sogar der Anschein erweckt, als ob Gaheries Versagen müsste, um den toten Schwanenritter rächen zu können, der sich am Ende als ein König der Anderwelt namens Brangemuer erweist. Die öffentliche Aufbahrung Brangemuers in einem großen Saal bei Artus mit dem aus dem Leichnam ragenden Schaft einer Lanze dupliziert wiederum die Totenbahrenszene mit dem zerbrochenen Schwert beim Fischerkönig in derselben Fortsetzung.[250]

Einige dieser Parallelen sind sicherlich zu relativieren. So ist der an die *ére* gebundene Erzählverlauf keineswegs nur für Parzivals Lebensweg kennzeichnend, sondern für die der meisten Artusritter-Erzählungen, sodass das Vorbild vielleicht eher in den Merkmalen der Gattung allgemein liegt. Der Aufbruch Gaheries vom Hof wäre strukturell auch eher mit dem Aufbruch Parzivals und Gawans nach der Anklage am Plimizöl zu lesen, da es durch Keyes Manipulation und Gaheries anschließendem Geständnis sehr wohl zu einer Vergegenwärtigung der Schande am Hof kommt.

Dass einige der Motive auf die Handlung um den Gral zu verweisen scheinen, ohne aber wirkliche Zitate zu sein, ist jedoch nicht von der Hand zu weisen. Das Thema, dass der Weg des Helden (göttlich? Schicksalhaft?) vorherbestimmt scheint, ist eine ähnliche Parallele, die nicht genaue Wiederholung von bereits Erzähltem, aber doch ein paradigmatischer Verweis auf die anderen Protagonisten ist. Bei genauerem Vergleich mit den anderen Teilerzählungen fällt auf, dass dieses Thema zentral für die *Schwanen-Aventiure* ist und das Zusammenspiel von finaler und kausaler Motivation narrativ reflektiert, dabei Erzählmechanismen des *Conte du Graal/Parzival* (und auch der Gattung im Allgemeinen) aufdeckt und variiert. Die Verbindung über die Motiv-Parallelen und Erzähltechniken betrifft nicht nur Handlungsstränge der *Fortsetzungen* (z. B. der *Prologus*, Gawan und der erschossene Ritter), sondern auch Wolframs *Parzival* (z. B. Anfortas' Verwundung, der Loherangrin-Schluss).

Die *Schwanen-Aventiure* ist durch ihre Verortung in die Chronologie der Gawan-Handlung eingebunden, indem der Erzähler davon berichtet, dass Gaheries seinen Bruder Gawan sucht (RP 294,14f.). Dies schließt insofern an die beiden der *Schwanen-Aventiure* vorangehenden Episoden an, als dass Gawan dort als vermisst gilt und für tot gehalten wird (RP 262,10–17 und 284,19–28). Da Gawan sich zum Beginn der *Schwanen-Aventiure* aber am Artushof befindet, Gaheries

---

[250] CHEN 2015, S. 32.

aber noch auf der Suche nach ihm ist, muss der Rezipient folgern, dass die Erzählung unmittelbar an die Handlung dieser Episoden anschließt oder dass sich ihr Beginn minimal mit deren Ende überschneidet, indem Gawan bereits von der Aufgabe um den erschossenen Ritter, die vorerst mit dem Aufenthalt auf der Gralburg endet, wieder zurückgekehrt ist, Gaheries sich aber noch auf der Suche nach ihm befindet.

Die Anbindung an eben diesen Handlungsstrang ist sicher nicht zufällig, da sie indirekte Verbindungen zur Gawan-Handlung der *Ersten Fortsetzung* hervortreten lässt, indem sie das Thema der Queste aufgreift: Auch Gawan muss eine Aufgabe für einen toten Ritter mit einem wunderbaren Hintergrund erfüllen, ohne das genaue Ziel und die Art dieser Aufgabe zu kennen. Als er dabei schließlich zum zweiten Mal zur Gralburg kommt, gelingt es ihm nicht, diese Aufgabe zu erfüllen. Grund dafür ist, dass er nicht der beste Ritter ist. Dieser Status ist Parzival vorbehalten. Insofern demonstriert auch diese Episode ex negativo, dass eine ritterliche Queste für einen bestimmten Helden reserviert und vorherbestimmt ist. Der Anschluss der *Schwanen-Aventiure* an diesen Handlungsstrang kann daher als Fortführung dieses Themas gelesen werden. Zu dem Anschluss an die Gawan-Handlung passt, dass Gaheries als Gawans jüngerer Bruder auch genealogisch mit der Figur verbunden ist. Dieses Verwandtschaftsverhältnis, das zum festen, intertextuellen Bestandteil der Figur Gaheries gehört, dient hier mehr als nur der bloßen Anbindung an die Artuswelt, sondern es lädt vor allem zum Vergleich der beiden Figuren und der Frage nach ihrem Verhältnis zueinander ein. Die Rezipienten des *Rappoltsteiner Parzifal* sind durch Wolframs *Parzival* bereits durch ungleiche und sich doch ähnelnde Geschwister konfrontiert worden[251] und sollten daher sensibel für diesen genealogischen Verweis gewesen sein. Auch die verschiedenen Helden im Vergleich zueinander zu sehen, wurde bereits eingeübt.

Die Bedeutungen der vergleichenden Lesart eröffnen sich über die paradigmatischen Verweise. Zunächst sind es Motive, Themen, Handlungsstrukturen und sogar einzelne Lexeme der *Schwanen-Aventiure*, die sie als alternativen Entwurf zu den anderen Erzählungen erscheinen lassen. Die Verbindungen zielen auf Parzivals Aufgabe auf der Gralburg und damit den alles überspannenden Handlungsbogen der Parzival-Handlung. Bemerkenswert ist, dass die zum *Conte du Graal* vorhandenen Bezüge weniger zahlreich und prägnant sind als die Bezüge, die durch die Kombination mit Wolframs *Parzival* entstehen.

Die Questen der Helden erscheinen aufgrund der verschiedenen variierenden Wiederholungen, die sich durch die Textchronologie der *Fortsetzungen* ziehen,

---

[251] Gahmuret-Galoes, Lähelin-Orilus, Obilot-Obie, Antikonie-Vergulaht, Cundrie-Malcreatür, Itonie-Beacurs und in Ansätzen auch Parzival-Feirefiz.

sowohl gänzlich unterschiedlich als auch sehr ähnlich: Während Parzival bei Wolfram und Chrétien eine bestimmte Frage stellen muss, soll Gaheries durch einen ritterlichen Kampf Rache für ein Vergehen üben. Dies ist zwar weit entfernt von der Aufgabe, die von Parzival auf der Gralburg verlangt wird, doch besteht eine Verbindung zu der unmittelbar vorhergehenden Gawan-Handlung der *Ersten Fortsetzung*, wie bereits KONRAD SANDKÜHLER anmerkt:

> Mit der Romanze von Gauwains Bruder Gaheries (oft auch Guerrehes geschrieben) und dem Toten im Schwanenboot sind wir am Ende dieser ersten Fortsetzung angelangt. Es ist kein Zufall, daß die zwei letzten Teile von Tod und Blutschuld und der dadurch bedingten Rache handeln. Auch in den übrigen Fortsetzungen bleibt der Gral vom Tod umwittert und Perceval muß ihn zur Verklärung führen. Es herrscht eine gewisse Parallelität zwischen Gauwains Amt und der Aufgabe des Gaheries. Nur ist diese abgeschlossen und schließt mit dem Wunder der Auferstehung des toten Brangemuer im Feenland.[252]

Diese Parallelen gehen noch tiefer in die Details. Die Voraussetzungen für Gawans Aufgabe sind ähnlich aussichtslos wie bei Gaheries: Nachdem er einem unbekannten, eilig reitenden Ritter geschworen hat, ihm bei der Erfüllung seiner dringenden Aufgabe zu helfen, wird dieser wie aus dem Nichts von einem *gabilôt* getroffen und erschossen. Gawan muss die Aufgabe an seiner Stelle erfüllen, ohne zu wissen, was diese Aufgabe ist oder wohin der erschossene Ritter reiten wollte. Als er später zur Gralburg gelangt, werden seine Fragen zum Gral und der blutenden Lanze mit der Frage nach der Rache für den erschossenen Ritter verbunden (RP 270,10ff. und 272,41ff.). Die vom erschossenen Ritter übernommene Aufgabe besteht also paradoxerweise in der Rache für den Toten. Diese Verbindung wird in *Manessiers Fortsetzung* aufgegriffen, indem die Rache-Fabel, in der Keye beinahe durch Gawan enthauptet wird, weitergeführt und auserzählt wird. Auch hier offenbart die nachträglich gelieferte Vorgeschichte eine »Spirale der Gewalt«,[253] welche die Gefahr von Rachemechanismen aufzeigt.

   Zudem weitet Manessier das Rache-Motiv auf Parzival selbst aus, indem er dessen Rache an dem Ritter Partinias, der den Bruder des Fischerkönigs enthauptet hat, an die Stelle der chrétienschen/wolframschen Frage als Erlösungstat setzt. Bei Manessier wird der König geheilt, indem Parzival ihm am Ende in einer spiegelnden Strafe Partinias Kopf präsentiert. Zwar lassen die Bearbeiter nach dem letzten Rache-Kampf und dem anschließenden Gralburg-Besuch den Schluss Wolframs folgen und setzen damit (wieder) die emphatische Frage an das Ende des Textes, doch behalten sie beide Erlösungstaten nebeneinander bei und lassen

---

[252] SANDKÜHLER 1959, S. 223.
[253] STÖRMER-CAYSA 2015, S. 84.

das Rache-Motiv als zentralen Aspekt der Queste des Protagonisten somit bestehen. Gaheries' Rache-Queste erscheint so als Variante neben denjenigen Gawans und Parzivals. Dabei besteht bei Gaheries' Rache ein signifikanter Unterschied zu denen der anderen beiden Helden: Die höfische Ordnung wird durch das Erfüllen der Queste nur scheinbar wiederhergestellt; tatsächlich wird der Kreislauf der Rache aber nicht durchbrochen, sondern er ist durch die Funktionsweise der Lanzenspitze als potentielle Endlosschleife angelegt, wobei in diesem Kreislauf die Täter stetig zu Opfern werden und die Legitimität des Rache-Mechanismus' als Queste in Frage gestellt wird.

Das Motiv der blutenden Lanze ist sowohl mit dem Motiv des verletzten bzw. toten Auftraggebers als auch mit der Queste als Akt der Rache neu variiert. Bei Gawans zweitem Gralbesuch wird das zerbrochene Schwert erstmals mit dem Schwert Solimags identifiziert, das auf einem aufgebahrten Toten (der in den späteren Fortsetzungen nachträglich zum Bruder des Gralkönigs gemacht wird) liegt. Die blutende Lanze, so erfährt Gawan, sei nichts weniger als die Lanze des Longinus, mit welcher Christus am Kreuz durchbohrt worden sei.[254] Damit ist die Lanze nicht nur neben dem Gral ein rätselhaftes Objekt der Suche der Helden, sondern sie wird zu der zentralen Berührungsreliquie des Mittelalters umgeschrieben, was ihr einen größeren Stellenwert im Vergleich zum Gral zukommen lässt als bei Wolfram oder Chrétien.

Die Meinungen zu dieser Gral-Szene gehen weit auseinander. Tether sieht zwar ein generelles Aufgreifen von Motiven des *Conte du Graal*, insgesamt attestiert sie der *Ersten Fortsetzung* aber Inkohärenz: »[…] the *Continuation* is a collection of stand-alone Gauvain adventures, and the Grail scene seems unlinked to what comes before and after it.«[255] HINTON argumentiert gewissermaßen gegenteilig, wenn er darauf hinweist, dass in der Szene sowohl eine der Fragen aus dem *Conte du Graal* (warum blutet die Lanze?) beantwortet werde als auch durch das nicht zusammengefügte Schwert nach weiteren Fortsetzungen verlangt werde.[256] CHEN sieht in der Szene »eine ›verklebte‹ Kausalität«[257], die dadurch zustande käme, dass das Land Logres wieder aufblüht, da Gawan die Frage nach der Lanze gestellt hat und in das Land gekommen sei.[258] Hier greift STÖRMER-CAYSAS These von den sich wiederholenden Gralerlösungserzählungen am deutlichsten,[259] wobei der Gral in dieser Erzählung kaum eine Rolle spielt. Zudem beobachtet

[254] Vgl. CHEN 2015, S. 200–202; TETHER 2012, S. 120; HINTON 2012, S. 60; BRUCKNER 2009, S. 206; BUSCHINGER 1994; WITTMANN-KLEMM 1977, S. 85–96.
[255] TETHER 2012, S. 131.
[256] HINTON 2012, S. 60–62.
[257] CHEN 2015, S. 201.
[258] Vgl. ebd.
[259] S. o., S. 163ff.

CHEN, ähnlich wie HINTON, dass Gawans Scheitern beim Zusammenfügen des Schwerts die Bewältigung der Aufgabe durch Parzival erst ermögliche,[260] was ebenfalls für eine handlungsgenerierende Funktion der Szene spricht.

Es ist sicherlich kein Zufall, dass die *Schwanen-Aventiure* an die Gawan-Episoden angebunden ist, welche die blutende Lanze zur mit der des Longinus verbindet und dabei einerseits Chrétiens Geschichte fortsetzt, indem ein Geheimnis um den Gral gelüftet wird, andererseits aber zugleich provoziert, selbst fortgesetzt zu werden. Ebenso ist es kein Zufall, dass in der Überleitung von der *Schwanen-Aventiure* zur Parzival-Handlung von *Wauchiers Fortsetzung* auf eben diese Lanze Bezug genommen wird:

> von in wil ich reden nu nüt me,
> ich wil üch sagen fürbas e
> von dem werden ritter gemeit,
> der durch manig lant suochende reit
> den hof, do daz bluotende sper was,
> und leit gros erbeit durch daz,
> e er daz konde vinden ie.
> (RP 313,41–314,1)

Diese Passage führt Parzival wieder als den Protagonisten der Handlung[261] ein und nimmt in ihrem weiteren Verlauf Bezug auf Parzivals letztes Erscheinen in Wolframs Text, den Zweikämpfen bei Joflanze (vgl. bis RP 314,25). Munsalvaesche wird hier über die blutende Lanze definiert (*den hof, do daz bluotende sper was*) und die Lanze selbst als Gegenstand der Suche dargestellt (*e er daz [bluotende sper] konde vinden ie*). Dies passt aber weder zu Wolframs Darstellung von Parzivals Aufbruch von Joflanze, bei dem in einer der seltenen Introspektive der Parzival-Figur zunächst der Gral eine Rolle spielt, dann aber vor allem die Minne zu Cundwiramurs als Motivation des Aufbruchs genannt wird (vgl. Pz. 732,1–733,30), noch zu Chrétiens Version, bei der im Gespräch mit Parzivals Einsiedler-Onkel die Fragen nach Lanze und Gral als zentral dargestellt werden (vgl. CdG 6364ff.), doch diese letzte Episode Percevals mit dem Auferlegen seiner Buße endet, ohne dass von seinem Aufbruch oder dessen Motivation berichtet würde (vgl. CdG 6509ff.). Die Fokussierung auf die blutende Lanze ist somit *Wauchiers Fortsetzung* und der mit ihr einhergehenden gemischten Redaktion der *Ersten Fortsetzung* geschuldet.

---

[260] Ebd.

[261] Sieht man von seinen beiden kurzen Auftritten in der Gawan- und Karados-Handlung (die Zweikämpfe mit Gramoflanz und Gawan sowie die Teilnahme am Turnier in *Karados' Buch*) ab, dann hat er diesen Status für ungefähr 20.900 Verse nicht mehr innegehabt.

Durch das fokussierte Übertragen des Motivs der blutenden Lanze von der Parzival- auf die Gawan-Handlung erscheint die wunderbare Lanzenspitze der *Schwanen-Aventiure* als Wiederholung dieses Motivs. Sie führt weit von dem weg, was die Lanze vorher bedeutet hat, da sie nun keinen sakralen Gegenstand mehr darstellt, sondern eine magische Waffe. Damit steht sie jedoch der wolframschen Lanze etwas näher als der chrétienschen Version und ihren *Fortsetzungen*, da Wolfram die Lanze zu der Waffe macht, mit der Anfortas verwundet wird. Anders als Wolframs Lanze ist wird diese jedoch nicht zu einem Objekt der Heilung umfunktioniert, sondern sie bleibt grundlegend destruktiv – eine Waffe eben, die dem Schwert Solimans nicht unähnlich ist. Zugleich bestehen auch Parallelen zu der blutenden Lanze der *Ersten Fortsetzung*. Auch sie umgibt zunächst ein Geheimnis, dessen Lösung sich als Verständnisschlüssel zu den übrigen Rätseln der Erzählung erweist. Die aggressiven, zirkelschlussartig motivierten Handlungen der Figuren des Gartens erklären sich einzig durch die Vorgeschichte um die Lanzenspitze und die mit ihr verbundene, diffuse Aufgabe des Schwanenboot-Ritters (s. o. Kap. 3.2.1.2 Schwanen-Aventiure, S. 186ff.). Anders als die wunderbaren Waffen in anderen Handlungssträngen wird diese Lanzenspitze jedoch nicht entschärft, sondern ihr destruktives Potential schlägt auf den Protagonisten zurück. Daran ändert auch die in Aussicht gestellte Auferstehung Brangemors nichts.

Die sonst so stark geschlossene *Schwanen-Aventiure* wird in zwei Richtungen geöffnet. Zum einen erscheint sie als Wiederholung einer Vorgeschichte und ist somit selbst eine Fortsetzung. Zum anderen wird durch die Erläuterung der Lanzenspitze mit der ausdrücklichen Warnung an Gaheries nahelegt, dass sich diese Geschichte ein weiteres Mal wiederholen kann. Genau wie Gaheries Rache an dem Mörder des Schwanenboot-Ritters genommen hat, so könnte jemand, der den Splitter aus dem nun verzauberten Körper des Mörders zieht, diesen an Gaheries rächen. In der Funktionsweise der Lanzenspitze ist somit ein Kreislauf der Wiederholung einer sich immer wieder spiegelnden Strafe angelegt, der zum Ende der *Schwanen-Aventiure* nicht durchbrochen, sondern offengelassen wird. Die Parallelisierung der Ritter, die durch die Lanzenspitze umkommen (können), trägt dazu bei: Der tote Ritter erscheint zu Beginn der Erzählung, als würde er schlafen; sein Mörder, der verwundete Ritter, liegt in einem Bett und klagt über seinen Tod, während Gaheries am Ende, im Schwanenboot schläft und für tot gehalten wird. Tod und Lebendigkeit der drei Ritter sind also jeweils vertauscht bzw. in einem Missverhältnis dargestellt, da Brangemor ja eigentlich tot, Gaheries lediglich schlafend und der verwundete Ritter (noch) nicht tot sind. Durch diesen dreifachen Tausch werden die drei Figuren überblendet, wodurch eine Teilidentität nahegelegt wird und die Figuren austauschbar erscheinen. In Kombination mit der nichtlinearen Zeit und Handlungslogik der Erzählung wird so eine zyklische Wiederholung impliziert. Der Fluch geht auf Gaheries über.

Diese Offenheit für eine Fortsetzung wird dadurch unterstützt, dass es sich bei der *Schwanen-Aventiure* selbst um die Fortsetzung der Geschichte um Guingamor handelt, welche die Dame zur Erklärung der Lanzenspitze erzählt. Tatsächlich lässt sich anhand des Namens der Figur schnell Maries de France *Lai de Guingamor*[262] als Bezugstext ausmachen, da er von der erwähnten Jagd auf die weiße Sau sowie die anschließende Vereinigung Guingamors mit einer Fee erzählt. Allerdings beinhaltet die *Schwanen-Aventiure* markante Motive, die nicht in dem Lai enthalten sind, sondern auf den anonym überlieferten *Lai de Guigemar*[263] anspielen.[264] Die ähnlich klingenden Namen der Protagonisten tragen ebenfalls zu dieser Uneindeutigkeit bei. Hinzu kommt, dass mit dem Schwanenboot ein Motiv auftaucht, das aus der *Chanson de Chevalier au Cygne* bekannt ist, die ebenfalls als Bezugstext fungiert.

Dass sich die *Schwanen-Aventiure* an alle drei Texte anschließt und die Bezüge vermischt, wird an einer Übersicht der relevanten Motive deutlich (s. o. Abb. 18, die Parallelen sind hervorgehoben).[265] Das Boot wirkt wie eine Mischung aus dem selbstfahrenden Boot des *Lai de Guigemar* und der *Chanson de Chevalier au Cygne*, da es im *Lai de Guingamor* sich weder selbst bewegt noch eine vergleichbar wichtige Rolle in dem Lai spielt. Die Referenz auf die Schweinejagd ist eine eindeutige Verbindung auf den *Lai de Guingamor*, da diese Jagd in den anderen Erzählungen nicht vorkommt, wobei ein weißes Tier auch im *Guigemar* gejagt wird. Das in der *Schwanen-Aventiure* beschriebene Reich Brangebarts erscheint als Mischung der Abenteuer-Räume beider Lais, da es sich sowohl auf einer Insel befindet als auch ein Feenreich ist. Ähnlich erscheint das Wunderschloss, in das Gaheries gelangt,

---

[262] Vgl. PRUDENCE MARY O'HARA-TOBIN: Les Lais anonymes des XIIe et XIIIe siècles. Edition critique de quelques Lais bretons, Genève 1976, S. 130.

[263] ERHARD LOMMATZSCH: Le *Lai de Guingamor*, Le *Lai de Tydorel*. (12. Jahrhundert), Berlin 1922.

[264] Die beiden Lais gelten als miteinander verwandt, wobei Maries Lai wohl eher entstanden ist als der *Lai de Guingamor*. Ähnlich verhalten die Texte sich zu den Lais *Graelentmor*, *Desiré* und *Lanaval* (vgl. O'HARA-TOBIN 1976), wobei generell eine starke Nähe der einzelnen Bausteine der Lais, mitunter bis zum Ineinanderfallen, zu beobachten ist (vgl. SHARON KINOSHITA, PEGGY McCRACKEN: Marie de France. A Critical Companion, Woodbridge 2012, S. 173).

[265] Eine alternative, aber ähnliche These stellt STEFAN HOFER an (STEFAN HOFER: Kritische Bemerkungen zum *Lai de Guingamor*, in: Romanische Forschungen. Vierteljahrsschrift für romanische Sprachen und Literaturen 65, 1954, S. 360–377, S. 376). Er bemerkt ebenfalls, dass die *Erste Fortsetzung* sowohl auf das *Lai de Guingamor* als auch auf den *Chanson de Chevalier au Cygne* Bezug nimmt, doch er identifiziert den toten Ritter im Boot als dem aus dem Roman *La Vengeance Raguidel*. Dass Guingamor als Herr der Feeninsel dargestellt werde, sei aus Chrétiens *Erec et Enide* entnommen, da der erste Text das Motiv enthalte und bei Chrétien Guingamor als Herrscher von Avalon genannt werde (vgl. ebd.).

als Mischung, da es sowohl durch eine anderweltliche Barriere getrennt und von Bewohnern verlassen ist als auch über einen Garten verfügt, in dem ein Ritter gepflegt wird. Die zyklische Zeit in der *Schwanen-Aventiure* entspricht keinem der Lais, doch sie steht näher an dem *Lai de Guingamor*, der Aspekte einer wunderbaren Anders-Zeit beinhaltet (ein Tag im Feenreich entspricht hundert Jahren).

Motiv	*Schwanen-Aventiure*	*Lai de Guingamor*	*Lai de Guigemar*	*Chevalier au Cygne*
Boot	Brangemor bzw. Gaheries im Boot mit Bett wird für schlafend bzw. tot gehalten, das Boot fährt auf dem Meer und wird von einem Schwan gezogen	Guingamor wird nach dem Tabubruch von einem Boot über einen Fluss in das Feenland gebracht	Guigemar wird von einem selbstfahrenden Boot *über das Meer* gebracht, *er liegt in einem Bett und wird für tot gehalten, obwohl er schläft. Später holt das Boot erst ihn, dann seine Geliebte ab.*	ein *Schwan zieht das Boot* des Schwanenritters, das diesen in das Land bringt und abholt
Jagd	Gingemor hat ein Schwein gejagt und die Fee Brangebart geheiratet	Guingamor *jagt ein weißes Schwein und trifft dabei auf die Fee, die ihn zum Mann nimmt.*	Guigemar *jagt eine weiße* Hirschkuh und verwundet sich; sie prophezeit ihm, dass die Wunde nicht heilt, bis er seine wahre Liebe findet	
Feenreich	das Feenreich Brangebarts liegt auf einer Insel	das *Reich der Fee* liegt jenseits eines Flusses	die Geliebte *lebt auf einer Insel.*	
Wunderschloss	Gaheries gelangt durch das unbewohnte Schloss in einen Garten, in d. ein verwundeter Ritter von einer Dame gepflegt wird. Später ist das Schloss bewohnt.	Guingamor gelangt in ein *prächtiges Schloss, in dem jedoch die Bewohner fehlen. Nach der Begegnung mit der Fee ist das Schloss bewohnt.*	Guigemar wird im *Garten der Burg von seiner Geliebten gepflegt, bis seine Wunde verheilt ist.*	
Zeit	zyklische Zeit	drei Tage im Feenreich entsprechen 300 Jahren (wunderbare Zeit)	lineare Zeit	

Abb. 18. Vergleich der Motive der *Schwanen-Aventiure* zum *Lai de Guingamor*, *Lai de Guigemar* und zum *Chanson de Chevalier au Cygne*

Aufgrund dieser Verschmelzung der Motive ist es absolut uneindeutig, welche der Erzählungen die *Schwanen-Aventiure* nun fortsetzt. Dies ist umso beachtlicher, da die beiden Lais trotz ihrer gemeinsamen Motive hinsichtlich des Umgangs mit dem Wunderbaren und dessen Funktion grundverschieden sind: Der *Lai de Guingamor* erzählt von einer mythisch funktionalisierten Feenliebe, indem der Held durch die Entrückung in das Feenreich und das Aufschreiben seiner Geschichte in der höfischen Welt in doppelter Weise unsterblich wird,[266] während im *Lai de Guigemar* die durch das Wunderbare erreichten Idealbedingungen der Liebe als irreales Experiment dargestellt werden, das in der realen, höfischen Welt nicht gelten kann und durch höfische Taten neu legitimiert werden muss.[267]

Durch die Monatge der Motive sind in der *Schwanen-Aventiure* also zwei gegenläufige Erzählungen zusammengebracht worden. Wenn man davon ausgeht, dass der oder die Dichter der *Ersten Fortsetzung* sich kaum wahllos aus dem Motivarsenal der Lais bedient haben, sondern dass diese spannungsreiche Verschmelzung planvoll eingeplant wurde, dann ist diese Uneindeutigkeit möglicherweise als Teil des Programms der *Schwanen-Aventiure* zu lesen und ein weiteres paradoxes Element, dass der Rezipient hinnehmen muss.

Eine ähnliche Uneindeutigkeit der Figuren ist nicht nur in den implizierten Vorgeschichten, sondern auch im Text selbst zu beobachten, nämlich in der Darstellung Gaheries, Brangemors und des verwundeten Ritters (s. o.). Durch die uneindeutigen intertextuellen Bezüge ist diese Reihe der Figuren durch Guigemar, Guingamor und den Schwanenritter zu erweitern. Versteht man die *Schwanen-Aventiure* als Fortsetzung aller drei Texte zugleich, dann ist dieses Sowohl-als-auch-Verhältnis[268] als ein weiteres wunderbares, mythisches Element der Erzählung zu betrachten, welches durch diese Motivverschmelzungen und die genealogische Weiterführung die Erzählung intertextuell öffnet. Damit verhält sich die *Schwanen-Aventiure* zur *Ersten Fortsetzung* wie die *Erste Fortsetzung* zum *Conte du*

---

[266] Vgl. SUSANNE FRIEDE: Die Wahrnehmung des Wunderbaren. Der *Roman d'Alexandre* im Kontext der französischen Literatur des 12. Jahrhunderts, Tübingen 2003, S. 78.

[267] Dies ist zum einen an der z. T. expliziten Kritik des Lais an Ovid deutlich (vgl. CHRISTOPH MÄRZ: Die drei Wunden des Herrn Guigemar. Zu einem Lai Maries de France, in: Germanisch-Romanische Monatsschrift 70, 1989, S. 377–386, S. 385) und zum anderen durch dessen Annäherung an die Struktur und Liebes-Diskurse des höfischen Romans (vgl. JOACHIM SCHULZE: Guigemar, der höfische Roman und die allegorische Psychologie des Mittelalters, in: Archiv für das Studium der neueren Sprachen und Literaturen 132, 1980, S. 312–326, S. 326).

[268] Inwieweit man hier auch von Pseudo-Kausalität und Komplementarität im Sinne CHENS sprechen kann, wäre sicher eine weiterführende Diskussion wert. Dass mehrere Sinnangebote nebeneinander gelten und dies als narratives Mittel eingesetzt wird, kann in diesem Fall absolut bestätigt werden.

Graal und reflektiert dadurch die Poetik des Wiedererzählens mit Widersprüchen, ähnlich den Handlungssträngen um Bran de Lis[269] und dem erschossenen Ritter.

Ganz gleich, ob man nun alle drei Texte als Vorgeschichte annimmt oder nur einen einzigen, so bleibt immer der Umstand gleich, dass die *Schwanen-Aventiure* als Fortsetzung sich deutlich zentrifugal zu ihren Vorgeschichten verhält. Obwohl der Auslöser und der mythische Hintergrund der Erzählung um den Sohn Guingamors/Guigemars liegt, ist es nicht dieser Sohn der Held der Fortsetzung, sondern der Artusritter Gaheries. Die beiden Lais sind Erfolgsgeschichten mit glücklichem Ende[270] und selbst der *Chanson de Chevalier au Cygne* hat trotz der scheinbar erfolglosen Ehe des Schwanenritters ein positives Ende in Form der Nachkommenschaft. Die *Schwanen-Aventiure* erfindet mit der Figur Brangemor zunächst die Fortführung der Genealogie der Vorgeschichte(n), nur um dann ihr Scheitern vorzuführen, indem Brangemor nur noch als Toter auftaucht und seine Geliebte entführt ist. Der Mythos der Vorgeschichten wird dadurch jedoch nicht gänzlich negiert, sondern er wird auf Gaheries übertragen, wodurch einerseits eine Zäsur entsteht, andererseits aber das Wunderbare der Vorgeschichten als Vorgeschichte Gaheries eingenommen wird.[271]

Dass dieser intertextuelle Hintergrund der *Schwanen-Aventiure* als Fortsetzung der Lais für das Publikum des *Rappoltsteiner Parzifal* gänzlich vorausgesetzt werden kann, ist eher unwahrscheinlich. Insbesondere die Verschmelzung der Vorgeschichten von Guigemar und Guingamor und die damit einhergehende wunderbare Ambivalenz sind ohne genaue Kenntnis beider Lais nicht bemerkbar. Andere Aspekte des intertextuellen Spiels funktionieren jedoch auch ohne solche breiten Vorkenntnisse, da sie im mittelhochdeutschen Text der *Schwanen-Aventiure* angelegt sind. Als Hintergrund des Wunderbaren für Gaheries Queste und Etablierung des Mythischen können die Lai-Motive (selbstfahrendes Boot, wunderbares Schloss, Feen-Insel, etc.) auch in der deutschsprachigen Version fungieren. Selbst ohne Kenntnisse der Lais ist der Fortsetzungs-Charakter deutlich erkennbar und auch die genealogische Zäsur zu den Vorgeschichten (der eigentlich

---

[269] S. o., S. 201, bes. Anm. 131.

[270] Guigemar findet seine Geliebte wieder, befreit sie aus der Gefangenschaft eines Widersachers und wird als erfolgreicher Herrscher aus der Dichtung entlassen. Guingamor bricht zwar das Tabu der Fee, doch er lebt unsterblich im Feenreich weiter und erlangt auch Unsterblichkeit in der höfischen Welt, da seine Geschichte als Lai aufgeschrieben wird (zum Schluss des *Lai de Guingamor* vgl. FRIEDE 2003, S. 78).

[271] Dieses Prinzip spiegelt das Verhältnis der *Ersten Fortsetzung* zum *Conte du Graal* wider: Anstatt Perceval ist Gauvain der eindeutige Held der Geschichte und die Gral-Motive werden dabei auf ihn übertragen. Möglicherweise liegt ein programmatischer Anspruch der *Ersten Fortsetzung* darin, die *Schwanen-Aventiure* an ihrem Ende zu platzieren.

nicht involvierte Gaheries übernimmt die Rache für Brangemor) ist weiterhin gekennzeichnet. Dass die fortgesetzten Lais nachträglich einen negativen Ausgang
erhalten, indem Brangemor nur durch die Entrückung in das Feenreich (wieder)
leben kann, ist zwar ohne den Kontext der Lais nicht mehr nachvollziehbar, sehr
wohl aber der damit verbundene Kontrapunkt zur Parzival- und Gawan-Handlung. Die *Schwanen-Aventiure* ist damit eine Fortsetzung, deren Programmatik
gegenläufig zu denen ihrer Vorgänger-Texte entworfen ist.

Trotz dieser Gegenläufigkeit ist die Teilerzählung im Programm des Ensembles verankert, da sie eine starke Nähe zum *Prologus* aufweist. Ausschlaggebend
für diese Nähe ist, dass in beiden Texten Zeit als zyklisch dargestellt wird, die
Erlösung bzw. Erfüllung einer Aufgabe zunächst prophezeit und dann erfüllt wird,
in dieser Aufgabe scheinbar willkürlich zwei Aspekte miteinander verknüpft werden, Feenmärchenmotive auftauchen und diese Elemente zusammen als Mythos
fungieren. Bezeichnend ist, dass die Erlösung auf korrumpierte Minne abzielt, indem der Ritter aus dem Garten Brangemor erschlägt, dessen Frau entführt und
damit in die Nähe des Vergewaltigers Amangons aus dem *Prologus* gerückt wird.
Damit wird eine ähnliche Strategie verfolgt wie in den anderen Binnenerzählung
(z. B. zur Säule auf dem *leidigen berg*, oder in der Clinschor-Geschichte),[272] die
mythische Vorgeschichten sind und mit dem Motiv der Gewalt gegen Frauen operieren.

Eine für das Publikum des *Rappoltsteiner Parzifal* wohl nicht mehr erkennbare
Doppelparallele besteht auch zu den Vorgeschichten außerhalb der *Rappoltsteiner
Parzifal*. Im *Lai de Guingamor* wird der Held bei der Begegnung mit der Fee als
»hunter and sexual predator«[273] dargestellt, während im *Lai de Guigemar* dessen
Unfähigkeit zu lieben mit der erfolglosen Jagd auf die weiße Hirschkuh verknüpft
wird, bei welcher Guigemar sich selbst verwundet.[274] Die Lais führen das Jagd-
Motiv jeweils gegenläufig durch, verbinden es beide mit fehlerhafter, höfischer
Liebe als Ausgangspunkt der Störung der höfischen Gesellschaft.

Die nichtlineare Struktur der verschiedenen, sich wiederholenden »Gralerlösungserzählungen«[275], wie sie der *Prologus* als Programm für die gesamte Kompilation entwirft, scheint in der *Schwanen-Aventiure* damit nicht nur umgesetzt (wobei der Gral durch eine Lanze ersetzt wird), sondern durch ihre inhärente, zyklische Zeitstruktur auf kleinerer Ebene widergespiegelt. In beiden Fällen ist das
Wunderbare als unerklärbar hinzunehmen und dient der Mythisierung. Diese

[272] S. o., Kap. 3.2.3 Binnenerzählungen, S. 206ff.
[273] KINOSHITA & McCRACKEN 2012, S. 195.
[274] Vgl. BURKHARD KRAUSE: Die Jagd als Lebensform und höfisches *spil*. Mit einer
Interpretation der *bast* in Gottfrieds von Straßburg *Tristan*, Stuttgart 1996, 80f
[275] STÖRMER-CAYSA 2011, S. 425.

Nähe zum *Prologus* teilt die *Schwanen-Aventiure* mit anderen Handlungssträngen der *Ersten Fortsetzung*,[276] die dadurch zu erklären sind, dass die *Elucidation* möglicherweise gemeinsam mit oder nach der *Ersten Fortsetzung* entstanden ist und diese auf- bzw. dieser vorgreift. Im Ergebnis erscheint die Teilerzählung um Gaheries dann als eine besonders konsequente Umsetzung des *Prologus*-Programms.

In der Kombination mit Wolframs *Parzival* entstehen Bezüge, die in der Kombination mit Chrétiens *Conte du Graal* nicht zu finden sind. Einer besteht in der motivischen Parallele des toten Schwanenboot-Ritters zur Verwundung des Gralkönigs Anfortas.[277] Für beide Verwundungen ist die Spitze bzw. der Splitter einer Lanze verantwortlich, der im *Parzival* als *trunzûn* (Pz. 480,7) und in der *Schwanen-Aventiure* sehr ähnlich als *trunsel* (z. B. RP 305,23) bezeichnet wird. Beide Verwundungen führen dazu, dass die Gesellschaft der jeweiligen Wunderburg (Munsalvaesche und die Burg der Feen-Insel) sich in permanenter Trauer befindet. In beiden Fällen ist die Verwundung mit Minne verbunden, da die Ritter sich diese im Minnedienst (für Orgeluse bzw. für die trauernde Geliebte des Schwanenboot-Ritters) zugezogen haben. Zwar ist Anfortas im Unterschied zum Ritter im Schwanenboot nicht tot, sondern unheilbar verletzt, doch liegt in beiden Verwundungen eine Aufforderung an den Protagonisten zu handeln.[278] Beide erfahren am Ende eine Auferstehung.

In dieser Handlung liegen die jeweiligen Questen der Protagonisten. Für beide Helden ist bezeichnend, dass ihnen bei ihrer ersten Konfrontation das Wissen fehlt, die jeweilige Aufgabe bestehen zu können und zunächst zum Scheitern verurteilt sind: So wie Parzival die erlösende Frage nicht wissen kann und erst später von den besonderen Umständen von Anfortas' Zustand erfährt, so kann auch Gaheries unmöglich wissen, was von ihm bei seiner ersten Begegnung im Garten verlangt wird. Auch die Konsequenz für die Figuren ist in beiden Fällen sehr ähnlich: Während Parzival durch drei Instanzen (ein Knappe der Gralburg, Signune

---

[276] So stimmt z. B. der zweite Gralbesuch der *Ersten Fortsetzung*, in dem u. a. die blutende Lanze als Lanze des Longinus identifiziert wird, in seinen Details (Anzahl der Leuchter und Weihrauchgefäße, Beschreibung des Fischerkönigs und der Lanze) mit dem Gralbesuch des *Prologus* überein (vgl. WITTMANN-KLEMM 1977, S. 87).

[277] Vgl. CHEN 2015, S. 32.

[278] Die Parallele zu Anfortas Verwundung lässt sich bis zum *Lai de Guigemar* verlängern, da Guigemars Liebesunfähigkeit ihm ebenfalls eine Wunde im Genitalbereich einbringt (vgl. KRAUSE 1996, S. 81). Ob die Rezipienten des *Rappoltsteiner Parzival* Maries Lai gekannt haben, ist ebenso ungewiss wie im Falle der Straßburger Bearbeiter. Dennoch zeigt das Beispiel, wie durch die Kombination der *Fortsetzungen* mit Wolframs *Parzival* Synergien und neue Sinnpotentiale entstehen.

und Cundrie) verflucht wird,[279] wird Gaheries' Schande ebenfalls durch drei Instanzen verdeutlicht (der zwerghafte Ritter, die Stadtleute und Keye), wobei bei
beiden das Bekanntwerden vor dem versammelten Artushof den Höhepunkt des
Ehrverlustes darstellt. Das Erfüllen der Aufgabe geschieht in beiden Fällen unter
gegenüber dem Versagen geänderten Voraussetzungen, da sowohl Parzival als
auch Gaheries nun über die wunderbaren Mechanismen unterrichtet sind. Während Parzivals Mitleidsfrage allerdings einen gänzlich rituellen Charakter hat,[280]
ist bei Gaheries doppeltem Rache-Kampf unklar, ob ein weiteres Versagen möglich oder durch die Magie der Lanzenspitze ausgeschlossen ist und weder der Rezipient noch der Protagonist über die Wirkungsweise informiert sind.

Die Parallele der Aufgaben besteht sogar in der Erzähltechnik. Dass die Erfüllung der Aufgabe im ersten Anlauf dem Rezipienten in beiden Fällen als unmöglich erscheint, wird beide Male u. a. durch die fokalisierte Erzählperspektive
unterstützt.[281] Im *Parzival* werden Munsalvaesche und die Gralprozession aus der
Perspektive Parzivals beschrieben,[282] wobei sich vor allem die Informationsvergabe
an den Rezipienten mit der an Parzival deckt; die vagen, klagenden Vorausdeutungen des Erzählers (Pz. 240,3–9) ausgenommen.[283] Dies führt dazu, dass der
Rezipient die erlösende Frage ebenso wenig stellen kann und damit die Figur für
ihr Scheitern entlastet wird. Ähnlich ist in der *Schwanen-Aventiure* der Weg durch
das Wunderschloss[284] und die Begegnung im Garten auf die Perspektive Gaheries'
hin fokalisiert, was durch eine »Filtertechnik«[285] erreicht wird. Die Beschreibung

---

[279] Vgl. ANDREA MOSHÖVEL: Von der magischen Frage und vom Mythos des Fragens.
zum Frageproblem im *Parzival* Wolframs von Eschenbach, in: Artusroman und Mythos,
hg. v. FRIEDRICH WOLFZETTEL, CORA DIETL, MATTHIAS DÄUMER, Berlin/Boston 2011,
S. 247–269, hier: S. 262.

[280] Vgl. ebd., S. 265.

[281] Vgl. GERT HÜBNER: Erzählformen im höfischen Roman. Studien zur Fokalisierung
im *Eneas*, im *Iwein* und im *Tristan*, Tübingen [u.a.] 2003; GERT HÜBNER: Fokalisierung
im höfischen Roman, in: Erzähltechniken und Erzählstrategien in der deutschen Literatur
des Mittelalters. Saarbrücker Kolloquium 2002, hg. v. WOLFGANG HAUBRICHS, ECKART
CONRAD LUTZ, KLAUS RIDDER, Berlin 2004, S. 127–150.

[282] Vgl. BUMKE 2004, S. 67.

[283] Durch die Erklärung und Verteidigung dieser zunächst unverständlichen Erzählweise im anschließenden Bogengleichnis verlangt der Erzähler das »Verhalten des geduldi-
gen Abwartens« sogar direkt von seinem Publikum (vgl. MOSHÖVEL 2011, S. 254).

[284] Die beiden Burgen miteinander zu assoziieren ist kein allzu großer Schritt. Bereits
HOFER setzt das Wunderschloss des *Lai de Guingamor*, also die Vorlage des Wunderschlos-
ses der *Schwanen-Aventiure*, mit der Gralburg aus Chrétiens *Conte du Graal* in Verbindung
(vgl. HOFER 1954, S. 369). Auch O'HARA-TOBIN hält das *Lai de Guingamor* u. a. von
Chrétiens *Erec et Enide* und seinem *Conte du Graal* beeinflusst (vgl. O'HARA-TOBIN 1976,
S. 130).

[285] HÜBNER 2004, S. 138.

der Burg ist durch Verben der Wahrnehmung (z. B. *sehen, vinden, war nemen*) und Erzählerrede (im Beispiel *er dohte* [...] *imme würdent lüte do bekannt*) an die Perspektive der Figur gebunden, wobei der Rezipient nie mehr erfährt als Gaheries selbst.[286]

> do er in die burg gereit,
> ern gesach nie grozer schonheit,
> [...]
> er reit in die burg fürbas,
> donen waz ouch nieman, wüssent das.
> er reit fürbas in den sal guot
> und saz abe wol gemuot.
> er gieng fürbas in eine kamer schon,
> do vant er drü bette ston.
> [...]
> Gaheries ein venster wit vant,
> daz tet er uf alzehant,
> Do durch sach er einen garten schon
> vol alles guotes obses ston.
> er leinde sich in daz venster dar
> und nam in den garten war
> und sach gespannen zwei gezelt rein
> [...]
> do daz Gaheries ersach,
> er dohte, als ez ouch geschach,
> imme würdent lüte do bekannt.
> zuome venster sprang er abe zehant,
> wande er keine tür do kos
> [...]
> er kam dar und sach hin
> sitzen uf einre fuden silberin
> eine schöne juncfrowe clor.
> (RP 294,38–296,42)

Dieser Modus wird auch im weiteren Verlauf der Szene beibehalten; Wahrnehmung oder Innenwelt anderer Figuren als Gaheries werden nicht beschrieben. Die erste Begegnung auf der Wunderburg und das Scheitern Gaheries sind damit in ähnlicher Weise wie das Parzivals erzählt, wobei der Rezipient die Unwissenheit der Figuren teilt und so durch die Fokalisierung, wie GERT HÜBNER für den Artusroman feststellt, die »Rätselhaftigkeit der arthurischen Welt«[287] konstruiert

---

[286] Die Ausnahme ist der Vorausgriff des Erzählers in RP 296,29 (*als ez ouch geschach*), wobei der dadurch entstehende Informationsvorsprung des Rezipienten vor der Figur minimal ist und nur wenige Verse anhält.

[287] Ebd., S. 139.

wird und das ausgerechnet in »Episoden [...], die ausdrücklich Bewertungsprobleme exponieren«.[288]

Dass es sich bei der Fokalisierung um eine gängige Erzähltechnik der Gattung handelt, ist eine naheliegende Erklärung der Parallele der unabhängig voneinander entstandenen Texte. Das Ergebnis in der Kompilation ist aber verblüffend wirkungsvoll: Über die von vornherein zum Scheitern verurteilte Aufgabe der Helden und ihre Darstellungstechnik ist die Geschichte um Gaheries an die Aufgaben Parzivals (und Gawans im Schastel Marveil) angebunden. Die Unwissenheit, die Held und Rezipient gleichermaßen zu »minder Eingeweihten«[289] macht, findet sich auch in der Gawan-Handlung um den erschossenen Ritter wieder, in der sie ebenfalls benutzt wird, um Rätselhaftigkeit narrativ umzusetzen.[290]

Eine weitere für den *Rappoltsteiner Parzifal* spezifische Parallele betrifft Wolframs Schluss um die Figur Loherangrin. Das Schwanenboot-Motiv der *Schwanen-Aventiure* führt dazu, dass es in Wolframs *Parzival* als Wiederholung erscheint.[291] Im Schluss seiner Dichtung verarbeitet Wolfram – wie auch die Autoren und Redaktoren der *Ersten Fortsetzung* – den *Chanson de Chevalier du Cygne*, indem er den Plot der mythischen Erzählung zu der angedeuteten Geschichte um Parzivals Sohn Loherangrin macht.[292]

Entscheidend für Wolframs Version der Erzählung ist, dass er sie sowohl mit dem Gral als auch mit Parzivals Frage verknüpft. Die Aussendung Loherangrins wird ebenso durch die nach Parzivals Krönung, vom Gral verkündete Regel, begründet, dass die Gralritter fortan in herrenlose Länder geschickt werden, um dort die Herrschaft zu erhalten, indem sie die dortigen Fürstinnen heiraten. Zugleich sichern sie so die Nachkommenschaft auf Munsalvaesche, da die Kinder dorthin geschickt werden sollen. Sie dürfen ihren Frauen aber niemals ihre Herkunft preisgeben, noch dürfen diese nach ihr fragen, sonst müssen die Gralritter umgehend nach Munsalvaesche zurückkehren und ihre Familien für immer zurücklassen. Dieses Fragetabu wird damit begründet, dass die Gralritter aufgrund des langen

---

[288] Ebd., S. 141.

[289] Störmer-Caysa 2015, S. 95.

[290] Vgl. ebd.

[291] Interessant ist, dass auch *Gerberts Fortsetzung*, die im *Rappoltsteiner Parzifal* nicht enthalten ist, auf die Schwanenritter-Sage Bezug nimmt (vgl. Sandkühler 1964, S. 256).

[292] Die zahlreichen Versionen der Geschichte, einschließlich Wolframs, sind in der Forschung bereits oft rekapituliert worden (vgl. z. B. Thomas Cramer: *Lohengrin*. Edition und Untersuchung, München 1971; Beate Kellner: Schwanenkinder – Schwanenritter – Lohengrin, in: Präsenz des Mythos. Konfigurationen einer Denkform in Mittelalter und Früher Neuzeit, hg. v. Udo Friedrich, Bruno Quast, Berlin/New York 2004, S. 131–154 oder Herbert Kolb: Die Schwanenrittersage als Ursprungsmythos mittelalterlicher Fürstengeschlechter, in: History and Heroic Tale. A Symposium, hg. v. Tore Nyberg, Odense 1985, S. 23–50), sodass diese in dieser Arbeit nur sehr knapp wiedergegeben wird.

Wartens auf die erlösende Frage nun des Fraugens generell überdrüssig seien (vgl. Pz. 819,2–8).[293] Als Loherangrin aufgrund dieser Regel zu der Herzogin von Brabant entsendet wird, erreicht er Antwerpen mit Hilfe eines von einem Schwan gezogenen Bootes. Nach der zunächst erfolgreichen Übernahme der Herrschaft und Sicherung des dynastischen Fortbestandes durch die Zeugung mehrerer Kinder kommt es zum erwarteten Tabubruch, indem die Herzogin nach Loherangrins Namen und damit seiner Herkunft fragt, dieser sie verlassen muss und von dem Schwanenboot wieder abgeholt und nach Munsalvaesche gebracht wird. Dass die im *Parzival* knapp erzählte Handlung um Loherangrin von den Rezipienten mit Gaheries' *Schwanen-Aventiure* assoziiert wurde, ist aufgrund des prägnanten Motivs des Schwanenboots[294] sehr wahrscheinlich.

Wolframs Loherangrin-Geschichte trägt zum Schluss des *Parzival* zu einem »irritierenden Perspektivenwechsel«[295] bei, da sie der Dichtung einen »doppelten Schluß«[296] beschert, der neben der erfolgreichen Mitleidsfrage und Krönung Parzivals auch das nur knapp dargestellte Scheitern und anschließend ungewisse Schicksal seines Sohnes beinhaltet. In Anlehnung an KARL BERTAU bezeichnet BUMKE Wolframs *Parzival* daher als »offenes Werk«.[297] Zu dieser Offenheit trägt ebenfalls bei, dass dieser Schluss als Mythos fungiert, indem die genealogische Herkunft realhistorischer Personen in das Zentrum der Erzählung rückt und dabei als wunderbar begründet wird.[298] Diese Offenheit kann als zentrifugales Moment angesehen werden, das supplementär ist, was nicht zuletzt durch die *Lohengrin*-Fortsetzung bestätigt wird. Zentripetal hingegen ist, dass dieser disharmonische Schluss auf für die Parzival-Handlung wesentliche Aspekte abzielt.

> In Wolframs *Parzival* [...] wird nicht nur Loherangrîns Herkunft als Parzivals Sohn (826,22) und Gralsgesandter (823,27ff.; 824,27ff.) zumindest für die Rezipienten deutlich, sondern das Tabu wird darüber hinaus noch aus der Vorgeschichte des Vaters be-

---

[293] Zu dieser Begründung vgl. KELLNER 2004, S. 140, KOLB 1985, S. 35 und MOSHÖVEL 2011, S. 268.

[294] Nicht zuletzt die Betitelung der Geschichte in den Überschriften als *aventüre vomme swan* zeigen, wie prägnant das Motiv ist.

[295] JOACHIM BUMKE: Parzival und Feirefiz – Priester Johannes – Loherangrin. Der offene Schluß des *Parzival* von Wolfram von Eschenbach, in: Deutsche Vierteljahrsschrift für Literaturwissenschaft und Geistesgeschichte 65, 1991, S. 236–264, S. 236.

[296] Ebd. Zu diesem doppelten Schluss gehört nach BUMKE auch die Ausgestaltung der Feirefiz-Figur und seines Sohnes Johannes zum Ende, die – wie Lohehrangrin – ebenfalls dem »Harmonieprogramm« entgegenstehe (vgl. ebd.).

[297] Ebd.

[298] Vgl. KELLNER 2004, S. 133 und KOLB 1985, S. 26. Zu den Grundzügen mythischer Erzählungen vgl. BEATE KELLNER: Ursprung und Kontinuität. Studien zum genealogischen Wissen im Mittelalter, München 2004.

gründet: Das Frageverbot, dem alle Gralsboten bei ihrer Aussendung unterliegen, erscheint durch die unterlassene Mitleidsfrage Parzivals determiniert (819,3ff.). Insofern korrespondiert es mit dem vorausgehenden Frageverbot.[299]

Dieses Frageverbot, das durch den Gral als wunderbar begründet wird, bestimmt die Handlung und den negativen Schluss schicksalhaft vor:

> Damit [mit dem Frageverbot] ist das Scheitern dieser Herrschaft im Grunde vorprogrammiert: Wenn ein Land nicht weiß, wer sein Herr ist; eine Ehefrau ihren Ehemann nicht kennt; die Kinder nicht wissen, wer ihr Vater ist, so muß das früher oder später zu schweren Konflikten führen, weil ein Land sich über seinen Herrscher definiert, eine Ehefrau über ihren Ehemann, das Kind über seinen Vater.[300]

Loherangrin und seine Familie sind demnach von vornherein zum Tabubruch verdammt, da die Anlage der Gral-Regel im Kontext mittelalterlich-adeligen genealogischen Denkens keinen anderen Weg zulässt.

Die Frage, welche Bezüge zwischen diesen beiden Handlungssträngen im *Rappoltsteiner Parzifal* entstehen, drängt sich regelrecht auf. Den beiden Erzählungen ist gemein, dass sie mythische Elemente enthalten, dabei hauptsächlich zentrifugal wirken und dabei die anderen Handlungsstränge stark konterkarieren. Dabei greifen beide auf das Motiv des Schwanenboots als unvorhersehbares Glück bzw. Unglück zurück, indem diese über das Motiv als Höhe- bzw. Tiefpunkte eines prinzipiell sich zyklisch wiederholenden Schicksalslauf dargestellt werden. Dass konkretere Verbindungen zwischen den Geschichten kaum zu ziehen sind, führt zur gegenseitigen Verrätselung und verstärkt damit den mythischen Charakter. Beide Erzählungen demonstrieren die Macht wunderbarer Regeln, die den Verlauf des Geschehens schicksalhaft vorprogrammieren. Beide Schwanenboot-Geschichten zeichnen ein fatalistisches Bild der Zukunft und der Vorherbestimmung durch Wundergegenstände, die sich gegen die höfische Gesellschaft richtet. Beide bilden Kontrapunkte zu den Erfolgsgeschichten der anderen Ritter.

3.4.4. Segramors

Das die Segramors-Handlung einleitende Pferdediebstahl-Motiv dient nicht nur dem kausal hergeleiteten Protagonistenwechsel, sondern es stellt auch eine Verbindung von Segramors zu Gawan her, die ähnlich komplementär ist wie die Gawans zu Parzival.[301] Auf den ersten Blick erscheint diese Verbindung lediglich in

---

[299] KELLNER 2004, S. 140.

[300] BUMKE 1991, S. 243.

[301] Die Darstellung Gawans als Arzt in der Urjans-Episode findet keine direkte Entsprechung in der Segramors-Episode. Dennoch fällt auf, dass medizinische Motive über die

dem Motivzitat zu liegen, da Segramors' knapper Bericht des Diebstahls (RP 628,20–45) nicht die Komplexität der Urjans-Episode mit ihren Verweisen auf die früheren Geschehnisse am Artushof und der Verbindungen zur Orgeluse-Handlung aufweist. Die Umstände sind nicht wie bei Gawan mit der Biographie der Figur verbunden, indem die Identität des Diebes eine Rolle spielen würde, die den Protagonisten in einem anderen Licht erscheinen lässt. Einzig die Verbindung zum Kern des Motivs (das Pferd des Helden wird gestohlen und er muss auf einem schlechteren reiten) scheint zu bestehen.

Auf den zweiten Blick werden jedoch weitere Parallelen deutlich. Segramors' entwendetes Pferd trägt, wie Gawans Gringuljete, einen Namen: Morel (RP 629,20; 646,4; 647,2; 648,6), wodurch Einzigartigkeit und Hochwertigkeit des Pferdes ausgedrückt werden und gleichzeitig eine Gleichrangigkeit beider Pferde, die sich auf deren Besitzer niederschlägt, impliziert wird. Eigentlich bilden Gauvain/Gawan und Gringalet/Gringuljete eine Ausnahme in der Artusliteratur, da die Freundschaft zwischen Pferd und Ritter bei keinem anderen Duo derart intensiv dargestellt wird.[302] Das Diebstahl-Motiv ist an diesen beiden mehrmals durchgespielt, z. T. auch in der Variante, dass Gringalet Gawan im Schlaf gestohlen wird (wie bei Segramors),[303] wobei am Ende immer klar wird, dass Gringalet und Gawan zusammengehören oder Gringalet sogar nur von Gawan kontrolliert werden kann.[304] Besonders interessant ist MARJOLEIN HOGENBRINKS Beobachtung, dass Gauvains/Waleweins Unbeständigkeit in Liebesbeziehungen durch die Beständigkeit der Bindung zu Gringalet konterkariert wird.[305]

> The loyalty to Gringalet, already visible in Chrétien's works, form a contrast to Walewein's traditional fickleness in relationships with women. It is possible that the bond with the horse could be conceived as a substitute for the lack of a permanent girlfriend.[306]

Dass Gringuljete ein auf Gawans Persönlichkeit zugeschnittenes Pferd ist, ist dem deutschsprachigen Publikum seit Hartmanns *Erec* bekannt.[307] Dieser Bezug hat

---

gesamte Handlung auftauchen, nämlich in der Heilung Parzivals sowie der zweifachen Verwundung und Heilung Segramors selbst.

[302] Vgl. MARJOLEIN HOGENBIRK: Gringalet as an Epic Character, in: The European dimensions of Arthurian literature, hg. v. BART BESAMUSCA, FRANK BRANDSMA, Woodbridge, UK/Rochester, NY 2007, S. 65–78, hier: S. 66.

[303] Vgl. ebd.

[304] Vgl. ebd., S. 73.

[305] Ebd.

[306] Ebd., S. 76.

[307] Bei Hartmann heißt das Gawans/Wawans Pferd Wintwalite, ist aber das *beste[n] rosse wære geriten / daz ie ritter gewan* (Er. 4715f.). Keye versucht Erec und Enite an den

im *Rappoltsteiner Parzifal*, verglichen mit der Kombination der Segramors-Episode mit dem *Conte du Graal*, eine zusätzliche Qualität, da Wolfram Gringuljete erstens durch das Hinzufügen einer Hintergrundgeschichte ursprünglich von Munsalvaesche stammen lässt (Pz. 540,6ff.) und zweitens auch Parzival ein mit Namen versehenes Pferd aus Munsalvaesche andichtet, das sogar einen ähnlichen Beinamen trägt.[308] In Morels Fall fehlt zwar so eine genealogische Verbindung, doch über das Pferdediebstahl-Motiv und den Namen des Pferds wird Segramors paradigmatisch zum Protagonisten erhoben. Auch bei Morel ist ein Bezug zu den Konstellationen der Frauen zu Segramors in der Teilerzählung festzustellen, indem es sich bei den Gegnern Segramors' nicht nur um Pferdediebe, sondern auch um Frauenentführer und Vergewaltiger handelt. Dass ihn gerade sein Pferd Morel durch den reißenden Fluss trägt, damit er am anderen Ufer seine spätere Geliebte retten kann, zeigt eine Einheit von Pferd und Ritter, die der von Gawan und Gringuljete nicht unähnlich ist. Anders als Gringuljete ist Morel aber kein Substitut für eine Dame, sondern scheint Segramors maskuline Aggressivität zu unterstützen.

Mit dem Protagonistenwechsel von Parzival auf Segramors geht auch ein Wechsel des Erzählstils einher, der textgenetisch mit dem Wechsel auf *Manessiers Fortsetzung* zu erklären ist. Dies betrifft vor allem die Beschreibung der Kämpfe, die Manessier wesentlich weniger topisch, sondern plastischer und innovativer als die vorangegangenen Forstsetzer gestaltet. Vergleichsweise innovativ ist z. B., dass bei den Kämpfen in der Festung der Pferdediebe und Frauenschänder auf die Tjost verzichtet wird und Segramors aus ritterlicher Fairness von vornherein zu Fuß kämpft (RP 640,15ff), dass einer seiner Gegner mit einer Hellebarde bewaffnet ist (RP 640,19) und dass er gegen *fier grosse geburn* (RP 642,14) zugleich kämpft. Die Kämpfe sind detailliert beschrieben und weisen dennoch ein hohes Erzähltempo auf, wie folgendes Beispiel zeigt:

> die helenbarte huob er hohe gar
> unde wonde in slahen, do velet er.
> Sagremors spranc einsit us ein halp sper,
> do er ginen sach slahen ein ungefuoc.
> der do mit aller maht sluoc
> möhte den slac widerhaben niht
> und sluog in die erde die riht

Artushof zu locken und entwendet zuvor Wintwalite. Selbstverständlich scheitert er und Gawan, der rechtmäßige Reiter, ist wenig später erfolgreich.

[308] *mit den rôten ôren Gringuljete* (Pz. 339,29); *mit den kurzen ôren Ingliart* (Pz. 389,26). Dass Gringuljete rote Ohren hat, ist eine Auszeichnung für ihre hervorragende Qualität und passt zu Wolframs Assoziierung der Tiere mit dem Gralreich, da die Eigenschaft ein Kennzeichen anderweltlicher Tiere ist (vgl. ebd., S. 69).

> die helenbarte einz schuohes tief.
> Segremors do nüt enslief,
> er gap gimme mit swerte einen slac,
> e er die helenbarte zu gewag,
> (RP 640,42–641,8)

Auffallend ist, dass der Detailreichtum der Kämpfe dieser Episode mit einer exponierten Darstellung von z. T. grotesker Gewalt kombiniert ist, bei der die Körper der Gegner in beinahe heldenepischer Manier verstümmelt werden. Dem ersten ritterlichen Gegner spaltet Segramors Helm und Gehirn zugleich (RP 641,11–13). Dem zweiten Ritter (dem Pferdedieb) schlägt Segramors zunächst den rechten Arm ab, worauf dieser bis zu einem Brunnen flieht, darin hineinstürzt, durch das Gewicht seiner Rüstung zu Boden gezogen wird und jämmerlich ertrinkt (RP 642,5ff.). Der erste der *geburn* wird bis zum Gürtel gespalten (RP 642,30f.) und dem zweiten das Bein am Oberschenkel abgeschlagen (RP 642,31ff.). Die restlichen beiden Gegner fliehen, doch Segramors setzt ihnen nach und teilt einen von ihnen in zwei Hälften (RP 643,4ff). Der letzte Verbliebene zieht den Freitod vor, indem er, in bester Kenntnis der Lage der Festung (RP 643,8), aus dem Fenster springt, sodass er sich durch den Sturz *hals und lip* (RP 643,11) bricht.

Die Brutalität und Geschwindigkeit der Kämpfe stellt zwar einen Bruch mit dem bisherigen Erzählstil des *Rappoltsteiner Parzifal* dar, doch knüpft sie hinsichtlich der Figurendarstellung Segramors an die vorhandene Tradition an. Segramors wird bereits bei Chrétien und Wolfram als regelrechter Heißsporn dargestellt, nämlich als erster Herausforderer in der sog. Blutstropfenszene (vgl. CdG V. 4216–4273 und Pz. 284,30ff.). Bei Chrétien erhält die Figur gleich bei ihrer ersten Nennung einen Beinamen, der auf deren Ungestüm bzw. Überstürztheit zurückgeht: *Saigremor, qui par son desroi / Estoit Desreez apelez.* (CdG 4220f.). Durch den Beinamen ist die Figur nicht gänzlich negativ, jedoch zumindest als in Konflikt mit dem höfischen Ideal der *mâze* konnotiert, da *deroie* bei Chrétien nach WENDELIN FOERSTER »losrennen, sich überstürzen, sich übermütig benehmen« und *desreé* »unbändig, zügellos« bedeuten.[309] Den von Chrétien noch erklärten Beinamen der Figur behält die *Erste Fortsetzung* bei, indem sie in *Karados' Buch* neben anderen Rittern auch *Saigremor le Desreé* (*C*1 5285) im Rahmen des Turniers nennt. Die Bearbeiter des *Rappoltsteiner Parzifal* übersetzen dies als *den unsittigen Segremor* (RP 94,6), was eher den Konflikt zum höfischen Ideal als das generell ungestüme Verhalten der Figur ausdrückt und den Akzent damit anders setzt. Wolfram verzichtet auf den Beinamen seiner Vorlage und setzt im *Parzival* eine bildhafte Ausführung an dessen Stelle, die sich durch einen kulturellen Transfer

---

[309] WENDELIN FOERSTER: Kristian von Troyes. Wörterbuch zu seinen sämtlichen Werken, Halle a. d. Saale 1914, hier: S. 110.

mit komischen Effekt (Segramors, versichert der Erzähler, würde für einen Kampf
den Rhein überqueren) auszeichnet und dabei die in der Vorlage eher allgemeine
Eigenschaft der Wildheit der Figur auf einen unbändigen Kampfseifer verengt
und somit an die nachfolgende Handlung anpasst:

> beide lief und spranc,
> Segramors, der ie nâch strîte ranc.
> swâ der vehten wânde vinden,
> dâ muose man in binden,
> odr er wolt dermite sîn.
> ninder ist sô breit der Rîn,
> sæher strîtn am andern stade,
> dâ wurde wênec nâch dem bade
> getast, ez wer warm oder kalt:
> er viel sus dran, der degen balt.
> (Pz. 285,1–10)

Neben dieser Konkretisierung der Eigenschaft beinhaltet Wolframs Darstellung
der Figur jedoch auch ein allgemeines Ungestüm, das besonders deutlich wird,
wenn Segramors bei Wolfram das Königspaar nicht nur aufweckt (vgl. CdG V.
4230f.), sondern ihnen gleich die Bettdecke wegreißt (vgl. Pz. 285,16ff.). Zudem
bindet Wolfram Segramors genealogisch in die Artussippe ein, indem er Ginover
zu dessen *niftel* (Pz. 285,21) macht. Zu dem Ungestüm stellt Wolfram die Uner-
fahrenheit der Figur, die durch ihre Jugend (*junge stolze âne bart* [Pz. 286,23])
impliziert wird. Der Erzähler bewertet Segramors, dessen Rüstung mit goldenen
Glöckchen behangen ist, sarkastisch als eitel und hochmütig:

> man möht in wol geworfen hân
> zem fasân inz dornach.
> swems ze suochen wære gâch,
> der fünde in bî den schellen:
> die kunden lûte hellen.
> (Pz. 286,30–287,4)

Mit den Glöckchen stellt Wolfram eine Parallele zu dem Ritter Karnahkarnanz
her, dessen ebenfalls mit Glockchen behangene, schillernde Rüstung in Opposition zu Parzivals natürlich-adeliger, lichtgleicher Schönheit dargestellt und dabei
degradiert wird. Dass der *unbescheiden helt* (Pz. 287,5) Segramors ebenfalls den
Konflikt mit Parzival verlieren wird, ist bereits absehbar, wenn er in der Blutstropfenszene mit einem Fasanen, Parzival hingegen mit einem Falken gleichgesetzt und dadurch die Hierarchie der Figuren deutlich gemacht wird.[310]

---

[310] Der dritte im Bunde ist Keye, der sich nach der Tjost Parzival zu der verwundeten
Gans unter den Baum retten muss.

Vor diesem Hintergrund liest sich das Verhalten Segramors' in Manessiers Pferdediebstahl-Episode als Fortführung und Auserzählung der Tradition der Figur. Dass Segramors dem Pferdedieb nachhetzt und Parzival mit neun Gegnern allein lässt, der Aufruf des Fallgitter-Motivs aus dem *Yvain/Iwein* und anschließend die brutalen Kämpfe, bei denen Segramors von hier nach dort hetzt, erscheinen als weitere narrative Umsetzung seines Beinamens. Nur in einem Punkt bricht Manessier mit der Tradition: Es fehlt die negative Konnotation von Segramors' Verhalten. Weder wird er vom Erzähler abgestraft, noch hat sein Ungestüm negative Konsequenzen auf der Handlungsebene (das Fallgatter verfehlt ihn und sein Pferd; er besiegt alle Gegner). Dass die positiv konnotierte, narrative Umsetzung der Kardinaleigenschaft der Figur die erste Episode der Segramors-Handlung dominiert und Parzival zunächst als Protagonist ausfällt, macht deutlich, dass die folgende Handlung auf Segramors als Protagonist zugeschnitten ist.

Die zweite Episode der Segramors-Handlung dient vor allem der Parallelisierung Segramors zu Parzival und Gawan. Sie ist zwar wesentlich konventioneller gestaltet, doch gerade dadurch wird Segramors positiver dargestellt und als vollwertiger Protagonist gestärkt. Grundsätzlich funktioniert dies über die Parallelisierung der Episode um die *Burg der Jungfrauen* zu Episoden der anderen beiden Helden: einerseits zu den Episoden in Belrapeire und Bearosche und andererseits zu Munsalvaesche und Schastel Marveil. Wie auch in Bearosche und Belrapeire befindet sich die *Burg der Jungfrauen* offensichtlich in einem Kriegszustand bzw. unter Belagerung (RP 647,39ff.). Grund dafür ist die unerwiderte Minne des Belagerers Talides, der eine junge Dame in der Burg zur Ehe zwingen will, worin eine Parallele zu dem Belagerer Clamadeu/Clamide, der Blanscheflur/Cundwiramurs ebenfalls zur Ehe zwingen will, im *Conte du Graal* und im *Parzival* besteht. Eine weitere Parallele besteht zu dem Belagerer Meliant/Meljanz aus der Gawan-Handlung. Diese fällt jedoch in Kombination mit Wolframs *Parzival* stärker aus als mit dem *Conte du Graal*, da Wolfram den Konflikt der Episode von einem Turnier, das auf den Wunsch der umworbenen Dame stattfindet, zu einem unfreiwilligen Belagerungskrieg verschärft.[311] Ein weiterer gemeinsamer Aspekt mit der Gawan-Episode liegt in dem Thema von konfligierenden Verwandtschafts- und Lehnsverhältnissen, wobei dies ausschließlich in Wolframs Version zu finden ist, vor allem, indem er den Vater der umworbenen Dame (Lippaut) zum Lehnsmann des werbenden Aggressors (Melianz) macht.[312] In der Segramors-Episode um die *Burg der Jungfrauen* begegnet dieses Thema, wenn auch weniger ausgeprägt, in der heimlichen Warnung des Bruders der umworbenen Dame vor Talides Angriff, da dieser Bruder zugleich Talides Lehnsmann ist (RP 653,8–29). Der

[311] Vgl. Bumke 2004, S. 80.
[312] Vgl. ebd.

Ausgang der Episode ähnelt ebenfalls der Bearosche-Episode, da Segramors Sieg über Talides dazu führt, dass dieser sich gegenüber den Damen demütig und friedvoll verhält und daraufhin die Ehe zwischen ihm und der umworbenen Dame einvernehmlich geschlossen wird.

Des Weiteren ergibt sich eine Parallele zu Wolframs Schastel Marveil-Episode, allerdings erst in Kombination mit einer Parzival-Episode aus *Wauchiers Fortsetzung*. Als Gawan nach Schastel Marveil gelangt, muss er feststellen, dass Parzival bereits vor ihm dort war, aber nichts unternommen hat, um die seltsamen Umstände der Wunderburg weiter zu ergründen und die dort gefangenen vierhundert Damen zu befreien. Dadurch, dass nicht Parzival, obwohl er dort war, sondern Gawan diese Erlösungstat auf sich nimmt und die Wunderburg mit der Gralburg parallelisiert wird, erscheint das Abenteuer um Schastel Marveil Gawan vorbehalten.

Ein ähnliches Verhältnis ergibt sich aus der Tatsache, dass auch die *Burg der Jungfrauen* bereits vor Segramors von Parzival besucht wurde, nämlich innerhalb von *Wauchiers Fortsetzung* (RP 409,39–422,30). Parzival schlägt während seines Besuches auf der zunächst fast menschenleeren Burg dreimal eine Glocke, obwohl er von den Damen zuvor gewarnt wird, dass darauf etwas Schreckliches passieren werde. Nach dem dritten Schlag erfährt Parzival jedoch, dass er richtig gehandelt habe: Den mutigen Rittern werde in der *Burg der Jungfrauen* eine gute Bewirtung gewährt, während die feigen wieder hinausgeschickt werden (RP 419,42ff.). Nach der Bewirtung schläft Parzival ein, erwacht am nächsten Morgen im Freien und die Burg ist verschwunden. Die Episode ist ein Tugendtest Parzivals und steht, besonders durch das wundersame Verschwinden der Burg, das auch Gawan widerfährt, in Bezug zu den Gralbesuchen der *Fortsetzungen*. Konrad Sandkühler sieht die Aufgaben der Burgen dem jeweils anderen Protagonisten vorbehalten.

> Wir haben da einen schlagenden Gegensatz zwischen der Aufgabe Percevals und Gauwains: Perceval, der Geistsucher, schläft im Schloß der Jungfrauen ebenso plötzlich ein, wie Gauwain, der Schützer der Frauen, im Gralsschloß einschläft.[313]

> Für Saigremor ist es wieder anders: er tritt in besonders hohem Maße als uneigennütziger Beschützer der Frauen auf.[314]

Wenn die Zuordnung der Burg der Jungfrauen zu Gawan tatsächlich von Wauchier angeregt war, aber bewusst offen gelassen wurde, dann wird diese Publikumserwartung von Manessier enttäuscht, indem er Segramors anstatt Gawan das Abenteuer bestehen lässt. Die Übernahme der Gawan-Motive zu Beginn passt zu dieser Umbesetzung.

---

[313] Sandkühler 1960, S. 184.
[314] Sandkühler 1964, S. 240.

Das Ergebnis im *Rappoltsteiner Parzifal* sieht allerdings etwas anders aus als von SANDKÜHLER gezeichnet, der sich auf die französischen Versionen bezieht. Anstatt wie bei Schastel Marveil einfach vorbeizureiten bewährt sich Parzival auf der Burg der Jungfrauen zumindest teilweise. Während es aber bei Parzival um den Beweis ritterlicher Tugenden im Zusammenhang mit der Gralsuche geht, spielt sich bei Segramors die Aufgabe auf einer politischen Ebene ab, indem das Zusammenspiel von Minne, Verwandtschaftsbeziehungen und ritterlichem Codex zu einem kriegerischen Konflikt führt. Der Ort, an dem sich die beiden Protagonisten bewähren, ist derselbe, doch die Ebenen der Bewährungen divergieren. Durch dieses Verhältnis und das zuvor aufgerufene Motiv des Pferdediebstahls, das bei Gawan der Schastel Marveil-Episode vorangeht, sowie die Ausgestaltung des Konflikts nach den durch Minne motivierten Belagerungen der Parzival- und Gawan-Handlungen erscheint die Episode um die *Burg der Jungfrauen* als kombinierte Variation von Schastel Marveil und Bearosche.

Die letzte Episode der Segramors-Handlung ist ebenfalls eine Variation bekannter Episoden und Elemente der Parzival- und Gawan-Handlung, wobei die Prägung der Segramors-Figur durch die Tradition, wie auch in der Pferdediebstahl-Episode, aufgegriffen und die Figur positiver dargestellt wird. Äußerst erstaunlich ist, dass bei Manessier das Bild von Segramors, den selbst der größte Fluss (i. e. der Rhein) nicht vom Kampf abhalten kann, mit dem Wolfram im *Parzival* die Figur einführt (s. o.), narrativ umgesetzt ist. Es wirkt beinahe so, als hätte Manessier Wolfram beim Wort genommen. Allerdings handelt Segramors in der Episode nicht, wie bei Wolfram dargestellt, aus dem Drang zu kämpfen, sondern im Dienste der höfischen Ordnung und zum Wohle anderer, indem er die junge Dame vor einer Vergewaltigung bewahrt und dabei einen reißenden Fluss durchquert:

> eine furt tief unde gros er sach,
> ginsit dez wassers daz geschach:
> do totent zwene ritter torheit gros.
> sü hettent eine maget uz gezogen blos,
> die under einre hütten sas
> und vol jomers und leide waz
> [...]
> Segremors erhorte ir ungemach.
> uf der stat do ers bevant,
> er sprangete in die furt zehant.
> daz wasser so tief waz, wüssent daz,
> daz er noch versunken waz.
> wie swer er wer gewefent joch,
> so truog in us sin guot ros doch,
> daz der sattel enwart nie nas.
> (RP 662,46–663,31)

Segramors handelt hier ohne Nachdenken oder Zögern, was durchaus der Tradition entspricht. Das Ignorieren der tödlichen Gefahr durch den Fluss zieht jedoch nicht die befürchtete negative Konsequenz für dieses Handeln nach sich. Nach dem humorvollen Gedankenspiel des Erzählers zum unüberlegten, übermütigen Voranstürmen als Segramors Kardinallaster im *alten Perzefal* (nach Wolfram) scheint eben dieses Gedankenspiel im *nuwen Parzefal* (nach Manessier) episch verwirklicht. Dass Manessier Wolframs Bild kannte oder sogar bewusst darauf Bezug genommen hat, ist unwahrscheinlich. Naheliegender ist, dass er auf schon bei Chrétien vorhandene Szenen der Parzival- und Gawan-Handlungen anspielt, nämlich auf Parzivals Episode im Zelt der Dame und Gauvains Sprung über die gefährliche Furt.

Im *Rappoltsteiner Parzifal* sind die Bezugspunkte die wolframschen Varianten, also die Jeschute-Szene und Gawans Sprung über *Li gweiz prelljus*: Parzival zögert, den von Bäumen beschatteten, seichten Fluss zu überqueren. Anschließend raubt Parzival Jeschute einen Ring, eine Spange, eine Mahlzeit und nicht zuletzt einen Kuss. Die Szene im Zelt ist durch den mehrfachen Raub einerseits und die auf die weiblichen Reize fokussierte Beschreibung des Erzählers und den Kuss andererseits mit einer Mischung aus Gewalt und Sexualität konnotiert, womit die Möglichkeit einer Vergewaltigung Jeschutes durch Parzival durchgespielt wird (vgl. Pz. 131,1–30).[315] Dennoch wirkt die Szene, da sie durch Parzivals *tumpheit* gebrochen ist, zugleich auch humorvoll. Die Segramors-Episode ist mit Parallelen und kontrastierenden Brüchen dazu angelegt, indem Segramors den reißenden Fluss durchquert und anschließend die Dame vor der Vergewaltigung rettet.

Die Darstellung der Flussüberquerung weist zudem ein ähnliches Verhältnis zu Gawans Sprung über die gefährliche Furt auf, wobei Gawan den ebenfalls reißenden Fluss nur mit Mühe überquert. Gawan muss dabei sein Pferd aus dem Fluss retten und hat Probleme mit dem Gewicht seiner Rüstung (vgl. Pz. 602,29ff.). Segramors hingegen wird von seinem Pferd trotz des ausdrücklichen Gewichts der Rüstung sicher an das andere Ufer gebracht (RP 663,24ff.). Er ist wird dieser Episode somit sowohl zu Parzival als auch zu Gawan komplementär dargestellt. Damit ist die Figur nicht nur motivisch, sondern auch erzähltechnisch an Wolframs Doppelroman rückgebunden, indem diese komplementäre Figurendarstellung bereits in dem Verhältnis von Parzival und Gawan besteht.[316]

---

[315] Dass die Szene bereits bei Chrétien auf eine Vergewaltigung anspielt, zeigen nicht zuletzt deren Weiterverarbeitungen in den *Fortsetzungen* (vgl. BRUCKNER 2009, S. 86).

[316] Siehe dazu, auch im Kontext des *Rappoltsteiner Parzifal*, CHEN 2015, S. 163. CHEN bespricht komplementäre Verhältnisse auch für Nebenfiguren in Bezug auf Parzival (vgl. ebd., S. 171), nicht aber für die weiteren Protagonisten.

Der zweite Teil der Episode um die gerettete Dame bildet zugleich den Schluss der Segramors-Handlung. Sie wiederholt das Verwundungsmotiv und lässt Segramors in derselben Art und Weise aus der Handlung scheiden, wie er eingeführt wurde. Ein bemerkenswerter Aspekt hinsichtlich dieses Schlusses entsteht durch eine ausschließlich im *Rappoltsteiner Parzifal* überlieferte Passage, deren Ursprung nicht mit absoluter Sicherheit bestimmbar ist.[317] Diese insgesamt 78 Verse umfassende Passage akzentuiert und stärkt das Minne-Thema, da sie von der zeitgleichen Ohnmacht Segramors und der geretteten Dame berichtet und dabei die Wunde und den drohenden Tod und die Ohnmacht als Liebeskrankheit stilisiert:

> alle die do worent, iekliches sprach,
> daz sü werent beide tot,
> unde worent alle leidig der not.
> nieman sol wunder nemen das,
> sü wüstent nüt, waz der sachen waz,
> unde enhetten die oventüre nüt gesehen,
> die in beiden waz geschehen.
> [...]
> sü worent dem tode glich.
> do begunde Segremors freischlich
> wol zwürunt süfzen sere.
> er sprach 'herregot, durch din ere
> sist noh hütte der helfer min.'
> do tet er uf die ougen sin

---

[317] Die Verse RP 667,5–668,41 haben keine Entsprechungen in den französischen Handschriften der *Manessier Fortsetzung* (Vgl. ROACH 1949–1985, S. 354; SANDKÜHLER 1964, S. 241; WITTMANN-KLEMM 1977, S. 12). Darüber, ob sie aus der Feder der Straßburger Bearbeiter stammen oder bereits in deren Vorlage vorhanden waren, kann nur spekuliert werden. Die Betonung und Akzentuierung der Minne-Thematik könnte auf die im Epilog des *Rappoltsteiner Parzifal* aufgemachte Programmatik des *minnebuochs* verwiesen. Allerdings wäre ein solcher Zusatz äußerst untypisch für die Straßburger Bearbeiter, da sie sich selbst in den längeren Zusätzen darauf beschränken, auf bereits Erzähltes zu verweisen und – außer der Anwesenheit Artus' und der Tafelrunde auf Munsalvaesche – keine Inhalte erfinden. In Karlsruher Hs. weist zudem nichts darauf hin, dass dieser Zusatz von den Bearbeitern stammt. Der Text der Passage (263vb–264rb) ist fortlaufend geschrieben und deren Anfang und Ende sind nicht einmal durch kleine Initialen hervorgehoben (im Gegensatz zu den aus dem *Conte du Graal* und *Manessiers Fortsetzung* eingefügten Passagen auf 51vb, 307va und 308rb, die alle mit einer Initiale bzw. Großinitiale eingeleitet werden). Daher halte ich es für wahrscheinlicher, dass die Passage bereits in der französischen Vorlage vorhanden war und irgendwann in der Überlieferungskette durch einen Redaktor hinzugefügt worden ist. Auch WITTMANN-KLEMM stellt Überlegungen zur Herkunft der Szene an, zieht aber nicht die anderen Handlungsstränge der *Fortsetzungen* als Motivspender in Betracht (vgl. ebd., S. 80).

> unde jach: 'ir herren, got behute üch alle gar.'
> donoch begonde er nemen war,
> daz do lag die maget geslaht
> durch sinen willen in unmaht,
> alse ir wol gehört hant hie.
> zuo der megede er do gie
> und nam sü zwüschent die arme sin
> und sprach: 'schöne juncfrowe min,
> wüssent, ich stirbe sicherlich,
> ir wellent danne trösten mich,
> wande durch mich, daz weis ich wol,
> sint ir herzeleides vol:
> redent zuo mir nuwant ein clein.
> herzeliebe juncfrowe rein,
> sint sicher daz mir nüt enwirret,
> wanne daz min herze ist verirret,
> durch daz ir geborent so jemerlich.'
> die maget mit der reden guetlich
> kam zuo ir selber wider.
> darnoch begondent die zwei sider
> einander trösten und wurdent gemeit
> gar one ale valscheit
> unde gebortent rehte, alse die
> zwei geliebe gewesen sint ie.
> (RP 667,20–668,32)

Außer in dieser Passage wird das Thema Minne an keiner anderen Stelle des Textes direkt auf Segramors bezogen. Ohne diese Passage unterscheiden sich die Dankbarkeit und Pflege während der anschließenden Genesung kaum von dem, was Parzival zu Beginn der Segramors-Handlung erfährt. Die Wiederholung des Genesungs-Motivs ist ein Signal dafür, dass Segramors, wie Parzival und Gawan zuvor, nun als Protagonist abgelöst wird.

Der Zusatz des *Rappoltsteiner Parzifal* fügt diesem Wechsel jedoch nicht nur *happy ending* hinzu, sondern er akzentuiert die Episode und damit auch die gesamte Segramors-Handlung neu, indem Segramors durch das Verwundungs-Motiv Segramors zu einem vorbildlichen Minner stilisiert wird, der in Kontrast zu allen seinen vorangegangenen Gegnern steht, die Minne, ob nun als barbarische Vergewaltigung (erste und dritte Episode) oder Zwang zur Ehe (zweite Episode), durch Gewalt erzwingen wollen. Indem Segramors als Bekämpfer der Vergewaltiger auftritt, erscheint seine Geschichte – trotz der Abwesenheit von Gral, Lanze oder sakral-wunderbarer Überhöhung – als eines der im *Prologus* angekündigten Erlösungsabenteuer. Dort wird erzählt, dass nach dem Verschwinden der Jungfrauen und der Entrückung des Hofs des Reichen Fischers die Vergewaltiger von den Artusrittern verfolgt werden (s. o., S. 163ff.). Dazu passend kämpft Segramors auf der Seite der Nachfahren der Jungfrauen, da diese laut dem *Prologus* u. a. die *megede* (!) *burg* erbaut haben.[318] Dies steht zwar in gewissem Widerspruch, da Artus mit diesen Nachkommen Krieg führen sollte, doch passt es in die Logik, die der Teilerzählung als Erlösungstat zugrunde liegt: Indem verhindert wird, dass sich die für den Missstand verantwortliche Gewalttat wiederholt, wird der Missstand selbst aufgehoben. Dies wird besonders dadurch deutlich, dass die Serie aus Rettungen von Damen schließlich in einer vorbildlichen Liebesverbindung des Protagonisten endet.

Insgesamt bietet die Teilerzählung damit einen alternativen Weg zur Erlösung, der mit einem zu den anderen Protagonisten alternativen Heldenentwurf verbunden ist. Es birgt eine erzählerisch konstruierte Ironie, dass ausgerechnet die Figur Segramors, die in den Szenen bei Wolfram und Chrétien für die Überschreitung höfischer Beherrschung steht und z. T. komisch überzeichnet ist, als Bekämpfer der Frauenschänder eingesetzt wird, da er damit die ultimative Überschreitung höfischer *mâze* und Regeln bekämpft. Der zuvor negativ konnotierte extreme Kampfeseifer der Figur erfährt eine ins Positive gekehrte Perspektivierung, wodurch sich dieser Held von den anderen abhebt. In gewisser Weise wird so eine Biographie der Figur vom ungestümen, eitlen Jüngling zum vorbildlichen Frauenbeschützer erzählt, die schlaglichtartig die späteren Heldentaten gegen das Fehlverhalten der früheren Episoden kontrastiert. Erreicht wird dieser Entwurf durch das variierte Wiederholen verschiedener Motive, Strukturen und Orte anderer Handlungsstränge des *Rappoltsteiner Parzifal*.

3.4.5. Der Schöne Taugenichts

Laut Sandkühler »[ist] die Episode mit dem Schönen Bösen und seiner hässlichen Freundin wohl eines der seltsamsten Abenteuer des ganzen Werks.«[319] Diese Einschätzung geht sicherlich darauf zurück, dass es schwerfällt, einen Zusammenhang der Episode (RP 386,3–394,7) zum Rest des Werks festzustellen, selbst wenn man nach paradigmatischen Verbindungen nach dem Vorbild der anderen Handlungsstränge sucht. Obwohl sie Teil einer langen Sequenz mit Parzival als

---

[318] Bereits Sandkühler stellt diese Verbindung her: »Ursprünglich war das Schloß der Jungfrauen eher ein Wohnort von Feen und hängt zusammen mit der Brunnengrotte der hilfreichen Feenwesen, die in der «Elucidation» [...] den unschuldigen Ursprung der Übel und der Gralsgegnerschaft bilden, da ihnen ein Bösewicht Gewalt antut und aus der Verbindung dieses Bösewichts mit den Jungfrauen bösgesinnte Gralsgegner entstehen« (Sandkühler 1964, S. 240).

[319] Sandkühler 1960, S. 181.

Protagonisten ist, scheint sie nicht durch dessen mehrfache Suche motiviert und wirkt auf den ersten Blick, als sei sie an eine beliebige Stelle eingeschoben. Der Schöne Taugenichts und seine Freundin werden abgesehen von der Nennung in kollektiven Listen nicht wieder erwähnt. Die Erzählung wirkt wie ein Feenmärchen im Mini-Format und ist in sich geschlossen.[320] Ein genauerer Blick zeigt allerdings, dass sie Gemeinsamkeiten zu den Kindheits-Episoden Parzivals, der Begegnung mit den Rittern im Wald und dem ersten Besuch am Artushof aufweist. Anders als in den bisher besprochenen Beispielen geschieht dies aber weniger über konkrete Motive oder Figuren als vielmehr über einen bestimmten Diskurs, in diesem Fall den Diskurs um das Wahrnehmen und Verstehen der höfischen Welt.

Obwohl die Episode zu Beginn aus Parzivals Sicht fokalisiert ist, wird sein Status als Hauptfigur nicht sehr deutlich profiliert. Vielmehr nehmen der Schöne Taugenichts und seine Freundin diese Funktion ein, indem an ihnen beinahe didaktisch fortgeführt wird, wie Erkennen und Verstehen der höfischen Welt funktionieren. Parzival hingegen dient einerseits als Negativbeispiel und verliert damit zugleich an Relevanz, da er keine Ausnahme bildet, sondern, wie auch der Rest des Artushofs (Artus selbst ausgenommen), die Schönheit der Dame nicht erkennt. Dies wird deutlich, wenn man den Zuschreibungen von *torheit, wisheit, unsin* und *lachen* durch die Episode folgt. Wie Parzival die Ritter im Wald zunächst für den Teufel, dann für Engel bzw. Gott hält (Pz. 120,1ff.) und damit Fehleinschätzungen unterliegt, so hält er die hässliche Dame für einen Teufel:

> er wonde, daz sü ein tüvel wer
> und keme durch erschrecken in der.
> [...]
> Parzifal lachen do began,
> daz er sach den ritter schon
> fuern einen tüvel so ungeton:
> ungeschaffenre envant man niht.
> (RP 387,1–11)

Auch diese Einschätzung erweist sich in der Retrospektive, zum Ende der Episode, als Fehlwahrnehmung. Parzivals Lachen ist in dem Unverständnis begründet, dem diese Fehlwahrnehmung zugrunde liegt, da es aus Sicht der Figur die Diskrepanz in der Schönheit bzw. Hässlichkeit des Paars und damit der Stellenwert als höfische Figuren ein Widerspruch ist. Seine Begründung, *schinphen und lachen ist gewonlich* (RP 387,22), vermag weder den Schönen Taugenichts noch den Rezipienten zufriedenzustellen. Dass Parzivals Wahrnehmung und Begreifen der höfischen Welt jedoch defizitär ist, deutet sich bereits in den Reden des Schönen Taugenichts an, indem er Parzival als *hochfertig tore* (RP 387,14) und den

---

[320] Vgl. Sᴀɴᴅᴋüʜʟᴇʀ 1964, S. 248.

Kampf ohne Schwert als *unsin* (RP 388,16) bezeichnet sowie Parzivals Aufforderung zum unritterlichen (und vor allem unnötigen) Ringkampf als *witze oder torheit* (RP 388,22) in Frage stellt. Dass der Schöne Taugenichts sich hervorragend
im höfischen Verhalten auskennt, steht im Kontrast zu seinem Namen, der nur
vermeintlich ein sprechender Name, tatsächlich aber eine gegenteilige Bezeichnung der Figur ist.[321] Dies deutet bereits auf die Pointe der Episode hin, dass äußerer Schein und innerer Kern nicht immer aufeinander verweisen.

Parzival ist jedoch keinesfalls die einzige Figur der Episode, welche die Schönheit nicht wahrnimmt. Alle anwesenden Ritter und auch Ginover reagieren in
gleicher Weise mit Gelächter (RP 392,37–41). Allein Artus scheint nicht in das
Gelächter eingestimmt zu haben und nimmt in der scharfen Zurechtweisung
Keyes die didaktische Moral der Teilerzählung vorweg:

> daz horte der künig wolgezogen
> und wart enzündet sere.
> zehant sprach der künig here:
> ‚Keygin, sint sicher al fürwar
> ir werdent niemer sinnig gar.
> die fruht, die nüt zitigen kann,
> ferfluochet si sü und der man,
> der zallen ziten daz böste ret
> und des eine gewonheit het,
> daz er sich mag enthaben niht,
> er spotte aller der die er siht
> mit böser zungen, die er het‘.
> (RP 393,8–19)

Wie auch bei Parzival liegt Keyes Defizit darin, dass er *niemer sinnig* ist. Dass
Keyes Hang zum Spotten mit dessen *gewonheit* erklärt wird, korreliert daher wohl
nicht zufällig mit Parzivals Erklärung, sein Lachen sei *gewonlich*. Auch wenn Artus in der angeführten Passage Keye direkt anspricht und eigens auf ihn eingeht
(*uf üch han ich die rede geret* [RP 393,20]), so ist sie doch auffällig allgemein formuliert und passt auf Keye, Parzival, die übrigen Ritter und Ginover gleichermaßen. Eine besondere Ironie liegt darin, dass Artus mit der Frucht, die nicht reif
werden kann, einerseits sowohl auf Keyes und Parzivals Unvermögen, sich zu ent-
wickeln, anspielt, andererseits aber auch die Entwicklung der hässlichen Dame zur

---

[321] Im Mittelhochdeutschen heißt die Figur der *schöne Böse* (RP 389,29), was als Opposition zu *biderbe* verstanden werden kann, zugleich aber auch unedel, d. h. nicht-höfisch
bedeutet. Der Name des Ritters spiegelt damit die Schönheit seiner Freundin wider, indem
er dem Namen nach, d. h. äußerlich, zwar unedel, innerlich aber vorbildhaft ist. Dass er
dazu noch *schöne* genannt wird, bringt eine weitere Reflexion mit ein, indem es diese Dif-
ferenz zwischen Innen und Außen im Namen sichtbar werden lässt.

feenhaften Schönheit vorwegnimmt. Wie der Schöne Taugenichts reagiert auch Artus auf das Gelächter mit Zorn. Sie fungieren in dieser Episode als vorbildliche Figuren, die als einzige den tatsächlichen höfischen Wert erkennen und verstehen können sowie die höfisch angemessenen Verhaltensweisen beherrschen. Durch den Glauben an die Schönheit der Dame, das Erkennen ihres hinter der äußeren Fassade liegenden höfischen Werts, wird die Dame verwandelt. Dies ist nicht nur eine Erlösung der Dame, sondern auch eine Wiederherstellung der höfischen Ordnung, die sich in der vorherigen Fehlwahrnehmung (fast) des gesamten Hofs zeigt.

Über Verbindungen zu Parzivals Kindheits-Episoden entfaltet die Episode ein noch größeres Potential im Diskurs. Zunächst besteht eine strukturelle Parallele in der Episoden-Serie aus *Wauchiers Fortsetzung*, in welche die Episode eingebettet ist, indem Parzivals Ausritt aus Soltane invertiert durchlaufen wird: Der Episode um den Schönen Taugenichts geht ein Aufenthalt Parzivals bei Cundwiramurs in Belrapeire voran (RP 371,44ff.), welches nun reich und fruchtbar ist; ihr folgt Parzivals Rückkehr in den Wilden Wald, wo er seiner ihm bisher unbekannten Schwester begegnet (RP 394,8ff.). Die Stationen aus Wolframs *Parzival* bzw. Chrétiens *Conte du Graal* werden damit rückwärts durchlaufen, wobei allerdings die Gurnemanz- und Jeschute-Episoden keine Entsprechungen haben und die Begegnung mit den Rittern mit der Ankunft am Artushof zusammengefasst ist.[322] Die Stellung der Episode ist also keinesfalls beliebig, sondern erzeugt Sinn.

Auch die Motive spielen mit invertierten Parallelen. Anstatt dass Parzival die Schönheit der Ritter als engelsgleich wahrnimmt, hält er die hässliche Dame für teuflisch. Beides erweist sich als falsch. Dieser Aspekt erhält durch die Kombination mit Wolframs *Parzival* im *Rappoltsteiner Parzival* einen gewichtigen Unterschied zu der Kombination mit Chrétien, da erst bei Wolfram Schein und Sein von Schönheit bereits durch die Wahrnehmungen Karnahkarnanz und Parzivals, aber auch vor allem durch Parzivals strahlende Schönheit problematisiert sind. Überraschend passend ist der Kontrast, der sich daraus im Hinblick auf die Darstellung von Parzival und der hässlichen Dame ergibt, die eben nicht wie Parzival als Lichtgestalt, deren Adel sofort wahrgenommen wird, sondern als *ruosvar, unrein, ruch, swarz* und *vinsterre* (RP 386,11–30) erscheint und deren wahre Schönheit sich erst noch zeigen wird. Dadurch wird der Diskurs um Schönheit, Adel, Erkennen und höfisches Verhalten noch komplexer und die Inversion zielt noch deutlicher auf die Parzival-Figur selbst ab.[323]

---

[322] HINTON sieht Parzivals Wiederkehr in den Wilden Wald mit dem Thema der Buße verbunden (vgl. HINTON 2012, S. 121–125).

[323] Die Parallele zur Gralbotin Kundrie, deren Hässlichkeit ebenfalls nur in Wolframs Version als offensichtlicher Kontrast zu Parzivals äußerer Schönheit gestaltet ist. Anders

3.5. Konnex

Der Zusammenhalt der Teilerzählungen ergibt sich aus wiederholten und variierten Erzählmustern und Themen, die mehreren Teilerzählungen gemein sind und dadurch Kohärenz generieren. Aus diesen immer wieder auftauchenden Elementen ergibt sich, so meine These, ein Konnex des heterogenen Ensembles. Das Zentrum allein im werkhistorischen Kern zu verorten, greift zu kurz, da es sich mit jeder Retextualisierung des Kerns verschiebt, indem die Sinnpotentiale des Kerns nicht nur aufgegriffen und variiert, sondern zugleich erweitert werden. Je mehr Retextualisierungen vorgenommen werden, desto öfter wird das Zentrum verschoben. Die vorangehenden Kapitel haben gezeigt, dass die einzelnen Teilerzählungen des *Rappoltsteiner Parzifal* zwar bis auf gemeinsame Schnittstellen und Synchronisationen weitgehend autonom sind, sich ihre vollen Sinnpotentiale aber erst im Ensemble entfalten, indem sie sich vielfach konterkarieren. In vielen Aspekten ist dieses Ensemble heterogen.

Umso mehr stellt sich die Frage, worin die gemeinsamen Nenner dieses Ensembles liegen. Den Wiederholungen und Variationen der Erzählelemente können bei der Beantwortung dieser Frage eine Schlüsselrolle zugesprochen werden. Die immer wieder neu erzählten Szenen, Motive und Muster sind nicht nur Motor der literarischen Produktivität der *Fortsetzungen*, sondern sie stiften als gegenseitige Variationen Kohärenz. CHEN hat gezeigt, dass diese Widersprüche von den Straßburger Bearbeitern als »gestalterisch-interpretatorisches Prinzip«[324] eingesetzt und durch selektive Kombination hervorgerufen werden. Gleiches kann für widersprüchliche oder sich konterkarierende Varianten gleicher Erzählkonstellationen festgehalten werden. Trotz aller Heterogenität weisen die Teilerzählungen Tendenzen in Form von immer wiederkehrenden Themen und Mustern auf, die diese durch variierende Wiederholung verbinden und sich als Schnittmengen, als Konnex bestimmen lassen können.

Aus den Analysen der Teilerzählungen lassen sich drei Aspekte ableiten, die beinahe allen Teilerzählungen gemein sind: Biographisches Erzählen, das Zusammenspiel von kausaler und finaler Motivation und das Erzählen von Minne im Kontext höfischer Gesellschaftsordnung. Diese drei Schnittmengen sind nicht nur Konstanten im *Rappoltsteiner Parzifal*, sondern sie lassen sich – so abstrakt, wie sie hier formuliert sind – durchaus auch als Grundzüge der Gattung Artusroman im Allgemeinen beschreiben. Eine Erklärung dafür liegt sicherlich darin, dass das Ensemble so heterogen ist, dass man sich auf der Suche nach Konstanten auf die

---

als Kundrie wandelt die hässliche Dame aber nicht ihre Kleidung, sondern es ist ihr Körper selbst, der eine Verwandlung erfährt.

[324] CHEN 2015, S. 332.

Ebene dieser Grundzüge zurückziehen muss. Dies bedeutet aber, dass der *Rappoltsteiner Parzifal* tatsächlich als eine Summe der Gattung gelten kann, indem er diese zwar nicht gänzlich, aber doch einen bestimmten Ausschnitt erfasst. Dennoch lassen die Schnittmengen bestimmte Tendenzen erkennen, die nicht für jeden Text der Gattung selbstverständlich sind und den Grundzügen eine charakteristische Ausprägung geben, wie in den folgenden Beschreibungen der Schnittmengen deutlich wird.

3.5.1. Heldenentwürfe und mythische Ursprünge

Eine Gemeinsamkeit der Teilerzählungen ist, dass sie in immer neuer Wiederholung neue Varianten von ähnlichen Geschichten anbieten, die an den Protagonisten als jeweils verschiedene Heldenentwürfe festgemacht werden können. Die vorangehenden Kapitel haben gezeigt, dass die einzelnen Teilerzählungen ihre vollen Sinnpotentiale erst im Ensemble entfalten, indem sie sich im Paradigma der Wiederholungen durch Variation gegeneinander profilieren. In den allermeisten Fällen führt die Kombination der *Fortsetzungen* mit Wolframs *Parzival* zu einer Verdichtung der Bezüge und damit zu Steigerungen dieser Potentiale. Dabei werden auch Motive und Sinnhorizonte aus Texten aufgenommen, die nicht in der Kompilation enthalten sind.

Die Autonomie der Teilerzählungen ist mit ihren gegenseitigen Verweisen und Bezugspunkten aber nicht aufgehoben, wozu vor allem die Heterogenität der Wiederholungen beiträgt, sodass sich kein einzelner, alles verbindender Aspekt herauskristallisiert. Zwar ist in fast allen Fällen zu beobachten, dass Themen des *Prologus* aufgegriffen scheinen, doch handelt es sich in keinem dieser Fälle um »Gralerlösungserzählungen«[325], welche die Geschichte Parzivals wiederholen, indem der Gral oder der Hof des Fischers gefunden würden. Bezeichnend ist, dass die anderen Protagonisten zwar durchaus als Erlöser fungieren, indem sie fremdverschuldete Missstände der höfischen Gesellschaft, meist gattungstypisch verknüpft mit dem Minne-Thema, beheben. Dies geschieht jedoch immer auf unterschiedliche Art und Weise, immer mit unterschiedlichen Schwerpunkten und zu dem immer erfolgreich. Dabei sind die Geschichten gegenläufig zueinander angelegt.

In *Karados' Buch* ergeben sich sowohl motivische als auch erzähltechnische Parallelen zu Wolframs *Parzival*, doch die breitere Überschneidung liegt im adelig-genealogischen Diskurs, genauer: der narrativen Darstellung des Zusammenhangs ritterlicher Tugend, adeliger Abstammung und Erziehung. Damit verbunden ist

---

[325] Störmer-Caysa 2011, S. 425.

das Minne-Thema, das seinerseits mit Tugendidealen verbunden ist. Karados' Geschichte ist als höfische *enfance* grundsätzlich biographisch angelegt und scheint die textchronologisch vorangehenden Handlungsstränge (um Parzival und Gawan) zu konterkarieren, wobei der mit dem Protagonisten verbundene Heldenentwurf in der Kombination mit Wolfram weniger spannungsreich ist als in der Kombination mit Chrétien, da Wolframs Helden ambivalenter gestaltet sind. Die größte Wiederholung liegt darin, dass der gesamte Diskurs an einer Heldenbiographie entfaltet und wieder geschlossen wird. Programmatisch angebunden ist *Karados' Buch* über die Themen Erlösung, Tugend und Minne, die sich im *Prologus* und Epilog widerspiegeln.

In der Gingelens-Handlung, die ebenfalls als *enfance* gelten kann, wird derselbe Diskurs aufgegriffen. Narrativ ist sie jedoch anders angebunden, da ihre Wiederholungen vor allem in Motivzitaten der Parzival-Handlung bestehen, wobei diese auch hier durch Variation konterkariert wird. Trotz der episodischen Struktur ist über die Figur Gingelens eine weitere Heldenbiographie in den *Rappoltsteiner Parzifal* eingeschrieben, die als Erfolgsgeschichte höfischer Anlagen und Erziehung konzipiert ist und damit einen anderen Weg einschlägt als die anderen Kindheitserzählungen. Eine Anbindung an die programmatischen Passagen, wie sie für *Karados' Buch* gilt, ist jedoch nicht zu verzeichnen.

Die *Schwanen-Aventiure* legt narrativ die Funktionsweisen der Gattung Artusroman offen, indem Brüche von kausaler und finaler Motivation über die Darstellung zyklischer Zeit regelrecht ausgestellt werden. Damit reflektiert sie die Motivationsstrukturen der Gattung inklusive der übrigen im *Rappoltsteiner Parzifal* enthaltenen Teilerzählungen, indem sie deren mit den Erlösungstaten vorbestimmten Ausgänge wiederholt bzw. vorwegnimmt. Zugleich setzt die *Schwanen-Aventiure* einen Kontrapunkt, indem der Ausgang fatalistisch und der Held durchweg passiv gestaltet sind. Motivische Anklänge zu anderen Handlungssträngen führen zu diffusen Verbindungen, von denen u. a. durch die potentielle Unabgeschlossenheit in Verbindung mit dem Schwanenboot-Motiv eine deutliche Parallele zur Wolframs Loherangrin-Schluss, der Verwundung Anfortas' und den übrigen mythisch funktionalisierten Binnenerzählungen entsteht. Programmatisch ist die Teilerzählung sehr nah an den *Prologus* angegliedert, indem die Wiederherstellung der durch ein Minnevergehen zerstörten Ordnung als wiederholter zyklischer Kreislauf dargestellt ist.

Der Handlungsstrang um Segramors wiederholt variierend Motive der Gawan- und Parzival-Handlung. Er steht mit dem Vergewaltigungs-Motiv dem Programm des *Prologus* nahe und entspricht ebenfalls dem im Epilog eröffneten Rahmen von Tugendidealen und Minne. Der Schlüssel zur Interpretation dieser Teilerzählung liegt in der Variation der Segramors-Figur, deren kennzeichnende Eigenschaft eine positive Perspektivierung erfährt, wodurch die hierarchische

Unterlegenheit, die in Wolframs *Parzival* zu Parzival und Gawan aufgemacht wird, relativiert wird. Segramors avanciert von der überzeichneten Nebenfigur zu einem zwar übereifrigen, aber dennoch erfolgreichen Protagonisten.

Auch in der Episode um den Schönen Taugenichts ist eine Emanzipation einer Nebenfigur zu beobachten, wenn auch eher in Ansätzen. In der Kombination mit Wolfram scheint der Diskurs um (Fehl-)Wahrnehmung von Schönheit in der höfischen Gesellschaft wiederholt. Dass die Freundin des Schönen Taugenichts durch dessen Glauben an ihre Schönheit äußerlich verwandelt wird, macht auch diese Erzählung zu einer Erlösungserzählung und einem Minne-Tugend-Exempel, indem ein Missverhältnis der höfischen Gesellschaft beseitigt wird.

Diese unterschiedlichen Profile der Geschichten ergeben sich aus ihrer Heterogenität. Sie führt dazu, dass die Teilerzählungen nicht als Seitenstränge einer an der Parzival-Figur orientierten Kernfabel gelten können, sondern der biographische Rahmen, wie er für (andere) arthurische Versromane typisch ist, wird gesprengt. Dieses Merkmal teilt der *Rappoltsteiner Parzifal* mit dem *Prosa-Lancelot* bzw. dem *Vulgate-Zyklus*, wenn auch mit Einschränkungen, weshalb ein kurzer Vergleich hinsichtlich des Stellenwerts der Biographien der Helden durchaus lohnend ist. In Anschluss an Douglas Kelly und François Suard u. a. sieht Friedrich Wolfzettel den *Vulgate-Zyklus* im Kontext einer »Rehistorisierung«[326] nach dem Vorbild von Heiligenviten, welche anstelle der symbolischen Faktur des Versromans ein »plurale[s], kollektive[s] Abenteuer«[327] setze. Die Verortung der Handlung in der Heilsgeschichte führe zu einem »Verlust des Mythischen«[328], dessen »Absolutheit und Fortsetzungslosigkeit«[329] dadurch ersetzt würden, dass die Protagonisten nun als Beispiele fungieren.

> Nicht eine einzelne Vita wird konsequent verfolgt; vielmehr überkreuzen sich verschiedene Viten, und diejenige des zentralen Helden Lancelot besitzt nunmehr eine Leitfunktion, aber keinen Ausschließlichkeitsanspruch mehr.[330]

> In einem pluralen, beinahe synchronen Textgebilde, dessen eigentliches Kennzeichen das *entrelacement* ist, dient jede der Einzelhandlungen, auch die des Haupthelden, als

---

[326] Friedrich Wolfzettel: Der Lancelot-Roman als Paradigma. Vom geschlossenen symbolischen Stil des chrétienschen Versromans zur offenen Welterfassung der Prosa, in: *Lancelot*. Der mittelhochdeutsche Roman im europäischen Kontext, hg. v. Klaus Ridder, Christoph Huber, Tübingen 2007, S. 13–28, hier: S. 16.

[327] Ebd.

[328] Ebd., S. 20.

[329] Ebd. in Rückgriff auf Walter Haug: Das Land, von welchem niemand wiederkehrt. Mythos, Fiktion und Wahrheit in Chrétiens *Chevalier de la Charrete*, im *Lanzelet* Ulrichs von Zatzikhoven und im *Lancelot*-Prosaroman, Tübingen 1978.

[330] Wolfzettel 2007, S. 16.

exemple, das nach einer weitergehenden Deutung ruft, die entsprechenden Koordinaten aber werden schon mitgeliefert.[331]

Ähnlich argumentiert bereits RALF SIMON, der vor dem Hintergrund des lotmannschen Sujets eine Veränderung vom Mythos der Versromane zu einem biographischen Erzählen im *Prosa-Lancelot* feststellt, was zugleich zu einer »Dezentralisierung«[332] der Handlungseinheiten führe. Die daraus entstehende Aufhebung des mythischen (sich immer wiederholenden) Erzählens zu einem Erzählen von einer einmaligen, historischen Biographie führe dazu, dass auch die weiteren Protagonisten die Zentren ihrer jeweils eigenen Geschichten seien:

> Wenn freilich die Geschichte Lancelots ein singuläres Ereignis ist, dann wird dadurch ein Raum für die anderen Geschichten der Ritter frei. Sie sind nicht mehr usurpiert durch den mythologischen Isomorphismus und können als Realität je für sich erscheinen. Dies scheint der Ursprung der verschiedenen Rittergeschichten im Prosa-Lancelot zu sein und ebenso der Ursprung der Technik des entrelacements.[333]

Eine generelle Dezentralisierung, die mit einem pluralen Erzählen und als Exempel fungierenden Protagonisten einhergeht, trifft auch auf den *Rappoltsteiner Parzifal* zu. Damit erhalten die Biographien der Figuren tatsächlich mehr Eigengewicht und lassen sich nicht als Teile derselben Geschichte lesen. Das Wenige, was der Epilog an Leseanleitung bietet, zielt genau auf diese Vorbildhaftigkeit der Figuren ab und ist dazu der einzige programmatische Anker, den die Straßburger Bearbeiter setzen. Mit der Exempelhaftigkeit verbunden ist die Tendenz zu einem historischen Erzählen, das durch die Eingliederung der Handlung in die Heilsgeschichte und in ein chronikal bestimmendes Zeitgerüst unterstützt wird.[334] Anders

---

[331] Ebd., S. 26.

[332] RALF SIMON: Die Interferenz der Texte im Roman als Ursprung seiner Möglichkeit. Poetologische Überlegungen zum *Prosa-Lancelot*, in: Artusroman und Intertextualität, hg. v. FRIEDRICH WOLFZETTEL, Gießen 1990, S. 147–164, hier: S. 153.

[333] Ebd. Dies werde auch nicht durch die Gralssuche als ordnungsbildendes Moment aufgehoben, da diese ebenfalls heilsgeschichtlich eingebunden sei (vgl. ebd., S. 155). Die anderen Handlungsstränge weisen sogar über diese Suche hinaus: »Das Prinzip der graduellen Abstufung der anderen Rittergeschichten trägt die Logik der romanhaften Dezentralisierung mitten in die Gralssuche hinein. Daß Galaat den Gral erreicht, ist nicht eigentlich das Sujet-›Ereignis‹ der ›Queste‹, denn es ist das, was der quasimythologische Isomorphismus ihm an Funktion zuschreibt. Ereignishaft ist vielmehr, was an der Peripherie dieser Bestimmungen passiert. Ereignishaft ist das zwischen Verdammung und Erhörung schwankende Ringen Lancelots und das gänzlich außerhalb des Gralsbereiches stehende Verhalten Gaweins und Hectors, deren bloßes Dasein deutlich macht, daß das, was dieser Text an Wirklichkeit in sein ästhetisches Kalkül einbezieht, umfassender ist, als die Existenz Galaats sein kann« (ebd., S. 157).

[334] Vgl. WOLFZETTEL 2007, S. 19.

als bei einer »›echten‹, nämlich syntagmatisch-referentiellen Historisierung«[335] geschieht die übergreifende Sinnstiftung aber hauptsächlich auf paradigmatischer
Ebene, indem die einzelnen Erzählstränge sich zwar überschneiden, aber nicht
linear miteinander verknüpft sind, sodass der Eindruck von Kausalität oder einer
großen, gemeinsamen Weltgeschichte entstehen würde. Dies ist besonders an den
sequentiell interpolierten Teilerzählungen zu sehen, deren Stellung zwar z. T. be-
deutungsrelevant ist,[336] für den übergreifenden Verlauf aber nicht festgelegt sein
müssten. Sie sind nicht so eingebunden, dass man von einem rhizomatischen Text
sprechen kann, sondern sie weisen deutliche Zäsuren auf, die sie als Einzelge-
schichten erkennbar machen. Hinzu kommt, dass zwar über die Verortung des
Grals, vor allem nach Wolfram, und die Typologie der Figuren die Gesamthandlung einem heilsgeschichtlichen Muster folgt, dabei aber nur wenig konkret in die
Heilsgeschichte eingeordnet wird. So sollte man im Rückgriff auf MATHIAS HER-
WEG im Falle des *Rappoltsteiner Parzifals* nicht von einer Historizität, sondern von
immanenter Historisierung sprechen.

> Da der Historizitätsbegriff dem oben bestimmten Verständnis nach nicht ohne syntag-
> matischen Horizont zu denken ist, muß die [...] ›immanente Historisierung‹ konzep-
> tuell scharf von ihm abgehoben werden. ›Immanente Historisierung‹ läuft mithin eher
> auf ein Surrogat von Geschichten hinaus, wie es moderne Fantasy- oder Science-Fic-
> tion-Literatur bietet, als auf die imaginierte Historizität, die für Werke wie RvB [*Rein-
> frit von Braunschweig*], *Lohengrin* oder den *Jüngeren Titurel* charakteristisch erscheint.[337]

Die Erzählwelt bleibt die Welt des Artusromans, die ihren eigenen Regeln und
Gesetzen folgt und keine Universalhistorie beschreibt. Es handelt sich, trotz der
deutlichen Überschreitung des an einen einzelnen Protagonisten gebunden Romans, nicht um eine »historiale Umgestaltung des Gralsujets«[338], wie sie im *Jüngeren Titurel* zu finden ist.

> Sinn und Wahrheit des ›Jüngeren Titurel‹ sind nicht mehr über eine (in diesem Fall
> nachgerade exorbitante) Symbolstruktur vermittelt, sondern über die *veritas historiae*
> und die *veritas naturae* materiell garantiert. [...] Statt ritterlicher Questen und Indivi-
> dualschicksale wird globales Heilsgeschehen entfaltet, in dessen Rahmen göttliche
> Machterweise die stoffüblichen Märchenwunder ersetzen oder radikal umwerten. Ab-

---

[335] MATHIAS HERWEG: Wege zur Verbindlichkeit. Studien zum deutschen Roman um
1300, Wiesbaden 2010, S. 105.
[336] Z. B. indem die *Schwanen-Aventiure* an den Handlungsstrang um den erschossenen
Ritter anschließt und so die Motive enger verknüpft werden.
[337] Ebd., S. 102.
[338] Ebd., S. 106.

solut chronologisch fixiert und relativchronologisch [sic!] gegliedert, tritt der Stoff wieder in die Bahnen der irdischen Geschichte ein.[339]

Der *Rappoltsteiner Parzifal* weist zwar eine relative Chronologie auf, doch scheint er eine absolute Verortung regelrecht zu verweigern. Besonders deutlich wird dies im *Prologus*, der die Vorgeschichte in eine mythische, unbestimmte Vorzeit setzt und zeitliche Differenzen aufhebt. Damit geht einher, dass das mythische Erzählen als Erzählprinzip nicht verschwindet, indem es auf der Ebene der einzelnen Teilerzählungen durchaus noch vorhanden ist. So ist z. B. *Karados' Buch* zwar auf das Jahr genau in der Chronologie der Gawan-Handlung verortet und darüber auch mit den anderen Handlungssträngen zu synchronisieren, doch ist diese Verortung in der Zeit ohne Relevanz für die Teilerzählung und es wird mit dem *happy ending* des doppelten Tugendbeweises ein deutlicher Schlusspunkt gesetzt, der ein Fortsetzen in einem linearen Zeitkontinuum regelrecht ausschließt.

Als Elemente mythischen Erzählens können auch die Vorgeschichten gelten, die zwar die Hintergründe der erzählten Geschichten (z. B. der *Prologus* und die Binnenerzählungen zu Parzivals Tugendproben) gelten, da sie wunderbare Elemente zwar erklären, diese Erklärungen aber nicht wie im *Prosa-Lancelot* heilsgeschichtlich,[340] sondern mythisch argumentieren. Auch der Stellenwert der Wiederholungen ist etwas anders als beim Prosa-Zyklus zu bewerten. Zwar teilt der *Rappoltsteiner Parzifal* mit ihm die charakteristische »Eigenart: das Spiel der Wiederholungen, Variationen und Echos, das die Handlung paradigmatisiert und den einzelnen Motiven ihre Einzigartigkeit raubt«[341], doch werden dadurch die Bedeutungen der wiederholten Elemente keinesfalls geschwächt,[342] sondern sie vervielfachen sich mit jeder weiteren Wiederholung und führen durch die ständige Variation dazu, dass auch die vorangegangen Durchführungen (paradigmatisch) neu gelesen werden. Wie bei einem herkömmlichen Artusroman »[bleibt] das Geschehen Exempel, wird nicht zum Geschichtsausschnitt, [ist] die Präsentation statisch, nicht diachron«[343]. »Weltlauf- und Geschichtsdeutung«[344] beschränken sich

[339] Ebd., S. 106. Vgl. auch Mathias Herweg: Fiktionalität und enzyklopädisches Schreiben. Versuch einer Standortbestimmung, in: Zwischen Fakten und Fiktionen. Literatur und Geschichtsschreibung in der Vormoderne, hg. v. Merle Marie Schütte, Kristina Rzehak, Daniel Lizius, Würzburg 2014, S. 197–209, hier: S. 203.
[340] Vgl. Wolfzettel 2007, S. 23.
[341] Ebd., S. 24.
[342] Vgl. ebd.
[343] Herweg 2010, S. 103 Herweg bezieht sich hier auf Wirnts *Wigalois*, nimmt aber an anderer Stelle einen fiktionalen Modus für den Artusroman insgesamt an (vgl. Herweg 2014, S. 199).
[344] Herweg 2010, S. 72.

auf thematisch verknüpfte und damit eingegrenzte Einzelschicksale, die keinen Abschnitt einer universalen Geschichtsschreibung zu erfassen versuchen.

Insofern unterscheidet sich die Zyklizität des Ensembles von den von TETHER und SUNDERLAND als organisch beschriebenen Modellen der umfangreichen *Chanson de Geste-* und Prosa-Zyklen. Doch anders als bei einem einzelnen (nicht-zyklischen) Roman erhalten die Exempel im Ensemble spezifische Profile und lassen deren Helden individuell erscheinen, anstatt einen einzelnen, überindividuellen Helden hervorzuheben. Es werden verschiedene »counter-narratives«[345] präsentiert, die aber nicht allein auf die Biographie Parzivals abzielen, sondern untereinander ebenso Gegengewichte bilden. Dass in der gegenseitigen Variation nicht jeder Aspekt im vollen Umfang vorkommt,[346] ist nicht als Inkohärenz zu bewerten, sondern als integraler Bestandteil des variierenden Erzählens zu begreifen. Andersherum weisen die Teilerzählungen der alternativen Protagonisten auch Aspekte auf, die hingegen in Parzivals Erzählung nur schwach bis gar nicht zu finden sind[347] oder sogar gänzlich abseits davon geschaffen werden.[348] Dadurch entstehen zusätzliche Mengen an Bedeutungen, die mit der Fokussierung auf einen einzigen Strang als Haupthandlung nicht zu erfassen sind. Dieses Verhältnis ist bereits in Chrétiens Doppelroman angelegt:

> [...] the Perceval und Gauvain sections are constantly rewriting each other: the interlaced adventures of both heroes set up a pattern of recall and variation that forces us to connect their storylines and read across their corresponding differences.[349]

Die »unexpectedly doubled and decentred world",[350] die aus der gegenseitigen Variation entsteht, wird mit jedem weiteren Protagonisten komplexer und dezentrierter, da die Vermehrung der Erzählelemente nicht additiv ist, sondern sich vervielfacht, indem nicht nur der Vergleich der Protagonisten zu der vermeintlich zentralen Figur Parzival gezogen wird, sondern auch zu allen anderen Helden.

---

[345] SUNDERLAND 2010, S. 3.

[346] Z. B. spielt Kindheit in der *Schwanen-Aventiure* oder der Segramors-Handlung keine Rolle, doch es werden Vorherbestimmung bzw. höfisches Verhalten diskutiert.

[347] Z. B. bei Karados und Gawan die Lösung des zentralen Konflikts durch Vergebung.

[348] Z. B. das Pferdediebstahl-Motiv bei Gawan und Segramors oder die ehebrecherischen Schwarzmagier Clinschor und Elyafres.

[349] BRUCKNER 1996, S. 213.

[350] Ebd.

3.5.2. Kausalität und Finalität: Rachefabeln

Dass kausale und finale Motivation in Spannung zueinander stehen, ist keine Seltenheit im Artusroman. Bemerkenswert ist, dass diese Spannung in vielen Handlungssträngen des *Rappoltsteiner Parzifal* über die Themen Rache und Vorherbestimmtheit generiert wird. In der *Schwanen-Aventiure* wird das Verhältnis von Rache, Erlösung und Vorherbestimmtheit zu dem, was die gesamte Handlung antreibt.[351] Dieses Verhältnis ist in einem vermeintlichen Objekt verdichtet: der wunderbaren Lanzenspitze. Dieses Objekt entpuppt sich aber bald als das eigentliche Subjekt der Handlung, wohingegen Gaheries, der Held und das vermeintliche Subjekt der Geschichte, zum Objekt wird. Die Lanzenspitze und mit ihr die Rache kann am Ende nicht von Gaheries entschärft werden, sondern es bleibt mit dem wunderbaren Mechanismus ein potentiell unendlicher Kreislauf von vorherbestimmter Rache und Leid bestehen, der als nächstes den arthurischen Ritter selbst zu treffen droht. Damit werden vor allem der destruktive Aspekt der Rache und die Machtlosigkeit des Helden dargestellt. Die Frage nach dem, was einen guten Ritter ausmacht, erfährt eine fatalistische Antwort: Ritter sterben, egal, ob sie gut oder schlecht handeln wollen.

Eine weitere Variation des Rache-Themas ist in *Karados' Buch* eingeschrieben. König Karade bestraft Elyafres für den Ehebruch, woraufhin dieser von Yseve zur Einrichtung des Rache-Fluchs auf den gemeinsamen Sohn Karados anstiftet. Sowohl Karados als auch Elyafres befinden sich dabei in einem Dilemma, das durch höfische Maximen ausgelöst wird und gemeinsam mit dem Rache-Mechanismus eine explosive Mischung ergibt. Karados befindet sich in einem Dilemma zwischen leiblicher und ziehväterlicher Loyalität, Elyafres zwischen der leiblichen Vater-Sohn-Bindung und der Minne zu Yseve. Der Ausweg aus der Rache-Spirale funktioniert nur über Vergebung und Erlassen der Strafe, wie einerseits an der kurzen Versöhnungsszene zwischen Yseve und Karados deutlich wird, viel eindrücklicher aber noch am Enthauptungswettstreit, der diesen Ausweg vorwegzunehmen scheint, indem Karados die Strafe zwar annimmt, Elyafres sie ihm aber erlässt, dadurch den Wettstreit verliert und der genealogischen Bindung den höheren Wert als dem Ansehen zumisst. Spiegelbildlich dazu handelt König Karade, indem er die fehlende Verwandtschaft zu Karados ignoriert und ihn aufgrund seiner durch seine Handlungen bewiesenen Loyalität und Ansehen zu seinem Nachfolger ernennt. Auch in *Karados' Buch* wird also die destruktive Dynamik der Rache für die höfische Gesellschaft und die Möglichkeiten des Ritters, diese zu überwinden, diskutiert. Das Ergebnis fällt jedoch wesentlich positiver aus, indem durch die Minne und *triuwe* der Figuren, allen voran durch die Gyngeniers' und

---

[351] S. o., S. 186ff.

Karados', diese Überwindung gelingt. Diese Lösung scheint insofern vorherbestimmt, als der Erzählerkommentar zur Mitte der Erzählung den Frauenfiguren ein Typus-Antitypus-Schema zuschreibt und die Regeln des Fluchs auf Gyngeniers zugeschnitten sind.

In der Gawan-Handlung sticht ein Handlungsstrang dadurch hervor, dass die Handlung sowohl kausal als auch final motiviert ist. Dabei scheinen die beiden jedoch weniger in Spannung zueinander zu stehen noch miteinander synthetisiert zu sein, sondern mehr oder weniger unabhängig voneinander zu verlaufen. Dennoch wird Rache innerhalb der höfischen Gesellschaft auch hier problematisiert, indem mehrere Racheplots einander spiegeln. Als der Ritter Solimag in Gawans Geleit erschossen wird, schwört dieser, einerseits dessen Auftrag zu vollenden und andererseits ihn an seinem Mörder zu rächen. »Die unwürdige Waffe eines Wurfspießes erinnert unweigerlich an den jungen Perceval/Parzival bei seiner Tötung des Roten Ritters.«[352] Beide Vorhaben bleiben im Handlungsblock der *Ersten Fortsetzung* unvollendet, da Gawan Keye nicht überführen kann und auf der Gralburg einschläft, bevor er den Auftrag Solimags erfährt.

In *Manessiers Fortsetzung* werden beide Vorhaben jedoch reaktiviert: »Weil Rache eine Folge und auf die Ursache zu beziehen ist, ergibt sich eine explizite und partiell wiederholende Anknüpfung auch an die erste Fortsetzung.«[353] So fordert die Schwester Solimags die Hilfe Gawans ein, indem er statt ihres Bruders den Gerichtskampf gegen König Marguns für sie austrägt und anschließend in einem weiteren Gerichtskampf Rache an Keye nehmen soll.

Beide Gerichtskämpfe sind kausal durch Rache motiviert: Die Dame fordert Rache an Marguns, da er ihren Geliebten grausam hat umbringen lassen (Marguns Sohn hatte die Dame daraufhin hinrichten lassen),[354] Keye soll für den Mord an Solimag zur Rechenschaft gezogen werden. Durch Gawans doppelten Schwur sind sie zugleich final motiviert, da diese ein bestimmtes Ende voraussetzen.

Beide Male wird Rache für Gawan zum Problem, da er gegen seinen eigenen Schwur verstoßen muss, um die ritterlichen Maximen zu erfüllen. Kann Gawan im ersten Gerichtskampf noch ein Schlupfloch finden, indem er Marguns zu Artus anstatt zu der Dame sendet und so das Leben seines Gegners schonen kann, so ist im Kampf gegen Keye die Situation derart aussichtslos, dass nur ein Machtwort von Artus selbst die Dame zur Versöhnung bewegen und Gawans Racheschwur-Dilemma lösen kann.

---

[352] Chen 2015, S. 197.

[353] Störmer-Caysa 2015, S. 94.

[354] Dies wirkt in Kombination mit Wolframs Parzival wie eine verschärfte Version des Konflikts zwischen Orgeluse und Gramoflanz.

Beide Racheplots arbeiten mit spiegelnden Strafen (für den Tod des Geliebten stirbt Marguns Sohn, Keye soll für seinen Mord sterben), sind darin und auch motivisch (Enthauptungsmotiv) mit der Parzival-Handlung in *Manessiers Fortsetzung* verknüpft und bilden – wie so oft – komplementäre Gegenentwürfe. CHEN zeigt zu einigen unterschiedlichen Durchführungen des Rache-Motivs die unterschiedlichen Entwürfe, die damit verbunden sind, auf:

In Hinblick auf die letzte Gralaufgabe Percevals, die Tötung Partinals, erhält die Friedensstiftung Gauvains und des Artushofs unweigerlich positive Züge, die mindestens dem Gralgeschehen vergleichbar sind. Die Forderung zur Tötung als Voraussetzung der Heilung des Fischerkönigs macht Percevals anschließende Gralerlangung in der Tat zu einer privaten Angelegenheit der betroffenen Sippschaften. [...] Perceval wird die Aufgabe tatsächlich erfüllen, während Gauvain die seine in einer gemäßigten Form bewältigt. Doch sind es nicht die ethischen Qualitäten beider Ritterfiguren, die den Ausführungsgrad bestimmen. Paradoxerweise bedingen die Konsequenzen beider Racheakte deren unterschiedliche Handhabungen. Perceval hätte zur Tötung des Gralfeindes keine Alternative, da die Heilung des Fischerkönigs vom Racheakt abhängt. Hinzu kommt sein Versprechen [...]. Gauvain indes darf Keu nicht erschlagen, da dies zugleich einen Verrat an Artus bedeutete. Die dilemmatische Situation kann parallel zu Gauvains Kampf mit Bran de Lis [...] nur mit Artus' Selbstaufopferung in der Form von Herrschaftsaufgabe gelöst werden.[355]

Dabei zeigen diese vielfachen Durchführungen aber gerade nicht, dass Parzivals Weg ohne Alternative ist. Vielmehr führen die moderaten Lösungen, die ebenfalls in Konflikt mit Schwüren und Erlösungsaufgaben der Figuren stehen, diese Alternativen deutlich vor Augen. So ist es kein Zufall, dass die rachelüsterne Dame ausgerechnet die Rote Jungfrau heißt, was einerseits auf den ebenfalls mit der Farbe Rot assoziierten Partinias verweist, zugleich aber auch die Belastung mit Sünde veranschaulicht, die durch Blutrache hervorgerufen wird. Überdeutlich wird dies an dem hellen Wappen der Jungfrau, das Gawan in ihrem Auftrag mit Keyes rotem Blut färben soll:

> zwene löwen waren dran silberin.
> Do langete men im dar zehant
> daz sper, daran er daz venlin vant,
> daz er broht hette mit im dar,
> wande er sollte die löwen silbervar
> verwen in Keygins bluote.
> doch waz im darumbe nüt wol zemuote
> daz er Keygin sollte tuon daz
> (RP 709,28–35)

---

[355] CHEN 2015, S. 272.

Eine ähnliche Problematisierung findet sich im Gawan-Strang um Bran de Lis, der ebenfalls durch Rache motiviert ist. Bran will die Tode seines Bruders und seines Vaters an Gawan rächen, der beide versehentlich im Kampf getötet hat. Dies verbindet Bran mit einem Schwur, wodurch ein finaler Bogen entsteht. Dass Gawan zugleich einen Sohn mit Brans Schwester hat, schafft das Dilemma, da sich die Rache nun gegen den eigenen Verband richtet. Artus' Eingreifen entschärft zwar das destruktive Moment, doch die Problematisierung von Rache in der höfischen Gesellschaft bleibt, einmal ausgesprochen, bestehen.

Auch die Gawan-Partien des Wolfram-Teils reihen sich in diese Linie ein, was in der Kombination erstaunlich kohärent wirkt. Immer wieder führen die Verbindung von Schwur und Rache dazu, dass die höfischen Maximen des Helden oder anderer Figuren miteinander kollidieren. Vergulaht und Kingrimursel fordern Rache für Kingrisin, Meljanz für seine verletzte Ehre, Orgeluse für ihren Mann Cidegast, Gramoflanz für seinen Vater Irot.

CHEN ist dennoch zuzustimmen, dass auch Parzivals blutige Rache als gültige Alternative erzählt wird, was vor allem daran liegt, dass die Tat als göttlich vorherbestimmt erscheint, nicht zuletzt über die Darstellung Partinias. Dabei erhalten Kausalität und Finalität eine spezifische Ausgestaltung, die so nur im *Rappoltsteiner Parzifal* zu finden ist. Der Racheplot wird von *Manessiers Fortsetzung* geliefert und überlagert sich mit Wolframs final motiviertem Schluss, bei dem die Berufung Parzivals zum Gral auf moderne Leser recht willkürlich wirken kann.

Kausale und finale Motivation stehen trotz dieser unterschiedlichen Herkunft nicht in Konkurrenz zueinander, sondern bilden eine relativ harmonische Synthese, die man unter dem Stichwort des göttlichen Zorns zusammenfassen kann. *Manessiers Fortsetzung* setzt nach dem Zusammenfügen des Gralschwertes ein, bei dem allerdings ein kleiner Riss zurückbleibt. Dieser wird damit erklärt wird, dass Parzival zwar der beste Ritter sei, er aber noch Rache an Partinias üben müsse, der sowohl den Bruder des Gralkönigs, Goun von der Wüste, erschlagen habe als auch indirekt für dessen Verwundung verantwortlich sei. Nur so könne der König von seinem Leid erlöst werden. Partinias habe sich während eines Belagerungskrieges die Rüstung eines erschlagenen Ritters angelegt, um dann hinterlistig dem ungeschützten Goun den Kopf abzuschlagen. Das Schwert sei bei diesem Schlag zerbrochen.

Dass der die Ordnung restituierende Rache-Auftrag Parzivals in der höfischen Welt dennoch nicht unproblematisch ist, wird daran deutlich, dass sie als gerechter, göttlicher Zorn inszeniert werden muss. Partinias ist als Kontrastfigur zu Parzival entworfen, indem ihr negative Eigenschaften Parzivals in übersteigerter Form zugeschrieben werden. Als Parzival gegen Ende der Fortsetzung letztendlich zu Partinias gelangt, wird dieser als gottesfern dargestellt, was bereits mit der Beschreibung seiner Burg beginnt. Sie ist durch Menschen nicht einzunehmen

(RP 828,33ff.), allein einen himmlischen Angreifer erwägt der Hausherr als Gefahr:

> er enforhte nieman danne gottes has,
> weder kazze noch ebenhöhe, waz der was,
> imme enmöhte getuon nieman,
> es enkeme von deme himmele dan.
> (RP 829,3–7)

Dass Gott selbst von Partinias als Feind erwogen wird, spiegelt nicht nur Parzivals Gottesferne übersteigert wider, sondern es rückt Partinias in diabolische Konnotation,[356] da Parzival im Laufe von *Manessiers Fortsetzung* mehrmals gegen den Teufel selbst bestehen muss und mit seiner engelsgleich strahlenden Erscheinung ohnehin mit dem himmlischen Angreifer assoziiert werden kann. Die Opposition wird noch schärfer gezogen, indem Parzival beim Anblick des fünften, gänzlich roten Turms der Burg weiß, dass er nun denjenigen treffen wird, der dem *heilgen künige Anfortas* (RP 829,37) Leid zugefügt hat. An einem Baum findet Parzival den Schild Partinias und erfährt von einem Diener, dass, wer immer ihn berührt, mit Partinias auf Leben und Tod kämpfen muss (RP 830,26ff.). Partinias habe so bereits über hundert Ritter besiegt, denen er allen den Kopf abgeschlagen habe. Parzival wertet das als Vergehen gegen Gott (*der einen man tötet so törlich / er missetuot gegen gotte sere* [RP 831,11f.]). Ob ihm das zu einem »Erzgralfeind«[357] macht, ist aber fraglich. Die Gottesferne ist eher allgemein, der Gral spielt in dem Konflikt keine Rolle. Parzival berührt darauf den Schild nicht nur, er zerschlägt ihn in zwei Hälften. Den darauffolgenden, harten Kampf kann er für sich entscheiden, wobei dies ausdrücklich *mit gottes helfe* (RP 833,23) geschieht. *Partinias, der got vor augen hette niht* (RP 833,28f.), lehnt es zweimal ab, Sicherheit zu nehmen und entlastet Parzivals Tat, indem er sein Einverständnis gibt: *gelustet üch ze tötende mich, / daz mögent ir tuon harte wol* (RP 834,1f.). So steht der spiegelnden Strafe nichts mehr im Weg:

> do sluog er imme eins slages gar
> den kopf von deme libe dan,
> one houbet lies er ligen den man.
> (RP 834,9–11)

---

[356] Die Figur ist überhaupt nur wenig ambivalent gezeichnet. Zwar ist sie allgemein durchaus höfisch verortet und auch als guter Herrscher beschrieben (RP 829,8–14), doch ist es um ihre Tugenden nicht gut bestellt: *und hassete in doch alle die welt verwar. / so bitters herzen waz der herre gar, / so nidig und so freissam, / daz sin gliche nie menschen zuo kam* (RP 829,15–20).

[357] CHEN 2015, S. 255.

Parzival bindet den Kopf an seinen Sattel[358] und bringt ihn zu Anfortas, der allein durch die Nachricht, dass er und sein Bruder gerächt wurden, geheilt ist:

> do lief ein kneht zehant alder
> zuo deme künige, do er in vant,
> und seite imme die mere zehant,
> daz ein ritter kommen were dar in,
> der fuorte gebunden an sime sattel fin
> eins ritters houbet, daz men wol kos.
> der künig mit viel frouden gros
> sprang uf sine fuesse zestunt
> und was alzemole gesunt.
> (RP 835,11–19)

Anschließend wird die Heilung mehrmals als Mechanismus der Rache bestätigt:

> er [der künig] sprach: ,herre, fröude und gesuntheit
> hant ir mir gegeben sicherlich,
> daz ir hant gerochen mich
> an deme verchviende min
> von dem ich leit so groszen pin.
> (RP 835,38–43)

> daz Goun gerochen waz, worent sü fro,
> der waz künig gesin in der wueste do,
> und hettent fröuden vil ouch umbe daz
> der künig so wol genesen was.
> (RP 839,34–39)

Rache ist in diesem Handlungsstrang Parzivals positiv besetzt, indem sie nicht nur als Mittel zur Wiederherstellung der höfischen Ordnung dient, sondern göttlich legitimiert ist. Eine Problematisierung der Rache im Sinne eines unendlichen Rache-Kreislaufs oder einer Kollision höfischer Werte, wie sie in den oben besprochenen Handlungssträngen zu beobachten ist, ist hier nicht zu verzeichnen. Vielmehr ist die Rache Parzivals letzte Aufgabe und hat sogar erlösende Wirkung. Durch die göttliche Hilfe bzw. das Handeln des Protagonisten in Gottes Namen erscheint die Rache als Teil des göttlichen Plans.

Damit wird Wolframs finale Motivation der Erlösung von Manessiers kausaler Herleitung eingeholt. Dies gibt Anlass, die Stellung von Wolframs *Parzival* als

---

[358] Dies verweist auf den Hirschkopf zurück, dem Parzival in *Wauchiers Fortsetzung* hinterherjagt und ihn schließlich zu der Dame mit dem Schachbrett bringt, um seinen Minnelohn zu erhalten und über das Schachbrett zugleich ausgezeichnet zu werden. Dadurch wird die Dame mit dem Schachbrett rückwirkend analog zu Anfortas gesetzt, wodurch sich die Erfüllung der Aufgaben wiederholt.

Leitversion des *Rappoltsteiner Parzival* zu überdenken.[359] Dass Wolframs Version der Krönung Parzivals inklusive der Kindergeschichte vor Manessiers Ende bevorzugt wird, bedeutet nicht, dass Wolframs Konzept noch immer aufgeht. Tatsächlich wird durch die Partinias-Episode aber Wolframs Schluss der Boden unter den Füßen weggerissen, denn nun ist nicht mehr allein die göttliche Gnade der Grund, aus dem Parzival am Ende doch noch zum Gral berufen wird, sondern er hat sich die Berufung durch eine sehr konkrete kriegerische Tat verdient, die das Wiederherstellen der Ordnung an eine spiegelnde Strafe knüpft. Zugleich hat er seine Nähe zu Gott mehrfach unter Beweis gestellt.

Dass Parzival König wird, kündigt im *Rappoltsteiner Parzifal* zuerst Anfortas im Anschluss an seine Heilung an und vereinbart mit Parzival sogar Pfingsten als Termin (RP 839,2ff.). Die Berufung durch Kundrie und die Geschehnisse auf der Gralburg, wie sie nach Wolfram als göttliche Gnade erzählt sind, resultieren in dieser Kombination aus Parzivals Handeln. Damit räumen die Bearbeiter Manessier und seiner kausalen Motivation ein mindestens ebenso hohes Gewicht ein, ohne Wolframs Version völlig obsolet werden zu lassen. Kausalität und Finalität sind in diesem Schluss harmonisch überlagert.

Richtet man den Blick auf den Beginn der Kompilation, so fällt auf, dass ein ähnliches Verhältnis von Rache und Vorherbestimmung auch im *Prologus* beobachtet werden kann. Die Schändung der Jungfrauen durch König Amangon und seiner Ritter führt zum Verschwinden des Hofs des Fischers sowie zur Verödung von Logres. Der Versuch der Artusritter, den Zustand vor der Schändung durch Kampf gegen Amangons Ritter und deren Nachfahren wiederherzustellen, folgt einer kausalen Rache-Logik, indem die Wirkung durch die Beseitigung der Ursache rückgängig gemacht werden soll. Zugleich prophezeit der *Prologus*, dass der Hof durch Gawan und Parzival gefunden werden wird und installiert damit einen finalen Handlungsbogen. Ähnliches gilt für die erlösungsbedürftigen Orte, die über die Anklage-Szene als jeweils einem Ritter zugeteilte Aufgaben erscheinen.

Völlig bruchlos positiv ist die Rache jedoch auch hier nicht. Partinias wird zwar negativ und gottesfern, aber nicht als Teufelsbündler (wie z. B. Roaz im *Wigalois*) oder vom Teufel besessen (z. B. Lionel in *Manessiers Fortsetzung*, der Rache an seinem Bruder Boors nehmen will und dabei Kalogrenant erschlägt) oder als Heide dargestellt.[360] CHEN sieht Parallelen der Figur zur Joie-de-la-Court-Episode hinsichtlich der »unsinnige[n] Menschentötung« und zum biblischen Lucifer.[361]

---

[359] Zu dem Umstand, dass die Bearbeiter Wolfram anstatt Chrétien folgen, siehe WITTMANN-KLEMM 1977, S. 71.

[360] Vgl. CHEN 2015, S. 276.

[361] LIENERT: 2011, S. 277; CHEN 2015, S. 277.

Diese Parallelen gehen aber noch weiter,[362] vor allem was die (zerr-)spiegelbildliche Anlage der Kontrahenten dieses finalen Kampfes angeht. In vielen Aspekten
weist Partinias Merkmalsgleichheiten mit Parzival auf: Auch er ist mit der Farbe
Rot assoziiert, auch er ist der Neffe eines Königs (König Espinogres, der König
Goun belagert [RP 616,35ff.]), auch er legt sich eine fremde Rüstung an und ist
vielleicht sogar ähnlich lange Ritter wie Parzival (RP 830,39). Das Anlegen der
fremden Rüstung, die ausgerechnet die Farbe Rot hat, sollte bei mit Wolframs
Parzival[363] vertrauten Rezipienten jedoch sofort die Assoziation mit Ithers Tod
aufrufen. Auch dort wird Parzival ausgesandt, um Rache zu nehmen. Dass die
Episode bei Chrétien wesentlich unproblematischer ist, da Parzival dort gegen
einen namenlosen Raubritter kämpft, bei Wolfram aber einen Verwandten erschlägt, hat auch für Manessiers Kampf gegen Partinias Konsequenzen, da über
diesem idealisierten Racheakt des Helden gegen das eigene Spiegelbild diese Episode, in der Rache zum Problem für die höfische Gesellschaft werden, präsent
gehalten wird. Eine Aussöhnung über einen früheren Spiegelbildkampf, wie er in
anderen Redaktionen zu Beginn von *Wauchiers Fortsetzung* stattfindet, gibt es im
Rappoltsteiner Parzifal nicht.[364]

Eine Hierarchie oder gar eine Entwicklung der verschiedenen Behandlungen
der Themenkombination von Rache und Vorherbestimmung und der damit verbundenen kausalen bzw. finalen Motivation im *Rappoltsteiner Parzifal* ausmachen
zu wollen, erscheint mir wenig sinnvoll. Viele Problematisierungen bleiben neben
einer einzigen Idealisierung bestehen und weisen z. T. alternative Lösungswege
(Vergebung in *Karados' Buch*, Gnade bzw. politisches Geschick bzw. Heiratspolitik in den Gawan-Strängen) auf. Zudem sind die Parameter, welche die Teilerzählungen an das Thema anlegen, jeweils zu unterschiedlich.[365] So wird etwa die
potentielle Unendlichkeit von Rache und Gegenrache der *Schwanen-Aventiure* in
keiner anderen Durchführung aufgelöst oder der genealogische Faktor aus *Karados' Buch* nochmals aufgegriffen und Parzivals Rache als Gottes Werkzeug ist ohne
Parallele. Zu verzeichnen ist zudem, dass nicht jede der Teilerzählungen oder
Einzelepisoden die beiden Themen aufgreifen (z. B. Segramors, der Schöne Böse,

---

[362] Eine weitere Parallele besteht z. B. im Enthauptungsmotiv: Auch Mabonagrin lässt
die Köpfe seiner Gegner seinen Garten säumen. Das Enthauptungsmotiv taucht in weiteren
Teilerzählungen des *Rappoltsteiner Parzifal* auf und steht auch dort im Kontext des Kampfes
des Helden gegen sein alter ego: Karados enthauptet seinen Vater Elyarfes, um seinen Mut
und seine Reife zu beweisen. Gawan soll Keie den Kopf abschlagen, um Rache für die Rote
Dame zu nehmen.

[363] Zur Farbsymbolik dieser Szene im Kontext von *Wauchiers Fortsetzung* siehe Chen
2015, S. 276.

[364] Vgl. ebd., S. 211.

[365] Vgl. ähnlich ebd., S. 272.

Gingelens) und besonders im Wolfram-Teil Racheplots dort ausbleiben, wo sie am ehesten erwartet werden könnten (Clinschor, Lähelin und die Mörder Gahmurets kommen ungestraft davon).

Dennoch gewinnt die Spannung von Kausalität und Finalität, die über die Themen Rache und Vorherbestimmung durch die *Fortsetzungen* eine flächendeckende Breite, sodass sie als eine Schnittmenge wahrgenommen werden kann, die für das gesamte Ensemble charakteristisch ist. Teilweise hängen die Racheplots mit den Techniken des Fortsetzens zusammen, ähnlich, wie es STÖRMER-CAYSA für die Handlung um den erschossenen Ritter aufgezeigt hat:[366] Die *Erste Fortsetzung* schreibt die Episode um Melianz nachträglich zum Auslöser einer Rachefabel um. Andere Rachefabeln sind nicht über mehrere Fortsetzungen verteilt und daher nicht mit der Produktivität der Fortsetzungen zu erklären, zumindest nicht als syntagmatischen Anschluss, allenfalls in paradigmatischer Wiederholung: *Manessiers Fortsetzung* startet damit, dass Partinias aus Rache erschlagen werden muss, damit Parzival der beste Ritter der Welt werden und Anfortas erlöst werden kann und setzt das Ende dieses Racheplots an den Schluss. *Karados' Buch* und die *Schwanen-Aventiure*, beide stark geschlossen und Teile der *Ersten Fortsetzung*, beinhalten Rache und Racheschwüre als Handlungsmotivatoren. In jedem Fall scheint die Kombination der beiden Motivationen den Blick des Rezipienten auf das Wie, den Hergang zu lenken. Ihre Wiederholung stiftet Kohärenz und regt zum Vergleich an.

3.5.3. Exemplarisches Erzählen im *minnebuoch*

Einen weiteren Teil des Konnexes bildet das Minne-Thema. Als ein Grundpfeiler höfischer Literatur ist es nicht gerade verwunderlich, dass Minne auch im *Rappoltsteiner Parzifal* wichtig, wenn nicht für einige Teilerzählungen sogar zentral ist. Ebenso ist es nicht verwunderlich, dass aufgrund der Unterschiedlichkeit der jeweiligen Teilerzählungen mehrere, unterschiedliche Konzeptionen und narrative Funktionalisierungen des Minne-Themas auftreten.

Vor dem Hintergrund des Epilogs können vor allem die Bezeichnung des gesamten Werks als *minnebuoch*, daneben die Stilisierung Ulrichs von Rappoltstein inklusive des Spiels mit den allegorischen Figuren dazu verleiten, in der Minne das eine zentrale Thema auszumachen. Weiter oben ist in der Analyse des Epilogs deutlich geworden, dass dort Minne erstens als ultimative Tugend mit der Erzählung gleichgesetzt und heilsgeschichtlich überhöht wird und zweitens dies zu einer Engführung von Milte und Dichtkunst zu einer Überhöhung des dichterischen

---

[366] STÖRMER-CAYSA 2015.

Könnens führt. Eine Leseanleitung oder ein Erzählprogramm ist diese Durchführung des Minne-Themas damit aber nicht, sondern bleibt beinahe hermetisch auf das poetologische Spiel des Epilogs beschränkt. Einzig der Verweis darauf, dass die Tugend/Minne über den vorbildlichen Figuren in den Erzählungen selbst zu finden sei, durchbricht diese Hermetik, doch wird damit das Minne-Programm des Epilogs gerade nicht auf die Teilerzählungen übertragen, sodass damit eine kollektive Deutung oder Vereinfachung des Minne-Themas über die gesamte Kompilation hinweg verweigert wird.

WITTMANN-KLEMM hat bereits festgestellt, dass das Minne-Thema in beinahe allen Handlungssträngen des *Rappoltsteiner Parzifal* vorkommt.[367] Während sie einige Figuren der *Ersten Fortsetzung*, wie z. B. Gyngeniers, den Reichen Söldner oder die junge Dame Tanreie (aus *Wauchiers Fortsetzung*) als vorbildliche »Minne-Beispiele«[368] einstuft, die sich zwanglos in Wolframs Minnekonzeption einfügten,[369] sieht sie Parzival und andere Figuren aus *Wauchiers Fortsetzung* eher allgemein »in Minneangelegenheiten verstrickt«[370] und eine negative Wendung in *Manessiers Fortsetzung*, in der die Protagonisten immer wieder junge Damen vor Vergewaltigung retten müssen.[371] Sie sieht darin die Voraussetzungen, das gesamte Werk unter dem Aspekt der Minne zu deuten, wobei der Gral profaniert werde und die Figuren als Vorbilder im Sinne des Epilogs gelesen werden können.[372] Das Florilegium sowie die Änderungen der Bearbeiter im *Prologus* und würden ebenfalls zu dieser Lesart beitragen.[373]

Ihrer Beobachtungen ist grundsätzlich zuzustimmen, doch lohnt sich hier ein näherer Blick auf die einzelnen Durchführungen des Minne-Themas, die sich in allen von ihr angeführten Fällen als wesentlich komplexer und weniger harmonisch erweist. Tatsächlich ist zu verzeichnen, dass die Fortsetzungen des *Conte du Graal* ihre Minne-Konzeptionen nicht lose nebeneinanderstellen, sondern dass sie sich gegenseitig variieren und dabei offensichtlich planvoll gegensätzlich zueinander angelegt sind. Dabei gehen sie weit über ein triviales Bewerten von höfischer Minne als positiv oder negativ hinaus, sondern sie bilden ein breites Spektrum von dem ab, wie sich höfische Minne im Artusroman funktionalisieren lässt. Die Konzeptionen, ihre Funktionalisierungen und die Gegenläufigkeit lassen sich dabei durchaus an den Protagonistenfiguren festmachen.

---

[367] WITTMANN-KLEMM 1977, S. 123–129.
[368] Ebd., S. 124.
[369] Vgl. ebd., S. 124.
[370] Ebd., S. 125.
[371] Vgl. ebd., S. 125.
[372] Vgl. ebd., S. 126.
[373] Vgl. ebd., S. 126–129.

Die Umsetzung des Minne-Themas in *Karados' Buch* passt tatsächlich in den Kontext höfischer Tugendideale, die mit den Figuren verbunden sind. WITT-MANN-KLEMM bemerkt, dass die Rezipienten sich oder andere offensichtlich mit den Hauptfiguren identifiziert haben. Eintragungen auf der Seite der Horn-Probe, also des letzten Tugend-Tests von Karados und Gyngeniers, geben ihr Recht:

> Am unteren Rand von Bl. 153ᵛ wiederholt sich zunächst der Buchdeckelvermerk der Barbara von Helfenstein. Hinzugesetzt sind die Worte »karados und »stinganain«, die auf den an dieser Stelle dargebotenen Text, die Geschichte von Karados und Gyngeniers, Bezug nehmen. [...] Aufgrund des Zusammenhangs, in dem sie [die Hinzufügungen] stehen, und aufgrund des deutlichen Interesses am Minnegehalt dieser Seiten sind sie eher ein Zeugnis dafür, daß die Leser sich selbst und/oder Personen ihres Gesichtskreises mit den Gestalten des Buches identifiziert haben.[374]

Dieses Interesse muss aber nicht zwingend in einem Programm des Epilogs begründet liegen, sondern vor allem darin, dass die Figuren und mit ihnen verknüpften Minne-Modelle die sinnstiftenden Elemente der Teilerzählung ausmachen, indem sie im Kontext von Genealogie und Herrschaft gegeneinander verhandelt werden. In der Eltern-Generation wird die politisch motivierte Ehe König Karades mit Yseve dem heimlichen Liebesdienst von Elyafres gegenübergestellt, während in der Jugend-Generation diese Modelle einerseits weiterverhandelt (in den Turnierkämpfen Alardins und Kadors gegen die politisch motivierten Werber) und andererseits mit Karados und Gyngeniers um ein Modell der ideell-tugendhaften Minne ergänzt werden. Die Minne-Modelle dienen hier als Grundlage eines die Teilerzählung bis in die Struktur bestimmenden Versuchsaufbaus, der nicht nur die Hauptfiguren, sondern mit insgesamt fünf Paaren[375] auch alle wichtigen Nebenfiguren mit einschließt. So betrifft die durch den Erzähler thematisierte Zweiteilung das kontrastive Verhältnis der Modelle der beiden Generationen, die finalen Tugendproben greifen die dort thematisierten Aspekte auf und die umfangreiche Turnier-Episode orientiert sich ebenfalls an der Gegensätzlichkeit der Modelle. Der »Minnegehalt«[376] von *Karados' Buch* ist also, dass es Minne selbst in den Fokus nimmt, indem es diese sowohl als Garant als auch Bedrohung höfischer Ordnung zur Diskussion stellt und dabei die Erzählung dominiert.

Hinzu kommt ein mythisches Potential, indem die Erzählung auch als Ursprungsgeschichte funktionalisiert ist, was besonders Kommentar zu Karados' Beinamen Kleinarm deutlich wird, der möglicherweise auf eine walisische Stifterfigur

---

[374] Ebd., S. 132.

[375] Karados-Gyngeniers; Elyafres-Yseve; Karade-Yseve; Alardin-Gyngenor; Kador-Ydene (vgl. ebd., S. 124).

[376] Ebd., S. 133.

deutet,[377] was auf eine Funktionalisierung der Geschichte als »Hausmythologie«[378] schließen lässt, wie sie im Melusinen- und dem Schwanenritter-Stoff zu finden ist, aber auch für den Artusstoff nicht unüblich ist.[379] Die Stilisierung von Karados als Ahnherr ist mit der wunderlichen Geschichte verbunden, in der Minne und adelige Herrschersukzession pointiert zusammengeführt werden.

Anders wird das Minne-Thema im *Prologus*, der *Schwanen-Aventiure* und den Binnenerzählungen aus *Wauchiers Fortsetzung* funktionalisiert. Zwar sind auch dort Minne und Ursprungsgeschichte miteinander verknüpft und dienen dazu, die Vorgeschichten zur Rahmenhandlung mit mythischen Ursprüngen auszustatten. Minne ist hier aber eher Mittel zu dieser Darstellung und wird nicht selbst problematisiert. Am deutlichsten ist dies an den Binnenerzählungen zu der Wundersäule auf dem *leidigen berg* und der Tugendbrücke zu sehen, bei denen eine durch Gewalt gestörte Minne den Hintergrund für Parzivals Tugendproben bildet, die Proben selbst aber nichts mit Minne zu tun haben und die jeweilige Störung der Minne nicht durch die Probe behoben werden muss oder anders revidiert wird. Gleiches gilt für die *Schwanen-Aventiure*, bei der das Minne-Thema allenfalls das Wunderbare der mythischen Feenmärchen Erzählung koloriert, mit dem Protagonisten Gaheries aber nicht in Berührung kommt.

Im *Prologus* dient das Erzählen von Vergewaltigung, die ihrerseits weitere Vergewaltigungen auslöst, dazu, eine mythische Vorgeschichte zur gesamten Kompilation zu etablieren. Auch wenn so das Thema der pervertierten Minne zu einer Art Grundproblem, einer Wurzel-allen-Übels, gemacht wird, dient es doch mehr dazu, den nachfolgenden Geschichten durch die Vorgeschichte einen gemeinsamen Rahmen zu geben, als dass Minneideale selbst zur Diskussion stünden oder stilisiert würden. In der Kombination mit Wolframs Geschichte um Anfortas, der sich dem Minne-Regeln des Grals widersetzt, wird auch das Gralthema von diesem programmatischen Sog des *Prologus* erfasst.

In der Episode um den Schönen Feigling ist das Minne-Thema zum Zweck höfischer Didaxe funktionalisiert, wobei es nur der Gegenstand ist, an dem ein anderer Aspekt narrativ vorgeführt wird. Die Liebe des Schönen Feigling zu seiner hässlichen Geliebten ist zwar der Motor der Handlung, doch arbeitet sich die Erzählung vor allem an dem Problemfeld von Wahrnehmung und Verstehen ab.[380] Die feenhafte Herkunft der augenscheinlich hässlichen Dame, die der Erzähler in

---

[377] Vgl. Roger Sherman Loomis: The Strange History of Caradoc of Vannes, in: Studies in Medieval Literature. A Memorial Collection of Essays, hg. v. Roger Sherman Loomis, Albert Croll Baugh, New York, NY 1970, S. 91–98; Sandkühler 1959, S. 220.

[378] Herweg 2010, S. 88.

[379] Vgl. ebd.

[380] S. o., S. 275ff.

Aussicht stellt, dient als wunderbare Erklärung der Aufdeckung der Fehlwahrnehmung der höfischen Welt. Ob diese Fehlwahrnehmung die Beurteilung von
Minne oder einen anderen Aspekt der höfischen Welt betrifft, ist nicht wichtig in
diesem kurzen, höfischen Lehrstück. Dies wird besonders darin deutlich, dass es
sich bei der Episode um eine Variation der Begegnung Parzivals mit den Rittern
im Wald (Nichterkennen der Ritter) und zugleich seines ersten Besuchs am Artushof (Auslachen des schönen Auserwählten) handelt, da dadurch die Gegenstände
der Wahrnehmung austauschbar erscheinen. Eine ähnliche Funktionalisierung
des Minne-Themas ist in der Gingelens-Handlung zu beobachten, indem die Unterweisung im ritterlichen Kampf durch seine Geliebte als mangelhaft und als un-
angemessen für das Verhältnis von Ritter und Dame, das idealerweise durch
Minne bestimmt sein sollte, dargestellt wird. Minne selbst steht hier nicht in der
Diskussion, sondern höfische Erziehung.

Auch in der Segramors-Handlung ist Minne zwar präsent, doch sie steht selbst
kaum zur Diskussion, sondern repräsentiert einen Idealzustand, den der Held immer wieder erhalten muss. Dieses Ideal ist aber relativ beliebig, da andere Aspekte
im Fokus stehen. Die gesamte Teilerzählung ist der aus der literarischen Tradition
hergeleiteten Kerneigenschaft der Segramors-Figur, dem ungestümen Vorpre-
schen in Kampfsituationen, unterworfen. Es wird diskutiert, wann und wie dieses
prinzipiell nicht maßvolle Verhalten dennoch angebracht sein kann. Dies wird beantwortet, indem Segramors dann losgelassen werden darf, wenn die Gegner entweder unhöfisch sind (Pferdediebe und Vergewaltiger) oder soziale Nützlichkeit
besteht (Beilegung des Konflikts zwischen Talides und der Burg der Jungfrauen).
Minne ist in den einzelnen Episoden des Handlungsstrangs Ausdruck der höfischen Ordnung, deren pervertierte Form verhindert wird oder deren Störungen
beseitig werden. Dass Segramors selbst am Ende der Handlung in Minne zu einer
Dame entbrennt, kann so gelesen werden, dass sein ungestümes Verhalten als
Wüterich in Liebesdiensten durchaus mit der höfischen Ordnung vereinbar ist.
Darüber, was Minne für die höfische Ordnung leisten kann, wird jedoch nicht
verhandelt.

Das Minne-Thema wird im Fall von Gawan an ein und derselben Figur unterschiedlich funktionalisiert. Dies mag in der Kombination der *Fortsetzungen* mit
Wolfram und den verschiedenen Fortsetzungs-Strategien der *Fortsetzungen* begründet sein, doch führt dies im Ergebnis zu einer heterogenen Minne-Darstel-
lung. Die Gawan-Handlung nach Wolfram kann als ein Roman über höfische
Minne und vorbildliches Handeln gelesen werden, indem Minne dort als Grundlage einer neuen, literarisch vermittelten Utopie dient.[381] Seine Bearbeitung zielt

---

[381] SONJA EMMERLING: Geschlechterbeziehungen in den Gawan-Büchern des *Parzival*.
Wolframs Arbeit an einem literarischen Modell, Tübingen 2003.

u. a. intensiv auf den Ausbau der Frauenfiguren, deren Beziehungen zu Gawan und die Abhängigkeit der höfischen Gesellschaft von einem intakten Verhältnis der Geschlechter, insbesondere hinsichtlich Konfliktlösung, Herrschaft und Genealogie. Die Episoden um Obie/Obilot, Antikonie und Orgeluse sind in einer Steigerung angelegt, die schließlich in der Heirat Orgeluses und Gawans und der Versöhnung mit Gramoflanz endet.

Mag die Bewertung der Orgeluse-Figur aus Sicht der Forschung umstritten sein, war sie wohl für bestimmte, spätere Rezipienten der Karlsruher Handschrift absolut vorbildlich, wie aus dem Randeintrag auf Blatt 80ᵛ, der dem zu *Karados' Buch* stark ähnelt, hervorgeht. Um den Eintrag herum sind verschiedene, einfache Fleuronee-Verzierungen gezeichnet, die zugleich Herzen symbolisieren. Zudem befindet sich ein eindeutiges Herz mit je zwei ineinander verschränkten Händen links und rechts davon darunter.

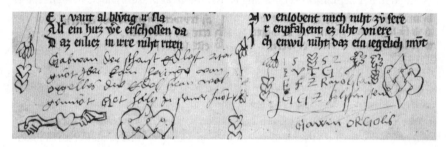

Abb. 19. Marginalie im Codex Donaueschingen 97, 80ᵛ[382]

WITTMANN-KLEMM führt die Marginalie auf den Minnegehalt der Episode zurück und transkribiert:

> »Gabwan der schenst Edlest riter
> guot .ba. kain h..inge von
> orgelles die Edel frau wol
> gemuot GOT haltz jn sainer huot"

Auch hier steht die Reimerei in direktem Zusammenhang mit dem Text, der auf dieser Seite die Begegnung Gawans mit Orgeluse schildert. Neben dem Eintrag findet sich die Jahreszahl 1552, darunter liest man die Initialen I V T G , darunter die Namen » E F Z Rapolstein« und »G G Z Helpfenstein«, versehen mit dem Zusatz »GAWIN ORGILIS«.[383]

---

[382] Abbildung mit freundlicher Genhmigung der BLB, Karlsruhe.

[383] WITTMANN-KLEMM 1977, S. 132. Die Transkription des Eintrags habe ich von WITTMANN-KLEMM übernommen, jedoch die Zeilenumbrüche der Handschrift nach angepasst.

Sie stellt in Anschluss an SCHORBACH Überlegungen zur Identität der mit den Figuren identifizierten Personen an, hält den Eintrag aber vor allem für einen Beweis, dass es sich bei dem Buch um »eine Fundgrube für Minne-Exempel«[384] handle. Dabei ist die Episode um die erste Begegnung des Paares, in deren Kontext der Eintrag steht, zwar exempelhaft, aber wenig vorbildlich, da sie sich an der Grenze von Parodie und Satire der Hohen Minne bewegt. Weder Gawan noch Orgeluse geben hier sonderlich gute Vorbildfiguren ab. Die gereimten Verse scheinen eher auf die einseitige Affektion Gawans in dieser Episode anzuspielen (*gbar kain hofinge* [?]), dennoch werden die Personen offensichtlich mit den Figuren identifiziert. Die Wendung zu einer positiveren Zeichnung von Orgeluse vollzieht sich erst später im Roman und die Vorbildlichkeit des Paares entfaltet sich ebenso erst zum Ende der Gawan-Orgeluse-Handlung. Ihren Stellenwert erhält sie jedoch erst aus dem Vergleich mit den vorhergehenden Episoden. Dass zumindest diese Rezipienten, die den Eintrag vorgenommen haben, zum Beginn der Episode dennoch diese positive Identifikation vornehmen, kann ein Hinweis darauf sein, dass sie diese Kontexte durchaus miteinbezogen und Wolframs *Parzival* als graduellen Entwurf einer höfischen Utopie, deren Grundlage funktionsfähige Minne-Beziehungen sind, gelesen haben.

Auf den Abschluss der Orgeluse-Gawan-Handlung folgt der *nuwe Parzefal*, der die Gawan-Handlung fortführt. Zunächst werden zwei Gerichtskämpfe, die Gawan gleichzeitig ausführen soll,[385] von Artus verhindert, indem dieser kurzerhand zwei seiner Nichten mit Gawans Gegnern verheiratet.

> Gynganbertin Dinasdanreis
> wurdent beide an den rot genomen,
> mit Artus worent sü über ein komen:
> er gap in siner nüftelen zwo,
> gemehelt wurdent si aldo
> vor dem bischof von Kavalun.
> (RP 19,27–32)

Davor und danach erfährt der Rezipient nichts über das Schicksal von Artus' Nichten. Wie auch zum Schluss der Orgeluse-Handlung erweist sich Artus als derjenige, der Frieden durch Heiraten stiftet. Allerdings wird hier nicht annährend die Komplexität der wolframschen Bücher erreicht, in denen Einblicke in männliche und weibliche Figuren gegeben werden und Minne zu einer heilenden, die Gesellschaft erlösenden Kraft wird. Minne scheint hier auf den rein politischen

---

[384] Ebd., S. 134.
[385] Es handelt sich um eine Inversion von Gramoflanz Marotte, nur gegen zwei Gegner zugleich antreten zu wollen. Gawan muss unfreiwillig gegen zwei Gegner kämpfen, die ähnliche Anschuldigungen gegen ihn vorbringen wie Gramoflanz.

Nutzen reduziert. Dies dient vor allem der Darstellung von Artus als geschickter und starker Herrscher, der die Konflikte mit den Mitteln eines Königs zu lösen weiß. Minne ist in diesem Teil der Kompilation kein Tugendideal, wird nicht zur Diskussion gestellt, sondern Mittel zur Herrschaftsdarstellung. Die ›liebenden‹ Figuren sind Statisten und eignen sich nicht als Identifikationsfiguren, sondern allenfalls Artus als idealer Herrscher.

Nach diesen politischen Eheschließungen wird in der *Ersten Fortsetzung* anhand von Gawans Begegnung mit Gylorette Minne gänzlich anders funktionalisiert. Das Mädchen, auf das Gawan an dem *locus amoenus* in ihrem Zelt trifft, ist nach dem Muster der Fernminne seit zwei Jahren zu ihm in Liebe entbrannt. Verglichen mit der nur wenig früher erzählten Fernminne zwischen Gramoflanz und Itonie findet allerdings kein Kontakt zwischen den beiden statt; Gylorette kennt Gawan nur aufgrund seines Ruhms (RP 35,44–36,15) und eines genauen Abbildes, das mithilfe eines Zaubers gemacht ist.[386] Gawan sieht das schöne Mädchen zum ersten Mal. Dass die beiden nach der kurzen Vergewisserung von seiner Identität anhand seines Aussehens sofort miteinander schlafen, steht in Kontrast zur vorangehenden Orgeluse-Handlung, bei der ein langer Dienst von Gawan vor dem Minnelohn eingefordert wird. Die Reihe unterschiedlicher Spielarten höfischer Minne, die bei Wolfram Teil jeder Gawan-Episode sind (Gawan-Obilot, Melianz-Obie, Gawan-Antikonie, Gawan-Orgeluse), werden um eine Facette erweitert. Bis auf Gawans Identität, die schwärmerische Liebe der jungen Gylorette und das gegenseitige Begehren hat diese Minne keine Voraussetzungen und ist, ganz anders als die Minne-Beziehungen nach Wolfram oder die Artus-Ehen, ohne politischen Kontext oder utopische Funktion. Gawans Versprechen, die Geliebte später mit sich zu führen (RP 37,31–34), unterstreicht die Ernsthaftigkeit seiner Absichten, die unabhängig von der (genealogischen) Identität des Mädchens sind, da er diese nicht kennt.

Die Episode fokussiert hinsichtlich Minne auf den Aspekt der gegenseitigen Affektion aufgrund von Ruhm und körperlichem Verlangen. Die Funktionen scheinen einerseits darin zu liegen, einen Kontrast zu den Vergewaltigungs-Vorwürfen durch den Vater und Bran de Lis sowie der dahingehend abweichenden

---

[386] Die Abbildung von Gawans Äußerem und Innerem fallen dabei zusammen: *do gemaht ans gezeltz want / waz eine kamer vil reine. / der ingng waz harte kleine. / do inne hatte gemaht ein heidenin, / die waz gesin bi der künigin / Gynoferen der hohen und die here, / eine liste von heidenscher lere: / wol gewarht hatte sü die wise. / dar an entworfen waz zuo prise / hern Gawans geschöfede gar. / do möhte men wol nehmen war / siner geberde gar gelich, / wie er wofente und entwopente sich. / sine schonheit, sin gemuete, / sine tugent, sine guete, / diz allesament, wüssent daz, / so eiginlich entworfen was / noch hern Gawans geschöphede schin, / daz ez niht glicher möhte sin* (RP 36,34–37,6).

Wiedergabe von Gawan selbst vorzubereiten[387] und andererseits die Spannung zwischen Gawan und der Familie de Lis zu erhöhen und zugleich der Gingelens-Figur eine quasi-mythische Vorgeschichte zu verleihen, die mit einer doppelten Gewalttat (Tötung des Vaters und Vorwurf der Vergewaltigung) verbunden ist. Exempelhafte Vorbildlichkeit im Sinne adeliger Tugenden, sozialer Nützlichkeit oder genealogischer Sukzession sind in dieser Liebesgeschichte einer literarischen Patchwork-Familie nicht zu finden.

In einer Gawan-Episode um die junge Dame Tanreie in *Wauchiers Fortsetzung* wird die Begegnung mit Gylorette variiert. Wieder trifft Gawan an einem *locus amoenus* auf eine junge Dame, die ihn nach dem Muster der einseitigen Fernminne liebt. Anders als in der eben besprochenen Episode steht aber hier nicht die Familie der Dame zwischen dem Paar, sondern Gawans Verhalten als Muster des *chevallier errant*. Vom Frühling und Vogelsang regelrecht zur Minne verzaubert (RP 530,34–531,3) weckt die exorbitante Schönheit Tanreies spontan Gawans Begehren, dem Tanreie, die ihn wegen seines Ruhms bereits über ein Jahr lang liebt, nachgibt.

Zwei Konzepte, die sich an den unterschiedlichen Auslösern der Minne festmachen lassen, sind hier in Opposition zueinander gesetzt: Die spontan wahrgenommene Schönheit einerseits (Gawans Auslöser) und die Geschichten über den Ruhm einer Figur (Tanreies Auslöser) andererseits. Diese werden in der Episode konsequent weiterverfolgt, wenn Tanreie im Schlaf Liebesqualen leidet und sich wünscht, die Bewohner des Hauses inklusive ihres Bruders mögen verschwinden, damit sie und Gawan ungestört sind, während Gawan tief und fest schläft. Damit wird die durch visuelle Reize spontan affektierte Minne Gawans der *triuwen* Minne Tanreies gegenübergestellt, denn für Gawan gilt: Aus den Augen, aus dem Sinn, während sich bei Tanreie die Minne durch die Trennung noch verstärkt. Besonders der Schluss der Episode pointiert diesen Kontrast, in dem Gawan bereits im Küssen Abschied nimmt und trotz der gemeinsam verbrachten Nacht keine beständigere Bindung eingeht (es gibt kein Versprechen auf ein Wiedersehen wie bei Gylorette), worauf Tanreie in einem langen Monolog das Geschehene und speziell ihre beständige, aber aus ihrer Sicht naive Minne reflektiert.

Die unkonventionelle Minne-Konzeption der Episode um Gylorette wird aufgegriffen und an der Figur Gawan problematisiert, indem die vorbildlichen Tugenden Tanreies, allen voran ihre *triuwe*, in Kontrast gesetzt werden zu dem wechselhaften, spontan affektierten und auf Ruhm ausgerichteten Verhalten Gawans. Minne ist in dieser Episode aus *Wauchiers Fortsetzung* so funktionalisiert, dass der unkonventionelle Entwurf der Gawan-Episode der *Ersten Fortsetzung* kritisch vorgeführt wird, indem die negativen Auswirkungen einer spontanen, affektiven

[387] Vgl. QUINLAN 2013.

Minne aus weiblicher Sicht[388] demonstriert werden. Vorbildlich in dieser Episode handelt allein Tanreie, auch wenn die Minne-Beziehung an Gawan, der in dieser Episode als Negativbeispiel dient, scheitert.

Wenn das Minne-Thema mit der Figur Parzival verbunden wird, steht es immer im Kontext der Gralsuche. Bei Chrétien und Wolfram sind die beiden Themen am deutlichsten in der Blutstropfenszene verknüpft. Die vermeintliche Gegenläufigkeit der *Fortsetzungen* dazu, welche die ältere Forschung zum Urteil der »Entseelung«[389] veranlasst hat, da Cundwiramurs nur noch »eine unter vielen« und überhaupt alles verweltlicht sei,[390] stellt sich bei genauerem Hinsehen als Fortführung eines mit der Gralsuche verbundenen Minne-Konzepts heraus.

> Percevals Beharren auf dem Liebeslohn der Schachbrettdame und sein Erfolg in der Erlangung dieses Lohns unmittelbar vor seiner Besteigung des Mount Dolerous suggerieren vielmehr, dass das Bestehen der Aventiuren um die feenhafte Dame eine Bedingung für die Gralerlangung bildet.[391]

Dies ist nicht nur suggeriert, sondern Kern der ganzen Aufgaben. Dass Parzival mit der Dame mit dem Schachbrett schläft,[392] ist als Bestätigung seines Erfolgs hinsichtlich der Tests um den Hirschkopf, der auf Partinias vorausdeutet, dessen Kopf Parzival zur Gralburg bringen wird und dem Schachbrett selbst, das auf die Eignung als bester Ritter verweist, zu sehen.

Nach dem Minnelohn weist die Dame Parzival den Weg zum *leidigen berg*, der ebenfalls ein Test auf dem Weg zum Gral ist. Eine ähnlich weisende Funktion kommt der Dame mit dem Maultier zu. Parzival macht ihr unterwegs Avancen, die allerdings erfolglos bleiben. Dass in Manessiers Episode, in der Parzival dem Teufel in Cundwiramurs Gestalt widersteht, Minne bzw. Sexualität negativ besetzt sein soll, wie Wittmann-Klemm folgert,[393] ist nicht nachvollziehbar, da der Schwerpunkt in der Bewährung Parzivals gegen den Teufel liegt, die er auch in den beiden vorangehenden Episoden (der Teufel in der Kapelle und der Teufel in der Gestalt eines Pferdes) unter Beweis stellt.

Hinzu kommt, dass Parzival kurz darauf der echten Cundwiramurs tatsächlich zur Hilfe kommt und diese Begegnung ebenfalls auf die Gralsuche bezogen ist.

---

[388] Die weibliche Sicht schlägt sich auch in der Erzählperspektive nieder, indem die Episode z. T. auf Tanreie hin fokalisiert ist.

[389] DE BOOR 1967, S. 85.

[390] Ebd.

[391] CHEN 2015, S. 217.

[392] Diese anderweltlich konnotierte Dame ist neben Kundwiramurs die einzige, mit der Parzival so intim wird. Eine Ausuferung des Liebeslebens Parzivals, wie es in der älteren Forschung zwischen den Zeilen impliziert wird, ist nicht auszumachen. Das bleibt Gawan vorbehalten.

[393] Vgl. WITTMANN-KLEMM 1977, S. 126.

Nicht, dass Parzival Cundwiramurs vor einem weiteren ungewollten Werber mit
Namen Arides befreit, ist hier entscheidend, sondern die Waffe, die er dabei benutzt: Nämlich das kurz vorher von Trebuchet wieder zusammengefügte Schwert
(RP 764,18ff.), das Parzival zuvor zerbrochen war. Der Kommentar des Schmiedes ist so formuliert, dass er nicht nur auf sein eigenes Zusammenfügen des
Schwertes, sondern auch auf Parzivals Zusammenfügen der Gralgesellschaft abzielt:

> er sprach: ‚herre, wer das kann und können sol
> ein ding wieder gemachen so wol,
> ob es der zerbreche, das enschatte vil niht.
> (RP 766,10–14)

Dass Parzival sein Schwert danach erfolgreich im Kontext des Minne-Themas
einsetzt, deutet auf den erfolgreichen Einsatz des Gralschwertes im Kontext seiner
Aufgabe hin. Dass auch Belrapeire nach der Befreiung wieder erblüht und fruchtbar wird, nimmt die Heilung des Landes durch die Gralaufgaben vorweg. Rück-
blickend erscheinen die verführerischen Damen als Stationen Parzivals auf dem
Weg zum vorbildlichen Minner, wobei Parzivals Verlangen nach Seitensprüngen
sukzessiv abnimmt: Beischlaf mit der Dame mit dem Schachbrett, nicht erfolgrei-
che Avancen an die Dame mit dem Maultier, Widerstehen gegen den Teufel in
Frauengestalt, nochmalige Befreiung von Cundwiramurs. Insofern ist das Minne-
Thema spezifisch auf die Parzival-Figur hin akzentuiert und weit weniger spannungsreich als bisher wahrgenommen.

Festzuhalten ist, dass Minne die breiteste aller Schnittmengen der Teilerzählungen des *Rappoltsteiner Parzifal* ist. Insofern ist die Bezeichnung des Epilogs als
minnebuoch tatsächlich zutreffend. Die hier vorgenommene Übersicht des Minne-
Themas zeigt jedoch, dass die Umsetzungen nur in wenigen Fällen als Exempel
für Minne begriffen werden können, indem sie Beschaffenheit und Nutzen von
Minne thematisieren oder sich aus ihnen konkrete oder abstrakte Handlungsan-
leitungen für den im Epilog entworfenen Minner ableiten ließen. Der Exempel-
charakter trifft eher auf höfische Ethik allgemein zu,[394] ist aber nicht bei allen
Themadurchführungen zu verzeichnen, da Minne z. T. auch rein literarisch funktionalisiert ist.[395] Dies bestätigt die Einschätzung, dass sich der Epilog nur sehr
bedingt als Leseanleitung der Erzählungen eignet, wahrscheinlich auch nicht als
solche entworfen, sondern vor allem poetologisch und selbstreferentiell ist. Auch
wenn das Minne-Thema in praktisch jeder Episode des *Rappoltsteiner Parzifal*

---

[394] Z. B. zu Erziehung, Genealogie, Wahrnehmung, Gewalt, Helden- Damen- und
Herrscherideal.
[395] Z. B. im Dienste einer mythischen Ursprungsgeschichte.

auftaucht, sind die verschiedenen Umsetzungen kaum auf einen Nenner zu bringen. Vielmehr scheint diese Diversität geradezu charakteristisch zu sein, indem die verschiedenen Teilerzählungen ein bemerkenswert breites Spektrum des Minne-Themas abdecken, das die Prinzipien der gesamten Gattung des Artusromans widerspiegelt.

3.6.   Zwischenfazit

Der narrative Zusammenhalt des *Rappoltsteiner Parzifal* ergibt sich hauptsächlich aus seiner Heterogenität und den damit verbundenen variierten Wiederholungen, die sich in ebenfalls variierenden Heldenentwürfen und Gattungsvarianten des Artusromans niederschlagen. Damit geht einher, dass die sequentielle bzw. parallele Einbindung der Teilerzählungen in das gesamte Handlungsgerüst jeweils unterschiedlich funktionalisiert ist und in einigen Fällen eher zu Autonomie und Geschlossenheit, in anderen Fällen zu gegenseitiger Abhängigkeit der Erzählungen führt. Zyklische Signale zwischen und innerhalb der Teilerzählungen befördern Wieder- und Weitererzählen und reflektieren teilweise, dass das Werk aus einer Vielzahl unterschiedlicher Erzählungen besteht.

Diese Programmatik ist im *Prologus* angelegt, ergibt sich aber hauptsächlich aus dem Nebeneinander der Teilerzählungen selbst. Aus den Wiederholungen lässt sich ein gemeinsamer Konnex ableiten, der neben den varianten Heldenentwürfen aus einem wiederholt mythisches Begründen des Erzählens, der Überblendung von finaler und kausaler Motivation mittels Rachefabeln und einer stark unterschiedlichen Funktionalisierung höfischer Minne besteht. Da die meisten Ergebnisse dieses Abschnitts der Untersuchung bereits in das vorangehende Kapitel (Kap. 3.5. Konnex, S. 279ff.) eingegangen sind, sollen sie hier nur knapp resümiert werden.

Philipp Colins Epilog kann eher als poetologische Stilisierung von Mäzen, Dichtung und Dichter begriffen werden, wobei der programmatische Aspekt als didaktisch-exemplhaftes Minnebuch ebenfalls Teil dieser Stilisierung ist, sich in den Erzählungen aber nur in Ausnahmen wiederfindet. Die mythische Herleitung der Erzählungen im *Prologus* hingegen wirkt über die gesamte Kompilation hin als Paradigma. Sie erklärt die Wiederholung von Erlösungstaten zum Programm und verankert diese mit einer mythischen Gewalttat, die als Vergewaltigung das ultimative Vergehen der höfischen Gesellschaft in Bezug auf Minne und Herrschaft darstellt. Es ergibt sich das Szenario einer Mehrfachlösung, das aufgrund seines diffusen, mythischen Charakters sowie der agonalen Konstellation über das Thema der pervertierten Minne tatsächlich in den meisten Handlungssträngen wiederauftaucht. Das Thema ist sowohl bei Wolfram als auch bei den Fortsetzern

weiter ausgebaut, indem immer wieder Gewalt gegen Frauen die einzelnen Erzählungen mythisch begründet und die Protagonisten die Missstände als Erlöser-
Figuren beheben müssen.

Die Einordnung der Teilerzählungen in das Handlungsgerüst zeigt eine Bandbreite von sequentiellen und parallelen Erzählungen, wobei erstere stärkere Geschlossenheit und interne Verschachtelungen aufweisen (*Karados' Buch*, *Schwanen-
Aventiure*, Segramors-Handlung), während bei zweiteren die Unterbrechungen als
Mittel der erzählten Zeit (Gingelens-Handlung) oder zum widersprüchlichen Erzählen (Bran de Lis-Handlung, der erschossene Ritter) genutzt werden. Daneben
werden Binnenerzählungen dazu eingesetzt, mythische Vorgeschichten zu einzelnen Teilerzählungen zu stiften. Diese Funktionen sind zwar nicht automatisch ein
Ausweis dafür, dass die Teilerzählungen eine Einheit bilden, doch zeigen sie, dass
sie aufeinander angewiesen sind, um bestimmte narrative Effekte zu erzielen.

Diese Ordnung wird durch zyklische Signale narrativ markiert. Dabei erschöp-
fen sich diese nicht darin, die Erzählungen voneinander abzugrenzen. Durch
Übergänge und epische Schnittstellen werden die Teilerzählungen punktuell miteinander synchronisiert und so in ein gemeinsames Zeitgerüst eingefügt (Treffen
und Suchen der Protagonisten, Massenaufbrüche am Artushof). Teilweise dienen
die Schnittstellen auch dazu, die Ordnung der Kompilation als fortsetzendes Erzählen zu reflektieren, indem sie als Expositionen fungieren (Turnier-Episoden)
oder Rezipientenerwartungen enttäuschen (nicht durchgeführte Protagonistenwechsel).

Am deutlichsten tritt die mit der Fortführung des Doppelromans verbundene
Dezentralisierung in den sich gegenseitig konterkarierenden Heldenentwürfen zutage (s. o. Kap. 3.5.1 Heldenentwürfe und mythische Ursprünge, S. 280ff.). Durch
die weiteren Protagonisten wird das komplementäre Verhältnis der beiden Hauptfiguren des ursprünglichen Doppelromans vervielfacht. Die Wiederholungen über
die verschiedenen Erzählungen hinweg führen dazu, dass zwischen den Heldenfiguren sowohl Gleichheiten als auch Gegenläufigkeiten entstehen. Dies führt zu
einem biographischen Erzählen, das einerseits den Lebensweg Parzivals als mak-
rostrukturelles Gerüst nutzt, andererseits aber den Teilbiographien der anderen
Helden Unabhängigkeit von diesem Weg einräumt, indem die Entwürfe als Alternativen nebeneinander bestehen bleiben. In der vergleichenden Lesart werden
die vollen Sinnpotentiale dieser Heldenentwürfe erst deutlich; eine Technik, die
ebenfalls aus dem Doppelroman übernommen wurde, in ihrer Komplexität jedoch
noch gesteigert ist. Bemerkenswert ist, dass Wolframs Version durch ihr zusätzli-
ches Material gegenüber Chrétien in Kombination mit den *Fortsetzungen* mehr
Sinnpotentiale hervorruft, die erstaunlich gut miteinander harmonieren.

Drei Aspekte können als Konstanten des heterogenen Ensembles gelten und
bilden damit den Konnex des *Rappoltsteiner Parzifal*. Dieser Konnex ist erstens

gekennzeichnet durch immer neue Variation ähnlicher Heldenentwürfe und die immer neue, mythische Begründung der Erzählungen. Dies trifft nicht allein auf die Figur Parzival zu, sondern auch für alle anderen Protagonisten, deren Erzählungen nicht in eine gemeinsame Struktur eingebunden, sondern in verschiedenen Graden unabhängig voneinander sind.

Diese Ungebundenheit in Verbindung mit den mythischen Begründungen führen dazu, dass die Geschichten als einmalig und als (Teil-)Biographien ihrer Helden erscheinen. Zweitens ist der Konnex dadurch gekennzeichnet, dass in den meisten Teilerzählungen kausale und finale Motivationen der Handlung miteinander kombiniert werden, wobei die Kombinationen jeweils verschieden (gegensätzlich, parallel oder synthetisiert) realisiert werden. In allen Fällen sind diese Motivationen mit den Themen Rache und Vorherbestimmung verbunden. Drittens besteht die breiteste Schnittmenge des Konnexes im Minne-Thema. Obwohl das Thema praktisch in jeder Teilerzählung vorkommt, ist aber aufgrund der starken Diversität der Durchführungen hinsichtlich Funktionalisierung und Darstellung keine einheitliche Linie festzustellen. Vielmehr scheint diese Diversität geradezu charakteristisch für den Umgang mit allen Wiederholungen zu sein, innerhalb und außerhalb des Konnexes.

4. Zusammenfassung und Ausblick

Diese Untersuchung ist der Frage nachgegangen, wie Kohärenz im *Rappoltsteiner Parzifal* erzeugt wird. Da seine Anlage als umfangreiche Kompilation mit einer Vielzahl von Protagonisten den zyklischen Epensummen des Spätmittelalters ähnelt, habe ich auf die Strategien zyklischen Erzählens als Beschreibungsansatz zurückgegriffen. Zugleich sollte dabei berücksichtigt werden, dass das Konzept des Doppelromans Ausgangs- und Bezugspunkt der *Fortsetzungen* und Wolframs *Parzival* ist. Im Verständnis einer graduellen Zyklizität sind die Kohärenzstrategien des *Rappoltsteiner Parzifal* bereits im *Conte du Graal* angelegt und werden mit jeder Fortsetzung, mit jeder Redaktion und Bearbeitung, die Erzählungen hinzufügen oder ausbauen, verstärkt. Dass Wolfram und die Fortsetzer in ihren Bearbeitungen z. T. ähnliche Wege gehen, führt zu überraschenden Wiederholungen. Zugleich ist das Werk aufgrund seiner Brüche und Widersprüche dezentrierter und heterogener als die meisten anderen Versionen.

Beide Handschriften des *Rappoltsteiner Parzifal* unterstützen die Lesart als zwar unterteiltes, aber dennoch einheitliches Werk (s. o., Kap. 2.3 Zwischenfazit, S. 134ff.). Die Karlsruher Handschrift schafft Einheit über den Codex und den Paratext, wobei sich letzterer sehr nah an der narrativen Gliederung orientiert. Sie begünstigt insofern eine zyklische Lesart, als der Paratext die Übergänge und Verbindungen zwischen und innerhalb der verschiedenen Teilerzählungen betont. Dies spiegelt sich in den Positionierungen und den Formulierungen der Initialen bzw. Überschriften wider, welche als Echos der Signale des Erzähltextes, die z. T. ebenfalls deutlicher gesetzt werden, gelten können. Die Mittelzäsur durch die Prosa-Überleitung, die Nennung des Werknamens inklusive der Datierung und das Florilegium machen Zweiteilung und Einheit des Werks zugleich deutlich. Besonders hier zeigt sich, dass Einheit bei gleichzeitiger Unterteilung programmatisch ist.

Die römische Handschrift verbessert das Verhältnis von Text und Paratext im Vergleich zur Vorlage, indem Fehler und Ungenauigkeiten getilgt werden und sich diese Verbesserungen an denselben Prinzipien orientieren wie die Vorlage. Die Positionen der Initialen und Überschriften wurden, wenn möglich, noch vereindeutigt. Daneben wurden buchästhetische Schwächen erfolgreich vermieden. Größter Unterschied ist die Abspaltung des *nuwen* vom *alten Parzefal*. Damit geht einher, dass die Mittelzäsur zu einem Beginn umfunktioniert wurde. Zweiter wesentlicher Unterschied ist eine kürzende Redaktion, die den Plot beinahe absolut

vollständig erhält. In diesen beiden Punkten zeigt sich ein von der Vorlage abwie-
chendes Konzept der Werkeinheit. Anstatt wie die Karlsruher Handschrift den
möglichst vollständigen Text herzustellen, scheint die römische Handschrift eine
plotbezogene Ergänzung zu einem bereits bekannten ersten Teil zu sein. Bereits
im zweiten Überlieferungsschritt löst sich das Werk damit von der zyklischen
Handschrift. Einmal vereint, ist dennoch eine übergreifende Rezeption beider
Teile anzunehmen.

Das Erzählprogramm des *Rappoltsteiner Parzifal* ist dadurch geprägt, dass in
den Wiederholungen, Variationen, Widersprüchen und dem Nebeneinander ge-
genläufiger Konzepte die Kohärenz der heterogenen Zusammenstellung entsteht
(s. o., Kap. 3.6 Zwischenfazit, S. 306ff.). Durch die Integration der Teilerzählungen in ein zyklisches Ensemble werden deren Sinnpotentiale gesteigert, indem die
Teilerzählungen als komplementär funktionalisierte, variierende Wiederholungen
angelegt sind und sich damit gegenseitig profilieren. Dies kann als Erwieterung
des Doppelromans, der die Grundlagen dieser Techniken liefert, verstanden werden. Diese seit Chrétien immer weiter vorangetriebene, grundsätzlich offene und
dezentrierte Werkkonzeption, welche die Fortsetzer einschließlich Wolfram und
der Redaktoren zum Weiter- und Wiedererzählen geliefert hat, liefert auch für
den *Rappoltsteiner Parzifal* ein Modell der narrativen Kohärenzbildung.

Über dieses paradigmatische Erzählen wird ein zyklischer Konnex als gemeinsames Zentrum geschaffen, das trotz der großen Bandbreite der Erzählungen spezifisch ist, indem immer wieder dieselben Themen und Muster verhandelt werden, die zwar allgemein gattungstypisch sind, aber dennoch Schwerpunkte setzen.
So zeigen die unterschiedlichen Heldenentwürfe auffallend oft alternative Wege
zur Erlösung auf, sind mythisch begründet und überlagern in Rachefabeln kausale
und finale Motivation. Die Figuren sind insofern exempelhaft, als ihre Lebensge-
schichten als spezifisch ausgeprägte Varianten wiederholter Heldengeschichten
gestaltet sind, da Masse und Breite der Erzählungen einen alles übergreifenden
Gesamtsinn nicht zulassen, sondern die Geschichten sich mehrfach konterkarieren. Höfische Minne ist nicht immer Teil einer vorbildlichen Darstellung der Protagonisten, sondern entgleitet durch ihren über das gesamte Werk verteilten Fa-
cettenreichtum.

Obwohl die Geschichte um Parzival als Gerüst dient, scheint es mir passend,
das Erzählkonzept des *Rappoltsteiner Parzifal* als summenhaft in Bezug auf den
Artusroman zu beschreiben, da es die Erzählmechanismen der Gattung durch immer neues Variieren offenlegt. Zudem greifen die Teilerzählungen unterschiedliche Sub-Gattungen auf, womit das Werk kaum allein als Gralroman bezeichnet
werden kann. Ob das Werk damit ein Prinzip aufgreift, das möglicherweise in den
ersten Texten der Gattung angelegt ist, indem bereits der *Iwein* intertextuell einen
zyklischen Konnex mit dem *Erec* bildet und dieser dann im weiteren Verlauf mit

jedem weiteren Roman verschoben und erweitert wird, ist sicherlich eine Überlegung wert. Zyklizität wäre dann als etwas zu begreifen, das jedem Text der anhand von Variation erzählenden Gattung potentiell eigen ist und in der Überlieferung jeweils unterschiedlich stark entfaltet wird.

5. Verzeichnisse

5.1.   Abbildungen

5.2.   Abkürzungen (Zeitschriften, Reihen, Werktitel)

ATB	Altdeutsche Textbibliothek
Beihefte GRM	Beiheft zur Germanisch-Romanische Monatsschrift
Beihefte ZfrPh	Beihefte zur Zeitschrift für romanische Philologie
BdA	Ulrich Füetrer: Das *Buch der Abenteuer*. Nach der Handschrift A (Cgm. 1 d. Bayer. Statsbibl.). Hrsg. von Bernd Bastert und Heinz Thoelen, Göppingen 1997.
	Ulrich Füetrer: *Lannzilet*. Aus dem *Buch der Abenteuer*,

Str. 1123–6009. Hrsg. von Rudolf Voß, Paderborn 1996.

Ulrich Füetrer: *Lannzilet*. Aus dem *Buch der Abenteuer*, Str. 1–1122. Hrsg. von Karl-Eckhard Lenk, Tübingen 1989.

DTM — Deutsche Texte des Mittelalters

DU — Der Deutschunterricht

DVjs — Deutsche Vierteljahrsschrift für Literaturwissenschaft und Geistesgeschichte

Editio — Editio: Internationales Jahrbuch für Editionswissenschaft

Elc. — The *Elucidation*. A Prologue to the *Conte del Graal*. Hrsg. von Albert Wilder Thompson, Genf/Paris 1982.

Er. — Hartmann von Aue: *Erec*. Mittelhochdeutsch/Neuhochdeutsch. Hrsg. von Volker Mertens, Stuttgart 2008.

Erste Fortsetzung — The Continuations of the Old French *Perceval* of Chretien de Troyes. Corrected Edition by Eleanor Roach, Philadelphia 2008.

The Continuations of the Old French *Perceval* of Chrétien de Troyes. Ed. by William Roach. First Continuation vol. I–III; Wauchiers Continuation vol. IV; Manessiers Continuation vol. V, Philadelphia 1949–1985.

FMST — Frühmittelalterliche Studien

GAG — Göppinger Arbeiten zur Germanistik

GRM — Germanisch-Romanische Monatsschrift

GLMF — Germania litteraria mediaevalis Francigena

Iw. — Hartmann von Aue: *Iwein*. Hrsg. von Thomas Cramer, 4., überarbeitete Aufl., Berlin, New York 2001.

IASL — Internationales Archiv für Sozialgeschichte der Literatur

JOWG — Jahrbuch der Oswald von Wolkenstein-Gesellschaft

Manessiers Fortsetzung — The Continuations of the Old French *Perceval* of Chrétien de Troyes. Ed. by William Roach. First Continuation vol. I–III; Wauchiers Continuation vol. IV; Manessiers Continuation vol. V, Philadelphia 1949–1985.

PBB	Beiträge zur Geschichte der deutschen Sprache und Literatur
Poetica	Poetica: Zeitschrift für Sprach- u. Literaturwissenschaft
Prosalancelot	*Prosalancelot*. Nach der Heidelberger Pergamenthandschrift Pal. Germ. 147, herausgegeben von Reinhold Kluge, ergänzt durch die Handschrift Ms. allem. 8017–8020 der Bibliothèque de l' Arsenal Paris. Übersetzt, kommentiert und herausgegeben von Hans-Hugo Steinhoff 1995–2004.
Pz.	Wolfram von Eschenbach: *Parzival*. Mhd. Text nach der sechsten Ausgabe von Karl Lachmann. Übersetzung von Peter Knecht. Mit Einführungen zum Text der lachmannschen Ausgabe und in Probleme der *Parzival*-Interpretation von Bernd Schirok, 2. Aufl., Berlin [u.a.] 2003.
RP	Philipp Colin/Claus Wisse: *Parzifal*. Eine Ergänzung der Dichtung Wolframs von Eschenbach (1331–1336), hrsg. von Karl Schorbach [Photomechan. Nachdr. d. Ausg. Strassburg, London 1888], Berlin/New York 1974.
RUB	Reclams Universalbibliothek
Sonderheft ZfdPh	Sonderheft der Zeitschrift für deutsche Philologie
Speculum	Speculum. A journal of medieval studies
stw	Suhrkamp Taschenbuch Wissenschaft
The Germanic review	The Germanic review. Devoted to studies dealing with the Germanic languages and literatures
VL2	Die Deutsche Literatur des Mittelalters. Verfasserlexikon. Begr. von Wolfgang Stammler, fortges. von Karl Langosch. 2., völlig neu bearbeitete Auflage. Hg. von Kurt Ruh zusammen mit Gundolf Keil, Werner Schröder, Burghart Wachinger, Franz Josef Worstbrock. 10 Bde. (und 4 Ergänzungsbde.). Berlin, New York 1978–2008.
Wauchiers Fortsetzung	The Continuations of the Old French *Perceval* of Chrétien de Troyes. Ed. by William Roach. First Continuation vol. I–III; Wauchiers Continuation vol. IV; Manessiers Continuation vol. V, Philadelphia 1949–1985.
WS	Wolfram Studien

ZfdA	Zeitschrift für deutsches Altertum und deutsche Literatur
ZfdPh	Zeitschrift für deutsche Philologie
ZFSL	Zeitschrift für französische Sprache und Literatur

5.3. Literatur

5.3.1. Editionen und Übersetzungen

Biblia sacra. Iuxta vulgatam versionem. Recensuit et brevi apparatu critico instruxit Robertus Weber. Editionem quartam emendatam cum sociis B. Fischer, H. I. Frede, H. F. D. Sparks, W. Thiele. Preaparavit Roger Gryson, Stuttgart 1994.

Chrétien de Troyes: *Erec et Enide*. Altfranzösisch/Deutsch, hg. und übers. v. Albert Gier, Stuttgart 2007.

Chrétien de Troyes: *Perceval le Gallois ou le conte du Graal*. Ed. par Charles Potvin, publ. d'apres les ms. originaux 1866–1871.

Chrétien de Troyes: *Le roman de Perceval ou le Conte du Graal*. Altfranzösisch/Deutsch = Der Percevalroman oder die Erzählung vom Gral, hg. v. Felicitas Olef-Krafft, Stuttgart 1991.

Philipp Colin/Claus Wisse: *Parzifal*. Eine Ergänzung der Dichtung Wolframs von Eschenbach (1331–1336), hg. v. Karl Schorbach [Photomechan. Nachdr. d. Ausg. Strassburg, London 1888], Berlin/New York 1974.

The Continuations of the Old French *Perceval* of Chretien de Troyes. Corrected Edition by Eleanor ROACH, Philadelphia 2008.

The Continuations of the Old French *Perceval* of Chrétien de Troyes. Ed. by William Roach. First Continuation vol. I–III; Wauchiers Continuation vol. IV; Manessiers Continuation vol. V, Philadelphia 1949–1985.

The *Elucidation*. A Prologue to the *Conte del Graal*, ed. by Albert Wilder Thompson, Genf/Paris 1982.

Gauwain sucht den Gral. Erste Fortsetzung des *Perceval* von Chrestien de Troyes, übers. von Konrad Sandkühler, Stuttgart 1959.

Hartmann von Aue: *Iwein*. Hg. v. Thomas Cramer, 4., überarbeitete Auflage, Berlin/New York 2001.

Hartmann von Aue: *Erec*. Mittelhochdeutsch/Neuhochdeutsch. Hg. v. Volker Mertens, Stuttgart 2008.

Irrfahrt und Prüfung des Ritters Perceval. Zweite Fortsetzung von Chrestien de Troyes' *Perceval*, Übers. von Konrad Sandkühler, Stuttgart 1960.

Le *Lai de Guingamor*, Le *Lai de Tydorel*. (12. Jahrhundert), hg. v. Erhard Lommatzsch, Berlin 1922.

Les Lais anonymes des XIIe et XIIIe siècles. Edition critique de quelques Lais bretons, ed. par Prudence Mary O'Hara-Tobin, Genf 1976.

Laurin. Hg. v. Elisabeth Lienert. Teilband I, Einleitung, ältere Vulgatversion, *Walberan*; Teilband II, *Preßburger Laurin, Dresdner Laurin*, jüngere Vulgatversion, Verzeichnisse, Berlin [u.a.] 2011.

Lohengrin. Edition und Untersuchung von Thomas Cramer, München 1971.

Prosalancelot. Nach der Heidelberger Pergamenthandschrift Pal. Germ. 147, herausgegeben von Reinhold Kluge, ergänzt durch die Handschrift Ms. allem. 8017–8020 der Bibliothèque de l' Arsenal Paris. Übersetzt, kommentiert und herausgegeben von Hans-Hugo Steinhoff 1995–2004.

Ulrich Füetrer: *Lannzilet.* Aus dem *Buch der Abenteuer*, Str. 1–1122. Hg. v. Karl-Eckhard Lenk, Tübingen 1989.

Ulrich Füetrer: *Lannzilet.* Aus dem *Buch der Abenteuer*, Str. 1123–6009. Hg. v. Rudolf Voß, Paderborn 1996.

Ulrich Füetrer: Das *Buch der Abenteuer.* Nach der Handschrift A (Cgm. 1 d. Bayer. Statsbibl.). Hg. v. Bernd Bastert und Heinz Thoelen, Göppingen 1997.

Wolfram von Eschenbach: *Parzival.* Mhd. Text nach der sechsten Ausgabe von Karl Lachmann. Übersetzung von Peter Knecht. Mit Einführungen zum Text der Lachmannschen Ausgabe und in Probleme der *Parzival*-Interpretation von Bernd Schirok, 2. Aufl., Berlin [u.a.] 2003.

5.3.2. Forschungsliteratur

Wolfgang Achnitz: Deutschsprachige Artusdichtung des Mittelalters. Eine Einführung, Berlin 2012.

Klaus Arnold: Kindheit im europäischen Mittelalter, in: Zur Sozialgeschichte der Kindheit, hg. v. Jochen Martin, August Nitschke, München 1986, S. 443–467.

Martina Backes: *ich buwe doch die strazzen / die sie hant gelazzen.* Überlegungen zu Selbstverständnis und Textkonzept deutscher Bearbeiter französischer Werke im Mittelalter, in: Retextualisierung in der mittelalterlichen Literatur, hg. v. Joachim Bumke, Ursula Peters, Berlin 2005, S. 345–355.

Martina Backes: Literarische Kommunikationswege am Oberrhein, in: Kulturtopographie des deutschsprachigen Südwestens im späteren Mittelalter. Studien und Texte, hg. v. Barbara Fleith, Rene Wetzel, Berlin 2009, S. 1–12.

Martin Baisch: Textkritik als Problem der Kulturwissenschaft. *Tristan*-Lektüren, Berlin 2006.

Julie Baker: The Childhood of the Epic Hero. Representation of the Child Protagonist in the Old French Enfances Texts, in: Child in French and Francophone Literature, hg. v. Buford Norman, Amsterdam 2004, S. 91–107.

Karl August Barack: Die Handschriften der Fürstlich-Fürstenbergischen Hofbibliothek zu Donaueschingen, Tübingen 1865.

Bernd Bastert: Sequentielle und organische Zyklizität. Überlegungen zur deutschen Karlepik des 12. bis 15. Jahrhunderts, in: *Chanson de Roland* und *Rolandslied*. Actes du Colloque du Centre d'Etudes Médiévales de l'Université de Picardie Jules Verne 11 et 12 Janvier 1996, Greifswald 1997, S. 1–13.

Bernd Bastert: Late Medieval Summations. *Rappoltsteiner Parzifal* and Ulrich Füetrer's *Buch der Abenteuer*, in: The Arthur of the Germans. The Arthurian legend in medieval German and Dutch literature, hg. v. Silvia Ranawake, W. H. Jackson, Cardiff 2002, S. 166–180.

Bernd Bastert: Helden als Heilige. Chanson-de-geste-Rezeption im deutschsprachigen Raum, Tübingen/Basel 2010.

Hartmut Beckers: Die Karlmeinet-Kompilation. Eine deutsche *vita poetice Karoli Magni* aus dem frühen 14. Jahrhundert, in: Cyclification. The Development of Narrative Cycles in the Chansons de Geste and the Arthurian Romances, hg. v. Bart Besamusca, Amsterdam/New York 1994, S. 113–117.

Thomas Bein: Walther und andere Lyriker im Rappoltsteiner Florilegium. Zum Spannungsfeld von Poetik, Textkritik und Edition, in: Mittelalterliche Lyrik. Probleme der Poetik, hg. v. Thomas Cramer, Ingrid Kasten, Berlin 1999, S. 169–196.

Thomas Bein: *Parzival* zu zweit. Zu Formen literarischer Teamarbeit im deutschsprachigen Mittelalter, in: Literarische Zusammenarbeit, hg. v. Bodo Plachta, Winfried Woesler, Tübingen 2001.

Bart Besamusca: The Book of Lancelot. The Middle Dutch *Lancelot Compilation* and the Medieval Tradition of Narrative Cycles, Cambridge/Rochester, NY 2003.

Werner Besch: Vom *alten* zum *nûwen Parzival*, in: Der Deutschunterricht 14, 1961, S. 91–102.

Helmut Anton Wilhelm DE BOOR: Die deutsche Literatur im späten Mittelalter. Zerfall und Neubeginn, 3. Aufl., München 1967.

Frank Brandsma: The Function of the Narrative Technique of Interlacae in the *mise en cycle* of Romances in the *Lancelot* Compilation, in: Cyclification. The Development of Narrative Cycles in the Chansons de Geste and the Arthurian Romances, hg. v. Bart Besamusca, Amsterdam/New York, NY 1994, S. 118–121.

Matilda Tomaryn Bruckner: Rewriting Chrétien's *Conte du graal*. Mothers and Sons: Questions, Contradictions, and Connections, in: The Medieval *Opus*. Imitation, Rewriting, and Transmission in the French Tradition, hg. v. Douglas Kelly, Amsterdam/Atlanta 1996, S. 213–244.

Matilda Tomaryn Bruckner: Chrétien Continued. A study of the *Conte du Graal* and its verse continuations, Oxford 2009.

Joachim Bumke: Parzival und Feirefiz – Priester Johannes – Loherangrin. Der offene Schluß des *Parzival* von Wolfram von Eschenbach, in: Deutsche Vierteljahrsschrift für Literaturwissenschaft und Geistesgeschichte 65, 1991, S. 236–264.

Joachim Bumke: Der unfeste Text. Überlegungen zur Überlieferungsgeschichte und Textkritik der höfischen Epik im 13. Jahrhundert, in: *Aufführung* und *Schrift* in Mittelalter und Früher Neuzeit, hg. v. Jan-Dirk Müller, Stuttgart/Weimar 1996, S. 118–129.

Joachim Bumke: Die vier Fassungen der *Nibelungenklage*. Untersuchungen zur Überlieferungsgeschichte und Textkritik der höfischen Epik im 13. Jahrhundert, Berlin [u.a.] 1996.

Joachim Bumke: Autor und Werk. Beobachtungen und Überlegungen zur höfischen Epik (ausgehend von der Donaueschinger Parzivalhandschrift Gδ), in: Zeitschrift für deutsche Philologie 116, 1997, S. 87–114.

Joachim Bumke: Wolfram von Eschenbach. Achte, völlig neu bearbeitete Auflage, Stuttgart/Weimar 2004.

Joachim Bumke: Retextualisierungen in der mittelalterlichen Literatur, besonders in der höfischen Epik. Ein Überblick, in: Retextualisierung in der mittelalterlichen Literatur, hg. v. Joachim Bumke, Ursula Peters, Bd. 124, Berlin 2005, S. 6–46.

Joachim Bumke: Zur Textkritik des *Parzival*. Der Textbestand in den Handschriften D und G, in: Zeitschrift für deutsches Altertum und deutsche Literatur 139, 2010, 4, S. 453–485.

Brigitte Burrichter: *Ici fenist li premiers vers* (*Erec et Enide*). Noch einmal zur Zweiteilung des Chrétienschen Artusromans, in: Erzählstrukturen der Artusliteratur. Forschungsgeschichte und neue Ansätze, hg. v. Friedrich Wolfzettel, Tübingen 1999, S. 87–98.

Danielle Buschinger: Zum *Rappoltsteiner Parzival*, in: Perceval – Parzival hier et aujourdhui et autres essais sur la littérature allemande du Moyen Age et de la Renaissance. Recueil d'articles : pour fêter les 95 ans de Jean Fourquet, hg. v. Danielle Buschinger, Jean Fourquet, Greifswald 1994, S. 71–78.

Danielle Buschinger: Einiges zum *Rappoltsteiner Parzival*, in: Dies.: Studien zur deutschen Literatur des Mittelalters, Greifswald 1995, S. 142–148.

Yen-Chun Chen: Ritter, Minne und der Gral. Komplementarität und Kohärenzprobleme im *Rappoltsteiner Parzifal*, Heidelberg 2015.

Siegfried Christoph: Gahmuret, Herzeloyde and Parzival's *erbe*, in: Colloquia Germanica: Internationale Zeitschrift für Germanische Sprach- und Literaturwissenschaft 17, 1984, S. 200–219.

Christoph Cormeau: *Wigalois* und *Diu Crône*. Zwei Kapitel zur Gattungsgeschichte des nachklassischen Aventiureromans, München 1977.

Cora Dietl: Licht und Erleuchtung im *Rappoltsteiner Parzifal*, in: Journal of the International Arthurian Society 1, 2013, 1, S. 29–49.

Gustav Ehrismann: Geschichte der deutschen Literatur bis zum Ausgang des Mittelalters. Handbuch des deutschen Unterrichts an höheren Schulen 1959.

Sonja Emmerling: Geld und Liebe. Zum Epilog des *Rappoltsteiner Parzifal*, in: Forschung zur deutschen Literatur des Spätmittelalters. Festschrift für Johannes Janota, hg. v. Horst Brunner, Werner Williams-Krapp, Tübingen 2003, S. 31–49.

Sonja Emmerling: Geschlechterbeziehungen in den Gawan-Büchern des *Parzival*. Wolframs Arbeit an einem literarischen Modell, Tübingen 2003.

Susanne Flecken-Büttner: Wiederholung und Variation als poetisches Prinzip. Exemplarität, Identität und Exzeptionalität in Gottfrieds *Tristan*, Berlin [u.a.] 2011.

Wendelin Foerster: Kristian von Troyes. Wörterbuch zu seinen sämtlichen Werken, Halle a. d. Saale 1914.

Carola Föller: Das Kind in der Ordnung der Welt. *Infantia* und *pueritia* in den Enzyklopädien des 13. Jahrhunderts, in: Aufblühen und Verwelken. Mediävistische Forschungen zu Kindheit und Alter, hg. v. Ines Heiser, Andreas Meyer, Leipzig 2009, S. 55–74.

Susanne Friede: Die Wahrnehmung des Wunderbaren. Der *Roman d'Alexandre* im Kontext der französischen Literatur des 12. Jahrhunderts, Tübingen 2003.

Gérard Genette: Paratexte. Das Buch vom Beiwerk des Buches, Frankfurt am Main 2001.

Wolfgang Golther: Die deutsche Dichtung im Mittelalter. 800 bis 1500, 2. Aufl., Stuttgart 1922.

Wolfgang Golther: Parzival und der Gral in der Dichtung des Mittelalters und der Neuzeit, Stuttgart 1925.

Friedrich Heinrich VON DER HAGEN: Briefe in die Heimat aus Deutschland, der Schweiz und Italien. Band 2, Breslau 1818.

Friedrich Heinrich VON DER HAGEN: Minnesinger. Deutsche Liederdichter des zwölften, dreizehnten und vierzehnten Jahrhunderts, Leipzig 1838.

Björn Michael Harms: Narrative ›Motivation von unten‹. Zur Versionenkonstitution von *Virginal* und *Laurin*, Berlin [u.a.] 2013.

Carrie A. Harper: Carados and the Serpent, in: Modern Language Notes XIII, 1898, 7, S. 417–432.

Walter Haug: Die Symbolstruktur des höfischen Epos und ihre Auflösung bei Wolfram von Eschenbach, in: Deutsche Vierteljahrsschrift für Literaturwissenschaft und Geistesgeschichte 45, 1971, S. 668–705.

Walter Haug: *Das Land, von welchem niemand wiederkehrt.* Mythos, Fiktion und Wahrheit in Chrétiens *Chevalier de la Charrete*, im *Lanzelet* Ulrichs von Zatzikhoven und im *Lancelot*-Prosaroman, Tübingen 1978.

Walter Haug: Der Artusritter gegen das Magische Schachbrett oder das Spiel, bei dem man immer verliert. (1980/1981), in: Ders.: Strukturen als Schlüssel zur Welt. Kleine Schriften zur Erzählliteratur des Mittelalters, Tübingen 1990, S. 672–686.

Walter Haug: Eros und Fortuna: der höfische Roman als Spiel von Liebe und Zufall, in: Ders.: Brechungen auf dem Weg zur Individualität, Tübingen 1995, S. 214–232.

Walter Haug: Kindheit und Spiel im Mittelalter. Vom Artusroman zum *Erdbeerlied* des Wilden Alexander, in: Positivierung von Negativität. Letzte kleine Schriften, hg. v. Ulrich Barton, Tübingen 2008, S. 465–478.

Wolfram von Eschenbach. Ein Handbuch. Autor, Werk, Wirkung, hg. v. Joachim Heinzle, Berlin 2011.

Edmund Kurt Heller: Studies on the Alsatian *Parzival*, in: The Germanic review. Devoted to studies dealing with the Germanic languages and literatures 5, 1930, 2, S. 109–126.

Edmund Kurt Heller: The Story of the Magic Horn. A Study in the Development of a Medieval

Folk Tale, in: Speculum. A journal of medieval studies XI, 1934, S. 38–50.

Edmund Kurt Heller: The Story of the Sorcerer's Serpent. A Puzzling Medieval Folk Tale, in: Speculum. A journal of medieval studies XV, 1940, S. 338–347.

Nikolaus Henkel: Kurzfassungen höfischer Erzähldichtung im 13./14. Jahrhundert. Überlegungen zum Verhältnis von Textgeschichte und literarischer Interessenbildung, in: Literarische Interessenbildung im Mittelalter. DFG-Symposion 1991, hg. v. Joachim Heinzle, Stuttgart/Weimar 1993, S. 39–59.

Mathias Herweg: Wege zur Verbindlichkeit. Studien zum deutschen Roman um 1300, Wiesbaden 2010.

Mathias Herweg: Fiktionalität und enzyklopädisches Schreiben. Versuch einer Standortbestimmung, in: Zwischen Fakten und Fiktionen. Literatur und Geschichtsschreibung in der Vormoderne, hg. v. Merle Marie Schütte, Kristina Rzehak, Daniel Lizius, Würzburg 2014, S. 197–209.

Thomas Hinton: The Aesthetics of Communication. Sterility and Fertility in the *Conte del Graal* Cycle, in: Arthurian Literature 26, 2009, S. 98–109.

Thomas Hinton: New Beginnings and False Dawns. A Reappraisal of the *Elucidation* Prologue to the *Conte du Graal* Cycle, in: Medium Aevum 80, 2011, S. 41–55.

Thomas Hinton: The *Conte du Graal* cycle. Chrétien de Troyes' *Perceval*, the continuations, and French Arthurian romance, Cambridge, Rochester, NY 2012.

Stefan Hofer: Bemerkungen zur Beurteilung des Horn- und des Mantellai, in: Romanische Forschungen. Vierteljahrsschrift für romanische Sprachen und Literaturen 65, 1953, 1/2, S. 38–48.

Stefan Hofer: Kritische Bemerkungen zum *Lai de Guingamor*, in: Romanische Forschungen. Vierteljahrsschrift für romanische Sprachen und Literaturen 65, 1954, S. 360–377.

Marjolein Hogenbirk: Gringalet as an Epic Character, in: The European dimensions of Arthurian literature, hg. v. Bart Besamusca, Frank Brandsma, Woodbridge, UK/Rochester 2007, S. 65–78.

Arne Holtorf: Eine Strophe Reinmars von Brennenberg im Rappoltsteiner *Parzival*, in: Zeitschrift für deutsches Altertum und deutsche Literatur 96, 1967, S. 321–328.

Franz-Josef Holznagel: Minnesang-Florilegien. Zur Lyriküberlieferung im Rappoltsteiner *Parzifal*, im *Berner Hausbuch* und in der Berliner *Tristan*-Handschrift N, in: Dâ hœret ouch geloube zuo. Überlieferungs- und Echtheitsfragen zum Minnesang: Beiträge zum Festcolloquium für Günther Schweikle anlässlich seines 65. Geburtstags, hg. v. Günther Schweikle, Rüdiger Krohn, Wulf-Otto Dreessen, Stuttgart 1995, S. 65–88.

Gert Hübner: Erzählformen im höfischen Roman. Studien zur Fokalisierung im *Eneas*, im *Iwein* und im *Tristan*, Tübingen [u.a.] 2003.

Gert Hübner: Fokalisierung im höfischen Roman, in: Erzähltechniken und Erzählstrategien in der deutschen Literatur des Mittelalters. Saarbrücker Kolloquium 2002, hg. v. Wolfgang Haubrichs, Eckart Conrad Lutz, Klaus Ridder, Berlin 2004, S. 127–150.

Sylvia Huot: From Song to Book. The Poetics of Writing in Old French Lyric and Lyrical Narrative Poetry, Ithaca/London 1987.

Adelbert Keller: Romvart. Beiträge zur Kunde mittelalterlicher Dichtung aus italiaenischen Bibliotheken, Mannheim/Paris 1844.

Beate Kellner: Schwanenkinder – Schwanenritter – Lohengrin, in: Präsenz des Mythos. Konfigurationen einer Denkform in Mittelalter und Früher Neuzeit, hg. v. Udo Friedrich, Bruno Quast, Berlin/New York 2004, S. 131–154.

Beate Kellner: Ursprung und Kontinuität. Studien zum genealogischen Wissen im Mittelalter, München 2004.

Sharon Kinoshita, Peggy McCracken: Marie de France. A Critical Companion, Woodbridge 2012.

Herbert Kolb: Die Schwanenrittersage als Ursprungsmythos mittelalterlicher Fürstengeschlechter, in: History and Heroic Tale. A Symposium, hg. v. Tore Nyberg, Odense 1985, S. 23–50.

Florian Kragl: Die (Un-)Sichtbarkeit des Paratexts. Von einem Prinzip mittelalterlicher Buchgestaltung am Beispiel der *Herzmare*-Überlieferung, in: Beiträge zur Geschichte der deutschen Sprache und Literatur 138, 2016, S. 390–432.

Burkhardt Krause: Die Jagd als Lebensform und höfisches *spil*. Mit einer Interpretation der *bast* in Gottfrieds von Straßburg *Tristan*, Stuttgart 1996.

Hugo Kuhn: *Erec*, in: Hartmann von Aue, hg. v. Hugo Kuhn, Darmstadt 1973, S. 17–48.

Norris J. Lacy: Jealousy, fidelity and form in the *livre de Caradoc*, in: Philologies Old and New. Essays in honor of Peter Florian Dembowski, hg. v. Peter F. Dembowski, Joan Tasker Grimbert, Carol J. Chase, Princeton 2001.

Esther Laufer: Metapoetics in Konrad von Würzburgs *Trojanerkrieg* 2016.

Mieke Lens: Old French Epic Cycles in MS. Turin L. II. 14. The Developement of Old French Narrative Cycles and the Transmission of Such Cycles into Middle Dutch Epic Poetry, in: Cyclification. The Development of Narrative Cycles in the Chansons De Geste and the Arthurian Romances, hg. v. Bart Besamusca, Amsterdam/New York, NY 1994, S. 127–134.

Ludger Lieb: Ein neuer doppelter Kursus in Hartmanns *Erec* und seine Kontrafaktur in Gottfrieds *Tristan*, in: Deutsche Vierteljahrsschrift für Literaturwissenschaft und Geistesgeschichte 83, 2009, S. 193–217.

Anna-Lena Liebermann: Der Ritter im Baum. Wahnsinn als Auslöser von Gewalt am Beispiel des *Rappoltsteiner Parzifal*, in: Rules and Violence. On the Cultural History of Collective Violence from Late Antiquity to the Confessional Age = Regeln und Gewalt: zur Kulturgeschichte der kollektiven Gewalt von der Spätantike bis zum konfessionellen Zeitalter, hg. v. Cora Dietl, Titus Knäpper, Berlin 2014.

Roger Sherman Loomis: The Strange History of Caradoc of Vannes, in: Studies in Medieval Literature. A Memorial Collection of Essays, hg. v. Roger Sherman Loomis, Albert Croll Baugh, New York, NY 1970, S. 91–98.

Donald Maddox: Notes Toward a More Comprehensive Approach to Medieval Literary Cycles, in: Cyclification. The Development of Narrative Cycles in the Chansons de Geste and the Arthurian Romances, hg. v. Bart Besamusca, Amsterdam/New York, NY 1994, S. 102–107.

Henrike Manuwald: Eine blühende Nachkommenschaft und ein hürdennehmender Steuerberater. Zur medialen Struktur und Funktion von Wortillustrationen, in: Archiv für Kulturgeschichte 92, 2010, 1, S. 1–45.

Kurt Marquardt: Die Verskunst des *Neuen Parzifal*. Hrsg. v. Else Habering, Königsberg 1916.

Christoph März: Die drei Wunden des Herrn Guigemar. Zu einem Lai Maries de France, in: Germanisch-Romanische Monatsschrift 70, 1989, S. 377–386.

Christel Meier: Typen der Text-Bild-Lektüre. Paratextuelle Introduktion – Textgliederung – diskursive und repräsentierende Illustration – bildliche Kommentierung – diagrammische Synthesen, in: Lesevorgänge. Prozesse des Erkennens in mittelalterlichen Texten, Bildern und Handschriften, hg. v. Eckart Conrad Lutz, Martina Backes, Stefan Matter, Zürich 2010, S. 157–181.

Volker Mertens: Der deutsche Artusroman, Stuttgart 2005.

Matthias Miller: *Der welsch parcefall, perment, reimen, bretter, braun leder.* Zum *Rappoltsteiner Parzifal* aus der Biblioteca Palatina, in: Zeitschrift für deutsches Altertum und deutsche Literatur 136, 2007, S. 307–311.

Matthias Miller, Karin Zimmermann: Die Codices palatini germanici in der Universitätsbibliothek Heidelberg (Cod. Pal. germ. 304–495). Kataloge der Universitätsbibliothek Heidelberg VIII, Wiesbaden 2007.

Andrea Moshövel: Von der magischen Frage und vom Mythos des Fragens. zum Frageproblem im *Parzival* Wolframs von Eschenbach, in: Artusroman und Mythos, hg. v. Friedrich Wolfzettel, Cora Dietl, Matthias Däumer, Berlin/Boston 2011, S. 247–269.

Jan-Dirk Müller: Spielregeln für den Untergang. Die Welt des *Nibelungenliedes*, Tübingen 1998.

Jan-Dirk Müller: Aufführung – Autor – Werk. Zu einigen blinden Stellen gegenwärtiger Diskussion, in: Mittelalterliche Literatur und Kunst im Spannungsfeld von Hof und Kloster. Ergebnisse der Berliner Tagung, 9.–11. Oktober 1997, hg. v. Nigel F. Palmer, Hans-Jochen Schiewer, Tübingen 1999, S. 149–166.

Child in French and Francophone Literature, hg. v. Buford Norman, Amsterdam 2004.

Ute Obhof: Cod. Donaueschingen 97. *Rappoltsteiner Parzifal* (*Der alte und der nuwe Parzefal* oder *Der tüzsche und der welsche Parzefal*); *Parzival*-Hs. V [Gδ], Hs. D der frz. *Perceval*-Forschung, Minnesanghs. i, 2009, http://www.manuscripta-mediaevalia.de/dokumente/html/obj31576740, zuletzt geprüft am: 03.01.2016.

Ute Obhof: Zur Entstehung der Karlsruher Handschrift des *Rappoltsteiner Parzifal*. Die Initialen, in: Zeitschrift für deutsches Altertum und deutsche Literatur 138, 2009, S. 374–383.

Doris Oltrogge, Martin J. Schubert: Von der Reflektographie zur Literaturwissenschaft. Varianzen im *Rappoltsteiner Parzifal*, in: Wolfram von Eschenbach. Bilanzen und Perspektiven, hg. v. Wolfgang Haubrichs, Eckart Conrad Lutz, Klaus Ridder, Berlin 2002, S. 347–376.

Norbert H. Ott: Zwischen Schrift und Bild. Initiale und Miniatur als interpretationsleitendes Gliederungsprinzip in Handschriften des Mittelalters, in: Zeichen zwischen Klartext und Arabeske, hg. v. Susi Kotzinger, u. a, Amsterdam 1994, S. 107–124.

Nicole Otte: Ein Sprung ins Ungewisse. Tabus und ihre narrative Realisierung im *Rappoltsteiner Parzifal*, in: Texte und Tabu. Zur Kultur von Verbot und Übertretung von der Spätantike bis zur Gegenwart, hg. v. Alexander Dingeldein, Matthias Emrich, Bielefeld 2015.

Bernhard Pabst: Text und Paratext als Sinneinheit? Lehrhafte Dichtungen des Mittelalters und ihre Glossierung, in: Text und Text in lateinischer und volkssprachiger Überlieferung des Mittelalters. Freiburger Kolloquium 2004, hg. v. Wolfgang Haubrichs, Klaus Ridder, Eckart Conrad Lutz, Berlin 2006, S. 117–145.

Nigel F. Palmer: Kapitel und Buch. Zu den Gliederungsprinzipien mittelalterlicher Bücher, in: Frühmittelalterliche Studien 23, 1989, S. 43–88.

René Pérennec: Percevalromane, in: Höfischer Roman in Vers und Prosa, hg. v. René Pérennec, Elisabeth Schmid, Berlin/New York, NY 2010, S. 169–220.

Höfischer Roman in Vers und Prosa, hg. v. René Pérennec, Elisabeth Schmid, Berlin/New York, NY 2010.

Christine Putzo: Das implizite Buch. Zu einem überlesenen Faktor vormoderner Narrativität. Am Beispiel von Wolframs *Parzival*, Wittenweilers *Ring* und Prosaromanen Wickrams, in: Finden, gestalten, vermitteln. Schreibprozesse und ihre Brechungen in der mittelalterlichen Überlieferung. Freiburger Colloquium der Wolfram von Eschenbach Gesellschaft 2010, hg. v. Eckart Conrad Lutz, Susanne Köbele, Klaus Ridder, Berlin 2012, S. 279–330.

Jessica Quinlan: One of Us Is Lying. The Narrator, Gauvain and the Pucelle de Lis, in: Aktuelle Tendenzen der Artusforschung, hg. v. Brigitte Burrichter, Matthias Däumer, Cora Dietl, Berlin [u.a.] 2013, S. 39–54.

Silvia Reuvekamp: Sprichwort und Sentenz im narrativen Kontext. Ein Beitrag zur Poetik des höfischen Romans, Berlin/New York, NY 2007.

Anja Russ: Kindheit und Adoleszenz in den deutschen Parzival- und Lancelot-Romanen. Hohes und spätes Mittelalter, Stuttgart 2000.

Konrad Sandkühler: Perceval der Gralskönig. Ende der zweiten und dritte (Manessier-) Fortsetzung von Chrestien de Troyes' *Perceval*. Übersetzt von Konrad Sandkühler, Stuttgart 1964.

Joseph Victor Scheffel: Die Handschriften altdeutscher Dichtungen der Fürstlich Fürstenbergischen Hofbibliothek zu Donaueschingen, Stuttgart 1859.

Hans Jürgen Scheuer: Gegenwart und Intensität. Narrative Zeitform und implizites Realitätskonzept im *Iwein* Hartmanns von Aue, in: Zukunft der Literatur – Literatur der Zukunft. Gegenwartsliteratur und Literaturwissenschaft, hg. v. Reto Sorg, Adrian Mattauer, Wolfgang Proß, München 2003, S. 123–138.

Hans-Jochen Schiewer: Fassung, Bearbeitung, Version und Edition, in: Deutsche Texte des

Mittelalters zwischen Handschriftennähe und Rekonstruktion. Berliner Fachtagung 1.–3. April 2004, hg. v. Martin J. Schubert, Tübingen 2005, S. 35–50.

Bernd Schirok: Der Aufbau von Wolframs *Parzival*. Untersuchung zur Handschriftengliederung, zur Handlungsführung u. Erzähltechnik sowie zur Zahlenkomposition, Freiburg 1972.

Elisabeth Schmid: Familiengeschichten und Heilsmythologie. Die Verwandtschaftsstrukturen in den französischen und deutschen Gralromanen des 12. und 13. Jahrhunderts, Tübingen 1986.

Elisabeth Schmid: Weg mit dem Doppelweg. Wider eine Selbstverständlichkeit der germanistischen Artusforschung, in: Erzählstrukturen der Artusliteratur. Forschungsgeschichte und neue Ansätze, hg. v. Friedrich Wolfzettel, Tübingen 1999, S. 69–85.

Karin Schneider: Gotische Schriften in deutscher Sprache. II. Die oberdeutschen Schriften von 1300 bis 1350, Wiesbaden 2009.

Robert Schöller: Die Fassung T des *Parzival* Wolframs von Eschenbach. Untersuchungen zur Überlieferung und zum Textprofil, Berlin [u.a.] 2009.

Manfred Günter Scholz: Zum Verhältnis von Mäzen, Autor und Publikum im 14. und 15. Jahrhundert. *Wilhelm von Österreich*, *Rappoltsteiner Parzival*, *Michel Beheim*, Darmstadt 1987.

Armin Schulz: Erzähltheorie in mediävistischer Perspektive. Studienausgabe, Berlin, Boston 2015.

Joachim Schulze: Guigemar, der höfische Roman und die allegorische Psychologie des Mittelalters, in: Archiv für das Studium der neueren Sprachen und Literaturen 132, 1980, S. 312–326.

Jürgen Schulz-Grobert: Heldenbuch-Typologie. Zum Druckbild eines frühneuzeitlichen Bestsellers, in: Jahrbuch der Oswald von Wolkenstein-Gesellschaft 14, 2004, S. 189–202.

Ralf Simon: Die Interferenz der Texte im Roman als Ursprung seiner Möglichkeit. Poetologische Überlegungen zum *Prosa-Lancelot*, in: Artusroman und Intertextualität, hg. v. Friedrich Wolfzettel, Gießen 1990, S. 147–164.

Samuel Singer, Werner Ziltener, Christian Hostettler: Thesaurus proverbiorum medii aevi. Lexikon der Sprichwörter des romanisch-germanischen Mittelalters, Berlin/New York, NY 1995.

Povl Skârup: Un cycle de traductions. *Karlamagnús saga*, in: Cyclification. The Development of Narrative Cycles in the Chansons De Geste and the Arthurian Romances, hg. v. Bart Besamusca, Amsterdam/New York, NY 1994, S. 74–81.

Markus Stock: Figur. Zu einem Kernproblem historischer Narratologie, in: Historische Narratologie. Mediävistische Perspektiven, hg. v. Harald Haferland, Matthias Meyer, Carmen Stange, Berlin [u.a.] 2010, S. 187–204.

Michael Stolz: Autor – Schreiber – Editor. Versuch einer Feldvermessung, in: Editio: Internationales Jahrbuch für Editionswissenschaft 19, 2005, S. 23–42.

Michael Stolz: Texte des Mittelalters im Zeitalter der elektronischen Reproduzierbarkeit. Erfahrungen und Perspektiven, in: Deutsche Texte des Mittelalters zwischen Handschriftennähe und Rekonstruktion. Berliner Fachtagung 1.–3. April 2004, hg. v. Martin J. Schubert, Tübingen 2005, S. 143–158.

Michael Stolz: Die Abschrift als Schreibszene. Der *Nuwe Parzifal* in der Handschrift Rom, Biblioteca Casanatense, Mss. 1409, in: Finden, gestalten, vermitteln. Schreibprozesse und ihre Brechungen in der mittelalterlichen Überlieferung. Freiburger Colloquium der Wolfram von Eschenbach Gesellschaft 2010, hg. v. Eckart Conrad Lutz, Susanne Köbele, Klaus Ridder, Berlin 2012, S. 331–356.

Michael Stolz, Gabriel Viehhauser: Text und Paratext. Überschriften in der *Parzival*-Überlieferung als Spuren mittelalterlicher Textkultur, in: Text und Text in lateinischer und volkssprachiger Überlieferung des Mittelalters. Freiburger Kolloquium 2004, hg. v. Wolfgang Haubrichs, Klaus Ridder, Eckart Conrad Lutz, Berlin 2006, S. 317–352.

Uta Störmer-Caysa: Grundstrukturen mittelalterlicher Erzählungen. Raum und Zeit im höfischen Roman, Berlin, New York 2007.

Uta Störmer-Caysa: Kausalität, Wiederkehr und Wiederholung. Über die zyklische Raumzeitstruktur vormoderner Erzählungen mit biographischem Schema, in: Historische Narratologie. Mediävistische Perspektiven, hg. v. Harald Haferland, Matthias Meyer, Carmen Stange, Berlin [u.a.] 2010, S. 361–383.

Uta Störmer-Caysa: Was soll die *Elucidation* im *Rappoltsteiner Parzival?* Mutmaßungen über Handlungslogik und Verknüpfungstechnik, in: Vom Verstehen deutscher Texte des Mittelalters aus der europäischen Kultur. Hommage à Elisabeth Schmid, hg. v. Dorothea Klein, Würzburg 2011, S. 411–425.

Uta Störmer-Caysa: Der tote Ritter in Gaweins Geleit. Wie der *Rappoltsteiner Parzifal* eine Kriminalgeschichte erzählt und mit dem Indizienbeweis scheitert, in: Kulturphilologie. Vorträge des Festkolloquiums zum 75. Geburtstag von Helmut Birkhan, hg. v. Manfred Kern, Florian Kragl, Wien 2015, S. 81–107.

Peter Strohschneider: Höfische Romane in Kurzfassungen. Stichworte zu einem unbearbeiteten Aufgabenfeld, in: Zeitschrift für deutsches Altertum und deutsche Literatur 120, 1991, S. 419–439.

Peter Strohschneider: Literarische Ligaturen. Philipp Colin über Paradoxien höfischer Kunstaufträge im Mittelalter, in: Kunst, Macht und Institution. Studien zur philosophischen Anthropologie, soziologischen Theorie und Kultursoziologie der Moderne: Festschrift für Karl-Siegbert Rehberg, hg. v. Karl-Siegbert Rehberg, Joachim Fischer, Hans Joas, Frankfurt am Main/New York, NY 2003, S. 537–556.

Peter Strohschneider: Höfische Textgeschichten. Über Selbstvorwürfe vormoderner Literatur, Heidelberg 2014.

Luke Sunderland: Old French Narrative Cycles. Heroism Between Ethics and Morality, Cambridge 2010.

Jane H. M. Taylor: Order from Accident. Cyclic Consciousness at the End of the Middle Ages, in: Cyclification. The Development of Narrative Cycles in the Chansons De Geste and the Arthurian Romances, hg. v. Bart Besamusca, Amsterdam/New York, NY 1994, S. 59–74.

Leah Tether: The Continuations of Chrétien's *Perceval*. Content and construction, extension and ending, Woodbridge, U.K., Rochester, NY 2012.

Neil Thomas: The Defense of Camelot. Ideology and intertextuality in the ›post-classical‹ German romances of the matter of Britain cycle, Bern, New York 1992.

Albert Wilder Thompson: Additions to Chrétiens *Perceval*. Prologues and Continuations, in: Arthurian Literature in the Middle Ages. A Collaborative History, hg. v. Roger Sherman Loomis, Oxford 1959, S. 206–217.

Ludwig Uhland: Zur Sammlung der Minnesänger, in: Taschenbuch für Geschichte und Alterthum in Süddeutschland 2, 1840.

Gabriel Viehhauser-Mery: Die Parzival-Überlieferung am Ausgang des Manuskriptzeitalters. Handschriften der Lauberwerkstatt und der Strassburger Druck, Berlin/New York 2009.

Lori Walters: Chantilly MS. 472 as a Cyclic Work, in: Cyclification. The Development of Narrative Cycles in the Chansons De Geste and the Arthurian Romances, hg. v. Bart Besamusca, Amsterdam/New York, NY 1994.

Sandra Witte: *Zouber*. Magiepraxis und die geschlechtsspezifische Darstellung magiekundiger Figuren in der höfischen Epik des 12. und 13. Jahrhunderts, Hamburg 2007.

Dorothee Wittmann-Klemm: Studien zum *Rappoltsteiner Parzifal*, Göppingen 1977.

Dorothee Wittmann-Klemm: Art. *Rappoltsteiner Parzifal*, in: Die deutsche Literatur des Mittelalters. Verfasserlexikon, hg. v. Kurt Ruh, Gundolf Keil, Werner Schröder u.a., Berlin/New York 1978–2008, Neudruck (Band I–XI) 2010, 993–1000.

Friedrich Wolfzettel: Zur Stellung und Bedeutung der *Enfances* in der altfranzösischen Epik I, in: Zeitschrift für französische Sprache und Literatur 83, 1973, S. 317–348.

Friedrich Wolfzettel: Zur Stellung und Bedeutung der *Enfances* in der Altfranzösischen Epik II, in: Zeitschrift für französische Sprache und Literatur 84, 1974, S. 1–32.

Friedrich Wolfzettel: Der Lancelot-Roman als Paradigma. Vom geschlossenen symbolischen Stil des Chretienschen Versromans zur offenen Welterfassung der Prosa, in: *Lancelot*. Der mittelhochdeutsche Roman im europäischen Kontext, hg. v. Klaus Ridder, Christoph Huber, Tübingen 2007, S. 13–28.

Karen Mary Woodward: Narrative Techniques in Chretien de Troye's *Conte du Graal* and it's First and Second Contiunuations 1982.